GEORG WILHELM FRIEDRICH HEGEL

Jenaer Systementwürfe I

Das System der spekulativen Philosophie

Fragmente aus Vorlesungsmanuskripten zur
Philosophie der Natur und des Geistes

Neu herausgegeben von
KLAUS DÜSING
und
HEINZ KIMMERLE

FELIX MEINER VERLAG
HAMBURG

PHILOSOPHISCHE BIBLIOTHEK BAND 331

Bibliographische Information der Deutschen Nationalbibliothek: Die Deutsche Nationalbibliothek verzeichnet diese Publikation in der Deutschen Nationalbibliographie; detaillierte bibliographische Daten sind im Internet über *portal.dnb.de* abrufbar.
ISBN 978-3-7873-4771-1
ISBN eBook 978-3-7873-3230-4

Kontaktadresse nach EU-Produktsicherheitsverordnung:
Felix Meiner Verlag GmbH
Richardstraße 47, 22081 Hamburg
info@meiner.de

INHALT

Georg Wilhelm Friedrich Hegel
Das System der spekulativen Philosophie

*Die zusammenfassenden Überschriften für mehrere Fragmente und
die Überschriften der Beilagen stammen von den Herausgebern.

EINLEITUNG

Der hier vorliegende Band enthält Hegels Texte, die im Rahmen der historisch-kritischen Ausgabe (im folgenden: Kritische Ausgabe) von *Hegels Gesammelten Werken* (Felix Meiner Verlag, Hamburg 1968 ff) als Band 6 unter dem Titel *Jenaer Systementwürfe I* (hrsg. von K. Düsing und H. Kimmerle, Hamburg 1975) erschienen sind. Anders als in der Kritischen Ausgabe sind hier Orthographie und Zeichensetzung den heutigen Regeln angepaßt (bis auf einige Ausnahmen bei der Orthographie, die für Hegel kennzeichnend sind, wie fehlendes Endungs-s oder -n, unübliche Deklinationen, z. B. des Komets u. ä.). Der textkritische Apparat ist fast ganz weggelassen; lediglich wo frühere Stufen Passagen enthalten, die im endgültigen Text überhaupt nicht oder nur in stark veränderter Form erscheinen, werden diese als Fußnoten mitgeteilt. Der Textbestand wird nicht verändert; der teilweise fragmentarische Charakter und die Anakoluthe des Vorlesungsmanuskripts bleiben erhalten. Die Seitenzahlen des Bandes 6 der *Gesammelten Werke* werden in der Zeile des Kolumnentitels innen angeführt; im Text wird das Ende einer Seite der Kritischen Ausgabe durch einen schrägen Strich kenntlich gemacht.

Die Einleitung der Herausgeber enthält folgende Abschnitte: I. Allgemeine Hinweise zu Inhalt und Form der in diesem Band enthaltenen Texte; II. Überlieferung; III. Anordnung der Fragmente; IV. Entstehungsgeschichte; V. Hinweise zur Interpretation; VI. Zeichen, Siglen, Abkürzungen, Symbole.

Mit Ausnahme von Abschnitt V. basiert die folgende Einleitung inhaltlich weitgehend auf den Ausführungen im *Editorischen Bericht* von Band 6 der Kritischen Ausgabe. Die Detailerläuterungen zur Überlieferung und zur Anordnung der Fragmente in den Abschnitten II. und III. sind erforderlich, damit der interessierte Leser einen Gesamtüberblick gewinnen kann über den komplizierten Manuskriptbestand und über die Art, wie die Herausgeber daraus den Systementwurf, der freilich fragmentarisch bleibt, zusammengestellt haben.

I. Allgemeine Hinweise zu Inhalt und Form der in diesem Band enthaltenen Texte

Dieser Band enthält Fragmente der handschriftlichen Entwürfe Hegels zu seinem ersten ausgeführten gesamten System der Philosophie. Ausgeführte Entwürfe zu Teilen des Systems, zur *Logik und Metaphysik* und zum *Naturrecht*, sind den vorliegenden bereits vorangegangen. Die davon erhalten gebliebenen Stücke finden sich in *Hegel: Gesammelte Werke*. Band 5.

Zu einer abrißartigen Darstellung des gesamten Systems haben auch bereits frühere Entwürfe gehört, die im Zusammenhang der Vorbereitung auf die Vorlesung *Philosophiae universae delineatio* entstanden sind, die Hegel für das Sommersemester 1803 angekündigt hat.[1] Es sind jedoch keine Manuskripte erhalten, die diesen Entwürfen eindeutig zuzuordnen sind, und auch aus anderen Quellen kann ihnen nichts mit Sicherheit zugeschrieben werden.

Die in diesem Band veröffentlichten Entwürfe können also nur im eingeschränkten Sinn als erste Systementwürfe gelten, sofern nämlich Entwürfe zum ausgeführten gesamten System der Philosophie gemeint sind.

Diese Entwürfe sind zum größten Teil fragmentarisch überliefert. Einige von ihnen sind auch von Hegel nicht zu Ende geführt, sondern brechen ab. Wir sprechen in beiden Fällen von Fragmenten und machen durch die Art der Wiedergabe bzw. durch die Manuskriptbeschreibung, die im folgenden gegeben wird, jeweils deutlich, wie der fragmentarische Charakter durch den Manuskriptbefund ausgewiesen ist.

Die Fragmente beziehen sich auf verschiedene Teile bzw. Abschnitte des Systems und gehören in den Zusammenhang der Vorbereitung auf die Vorlesung *Das System der spekulativen Philosophie*, die Hegel im Wintersemester 1803/04 an der Universität Jena gehalten hat.[2] Dies ist lediglich für die beiden als Beilagen veröffentlichten Fragmente nicht ganz sicher. Zum Ersten Teil dieser Vorlesung, zur *Logik und Metaphysik*, an die Hegel in einer Übersicht zu Beginn der Geistesphilosophie erinnert (Fragm. 16), sind keine Manuskripte erhalten, sondern nur zum Zweiten und Dritten Teil: *Philosophie der Natur* und *Philosophie des Geistes*.

Die Fragmente entstammen verschiedenen Bearbeitungsstufen. Das zeigt sich am Gesamtzustand der Manuskripte, bei denen in der Regel ein Grundtext, der ursprünglich auf einer Seite unter Freilassung eines seitlichen Randes von 3—4 cm niedergeschrieben wurde, durch zahlreiche Verbesserungen, Einschübe und Zusätze (zwischen den Zeilen, auf dem seitlichen, oberen und unteren Rand und auf zahlreichen eingelegten Blättern bzw. Halbblättern) nachträglich erweitert worden ist. Die verschiedenen Bearbeitungsstufen lassen sich auch aus den inhaltlichen Überschneidungen in einigen Fragmenten sowie aus der Tatsache ersehen, daß Hegel an verschiedenen Stellen Blätter eingelegt hat, die eine Neufassung von bereits vielfach erweiterten Textabschnitten darstellen.

Bei der Edition des schwierigen und komplizierten Manuskripts ergab sich in der Kritischen Ausgabe die Notwendigkeit der Konstruktion einer Erststufe (im folgenden mit E bezeichnet) bei denjenigen Fragmenten, die durch spätere Überarbeitung stark erweitert worden sind, ohne daß sich nach eindeutigen äußeren Kriterien eine frühere Fassung ermitteln ließ. Ohne diese E konnte der komplizierte Manuskriptbefund nicht in einer für den Leser verständlichen Form vermittelt werden. Die hierbei befolgten Prinzipien und die notwendige Spezifizierung der Grundsätze für die Apparatgestaltung wurden im Editorischen Bericht zum Band 6 der *Gesammelten Werke* erläutert (340—357).

II. Überlieferung

Manuskripte: Hegelnachlaß Stiftung Preußischer Kulturbesitz — Staatsbibliothek — Berlin. Bd 9 (acc. ms. 1889.246) und Bd 12 (acc. ms. 1900.99).

Die Manuskripte bestehen aus einfachen Blättern, Doppelblättern und je zwei ineinander gelegten Doppelblättern im Quartformat, sowie aus eingelegten Halbblättern. Das Papier ist grünlich oder gelblich getönt, wobei die Farbtönung mehr oder weniger stark verblichen ist. Die wenigen gelblichen Blätter (85, 98 und 104) haben sich durch die Datierung als früher erwiesen. In der Hauptmasse der stark verblichenen grünlichen Blätter sind die verhältnismäßig weniger verblichenen in der Regel als später anzusetzen. Genauere Einzelheiten werden unter „III. Anordnung der Fragmente" mitgeteilt. Die Art, wie die Blätter beschrieben sind, und die Tatsache, daß Hegel nachträglich oft Blätter eingelegt hat, wurde bei der Erklärung der verschiedenen Bearbeitungsstufen bereits geschildert.

Jedes Blatt ist von der Bibliothek einzeln numeriert, die Halbblätter sind in der Regel nicht numeriert. Die Paginierung stammt also nicht von Hegel. Da die Herausgeber häufig der vorgefundenen Reihenfolge der Blätter bzw. Doppelblätter oder Bögen nicht folgen konnten, wurde in der Kritischen Ausgabe die von der Bibliothek angebrachte Nummer am äußeren Rande der Druckseiten angegeben. Die Vorderseiten der Blätter erhielten von uns den Zusatz a, die Rückseiten den Zusatz b. In der vorliegenden Studienausgabe werden die Nummern der einzelnen Manuskriptblätter nicht mitgeteilt. Hierfür wird auf die Kritische Ausgabe verwiesen, deren Text für die Studienausgabe insgesamt zugrunde gelegt ist.

Aus dem Nachlaßband 9 gehören zu den Fragmenten der Entwürfe von 1803/04 die Blätter 386—393. Aus dem Nachlaßband 12 sind hierfür das Halbblatt 9 und die Blätter 10—117 in Anspruch zu nehmen. Nach dem Blatt 117 beginnt im Nachlaßband 12 die Zählung erneut mit Blatt 70. Wo sich die zugehörigen Blätter 1—69 befinden, ließ sich nicht aufklären. Zur Unterscheidung von den vorhergehenden Blättern dieses Nachlaßbandes mit derselben Nummer wurden die Blätter 70ff am Ende des Bandes als Anh. 70ff bezeichnet. Zu den Fragmenten der Entwürfe von 1803/04 gehören die Blätter Anh. 70 — Anh. 72.

Die Zusammengehörigkeit dieser Blätter in den genannten Bänden des Hegel-Nachlasses ergibt sich einmal aus der durchgehenden Verwendung bestimmter Symbolzeichen für einige Gestirne bzw. Metalle sowie für einige häufig vorkommende Elemente oder Stoffe, die aus der alchimistischen Tradition stammen und die sich bei Hegel sonst nur gelegentlich finden.[3] Sie ergibt sich ferner aus der Analyse der Handschrift und einiger orthographischer Eigentümlichkeiten.[4] Sie wird schließlich bestätigt durch den Sinnzusammenhang der verschiedenen Partien, die zu diesem Systementwurf gehören.

Die Reihenfolge der Blätter ist aber offensichtlich aufgrund eines Versehens durcheinandergeraten, so daß für die Edition eine Ordnung hergestellt werden mußte, die vom Aufbau des Systems der Philosophie ausgeht und die einzelnen Fragmente diesem Aufbau gemäß aufeinander folgen läßt. Zwischen einzelnen Teilen der Manuskripte ist der Zusammenhang dadurch gesichert, daß Lagen von je zwei ineinander gelegten Doppelblättern (teilweise auch nur ein Doppelblatt) von Hegels Hand von a bis b und von d bis o numeriert sind (Lage c fehlt) bzw. durch die Numerierung von Abschnitten der Darstellung von β bis Ψ (142ff), die unmittelbar zum Textbestand der Manuskripte gehört.

III. Anordnung der Fragmente

Die hier zusammengefaßten Fragmente aus den Nachlaßbänden 9 und 12 stammen vermutlich aus einem durchgehenden Entwurf des Systems der Philosophie. Es finden sich jedoch eine Reihe von Überschneidungen, die erkennen lassen, daß Hegel mehrfach angesetzt hat, um bestimmte Abschnitte oder Teile des Gesamtsystems zu entwerfen. Es läßt sich nicht immer mit Sicherheit ermitteln, wie sich die verschiedenen Entwürfe zueinander verhalten, welche von ihnen Teile eines zusammenhängenden größeren Ganzen sind, welche nach einer relativen Chronologie früher oder später entstanden sind. So erscheint es als zweckmäßig, die Fragmente nach dem sachlichen Aufbau des Systems anzuordnen.

Dabei haben die Herausgeber, nach Maßgabe der erhalten gebliebenen Manuskripte zur Naturphilosophie und zur Geistesphilosophie (bis zur Darstellung des Volksgeistes), die einzelnen Fragmente zu bestimmten Gruppen zusammengefaßt. Zur besseren Orientierung sind entsprechende zusammenfassende Titelangaben von den Herausgebern eingesetzt worden. Darüber hinaus wird durch die Kolumnentitel auf jeder Seite die Zuordnung ihres Inhalts zum sachlichen Aufbau des Systems angezeigt.

In einigen Fällen ergibt sich nun ein besonderes Problem. Es sind einige Manuskriptstücke überliefert, in denen bestimmte Abschnitte eines fortlaufenden Textes neu formu-

liert sind. Sie bilden gegenüber der ursprünglichen Fassung
(vgl. o. Angaben zur Erststufe) und der überarbeiteten Fassung des Haupttextes, die aber in diesen Fällen meist unleserlich geworden und offenbar noch nicht zufriedenstellend formuliert ist, eine Neuformulierung, die als Drittfassung zu bestimmen ist. Diese Fragmente haben wir im Anschluß an die Abschnitte mitgeteilt, zu denen sie der Sache nach eine neue Fassung bilden. Dies war in einer Reihe von Fällen nur möglich, indem die fortlaufende Wiedergabe des Textes der früheren Fassung unterbrochen und die neue Fassung eingeschaltet wurde, so daß die Fortsetzung des unterbrochenen Textes nach der Einschaltung als ein Fragment mit einer neuen Nummer erscheint. Dies wird in der folgenden Beschreibung der einzelnen Fragmente jeweils genau erklärt und begründet. Es wird auch in den Fußnoten jeweils mitgeteilt.

Nur in zwei Fällen, in denen eine Zuordnung zu bestimmten Abschnitten nicht eindeutig möglich war, werden die betreffenden Fragmente als Beilagen am Schluß des Bandes mitgeteilt.

Im folgenden werden nun die einzelnen Fragmente beschrieben, indem die darin enthaltenen Manuskriptstücke angegeben und ihre dem Aufbau des Systems der Philosophie folgende Anordnung erläutert wird:

Zum Anfang des irdischen Systems der Naturphilosophie und zur Mechanik

Fragm. 1: *auf diesem Gesetze* ... Nachlaßband 9. Blatt 386a–386b (Mitte). Dieses Fragment enthält einen Abschnitt, der sachlich im Aufbau des Systems von 1803/04 das erste von allen überlieferten Manuskriptstücken darstellt. Die Stelle im System ergibt sich aus der Überschrift: Übergang zum irdischen Systeme. Der Text beginnt, wie man ohne weiteres sieht, fragmentarisch. Der fragmentarische Charakter am Anfang eines Fragments ist stets durch die Überlieferung verursacht. — In der fortlaufenden Darstellung (s. 5,Anm.1) vermerkt Hegel dann, daß hier ein früher formuliertes Stück einzuschieben sei. Dieses Stück ist sehr wahrscheinlich das Fragm. 2. Es paßt der Sache nach hierhin (Konstruktion der Erde), und es trägt oben auf der Seite dasselbe Verweiszeichen. Da diese Zuordnung jedoch nicht völlig sicher ist, unterbrechen wir die fortlaufende Wiedergabe des Ms und teilen dieses Manuskriptstück als eigenes Fragment mit.

Fragm. 2: *Nämlich die himmlische Bewegung* ... Nachlaßband 12. Blatt Anh. 72a—Anh. 72b. Das Fragment enthält Ausführungen zur Kennzeichnung des Himmelskörpers Erde, der zum Ausgangspunkt eines eigenen systematisch zu entwickelnden Prozesses wird. — Es beginnt mit einem Absatz. — Die letzte Seite ist bis zu Ende beschrieben und endet vermutlich mit einem unvollständigen Satz, da dieser nicht mit einem Satzzeichen abschließt und im Fragm. 3 auch nicht fortgesetzt wird. Der Schluß ist demgemäß wahrscheinlich aufgrund seiner Überlieferung fragmentarisch.

Fragm. 3: *Aus dem himmlischen Systeme* ... Nachlaßband 9. Blatt 386b (Mitte)—389b. Dieses Fragment bietet die Fortsetzung des Textes von Fragm. 1. Es endet unten auf der Seite mitten im Satz, ist also aufgrund der Überlieferung fragmentarisch.

Fragm. 4: *bezieht sich auf ein gestaltloses Bewegen* ... Nachlaßband 9. Blatt 390a—393b. Die Überschrift auf 14: *I. Mechanik* zeigt, daß hier die 1. Potenz des irdischen Systems abgehandelt wird. — Der Anfang ist offensichtlich fragmentarisch. — Das letzte Blatt endet am Schluß der Seite mit einem Komma, wodurch ein unvollständiger Satz und fragmentarischer Charakter aufgrund der Überlieferung angezeigt wird.

Zum Ende der Mechanik, zum Chemismus, zur Physik und zum Anfang des Organischen

Fragm. 5: *c) Dieser starren Gestalt der Erde* ... Nachlaßband 12. Blatt Anh. 71a—Anh. 71b. Der Inhalt dieses Fragments ist dem Ende der Mechanik zuzuordnen. — Der Text beginnt mit einem bereits fortgeschrittenen Gliederungspunkt offenbar fragmentarisch. — Es endet unten auf der Seite eines Blattes mit Satzpunkt und Absatz, wurde also an dieser Stelle möglicherweise schon durch Hegel selbst abgebrochen. — Dieses Fragment gehört in den Zusammenhang eines späteren Entwurfs als das folgende Fragment. Denn es bildet die erweiterte Fassung des gestrichenen Anfangs von Fragm. 6. Es wird hier vor Fragm. 6 abgedruckt, weil es eine Wiedergabe des Sachverhalts ist, der am Anfang des folgenden Fragments in dem gestrichenen Anfang kurz anklingt.

Fragm. 6: *b) Die Erde hat auf diese Weise* ... Nachlaßband 12. Blatt 10a—13b und 15a—18b. Das Ende der Mechanik und der Anfang des Chemismus wird durch die Überschrift *II. Chemismus* auf 29 belegt. — Der Beginn ist wieder offensichtlich fragmentarisch. — Das letzte Blatt endete ursprünglich mitten im Satz, aber ohne daß die Seite bis zu Ende beschrieben war. Das Stück endet also vermutlich seiner Entstehung nach fragmentarisch. Das wird durch die spätere Streichung der letzten Zeilen auf dem letzten Blatt und die Ersatzformulierung auf dem seitlichen und unteren Rande, der auf Grund der unvollständigen Beschreibung der Seite etwas größer ist, noch unterstützt. Denn diese Ersatzformulierung endet mit Satzpunkt und läßt noch einen kleinen Raum der Seite unbeschrieben. — Es ist wahrscheinlich, daß das Doppelblatt 11a—12b (25,Z.33—29,Z.21) nachträglich in das Doppelblatt 10ab und 13ab (24,Z.3—25,Z.32 und 29,Z.21—31,Z.23) eingelegt worden ist. Es scheint eine Formulierung des hier behandelten Themas zu enthalten, das wohl ursprünglich im Zusammenhang eines anderen Entwurfs zu diesem Teil des Systems gestanden hat und hier nun an die Stelle einer früheren Darstellung aus dem vorliegenden Zusammenhang tritt, wobei die Einarbeitung nicht ganz bruchlos erfolgt ist.

Fragm. 7: *d) Endlich muß noch bemerkt werden ...* Nachlaßband 12. Blatt 19a—26b. Die Thematik des Chemismus wird aufgegriffen und weitergeführt: Die Lehre von den physischen Elementen Feuer, Wasser, Luft, Erde wird unter *II.* von 43 an als Entsprechung zur Lehre von den chemischen Elementen Sauerstoff, Wasserstoff, Stickstoff, Kohlenstoff unter *I.* von 31 an entwickelt. — Der Anfang ist aufgrund des fortgeschrittenen Gliederungspunkts als fragmentarisch zu erkennen. — Am Ende des Fragments ist das letzte Blatt bis zu Ende beschrieben und schließt mit Satzpunkt und Absatz. Da die Lage *c)*, die hier anschließen müßte, fehlt, kann man annehmen, daß der fragmentarische Charakter des Schlusses durch die Überlieferung entstanden ist.

Fragm. 8: *von dem andern ...* Nachlaßband 12. Blatt 27a—34b (oben). Die Thematik des Chemismus wird weiter fortgesetzt und beendet: Das Fragment beginnt mit abschließenden Bemerkungen zur Wärmelehre, die wie die Farbenlehre am Ende von Fragm. 7 zur Erörterung der Erscheinungsweisen des Feuers gehört. — Der Anfang des Textes ist ohne weiteres als fragmentarisch zu erkennen. — Der fortlaufende Text des Manuskripts wird von den Herausgebern unterbrochen, damit eine neue Fassung zum letzten Themenbereich des Chemismus, zur Meteorologie, eingeschoben werden kann.

Fragm. 9: *allgemeine Infektion* ... Nachlaßband 12. Blatt 14a–14b. Die inhaltliche Übereinstimmung mit den Ausführungen über meteorologische Phänomene gegen Ende von Fragm. 8 weist dieses versprengte Blatt als neue Fassung zu den entsprechenden Abschnitten aus. Es wird an dieser Stelle in den Fortgang des Textes eingeschoben, weil sich dieses Verfahren bei anderen Drittfassungen eindeutig nahelegt (s. u. die Erläuterungen zu Fragm. 12 und 14). — Der Anfang ist offensichtlich fragmentarisch. — Da das letzte Blatt nicht bis zu Ende beschrieben ist und mit Satzpunkt schließt, ist für den Schluß fragmentarischer Charakter aufgrund der Entstehung anzunehmen.

Fragm. 10: *Wir sind mit dieser Idee der Erde* ... Nachlaßband 12. Blatt 34b (oben)–70b. Im Manuskript bildet dieses Fragment die Fortsetzung von Fragm. 8. Wie der erste Satz zeigt, setzt es ein mit dem Beginn der 3. Potenz des irdischen Systems. Der Titel: *Physik* ist zwar bei Hegel nicht als Überschrift belegt, aber aufgrund des Textes eindeutig. — Zwischen 96,Z.14 und Z.15 befindet sich ein sachlicher Einschnitt. Dort beginnt die Darlegung des *chemischen Prozesses der einzelnen Körper*. Obgleich der „Chemismus im Physischen“ keine eigene Potenz bildet, haben wir den Einschnitt durch eine Leerzeile kenntlich gemacht. Das Ende dieses sachlichen Zusammenhangs auf 114,Z.10 wird ebenfalls durch eine Leerzeile gekennzeichnet. Es folgen abschließende Erörterungen zur Potenz der Physik insgesamt. — In den Ausführungen auf 118,Z.30f ist dann eindeutig vom Übergang in eine neue Potenz: *das Organische* die Rede. Ihr Beginn ist durch eine Leerzeile verdeutlicht. Das letzte Blatt dieser Ausführungen ist nicht ganz bis zu Ende beschrieben. Dies zeigt den sachlichen Einschnitt an, der durch den Abschluß der begrifflichen Erörterung des Wesens des Organischen und den Beginn einer bestimmteren Thematik: *die absolute Lebenskraft* bezeichnet wird, die dann unmittelbar in die Erörterung des vegetabilischen Organismus, der Pflanze als der *einfachen Existenz des Organischen* übergeht. Der genannte Einschnitt

nach 128,Z.24 ist durch eine Leerzeile gekennzeichnet. —
Auf 141,Z.13f beginnt schließlich mit der Überschrift *A. Prozeß der organischen Gestaltung ...* die Behandlung des animalischen Organismus, die aber vermutlich am Ende derselben Seite abbricht. Die Seite ist bis zu Ende beschrieben und endet mit einem Satzpunkt und Absatz. Sie ist aus inhaltlichen Gründen möglicherweise schon der Entstehung nach fragmentarisch. Hierfür spricht auch, daß die Numerierung der Lagen von *a* bis *b* und *d* bis *o* durch Hegel hier abbricht und diese auch in der folgenden Darstellung des animalischen Organismus nicht fortgesetzt wird.

Zum Organischen und zur Philosophie des Geistes
Fragm. 11: *β) so allgemein abgesondert von der Erde ...*
Nachlaßband 12. Blatt 72a—74b (oben). Der Textzusammenhang der hier beginnenden Fragmente ist nicht mehr durch Hegels Numerierung der Bogen bzw. der Doppelblätter oder Blätter gesichert, sondern durch die griechischen Anfangsbuchstaben der einzelnen Abschnitte der Darstellung des animalischen Organismus von β bis Ψ; der letzte Abschnitt leitet über zum Anfang der *Philosophie des Geistes*. — Fragm. 11 umfaßt die Abschnitte β bis ϑ. Hier wird der fortlaufende Text von den Herausgebern unterbrochen, weil für den Abschnitt ϑ eine neue Fassung eingeschaltet werden muß. — Der Anfang des Fragments ist vermutlich als fragmentarisch aufzufassen. Zu β wird nämlich ein α vorausgesetzt, das aber aller Wahrscheinlichkeit nach nicht mit dem Abschnitt α am Schluß von Fragm. 10 auf 141,Z.15 identisch ist. Die Einführung der Gallerte am Anfang von β ist jedenfalls in α am Ende von Fragm. 10 nicht vorbereitet. Dort wird ganz allgemein der Übergang vom pflanzlichen zum tierischen Organismus dargestellt. Auf 146,Z.14 und 148,Z.33f befinden sich Rückverweise auf den Anfang der Darstellung des animalischen Organismus mit der Gallerte, die man in einem nicht überlieferten Abschnitt α, der zum vorliegenden β gehört, vermuten sollte. Möglicherweise hat Hegel hier verschiedene Entwürfe zusammengefügt und eine Verbindung zwischen dem Abschnitt α am Ende des Fragm. 10 und dem Abschnitt β am Anfang des Fragm. 11 herstellen wollen, die aber nicht ohne Bruch gelungen ist. Für diese Möglichkeit spricht, daß es immerhin eine kurze Wiederaufnahme des Themas: Übergang von der

Pflanze zum Tier, das in den Schlußpassagen von Fragm. 10 behandelt wird, am Ende des Abschnitts β gibt. — Die Notwendigkeit der Einschaltung der Neufassung von ϑ wird in der Beschreibung des nächsten Fragments erklärt.

Fragm. 12: *ϑ. Das Gestalten des Animalischen* ... Nachlaßband 12. Blatt 75a—77a. Dieser Abschnitt behandelt das erste innere System des animalischen Organismus, das sich in Knochen und Muskel differenziert und durch Assimilation von Nahrung ständig neu produziert. — Das Fragment stimmt inhaltlich mit dem Abschnitt ϑ am Ende des Fragm. 11 überein. Dieser Abschnitt ist durch zahlreiche Überarbeitungen des Grundtextes schwer lesbar geworden. Vor allem ließen sich wohl weitere Korrekturen und Zusätze, die Hegel noch für notwendig hielt, aus Platzgründen nicht mehr anbringen. Deshalb hat Hegel denselben Sachverhalt im Zuge der Überarbeitung auf freien Blättern noch einmal formuliert, so daß eine Neufassung entstanden ist. Diese ist hier in den Manuskriptzusammenhang eingelegt. — Anfang und Ende des Fragm. 12 lassen eine vollständige Neuformulierung des Abschnitts ϑ erkennen. — In der ursprünglichen Niederschrift wurde dieser Abschnitt nicht getilgt, so daß beide Texte als gültig abgedruckt werden.

Fragm. 13: *ι. Diese Organisation, die wir erkannt haben* ... Nachlaßband 12. Blatt 74b (oben)—84b mit Blatt 9a. Die Darstellung des animalischen Organismus wird in den Abschnitten ι bis σ fortgesetzt, inhaltlich gesehen bis zum Abschluß des Gestaltungsprozesses dieses Organismus, der mit dem *idealen Prozeß oder dem Prozeß der Empfindung* erreicht wird. — Auf Blatt 74b wird an den Text des Fragm. 11 angeschlossen. — Nach dem Abschnitt σ endet das Fragment auf 164 mit Satzpunkt und Absatz. Das Blatt ist nicht ganz bis zu Ende beschrieben, Hegel selbst hat also die Niederschrift abgebrochen.

Fragm. 14: *Der ideale Prozeß oder der Prozeß der Empfindung* ... Nachlaßband 12. Blatt 106a—107b. Diese Darstellung bildet inhaltlich gesehen eine Neuformulierung des Prozesses der Empfindung, der in Abschnitt σ bereits sehr viel kürzer behandelt worden ist. Die Neuformulierung ist wohl nicht als Neufassung des Abschnitts σ zu betrachten, sondern behandelt diesen Sachverhalt genauer und ausführlicher. Die Neuformulierung ist, möglicherweise bei der Überarbeitung durch Hegel, an dieser Stelle (vor den Abschnitt τ) ins Manuskript eingelegt worden. — Das Fragment beginnt mit Absatz, aber in Hegels Ms mit klein geschriebenem *der*, ist also an dieser Stelle vermutlich fragmentarisch. Es könnte aus einem Entwurf stammen, der noch vorausgehende, möglicherweise zum überlieferten vorangehenden Text sachlich parallele Partien enthielt, und von Hegel hier als Neuformulierung und Erweiterung des Abschnitts σ in der vorliegenden Form an diesen angefügt worden sein. — Am Schluß ist das Blatt bis auf den unteren Rand unter Ausnutzung des seitlichen Randes bis zu Ende beschrieben, es sollte auch von der Konzeption her als Überleitung zu Abschnitt τ dienen.

Fragm. 15: τ. *Der Organismus hat sich also ...* Nachlaßband 12. Blatt 108a—114b mit 71a. Die Fragmente 15 und 17 bilden einen Textzusammenhang, der durch Fortsetzung der Numerierung der Abschnitte mit griechischen Buchstaben an den Abschnitt σ bzw. dessen ergänzende Neuformulierung angeschlossen ist (s. die beiden vorigen Fragmente). Sie enthalten in den Abschnitten τ bis Ψ den Abschluß der Darstellung des animalischen Organismus sowie den Anfang der *Philosophie des Geistes*. — Oben auf Blatt 108a wird mit Absatz begonnen. Das läßt keinen sicheren Schluß auf einen Zusammenhang mit früher formulierten Entwürfen der vorangehenden Abschnitte zu, die nicht überliefert sind oder deren Ende mit dem Abschnitt σ in Fragm. 13 zunächst erreicht war. Man kann aber vermuten, daß Fragm. 13 fortgesetzt werden sollte, da in der ergänzenden Neufassung des letzten Abschnittes dieses Fragments eine Überleitung zum Anfang des Fragm. 15 formuliert worden ist. — Am Ende von Blatt 114b wird der Textzusammenhang von den Herausgebern unterbrochen, damit eine andere Formulierung zum Anfang der Geistesphilosophie eingeschaltet werden kann.

Fragm. 16: *III. Philosophie des Geistes.* Nachlaßband 12. Blatt 115a. Die hier vorliegende Formulierung zum Anfang der Geistesphilosophie ist eine andere Fassung des Anfangs dieses Systemteils auf Blatt 114b, in der ein Rückblick auf die vorherigen Teile des Systems gegeben wird. Die Einschaltung in den Textzusammenhang ist angezeigt, weil auf derselben Seite weiter unten ein nachträglicher Einschub in den

Text der ursprünglichen Fassung des Anfangs der Geistesphilosophie steht, der im Zuge der Überarbeitung formuliert worden ist. Fragm. 16 ist also von Hegel während des Prozesses der Überarbeitung als ergänzende Parallele zur ursprünglichen Darstellung dieses Sachverhalts konzipiert worden.

Fragm. 17: *Die einfache wesentliche Vielheit* ... Nachlaßband 12. Blatt 117a—117b mit 115b. Der ursprüngliche Anschluß an Fragm. 15 ist in der Erststufe eindeutig belegt. Er geht aber durch erweiternde Zusätze (s. 184 Fußnote 1 und 186 Fußnoten 1 und 1a), vor allem durch das nicht in den Textzusammenhang integrierte Fragm. 16 verloren. Das letzte Blatt endet mit Satzpunkt und Absatz unten auf der Seite. Ein Zusatz auf dem seitlichen und unteren Rande leitete ursprünglich über zu Blatt 99a, das aber von Hegel in den Zusammenhang des folgenden Fragments eingefügt worden ist.

Fragm. 18: *Das Wesen des Bewußtseins* ... Nachlaßband 12. Blatt 94a—97b (außer 97a unten) mit 99a (bis Mitte). Das Fragment enthält eine Erörterung des Wesens des Bewußtseins, die im Zuge der Überarbeitung als Erweiterung der grundlegenden Betrachtungen zur Geistesphilosophie im Ganzen formuliert worden ist. — Der Anfang bildet einen Neueinsatz. — In den Fortgang des Textes ist Blatt 99a eingearbeitet, das ursprünglich vermutlich an Fragment 17 anschloß und einen sehr gedrängten Überblick über die Konzeption der Geistesphilosophie, vor allem der *drei ersten Momente des Bewußtseins* (s. 192,Z.16—31) bietet. — Wir unterbrechen die Wiedergabe dieses Manuskripts, um Fragment 19 einzuschalten.

Fragm. 19: *Die erste Form der Existenz des Geistes* ... Nachlaßband 12. Blatt 116a—116b. Dieser Überblick über die Geistesphilosophie im Ganzen bildet eine genauere Ausarbeitung zu der in das vorige Fragment eingearbeiteten ursprünglichen Fassung dieses Sachverhalts auf Blatt 99a. — Der Anfang ist nicht fragmentarisch. — Der Schluß bricht ab, ohne daß das letzte Blatt bis zu Ende beschrieben ist. Also hat Hegel die Niederschrift abgebrochen.

Fragm. 20: *I. Potenz.* Nachlaßband 12. Blatt 97a (unten), 99a (unten)—105a und 85a (bis Mitte). Das Fragment enthält die beiden ersten Potenzen der formalen Existenz des Bewußtseins. — Der Anfang schließt an Fragm. 18 an. Der Text 203, Z.28—204,Z.16 (Blatt 103a) ist an die ausführlichen Randbe-

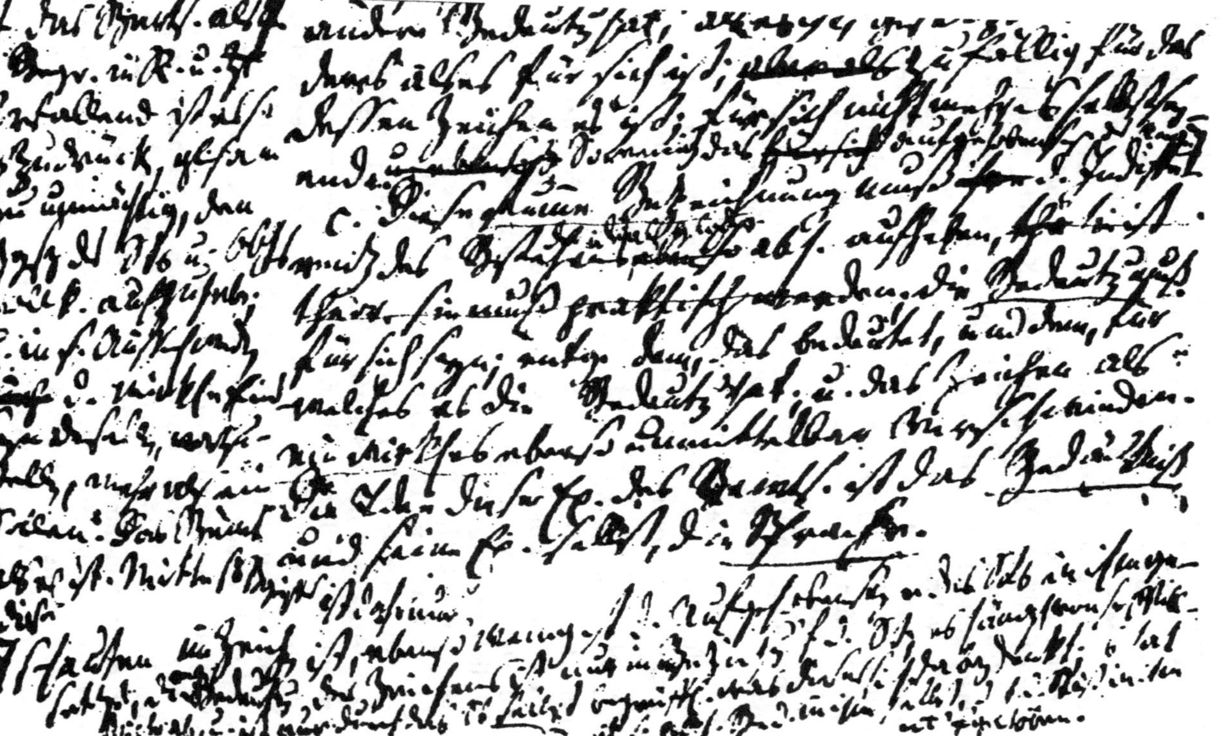

Faksimile der Manuskriptseite 100b des Nachlaßbandes 12; s. unten 199,Z.27—200,Z.35.

merkungen auf dem vorherigen Blatt anzuschließen, obgleich kein Verweiszeichen vorhanden ist. Die gestrichenen letzten Wörter auf diesem Blatt, die am Anfang der sich anschließenden Passage wiederkehren, verklammern den Text hinreichend eindeutig. Bei der Einfügung von 207,Z.15—208,Z.12 in einen früheren Text haben wir denselben Sachverhalt.

Einige Blätter (104,Z.85 und 98 s. Kritische Ausgabe), die offenbar durch die Überlieferung auseinandergeraten sind, weisen gelbliche Papierfärbung auf. Von der Sache her enthalten sie wahrscheinlich frühere Ausführungen zu den drei Potenzen der formalen Existenz des Bewußtseins. Wir haben also hier wohl ein Fragment aus den frühesten erhalten gebliebenen Entwürfen zu diesem *System der spekulativen Philosophie* vor uns.

Am Ende von Fragm. 20 (211, Fußnote 1) findet sich ein Verweis auf ein besonderes Blatt, das sich aber nicht auffinden ließ. Dieses Blatt (oder Doppelblatt) enthielt offenbar Hinzufügungen zum Schluß der *II. Potenz des Werkzeugs*. Da die im Grundtext anschließende Überschrift *III. Potenz des Besitzes und der Familie* (s. 212, Fußnote 1) mit den folgenden Ausführungen gestrichen ist, kann man annehmen, daß auch diese Überschrift und der Anfang der III. Potenz in neuen Formulierungen auf dem verlorenen Blatt standen. Der fragmentarische Charakter ist an dieser Stelle offensichtlich durch die Überlieferung entstanden.

Fragm. 21: [*III. Potenz des Besitzes und der Familie*] Nachlaßband 12. Blatt 85a (Mitte)—85b (mit 84 II), 98a—98b. Die Überschrift bezeichnet Inhalt und Systemstelle. — Der Anfang in der Erststufe schließt an Fragm. 20 an. Für den endgültigen Text ist hier, wie soeben gezeigt wurde, fragmentarischer Charakter anzunehmen. — Das letzte Blatt ist bis zu Ende beschrieben und endet ohne Satzzeichen, also wohl im Fortgang eines Satzes, so daß fragmentarischer Charakter auf Grund der Überlieferung anzunehmen ist.

Fragm. 22: *Es ist absolut notwendig* ... Nachlaßband 12. Blatt 86a—93b. Die Problematik der Anerkennung folgt hier auf die Behandlung von Besitz und Familie. Im folgenden wird die Problematik des Volksgeistes und die Betrachtung der vorhergehenden idealen Potenzen als *existierend in einem Volke* (226,Z.10) dargestellt. — Der Anfang ist fragmentarisch, da der gültige Text mitten im Satz beginnt. Es ist fraglich, ob die Problematik der Anerkennung noch zur III. Potenz gehört oder zu einem Abschnitt *B. Reale Existenz* des Bewußtseins, der dem *A. Formale Existenz* (197,Fußnote 1) entsprechen und in der nicht erhalten gebliebenen Darstellung, die diesem Fragment vorausging, begonnen haben würde. Der Beginn der Behandlung des Volksgeistes findet sich auf 224,Z.1. — Das letzte Blatt ist bis zu Ende beschrieben und endet mit Satzpunkt, möglicherweise auch mit einem Absatz. Es läßt sich nicht entscheiden, ob Hegel selbst damit diesen gesamten Entwurf des Systems der Philosophie hier abgebrochen hat, also fragmentarische Entstehung vorliegt, oder ob weitere Ausführungen folgten, die verloren sind, so daß fragmentarische Überlieferung anzunehmen ist. Wenn das Fragment *ist nur die Form* ..., das als Beilage veröffentlicht wird, aus einem Entwurf zum Ende dieses Systems betrachtet werden kann, ist fragmentarische Überlieferung gegeben.

Beilage: *I. Intelligenz.* Nachlaßband 12, kleiner Zettel (schmaler und weniger hoch als ein Halbblatt) zwischen Blatt 99b und 100a. Es handelt sich um Notizen zur Gliederung des ersten Abschnittes der Geistesphilosophie, der aber nicht als Potenz der Sprache konzipiert ist. Da sich gewisse Anklänge, insbesondere mit dem Begriff des *Selbstbewußtseins*, an die Manuskripte zu den Vorlesungen über *Realphilosophie* von 1805/06[5] finden, die in *Hegel: Gesammelte Werke.* Band 8 erschienen sind, gehört das Fragment möglicherweise in die Zeit zwischen den Manuskripten zu den Systementwürfen von 1803/04 und von 1805/06. — Es ist nicht sicher, ob dem Gliederungspunkt *I. Intelligenz* noch etwas vorausging. — Am Ende ist der Zettel vollständig beschrieben und schließt mit einem Punkt. Ob dadurch fragmentarischer Charakter aufgrund der Entstehung oder der Überlieferung angezeigt wird, läßt sich nicht entscheiden. — Auf der Rückseite des Zettels befinden sich Mathematica, die in *Hegel: Gesammelte Werke.* Band 5 veröffentlicht werden.

Beilage: *ist nur die Form* ... Nachlaßband 12. Blatt Anh. 70a–Anh. 70b. Das Fragment behandelt Fragen der Philosophie der Kunst im Rahmen der Darstellung des absoluten Bewußtseins. Das spricht für eine Zugehörigkeit zu den in diesem Band veröffentlichten Fragmenten. Immerhin macht dieses Fragment wahrscheinlich, daß weitere Entwürfe zur Fortsetzung und zum Ende des Systems über Fragm. 22 hinaus existiert haben. — Auf dem ersten Blatt beginnt der Text mitten im Satz, ist also fragmentarisch. — Das letzte Blatt ist bis zu Ende beschrieben, der Text endet mitten im Satz. Es handelt sich um fragmentarischen Charakter aufgrund der Überlieferung.

IV. Entstehungsgeschichte

Die Fragmente, mit Ausnahme der *Gliederungsnotiz* in den *Beilagen,* gehören in den Zusammenhang der Vorbereitung der Vorlesung im Wintersemester 1803/04 an der Universität Jena. Der genaue Text der Vorlesungsankündigungen lautet: *GE.WILH.FRID.HEGEL,D.privatim 1) Jus naturae, hora III— IV. 2) philosophiae speculativae systema, complectens a) Logicam et Metaphysicam, sive Idealismum transscendentalem b) philosophiam naturae et c) mentis hora VI—VII. e dictatis exponet*[6] . In der deutschen Übersetzung des Vorlesungskataloges in der *Allgemeinen Literatur-Zeitung* erscheint für die zweite der genannten Vorlesungen folgender Text: *Das System der spekulativen Philosophie, Logik und Metaphysik, Naturphilosophie und Seelenlehre enthaltend, n. Dictaten Hr.Dr. Hegel.* Die Übersetzung *Seelenlehre* für *Philosophie des Geistes* wird von Hegel indirekt berichtigt, indem er die Ankündigung für das Sommersemester 1806, in der *philosophia mentis* als *Philosophie des menschlichen Verstandes* wiedergegeben wird, in *Philosophie des Geistes* ändern läßt.[7]
Über ausführliche naturphilosophische Studien und Experimente, die Hegel nach Schellings Weggang aus Jena im Sommer 1803 durchgeführt hat, berichtet Rosenkranz in Verbindung mit seiner Schilderung von *Hegel's Wastebook.* Er schreibt: *Vielleicht war es die relative Vereinsamung in spekulativer Hinsicht, in welche sich Hegel durch Schellings Abgang versetzt sah, die ihn dazu trieb, Reflexionen aller Art, Exzerpte aus philosophischen und naturwissenschaftlichen Büchern, Aufzeichnungen selbstgemachter physikalischer Experimente, in einen kleinen Folianten, den er sich zu diesem Ende hielt, bunt durcheinander zu werfen. / Die Experi-*

mente betrafen vorzüglich die Goethesche Farbenlehre. Schlecht genug hat Hegel einmal sich selbst abgemalt, wie er, am Boden liegend, das Farbenspiel des Lichts an seinem Fenster beobachtete. / Die Auszüge aus philosophischen Schriften betreffen vornehmlich Eschenmayer, Köppen, Wagner, besonders aber Kayssler; die aus naturwissenschaftlichen gehen auf alle Gebiete der Natur. Sie widmen dem Größten wie dem Kleinsten, den Planetenbahnen, dem Feldspat, dem Galvanismus, der Syphilis, dem Torf u.s.f. die größte Aufmerksamkeit und sind ebensowohl aus deutschen als französischen und englischen Büchern entnommen. Bei diesen Auszügen verhielt sich Hegel ganz passiv, bei denen spekulativen Inhalts machte er zuweilen bestimmende oder bestreitende Glossen.[8]

Die damalige naturphilosophische Arbeit Hegels spiegelte sich wohl noch in der Äußerung Möllers vom 14.11.1804: *Sie beschäftigen sich sehr mit der Physik, hat mir Ritter geschrieben.*[9]

Daß die Vorlesung über *das System der spekulativen Philosophie* von Hegel wirklich gehalten wurde, bezeugt vor allem die Hörerliste, in der dieser Titel von Hegels Hand eingetragen ist. Diese Eintragung ist die Grundlage für den Untertitel des vorliegenden Bandes.[10]

Weitere Zeugnisse über diese Vorlesung sind Hegels Äußerung im Brief an Schelling vom 16.11.1803: *auch ich habe das Lesen wieder angefangen und komme damit besser aus als sonst*[11] und Schillers Bemerkung im Brief an Goethe vom 9.11.1803: *Die Philosophie verstummt nicht ganz, und unser Dr. Hegel soll viele Zuhörer bekommen haben, die selbst mit seinem Vortrag nicht unzufrieden sind.*[12]

Der Charakter der Überarbeitung von früheren Niederschriften läßt vermuten, daß Hegel im Sommer und Herbst 1803 in mehreren Ansätzen versucht hat, sein System der Philosophie darzustellen. In der unmittelbaren Vorbereitung für den Vortrag im Kolleg hat er dieses Material dann überarbeitet und — manchmal nicht ganz eindeutig — zusammengearbeitet. Die Änderung der Überschrift *II. Philosophie des Geistes* in *III. Philosophie des Geistes* (183 Fußnote 1) legt ferner die Vermutung nahe, daß Hegel *Logik und Metaphysik* aufgrund früherer Vorlesungen in den Semestern 1801/02 und 1802/03 und seiner Vorarbeiten für ein Buch mit diesem Titel[13] mehr oder weniger fertig vorliegen hatte. Aus diesen älteren Manuskripten konnte er diesen Systemteil vortragen. Seine neuen Aufzeichnungen bezogen sich also erstens auf die *Philosophie der Natur* und zweitens auf die *Philosophie des Geistes*. Die Rückbesinnung auf die vorausgesetzten Manuskripte zu *I. Logik und Metaphysik* bedingt dann die Änderung der genannten Überschrift.

Für die Frage, ob Hegel im Zusammenhang der Vorbereitung für diese Vorlesung auch Entwürfe zum Ende des Systems formuliert hat, muß man schließlich noch berücksichtigen, daß wir nichts darüber wissen, wie er für die Zwecke seiner Vorlesungen im Wintersemester 1803/04 die *Philosophie des Geistes* von dem sie vollendenden *Naturrecht* abgrenzen wollte, das ja Gegenstand einer eigenen Vorlesung sein sollte. Im Rahmen der Vorlesung über das System im Ganzen kann die Darstellung der Geistesphilosophie unvollständig geblieben sein, weil deren abschließender Teil ohnehin ausführlicher in der Naturrechtsvorlesung behandelt wurde. Diese Überlegungen führen indessen über Vermutungen nicht hinaus, weil wir keine Zeugnisse darüber haben, ob Hegel die Vorlesung über *Naturrecht*, die er in Jena insgesamt fünfmal angekündigt hat, im Wintersemester 1803/04 oder in einem der anderen vier Semester, in denen sie angekündigt war, auch wirklich gehalten hat. Man kann es allenfalls als sehr wahrscheinlich ansehen, daß eine mehrfach angekündigte Vorlesung, für die auch umfangreiche Manuskripte angefertigt wurden, die seit ihrer Charakterisierung durch K. Rosenkranz als *System der Sittlichkeit* unter diesem Titel bekannt sind, irgendwann auch zustandegekommen ist.[14]

V. Hinweise zur Interpretation

Die Jenaer Systementwürfe Hegels: von den *Fragmenten aus Vorlesungen* von 1801/02 über das *System der Sittlichkeit* von 1802/03, das hier vorgelegte *System der spekulativen Philosophie* von 1803/04 und die *Logik, Metaphysik, Naturphilosophie* von 1804/05 bis zur *Realphilosophie* von 1805/06 und die *Wissenschaft der Phänomenologie des Geistes* von

1805/07 (veröffentlicht in den Bänden 5–9 der Kritischen Ausgabe) stellen der Interpretation noch zahlreiche bisher ungelöste Probleme. In diesem größeren Zusammenhang muß der vorliegende Band gesehen werden. Es ist nicht beabsichtigt, zur Interpretation dieses Zusammenhangs oder auch nur der *Systementwürfe I* hier nähere Ausführungen zu machen. Es sollen nur kurze inhaltliche Hinweise gegeben werden, die durch die Literaturhinweise im Anschluß an diese Einleitung ergänzt sind.

Das ganze System gilt als spekulative Philosophie. Der Unterschied zwischen Logik und Metaphysik einerseits und Philosophie der Natur und des Geistes andererseits wird noch nicht als Differenz spekulativer zu realphilosophischen Systemteilen gedacht. Dieser Sprachgebrauch findet sich zuerst auf der Zuhörerliste vom Sommersemester 1806, auf der es heißt *Collegium privatum über Logik und Metaphysik oder spekulative Philosophie* bzw. in der Ankündigung der Vorlesung des Wintersemesters 1805/06, die lautet: *Ge.Wilh.Frid. Hegel, D. ... Philosophiam realem, i.e. naturae et mentis ex dictatis ... tradet.*[15] Die Bedeutung des Wortes spekulativ wird man aus der Unterscheidung von Reflexion und Spekulation erfassen müssen, wie sie in den Jenaer Texten gebraucht wird.[16] Der entscheidende Punkt für Hegel ist dabei, auf welche Weise die Einheit dargestellt wird: als die äußerlich sich ergebende Vereinigung an sich getrennter Bestimmungen, letztlich des Objektiven und Subjektiven oder als ihre in allen Teilen sich selbst konstruierende „absolute Identität". Die Philosophie der Natur und des endlichen Geistes stellen diese „absolute Identität" im Medium der Wirklichkeitsbestimmungen ebenso vollständig dar wie Logik und Metaphysik im Medium der Denkbestimmungen oder die Philosophie des absoluten Geistes im Medium des sich aus der Wirklichkeit „resumierenden" reinen Denkens. Die Kennzeichnung des gesamten Systems als eines spekulativen verweist auf diese Weise noch auf die vierteilige Systemkonzeption zurück, die Hegel 1801/02 vertreten hat.[17] Im vorliegenden Text bilden freilich bereits endlicher Geist und absoluter Geist zusammen den dritten und letzten Teil des insgesamt als spekulativ verstandenen Systems der Philosophie.

Die Naturphilosophie, die den Hauptteil der erhalten gebliebenen Manuskripte aus dem Jahr 1803/04 ausmacht, kennt noch den Unterschied des „Systems der Sonne" und des „irdischen Systems". Dieser Unterschied findet sich auch noch in *Systementwürfe II* vom darauf folgenden Jahr; in der *Realphilosophie* von 1805/06 wird die Himmelsmechanik als ein Teil der allgemeinen Mechanik behandelt. Von gelegentlichen Reminiszenzen abgesehen, wird das „System der Sonne" dann nicht mehr als eigener Abschnitt der Naturphilosophie behandelt. Das bedeutet: Die Natur hat von nun an ihren spekulativen Charakter eingebüßt. Der Geist ist Geist aus sich selbst und nicht mehr — wie es in diesem Band noch heißt — als der „absolut einfache Äther" des himmlischen Systems, der „durch die Erde hindurch zu sich selbst zurückgekehrt" ist.[18] Deshalb kann sich auf der Grundlage der späteren Konzeption der Geist vollenden, indem er auf der Spitze seiner Entwicklung (am Ende der Philosophie des absoluten Geistes) unmittelbar „zum Logischen" zurückkehrt. Es bedarf nicht mehr der „reinen Erscheinung der Idee" dieses Logischen, die im himmlischen System „angeschaut" wird, damit die Erscheinungssphäre im Rückbezug auf den spekulativen Gehalt dieses Systems über sich selbst hinausgehen und zu den reinen Denkbestimmungen der Logik zurückkehren kann. Diese 1803/04 offenbar noch gültige Konzeption war in der Dissertation *De orbitis planetarum* von 1801 und einigen Manuskriptfragmenten des Jahres 1801/02 deutlich ausgesprochen.[19] Spuren davon sind in *Systementwürfe I* noch vorhanden, in denen auch Natur und endlicher Geist als spekulativer Ausdruck der Einheit genommen werden.

Zur „Logik und Metaphysik" dieses Systems ist wenig überliefert. Die „Idee" wird in Fragment 16 als „absolute Sichselbstgleichheit" der „absoluten Substanz" dargestellt, in der die Einheit von Sein und Werden ausgedrückt ist.[20] In der Struktur dieser Idee, die in den konkreten Gestalten der Natur und des Geistes überall wiederkehrt, werden die Gegensätze des Seins und des Werdens durch die gedoppelte Mitte der Passivität und der Tätigkeit miteinander vermittelt. Die Selbsterfassung dieser absoluten Substanz in der absoluten Subjektivität wird noch nicht gedacht. Hierzu wird ein entscheidender Schritt in der „Metaphysik" der *Systementwürfe*

II von 1804/05 getan. Der „Metaphysik der Objektivität"
wird dort eine „Metaphysik der Subjektivität" gegenüberge-
stellt. In der Einheit von theoretischem und praktischem Ich
gelangt das Einssein von Passivität und Tätigkeit zum Begreifen seiner selbst.[21] — Im Äther, der Geist-Materie des himmlischen Systems mit ihrer unendlich sich gleich bleibenden Bewegung, sind Sein und Werden noch als Eins gedacht. Diese
Einheit fällt im irdischen System der Natur „absolut auseinander". Der ältere Anspruch, daß sie im Aufbau des ganzen
Systems zusammen mit dem endlichen Geist eine erneute
vollständige Darstellung der Einheit zuwegebringt, wird bereits von der Geistesphilosophie von 1803/04 nicht mehr ein-
gelöst.

Daß wir hier die erste ausgearbeitete Philosophie des Geistes (bis zum „Volksgeist") vor uns haben, kennzeichnet diesen Text vor allem als einen Hauptknotenpunkt der Entwicklung des Hegelschen Denkens. Das *System der Sittlichkeit*
von 1802/03 bildete eine Ausarbeitung des Systemteils „Naturrecht", der die theoretische Potenz des Geistes nicht mit
enthielt.[22] Die spätere Konzeption, daß der Geist das andere
seiner selbst vollständig mit sich selbst vermittelt, ist in der
Geistesphilosophie von 1803/04 in wesentlicher Hinsicht vor-
geprägt. Hierfür ist auch auf die kurzen Fragmente aus Vorlesungsmanuskripten des Jahres 1803 zu verweisen, die im
Band 5 der Kritischen Ausgabe veröffentlicht werden.[23] Vom
„allgemeinen, bestehenden Bewußtsein" heißt es im vorliegenden Text, daß es der „Geist eines Volkes" ist, „für den das
Bewußtsein als einzeln nur sich Form ist, die sich unmittelbar
ein andres wird."[24]

Diese Stelle macht auch deutlich, daß die Geistesphilosophie von 1803/04 ganz und gar als Philosophie des Bewußtseins aufgebaut ist. Darin ist sie zugleich wesentliche Vorstu-
fe der „Wissenschaft der Erfahrung des Bewußtseins", die in
der *Phänomenologie des Geistes* von 1807 vorgelegt wird. Das
Bewußtsein ist 1803/04, entsprechend der Grundstruktur aller Deduktionen dieses Textes, viergliedrig gedacht: es ist
selbst das Extrem der Tätigkeit, die den Gegenstand des Wissens hervorbringt, sodann ist es der Ort der Mitte, die selbst
die beiden Seiten des Objektiven und des Subjektiven an sich
hat, und es steht dem Gegenstand als passivem gegenüber, auf

den es durch die gedoppelte Mitte bezogen ist. Es kann also
die Vermittlung an sich selbst erfahren, die im System der
Philosophie begrifflich gedacht wird. Damit erfüllt es die Bedingung der Einheit von Form und Inhalt, Methode und Sache, die das Entstehen der spekulativen Dialektik ermöglicht
hat. Als Grunderfahrung des Bewußtseins zeigt sich, daß es
den „spekulativen Karfreitag" und das spekulative Osterereig-
nis, Geschehnisse, die die Philosophie prinzipiell rein begrifflich konzipiert, in seinen eigenen Verständnishorizonten immer wieder an sich vollzieht: es stirbt, aber es bleibt nicht im
Tod, sondern es steht wieder auf zu einer höheren Gestalt seines eigenen Seins.[25] Daß dabei das Objektive in erster Linie als das Passive und das Subjektive in erster Linie als das
Tätige im Bewußtsein gedacht werden, die notwendig verbunden sind mit dem Objekt als Gewußtem und dem Subjekt als
dem darin seiner selbst Bewußten, macht den besonderen
Reiz dieser Geistesphilosophie aus. Die spezifischen sachlichen Möglichkeiten dieses Denkansatzes müssen freilich noch
erforscht werden.

VI. Zeichen, Siglen, Abkürzungen, Symbole

Im Druck des Hegelschen Textes werden von den Herausgebern folgende Zeichen und Siglen benutzt:

S p e r r d r u c k	einfache Hervorhebung im Manuskript
KAPITÄLCHEN	doppelte Hervorhebung im Manuskript
Serifenlose Schrift	Wörter aus fremden Sprachen, die im Manuskript durch lateinische Handschrift ausgezeichnet sind
Kursivdruck	Herausgeberrede
/	neue Seite in der Kritischen Ausgabe
[]	Hinzufügungen der Herausgeber
Ms	Manuskript
E	Erststufe
H	*G.W.F. Hegel: Jenenser Realphilosophie I.* Hrsg. von J. Hoffmeister. Leipzig 1932. (Philosophische Bibliothek. Bd 66b.)

Hegel verwendet sehr viele Abkürzungen, deren genaue Auflösung häufig nur aus dem Sinnzusammenhang zu erschließen ist. Wir geben hier nur einige Beispiele:

abs. bzw. *absol.*	= *absolut*	mit allen Flexionsendungen (auch in Zusammensetzungen)
Allg.	= *Allgemeinheit*	mit allen Flexionsendungen
'ch	= *auch*	
's	= *aus* bzw. *eines*	(je nach Zusammenhang)
Bwt. bzw. *Bwßt.* bzw. *Bwßts.*	= *Bewußtsein*	mit allen Flexionsendungen
e	= *eine*	
r	= *einer*	
Gegsz. bzw. *Ggsz.* bzw. *Ggnsz.*	= *Gegensatz*	mit allen Flexionsendungen (die Hegel manchmal zur Abkürzung hinzufügt, z. B. *Gegszes*)
k.	= *kein*	mit allen Flexionsendungen (die Hegel häufig auch zur Abkürzung hinzufügt)
Pr.	= *Prozeß*	mit allen Flexionsendungen
s.	= *sein* bzw. *sich*	(je nach Zusammenhang; die Flexionsendungen von *sein* fügt Hegel meistens zur Abkürzung hinzu, z.B. *sr*)
Tot. bzw. *Total.*	= *Totalität*	mit allen Flexionsendungen
Vrh. bzw. *Verh.* bzw. *Verhältn.*	= *Verhältnis*	mit allen Flexionsendungen

Vrsch. bzw. *Versch.*
  bzw. *Verschied.* = *Verschiedenheit* mit allen Flexionsen-
                                          dungen

Die für diese Manuskripte besonders kennzeichnenden Symbole sind:

⊙   = *Sonne* bzw. *Gold*

♁   = *Erde*

☽   = *Mond* bzw. *Silber*

♂   = *Mars* bzw. *Eisen*

♀   = *Venus* bzw. *Kupfer*

♃   = *Jupiter* bzw. *Zinn*

♄   = *Saturn* bzw. *Blei*

☿   = *Merkur* bzw. *Mercurius* (= Quecksilber)

▽   = *Wasser*

△   = *Feuer*

+   = *Säure, Sauer-* bzw. *-sauer*

⊖   = *Salz*

⊕   = *Salpeter*

♄   = *Schwefel*

Anmerkungen

1. Vgl. *Catalogi scholarum in Academia Jenensi. 1741–1814.* Universitätsbibliothek Jena. Signatur: H. 1. VI,f.29.Blatt 154 Rückseite. (Abgedruckt in: *Hegel-Studien.* Bd 4. Bonn 1967. S. 54.)
2. Vgl. *Allgemeine Literatur-Zeitung.* Jena und Leipzig 1803. *Intelligenzblatt. Numero 195.* Spalte 1595. (Vgl. *Hegel-Studien.* Bd 4. A.a.O.)
3. Vgl. unter „VI. Zeichen, Siglen, Abkürzungen, Symbole" die Wiedergabe von Hegel verwendeter Symbole S. XXXII.
4. Über Methoden und Ergebnisse dieser Analysen für die Jenaer Manuskripte insgesamt ist zusammenfassend im Anhang von *Hegel: Gesammelte Werke.* Bd 8. S. 348–361 berichtet.
5. Vgl. *Jenaische Allgemeine Literatur-Zeitung.* Jena und Leipzig 1805. *Intelligenzblatt. Numero 110.* Spalte 923. (Vgl. *Hegel-Studien.* Bd 4. S. 55.)
6. *Catalogi scholarum ...* a.a.O. Blatt 157. (Vgl. *Hegel-Studien.* Bd 4. 54.)
7. Die Vorlesungsankündigung findet sich in *Allgemeine Literatur-Zeitung* a.a.O. *Intelligenzblatt. Numero 195.* Spalte 1595 (Vgl. *Hegel-Studien.* Bd 4. 54.) — Zur Berichtigung der Übersetzung vgl. *Jenaische Allgemeine Literatur-Zeitung* a.a.O. 1806. *Intelligenzblatt. Numero 23.* Spalte 188 und *Intelligenzblatt. Numero 28.* Spalte 231/2. (Vgl. *Hegel-Studien.* Bd 4. S. 55 mit Anm. 3.)
8. *K. Rosenkranz: Hegels Leben.* Berlin 1844, S. 198f; vgl. *Hegel: Gesammelte Werke.* Bd 5.
9. *Briefe von und an Hegel.* Hrsg. von J. Hoffmeister. Hamburg 1952. Bd 1. S. 86.
10. S. *Gesammelte Werke.* Bd 6. S. 352f. (Auch abgedruckt in *Hegel-Studien.* Bd 4. S. 60.)
11. *Briefe von und an Hegel.* A.a.O. S. 77.
12. *Hegel in Berichten seiner Zeitgenossen.* Hrsg. von G. Nicolin. Hamburg 1970. S. 53.
13. Vgl. die Vorlesungsankündigung für das Sommersemester 1802, wo es heißt: *Logicam et Metaphysicam ... secundum librum sub eodem titulo proditurum.* In: *Catalogi scholarum ...* a.a.O. Blatt 148 Rückseite. (Vgl. *Hegel-Studien.* Bd 4. 53.)
14. Vgl. zu dieser Frage *Hegel-Studien.* Bd 4. S. 76–78; der Bericht über die betreffenden Manuskripte bei *Rosenkranz* findet sich in seiner Biographie: *Hegels Leben.* A.a.O. S. 132–146.
15. S. *Hegel-Studien.* Bd 4. S. 63 und 55.
16. Vgl. dazu *Düsing: Spekulation und Reflexion.* In: *Hegel-Studien.* Bd 5. S. 95–128.
17. Vgl. *Kimmerle: Das Problem der Abgeschlossenheit des Denkens.* Bonn 1982. (*Hegel-Studien.* Beiheft 8.) 2. Aufl. — Mit der genannten zeitlichen Eingrenzung kann die These vom vierteiligen System in dieser Periode als erhärtet gelten. (S. 8 und 333f mit Anm. 7.)

18. S. unten 183.
19. S. *Kimmerle* a.a.O. S. 332—339.
20. S. unten 185, vgl. auch zum folgenden.
21. S. *Hegel: Jenaer Systementwürfe II.* Neu hrsg. von R.P. Horstmann. Hamburg 1982. (Philosophische Bibliothek Bd 332.) S. 146—189. Vgl. *Düsing: Das Problem der Subjektivität in Hegels Logik.* Bonn 1984. (Hegel-Studien. Beiheft 15.) 2. Aufl. S. 189—198.
22. Vgl. *Kimmerle: Hegel's Lectures on Natural Law as an Early Counterpart to the ‚Philosophy of Right'.* In: D.Ph. Verene (Hrsg.), *Hegel's Social and Political Thought.* New Jersey 1980. S. 53—57.
23. Vgl. *M. Baum/K. Meist: Durch Philosophie leben lernen.* Hegels Konzeption der Philosophie nach den neu aufgefundenen Jenaer Manuskripten: In: *Hegel-Studien.* Bd 12. S. 43—81.
24. S. unten 223.
25. Vgl. *Hegel: Gesammelte Werke.* Bd 4. S. 414.

LITERATURHINWEISE

I. Ausgaben

Das System der spekulativen Philosophie

1. G. W. F. Hegel: Jenenser Realphilosophie I. Die Vorlesungen von 1803/04. Aus dem Manuskript hrsg. von J. Hoffmeister. Leipzig 1932. Philosophische Bibliothek. Bd. 66b.
2. G. W. F. Hegel: Gesammelte Werke. In Verbindung mit der Deutschen Forschungsgemeinschaft hrsg. von der Rheinisch-Westfälischen Akademie der Wissenschaften. Bd. 6: Jenaer Systementwürfe I. Hrsg. von Klaus Düsing und Heinz Kimmerle. Hamburg 1975.

II. Weiterführende Literatur

Baum, Manfred / Meist, Kurt R.: Durch Philosophie leben lernen. Hegels Konzeption der Philosophie nach den neu aufgefundenen Jenaer Manuskripten. In: Hegel-Studien. Bd. 12. Bonn 1977. S. 43—81.

Bonsiepen, Wolfgang: Der Begriff der Negativität in den Jenaer Schriften Hegels. Hegel-Studien. Beiheft 16. Bonn 1977. Bes. S. 83—91, 108—111.

Düsing, Edith: Intersubjektivität und Bildung des Selbstbewußtseins. Sozialbehavioristische, phänomenologische und idealistische Begründungstheorien. Habilitationsschrift Köln 1984. Erscheint Köln 1985. Bes. T. 4. Abschn. I.

Düsing, Klaus: Idealistische Substanzmetaphysik. Probleme der Systementwicklung bei Schelling und Hegel in Jena. In: Hegel-Studien. Beiheft 20: Hegel in Jena. Hrsg. von Dieter Henrich und Klaus Düsing. Bonn 1980. S. 25—44.

Gérard, Gilbert: Critique et dialectique. L'itinéraire de Hegel à Iéna (1801—1805). Bruxelles 1982. Bes. S. 273—316.

Göhler, Gerhard: Dialektik und Politik in Hegels frühen politischen Systemen. Kommentar und Analyse. In: G.W.F. Hegel: Frühe politische Systeme. Hrsg. und kommentiert von Gerhard Göhler. Frankfurt a.M., Berlin, Wien 1974. Bes. S. 343ff., 350ff.

Habermas, Jürgen: Arbeit und Interaktion. Bemerkungen zu Hegels Jenenser Philosophie des Geistes. In: Natur und Geschichte. Karl Löwith zum 70. Geburtstag. Hrsg. von Hermann Braun und Manfred Riedel. Stuttgart 1967. S. 132—155. Wiederabgedruckt in: Jürgen

Habermas: Technik und Wissenschaft als ‚Ideologie'. Frankfurt a.M. 1968. S. 9—47.

Harris, Henry S.: The Concept of Recognition in Hegel's Jena Manuscripts. In: Hegel-Studien. Beiheft 20: Hegel in Jena. Hrsg. von Dieter Henrich und Klaus Düsing. Bonn 1980. S. 229—248.

—: Hegel's Development: Night Thoughts (Jena 1801—1806). Oxford 1983. Bes. S. 238—339.

—: Hegel's First Philosophy of Spirit. Introduction. In: G.W.F. Hegel: System of Ethical Life and First Philosophy of Spirit. Edited and translated by Henry S. Harris and Thomas M. Knox. Albany, New York 1979. Bes. S. 189—204 (Kommentierende Anmerkungen zum ins Englische übersetzten Hegel-Text S. 205—253.)

Horstmann, Rolf P.: Probleme der Wandlung in Hegels Jenaer Systemkonzeption. In: Philosophische Rundschau. Jg. 19. Tübingen 1972. S. 87—118.

Kimmerle, Heinz: Zur Chronologie von Hegels Jenaer Schriften. In: Hegel-Studien. Bd. 4. Bonn 1967. S. 125—176.

—: Dokumente zu Hegels Jenaer Dozententätigkeit (1801—1807). In: Hegel-Studien. Bd. 4. Bonn 1967. S. 21—99.

—: Hegels Naturphilosophie in Jena. In: Hegel-Studien. Beiheft 20: Hegel in Jena. Hrsg. von Dieter Henrich und Klaus Düsing. Bonn 1980. S. 207—215. Wiederabgedruckt in: Heinz Kimmerle: Das Problem ... ²1982 (s.u.). S. 332—339.

—: Ideologiekritik der systematischen Philosophie. Zur Diskussion über Hegels System in Jena. In: Hegel-Jahrbuch 1973. Köln 1974. S. 85—101. Wiederabgedruckt in: Heinz Kimmerle: Das Problem ... ²1982 (s.u.). S. 313—331.

—: Das Problem der Abgeschlossenheit des Denkens. Hegels ,,System der Philosophie" in den Jahren 1800—1804. Hegel-Studien. Beiheft 8. Bonn 1970. 2. Aufl. Bonn 1982. Bes. S. 135—281, S. 313—331, S. 332—339.

Meist, Kurt R. s.o. Baum, Manfred / Meist, Kurt R.: Durch Philosophie leben lernen.

Rüddenklau, Eberhard: Gesellschaftliche Arbeit oder Arbeit und Interaktion? Zum Stellenwert des Arbeitsbegriffs bei Habermas, Marx und Hegel. Europäische Hochschulschriften. Reihe XX: Philosophie. Bd. 82. Bern 1982. Bes. S. 221—244, S. 271—302.

Schmitz, Hermann: Hegel als Denker der Individualität. Meisenheim a.G. 1957. Bes. S. 118—138.

Siep, Ludwig: Anerkennung als Prinzip der praktischen Philosophie. Untersuchungen zu Hegels Jenaer Philosophie des Geistes. Freiburg/München 1979. Bes. S. 54—68, S. 178—190.

—: Der Kampf um Anerkennung. Zu Hegels Auseinandersetzung mit

Hobbes in den Jenaer Schriften. In: Hegel-Studien. Bd. 9. Bonn 1974. S. 155—207.

Vieillard-Baron, Jean-Louis: La notion de matière et le matérialisme vrai selon Hegel et Schelling à l'époque d' Iéna. In: Hegel-Studien. Beiheft 20: Hegel in Jena. Hrsg. von Dieter Henrich und Klaus Düsing. Bonn 1980. S. 197—206.

Waszek, Norbert: Adam Smith and Hegel on the Pin factory. In: The Owl of Minerva. Bd. 16. Villanova 1985. S. 229—233.

DAS SYSTEM DER SPEKULATIVEN PHILOSOPHIE

Fragmente aus Vorlesungsmanuskripten
zur Philosophie der Natur und des Geistes
(1803/04)

ZUM ANFANG DES IRDISCHEN SYSTEMS
DER NATURPHILOSOPHIE UND ZUR MECHANIK

Fragment 1
auf diesem Gesetze ...

auf diesem Gesetze, dem er widersprechen wollte; die Astronomen nennen es selbst eine willkürliche Voraussetzung und kennen das Eingeschränkte seiner Wahrheit, daß es nämlich nur bei Erde, Jupiter und Saturn, nicht bei Uranus sich zeigt; aber ebendarum kann Schelling die Werte der Masse nicht für sich gebrauchen, da sie allein aus dieser einstweiligen Bestimmung fließen.

c) diese körperliche Seite der Bestimmtheit der Planeten ist vors erste selbst zu erkennen, wie der Bewegungsprozeß sich realisiert und eine Erde gebildet wird; es ist vorerst die Idee einer ERDE zu konstruieren, ehe diese Idee selbst wieder unter ihrer eigenen Bestimmtheit sich darstellen kann.[1] /

Übergang zum irdischen Systeme

Das Sonnensystem ist die absolute Totalität und Identität der konstruierten 4 Bewegungen; das Licht ist das erscheinende Wesen, die absolute Allgemeinheit, die positive Einheit; seine Unendlichkeit, sein absolutes Denken, ist die absolute Kreisbewegung, welche sich in ihren Momenten so realisiert, daß jeder selbst dieser absolute Prozeß ist und Sichselbstgleiches in seiner Bewegung oder als Materie selbst diese Natur seines Moments ausdrückt. In dieser Bewegung ist die Unendlichkeit, sie ist absolutes Denken, nicht in sich selbst reflektiert, sie existiert nicht, nur als Einheit, als Abstraktion, als Unsichtbares, nicht als Eins; das Licht ist nicht dieses ne-

[1] *In E folgte (später gestr.):* Die Metallreihe hat nichts voraus.

gative Eins der Totalität, als Sonne ist es selbst Eins als ein
Moment, nicht das Eins dieses Eins und seiner Entgegensetzung, nur Anschauen, nicht Reflexion; die Bewegung muß
zur absoluten Ruhe werden und sich ihrer Ruhe, dem Eins,
gegenüberstellen. Es ist in ihr gesetzt die Ruhe als Gleichheit,
aber auch als Mittelpunkt, aber innerhalb ihrer selbst, noch
nicht als entgegengesetzt heraustretend; jenes ist selbst Abstraktion, nicht Identität.

Dieses Eins der Unendlichkeit ist wesentlich Eins der in
ihrer Realität sich entgegensetzenden Bewegungen, der sich   10
auf sich selbst beziehenden und der auf ein anderes; die Erde
und der Komet sind beides diese Synthese, aber dieser ist / es
selbst nur im Gegensatze, oder in formaler Allgemeinheit nur
die aufgelöste, im rein negativen Punkte zusammengehaltene
Unendlichkeit, nicht die quantitative Einheit, ebenso [nicht]
die absolute Indifferenz. Dies ist die Erde.[1] /

---

[1] *Daneben am Rande (vermutlich späterer Zusatz):* Die Natur ist im
Raume; die ganze vergangene Geschichte bleibt gegenwärtig; der Geist
ist Zeit, er hat die Vergangenheit, seine Erziehung vernichtet.

Fragment 2
Nämlich die himmlische Bewegung ...

[1]Nämlich die himmlische Bewegung hatte an ihr selbst dies Bild der Totalität a) in ihrem Gegensatze oder Begriffe, daß das Eins der Zeit in den Raum das absolut Entgegengesetzte und Inkommensurable ausgebreitet und dieser in den Punkt der Bewegung zurückgenommen ist, b) in der Ausbreitung dieses Punkts als des Mittelpunkts der Bewegung in die Linie der Achse und die Fläche der Bahn, worin der ursprüngliche Punkt sich aus der absoluten Entgegensetzung der Linie und der Kreisbahn in einen idealen Mittelpunkt zusammennimmt und jenem ersten gegenüber einen idealen Mittelpunkt bildet. c) Dies ganze Bild ist selbst in demjenigen Prozesse der Bewegung gesetzt, welchen wir als die Erde oder den Planeten überhaupt erkannt haben; jeder dieser beiden Punkte ist in ihr selbst der Mittelpunkt einer Bewegung. Die Sonne ist sich nur Mittelpunkt, realer Mittelpunkt ohne idealen — der Mond hat nur einen idealen Mittelpunkt, der Komet macht / sich den [realen] Mittelpunkt gleichsam zu seinem idealen Mittelpunkt, vermischt beide Bewegungen, und in seine Bewegung um einen andern Mittelpunkt legt er unmittelbar sein Fürsichsein als eine höchst exzentrische Ausschweifung in seiner Bahn. Die Erde aber hält beide Bewegungen in sich getrennt und in ihrer Trennung vereinigt.

Sie ist die wahre Rückkehr des Lichts aus der Unendlichkeit seiner Bewegungen in sich selbst, in ihr schlägt das absolute Verhältnis aus dem Anschauen in die Reflexion um;

---

[1] *Der Text von Fragment 2 steht auf einem besonderen Blatt mit Verweiszeichen. Am Ende des vorigen Fragments findet sich das gleiche Verweiszeichen und der Vermerk* s. besonderes Blatt. *Ob damit das hier abgedruckte Blatt gemeint ist, ist nicht ganz sicher. Inhaltlich bildet es eine Fortsetzung von Fragment 1, und im folgenden Fragment werden die hier gemachten Darlegungen teils vorausgesetzt, teils weiter ausgeführt. Vgl. Einleitung der Herausgeber XIIf.*

das Licht setzte sich als das Tätige, als Sonne, und spannte
sich in den Gegensatz des Monds und Komets aus, schaute
sich in ihnen an als ein anderes, d. h. als das unmittelbar Entgegengesetzte seiner selbst, als das Entzweite; die Erde, die
passive Mitte, ist in der Energie dieses Gegensatzes das Passive; in ihrer Tätigkeit berührt die Sonne den Gegensatz; es ist
ihre Einheit gesetzt mit Mond und Komet, oder sie wird absolut allgemeine — als die Macht von sich selbst und dem Gegensatze — und ihre Tätigkeit erlischt; diese Einheit aber, diese vereinte Macht der Sonne und ihres Gegensatzes des Monds   10
und des Komets ist unmittelbar die lebendige Erde. Die absolute positive Einheit, das Sichselbstgleiche wird unendlich in
der Bewegung; es ist in dieser seiner Unendlichkeit anschau-
lich, einfach, die positive Einheit, die absolute Substanz, unmittelbar eins mit ihrer Unendlich/keit, sie treten nicht auseinander, und es tritt nichts zwischen sie. Aber das Licht oder
die primitive anschauende Einheit unterscheidet sich von seiner Bewegung und [wird] sich in derselben ein anderes; es
schaut sich als das unendliche Anderswerden an; aber diese
Bewegung ist ebenso absolut das Anderswerden ihrer selbst,   20
und sie wird zum Gegenteil ihrer selbst als Einheit, und das
Licht schaut sich in diesem, daß die Bewegung das Entgegengesetzte ihrer selbst wird, als sich selbst [an]; es reflektiert
sich aus der Bewegung, und diese Einheit der Reflexion, der
ideale Indifferenzpunkt, ist Eins mit dem ersten Primitiven,
und diese Ruhe, dies Einssein, ist das Aufgehobensein der
Bewegung. Darum erscheint zunächst [die Erde] als das
gerade Gegenteil dieser Lebendigkeit, nämlich als tote, in
welchem die Ruhe und die Bewegung auseinanderfällt; und
ihre Lebendigkeit ist gerade eine solche, welche sich aus die-   30
sem Gegensatze erhebt; diese Berührung des Gegensatzes
durch die Sonne ist die Erde, oder es ist die Berührung der
[sich] auf sich selbst beziehenden Bewegung und der sich auf
einen andern Mittelpunkt beziehenden. Aber in dieser Berührung ist das erste Moment das Negative dessen, als was
sie vor der Berührung gesetzt sind: das Ersterben beider
Bewegungen in ihrer Einheit, und diese ihre Einheit beider als das Tote derselben tritt der Bewegung selbst gegenüber, und beide fallen auseinander; das erste Moment des irdischen Systems, worauf wir es aufnehmen, ist der Me-   40

chanismus, a) das leere Eins der Bewegung auf einer Seite[1]
und der Ruhe oder eine äußer/liche Beziehung derselben;
und indem die Erde dieses ist, ist jenes der Mond, gleichsam
die mechanische Sonne der Erde; hier kehrt für ihn das Verhältnis sich um. /

---

[1] *In E folgte (später geändert):* b) als ein reflektierter Punkt oder als
eine Doppelheit von Punkten, die zusammen in einem allgemeinen leeren Elemente gesetzt sind.

Fragment 3
Aus dem himmlischen Systeme . . .

Aus[1] dem himmlischen Systeme ist uns die Erde gekommen als das, in welchem die beiden, der reale und ideale Indifferenzpunkt der Bewegung gesetzt; der reale
schaut sich in der Bewegung selbst als Einheit an und [ist]
dies sein reflektierendes Anschauen.[2] In diesem ist nun unmittelbar die Bewegung erloschen, zur absoluten Ruhe gebracht; das dem realen Entgegengesetzte ist selbst die Ruhe,
das Eins; und die Bewegung tritt außer derselben, sie ist ein 10
Fremdes für sie. Das Licht, das primitive anschauende sich
selbst gleiche Eins, ist unendlich als absolute Bewegung; es
schaut sich in seiner Bewegung als Eins an; die Einheit dieser
beiden Eins, des positiven und negativen, tritt auf eine Seite
als ein Allgemeines, denn die Unendlichkeit, die Bewegung,
tritt ihnen gegenüber; indem sie / wieder vereinigt werden,
tritt jene primitive Einheit wieder hervor als das Eins der Einheit jener beiden Einheiten und der Unendlichkeit. In dem
als Eins Gesetztsein beider Bewegungen hören sie unmittelbar
auf zu sein; ihr Aufhören, ihr Einssein, tritt ihnen gegenüber. 20
Als die positive allgemeine Einheit jener beiden Einheiten
ist die absolute Materie, in welcher dieser Unterschied, sowie
das Außer-ihr-Fallen der Bewegung nicht tote Masse geworden, welche, gleichgültig gegen Ruhe und Bewegung, äußerlich bewegt und beruhigt wird. Dies erste Auseinandertreten
ist in einer noch unsichtbaren Einheit vereinigt, in der
Erde ist beides auf eine noch unbegreifliche Weise zusammen;
es muß sich erst herausgebären, d. h. diese Einheit wird wesentlich eine solche sein, welche sich aus diesem Gegensatze
der toten Masse und der Bewegung erhebt. 30
Dies Moment, in welchem das Einssein beider ein allgemei-

---

[1] *Darüber als eigene Zeile: siehe* Konstruktion der Erde. *Nach einem
Einschub, auf den Hegel mit dieser Bemerkung verweist (vgl. 5 Fußnote
1), wird der Text von Fragment 1 nunmehr fortgesetzt.*
　　[2] *Daneben am Rande:* Die absolute Substantialität des Sonnensy-
stems; das absolut Sichselbstgleiche hat in sich a) die sich selbst gleiche
tote Einheit des positiven und negativen Eins, b) die Bewegung.

nes positives Eins ist, in welchem der Gegensatz der Masse und der Bewegung sein Spiel hat, jedes der beiden für sich ist und das absolute Fürsichsein nur an beiden als ein gedoppeltes Sein erscheint, ist die erste einfache Potenz der Erde oder der Mechanismus. Wir konstruieren ihn, und in seiner Konstruktion wird er in sein Entgegengesetztes übergehen, nämlich aus seiner indifferenten Einheit und dem Bestehen des Gegensatzes in die differente, diesen Gegensatz aufhebende Einheit, Chemismus; in die tote Masse wird sich die Bewegung versenken, aber itzt / in diese Masse, welche die Indifferenz zweier Indifferenzen ist, als ein Reales, nicht mehr Ideales, dessen ideale Momente Zeit und Raum sind, dessen reale selbständige Körper sind, hervorgehen.

a) Die Masse ist sich selbst gleiche absolute Einheit, in welche das negative Eins gesetzt, das Ausschließende, der absolute Punkt; in jene sich selbst gleiche Einheit gesetzt, ist er in seinem Negativsein selbst sich gleich. *a*) Bestimmtheit des negativen Eins durch das positive unendlich vieler Atomen; es ist auf das Quantitative bezogen, oder er ist eine absolute Vielheit von Punkten; die Masse ist absolut in unteilbare Atomen geteilt; und sie ist unendlich geteilt, denn es ist der absolute Widerspruch des negativen Eins und des positiven gesetzt. *β*) Bestimmtheit des positiven Eins durch den negativen Mittelpunkt. Die Sichselbstgleichheit, ihrer absoluten Teilung entgegengesetzt, hat das negative Eins ebenso an sich, wie dort subsumiert unter es, so es subsumierend unter sie; sie das Wesentliche, das Sichselbstgleiche ist das Seiende, Tätige. Das Sichselbstgleiche hat Einen Punkt, ihren Mittelpunkt, gegen das absolut Ungleiche, die absolute Unterbrechung der Kontinuität, oder die unendlich vielen Punkte. In der Beziehung beider aufeinander ist die positive Einheit das allgemeine differente Eins, sich auf ein anderes beziehend; die Atomen sind das Träge, sich auf sich selbst beziehend; diese Beziehung als das Tätige ist die Schwere. Die Sichselbstgleichheit, die Substantialität, ist somit eine Beziehung der positiven Einheit auf die negative; sie tritt heraus [aus] dem Gegensatze, mit dem sie in der Unendlichkeit der Bewegung eins ist, das Sichselbstgleiche / den Atomen gegenüber, und die Substantialität ist hiemit ein Ideales, selbst eine Bestimmtheit; und diese drücken an ihnen die Allgemeinheit des Sichselbstgleichen als eine Eigenschaft, als ein Ideales aus; sie hören auf, absolute Materie [zu sein]; das absolut Selbständige, Sichselbstgleiche der absoluten Materie ist ideell gesetzt, d. h. sie existiert nur als Schwere.

Das Wesen der himmlischen Bewegung hat sich in dieser seiner Reflexion völlig umgekehrt und ist sein Gegenteil geworden. Der ideale Indifferenzpunkt, das negative Eins, das in sich zurückgenommene, ist itzt das reale Eins; das Wesen, die Anschauung, ist ideell, als aufgehoben gesetzt, und der reale Mittelpunkt des Sichselbstgleichen ist idealer Mittel- 10 punkt. Die Selbständigkeit der Entgegengesetzten, das Für- sichsein der Atome, ist das In-der-Schwere-Aufheben; und die- se Schwere selbst ist die Selbständigkeit, aber als aufgehobne Selbständigkeit negativ. Die Metallität der absoluten Selb- ständigkeit löst sich in Erde auf und ist nur Schwere. Die Schwere ist die differente Sichselbstgleichheit und Selb- ständigkeit, eine nach außen gekehrte, gegen das negative Eins, die unendliche Atomistik, welche sich ihr entrissen hat.

[1]b. Der Begriff dieser negativen Selbständigkeit oder der Schwere ist im Falle als seiend gesetzt oder ausgedrückt. Der 20 Atom hat nur eine aufgehobene Selbständigkeit, d. h. sein Selbständigsein, daß er sich der positiven Sichselbstgleich- heit entreißt, ist ein Äußeres für ihn, ein Zufälliges, und eben darum auf sie bezogen; / der Atom entfernt sich nicht durch sich selbst, er ist gleichgültig gegen sein Entferntsein, das sein Wesen ist, und ist nicht in seinem Entreißen selbständig; dies Fürsichsein ist ein zufällig gesetztes; und das Aufheben dieses Entreißens ist das Notwendige, die Bewegung ist eine äußer- liche geworden; denn ihr Wesen, dies unendliche Nichtanfan- gen, sondern[2] daß das Gesetzte selbst ein Aufgehobnes ist; 30 sie ist dadurch ein Halbaufgehobnes, das einen absoluten ihr fremden Anfang hat, worin ihre Differenz gegen die Ruhe ist, und so ist ihre Äußerung eine Abstraktion, nur ein Fall, eine gerade Linie, die in Ruhe aufhört; er fällt nach dem allge-

---

[1] *Der Absatz begann in E (später geändert):* b. Für den Atom, der ein Schweres, in seinem sich der positiven Sichselbstgleichheit Entrei- ßen auf sie bezogen ist, ist für das ihm als sichselbstgleiches, positives Schweres Gegenübertretende Masse; für dies Verhältnis ist die Bewe- gung ein Äußerliches;

[2] *Wohl zu lesen:* aber so,   40

meinen Schweren, und indem der Atom selbst schwer, auf
das Sichselbstgleiche bezogen ist, ist er ein Quantum Masse,
und der Unterschied wird ein äußerlicher, ein Größenunter-
schied.

Der Fall ist das Aufheben der dargestellten Entreißung des
in der Form des numerischen Eins Gesetzten, und in ihm
nach vorausgesetztem Entreißen ist die Kraft der Unendlichkeit, sie äußert darin zum ersten Mal ihre negative Natur gegen Selbständiges. Die Masse ist das Positive, in dem Entrei-
10 ßen des Atoms, dem Setzen zweier Eins ist die Bewegung
nicht mehr die sich auf sie selbst beziehende Bewegung beider, sondern Eine Bewegung, oder sie ist als Begriff gesetzt
und als Negation der Selbständigkeit Differenter, und der
scheinbare Tod der Masse ist unmittelbar eine höhere Lebendigkeit.[1] /

d) Aber der fallende Atom ist in seinem Entreißen der allgemeinen Masse nicht die Abstraktion des numerischen Eins,
des reinen Punkts; er ist selbst als für sich seiend auf sie bezogen, selbst Masse; und in seiner Trennung gegen das Sich-
20 selbstgleiche ist dies selbst ein negatives Eins, ein Mittelpunkt; jedes ist Allheit, Größe und der Unterschied nur ein
Unterschied der Größe; beide sind darum auch schwer, in
beiden diese differente Beziehung, dies Aufheben der Selbständigkeit, und es fallen in Wahrheit beide gegeneinander,
und das Eins derselben oder die Ruhe ist nur die Gestalt des
Größern, sie sind selbst eins, das als ruhend Erscheinende
auch als Tätiges, das Bewegte das Passive; das wahre Eins
ist also außer beiden, deren Selbständigkeit aufgehoben
worden ist; es ist im Falle unmittelbar eine Bewegung gesetzt,
30 welche vorbeigeht an dem absoluten Mittelpunkte; denn in der
Trennung, im Losreißen, tritt dieser eben außer beiden. Diese
vorübergehende Bewegung hat wieder den Schein der Gestalt
des negativen Punktes der Tätigkeit in der größern Masse, sie
steht unter der Herrschaft des Sichselbstgleichen und wird
Wurfbewegung; die vorübergehende Bewegung bleibt innerhalb des Begriffs der Bewegung, oder sie geht selbst auf das

---

[1] *Neben diesen Zeilen am Rande:* als himmlische Bewegung war das
Selbständige, das sie aufhob, das Ideale des Raumes; hier ein Bewegtes
selbst ein ruhiges negatives Eins.

Aufheben der Selbständigkeit beider und geht in die Ruhe des Falles über.

e. Aber wie im Falle die größere Masse in Wahrheit nicht das absolut Allgemeine und Tätige ist, sondern nur die Gestalt desselben hat, so ist sie es auch nicht in der Wurfbewegung, sondern sie ist nur das Tätige, und das Eins beider ist außer / beiden Massen; in der Wurfbewegung behauptet die Bewegung ihre Selbständigkeit gegen die im Fall als das absolut Erscheinende, aber hört doch in ihm auf. Indem aber das Eins der Wurfbewegung und der Masse außer beiden ist, so erscheint sie zugleich a) in einem andern ihren Mittelpunkt habend und der Fall aufgehoben, b) doch stehend unter der Schwere, als Pendelbewegung.[1] Der fixe Punkt sowie der schwingende Körper treten nicht aus der Selbstgleichheit der Schwere, die ihr Wesen bleibt; aber die Bewegung des schwingenden Körpers ist nicht mehr auf die Masse bezogen, sondern auf den reinen Punkt; innerhalb der Schwere selbst hat sich die Bewegung abgesondert; aber sie steht unter der Schwere, a) die Kraft des abgesonderten Punktes sowie des schwingenden Körpers; (und die Bewegung beschreibt nur einen Kreis und hört in der geraden Linie auf; doch ist dies gleichgültig; ein von einem Lebendigen im Kreise geschwungener Körper, und die Fortsetzung ist ebenso setzbar) doch ist eigentlich nur der erste Anfang das Postulierte.

f. In der Pendelbewegung ist unmittelbar ein reiner Punkt in Beziehung auf eine Masse gesetzt; jener erhoben über die allgemeine Masse, der [die] Abscheidung eines Körpers vollendet, der in sich Schwerpunkt ist und die Vielheit seiner Masse / von diesem unterscheidet; insofern er unmittelbar aus der Bewegung herkommt und in ihr der Punkt als Linie gewesen ist, ist er Hebel; die Abstraktion der Darstellung der Differenz der Masse in der negativen und positiven Indifferenz; diese Schwere, jene Hypomochlium, die sich über das Schwere erhebt und das Schwere als Vielfaches der Masse über sich selbst erhebt.

---

[1] *Neben dieser und den folgenden Zeilen am Rande:* Im Pendel ist S (schwingender Körper) $= \dfrac{\alpha}{z^2}$ Länge des Pendels, die Fallinie fixierte Linie der Entfernung; die Geschwindigkeit, der Begriff, ist Körper, Masse

Durch diese Abtrennung der Masse in einem negativen indifferenten Punkt ist erst der einzelne Körper als solcher und ist gegen andere einzelne, und der Anfang der Bewegung, der vorhin ein Negatives, ein Freilassen war, wird ein Positives, ein Stoß, und da sie darin gleich sind, daß jedem die Bewegung ein Äußerliches, Zufälliges ist, keines für sich die Gestalt des Allgemeinen hat, so tritt die Bewegung ganz außer ihnen; es bewege sich einer gegen den andern oder beide gegeneinander, die Ruhe, in welche die Bewegung übergeht, ist ein
10 Gleichgewicht derselben, die an den einzelnen Körpern selbst gesetzte Indifferenz. Die Massengröße — verschieden — bringt Verschiedenheit in der erscheinenden Bewegung hervor; aber die Verteilung der Größe der Bewegung bleibt sich gleich. Diese Gleichheit der Verteilung selbst, die ihr Wesen ist, oder die Schwere, die Sichselbstgleichheit über die Schwere erhoben, ist das Gleichgewicht der Flüssigkeit, in welche die Starrheit des Hebels übergegangen ist. Auf der andern Seite ist die Bewegung verschiedener einzelner Körper eine sich auf sie selbst beziehende Bewegung, eine Achsendrehung — ihr Mit-
20 telpunkt ist in ihnen selbst — und eine sich auf andere [beziehende]. Beides ist als absolute negative Einheit der Flüssigkeit entgegengesetzt. / Die Achsendrehung des Körpers ist eigentlich eine Bewegung seines Schwerpunkts, in der er ruhig bleibt, ein Zittern in ihm selbst; er hat seinen Einheitspunkt in ihm selber, er schwingt sich um sich selbst, setzt seinen Schwerpunkt zugleich außer sich; seine Bewegung durch ein anderes ist seine Bewegung, und sein Schwerpunkt wird sich zum ideellen Punkt, und dies Einssein des Insichselbstseins, und sich in /

Fragment 4
bezieht sich auf ein gestaltloses Bewegen ...

[1]bezieht sich auf ein gestaltloses Bewegen derselben Totalität, dies ist der 2te Teil, der Chemismus; die Beziehung
von beidem aufeinander hervortretend ist die organische
Physik.

I. Mechanik

fängt unmittelbar mit dem an, was den Übergang aus dem
himmlischen Systeme in das irdische machte, nämlich der
Reduktion der Bewegung zur Ruhe und dem Auseinanderfallen beider.
In diesem Auseinanderfallen sind beide aber schlechthin
aufeinander / bezogen; dies Auseinanderfallen kommt
aus ihrem Einssein her; die Bewegung geht in Ruhe, ihr Entgegengesetztes, über, heißt nichts anderes: die Bewegung
ist das Werden ihres Entgegengesetzten. In diesem Übergange
sind beide auf gleiche Weise und sind beide nicht; Ruhe ist sowohl als Bewegung, denn diese selbst wird notwendig zu jener, die Ruhe wird erst durch Bewegung sowie die Bewegung
zur Ruhe, d. h. sie sind jedes das Gegenteil seiner selbst; sie
sind beide nicht, oder sie sind schlechthin nur in Beziehung
aufeinander.
Indem wir dies ihr Verhältnis so betrachten, beide als seiend und beide als aufeinander bezogen, so ist ihr Auseinandertreten zugleich als Eins gesetzt; aber dies Einssein derselben ist das noch unsichtbare Leere; die Erde überhaupt
ist dies Einssein, aber die Erde ist selbst noch nicht anderes
als dies ganz unbestimmte Eins. Was in der Mechanik
geschieht, ist das Herausgebären dieser Einheit, das Hervor-

---

[1] *Das folgende Fragment stimmt inhaltlich mit Abschnitten der Fragmente 1 und 3 überein. Dies spricht dafür, daß es vielleicht nicht aus
demselben Entwurf zum Anfang des irdischen Systems stammt. Vgl.
Einleitung der Herausgeber XIII.*

treten dieses Innern — oder die Erfüllung dieser leeren Einheit
durch ihre Extreme, die Konstruktion dessen, was die Einheit
der toten Masse und der Bewegung ist;[1] diesem Einswerden wird aber ebenso unmittelbar dasselbe Einswerden in
der entgegengesetzten Bestimmtheit gegenüber. Oder das einfache Einswerden in der Mechanik als Einheit überhaupt
ist das Allgemeine der ganzen Sphäre des irdischen Systems;
aber zugleich wird dies Eins zunächst als seine erste Potenz die Einheit, selbst als Bestimmtheit (wie die Sonne), sich
dar/stellen und zu seiner 2ten übergehen. Daß diese
verschiedenen Formen Bewegungen in der Beziehung der Bewegung auf die tote Masse, als besondere Arten, d. h. jede
als für sich seiend, als indifferent gegeneinander erscheinen,
hat seinen Grund, weil sie in der Indifferenz [der] Massen gesetzt sind, aber es ist die Sache der Konstruktion, sie in ihrer
Notwendigkeit, d. h. in dem notwendigen Übergange der
einen in die andere aufzuzeigen.

I. Vors erste muß die BEWEGUNG sich einfach in der toten Masse setzen als den einfachen Ausdruck ihrer
Momente, als über die tote Masse herrschend, sich in ihr ihr
entreißend; und diesem Ausdrucke gegenüber sie als subsumiert unter die Bestimmtheit der toten Massen, sie
als dieser Ausdruck beruhigt; Pendel und Hebel[2]. II. Indem hier überhaupt der Körper als einzelner geworden ist,
verhält er sich gegen andere einzelne, und die Bewegung wird eine Bewegung mehrerer einzelner Körper;
als diese gemeinschaftliche ist sie die Einheit derselben, sie reduziert sich a) einerseits in Ruhe, als gemeinschaftliche
positive Einheit in Flüssigkeit, b) andererseits in die negative qualitative absolute Einheit, in den TON, in welchem sie,
insofern sie Bewegung ist, ihr absolutes Insichgehen, ihre
höchste Potenzierung erreicht hat und nicht wieder als Bewegung auftritt.

III. Die Abstraktionen des einzelnen Körpers als eines
starren, der Flüssig/keit und des Tons, aus ihrem Auseinanderfallen zusammengenommen, werden der gestaltete
Körper, das Einssein des Flüssigen und Starren

---

[1] *Daneben am Rande (als Marginalie):* Fall, Wurf, Pendelbewegung
[2] *Darüber:* das Starre

durch den Ton, welches Einssein nach der Seite der Abstraktion des Bestimmtseins des Flüssigen durch den Ton, oder der Ton unter der Form der Sichselbstgleichheit quantitativ gesetzt, spezifische Schwere, das Bestimmtsein des Starren durch denselben Ton, Magnetismus oder Kohäsion, beides zusammen ideale Seiten, abstrakte Momente der Gestalt; diesem Gebundensein der Bewegung in der Gestalt muß sie sich ebenso absolut entreißen und als freier Prozeß ihr in der Chemie gegenübertreten; und dann als diese Beziehung der in der Gestalt gebundenen Elemente auf die Befreiung der Elemente ihrer Sinne ist die Erde wahrhafte Erde, Lebendiges geworden; in dem Tode der Mechanik hat sie sich innerlich für sich, gleichsam in ihrem Mittelpunkte, gestaltet und die Herrschaft über die Elemente und lebendiges Verhältnis zu ihnen erworben, indem sie absoluter Körper geworden ist; diese freien Elemente sind im Verhältnisse dieses Prozesses sowohl FÜR SICH, als himmlische Körper, als bezogen auf sie, an ihr seiende Elemente, und jene haben für sie den Sinn, Bedeutung eines realen Verhältnisses erhalten, und der Prozeß der himmlischen Körper gegen die Erde erhält eine andere Bedeutung. /

I.

DAS EINSSEIN DER TOTEN MASSE UND DER BEWEGUNG IST ZUERST ihre eigne erste Potenz als Mechanik, und die Mechanik ist selbst zuerst ihre eigne erste Potenz als einfache Beziehung beider, als der Begriff derselben.

Das selbständige Sichselbstgleiche der himmlischen Körper, der Bewegung gegenübertretend, ist die tote Masse, und die Beziehung der Bewegung auf sie ist ihr Differenzieren, ihr Beleben. Aber die tote Masse bringt unmittelbar aus ihrem Gewordensein als dem Ersterben der Bewegung in der Ruhe die Beziehung auf die Bewegung mit sich und hat ihren Ursprung an ihr selbst ausgedrückt; sie ist nicht das reine, tote, unbestimmte, absolute Anschauen, das absolute Sichselbstgleiche, sondern das Sichselbstgleiche, in welchem die Bewegung erstorben, in sich zurückgekehrt ist, als die sich selbst gleiche Einheit, in welcher das Eins der

Reflexion gesetzt ist, und sie ist das Eins dieser beiden: das Licht, das sich in der Bewegung selbst als Eins anschaut, die Reflexion desselben, das Ineinander dieser beiden Einheiten, der positiven und negativen Einheit. /

a) Die Masse ist sich selbst gleiche absolute Einheit, in welcher die negative Einheit gesetzt ist, der absolute Punkt.

α) DIES NEGATIVE, als solches wesentlich bleibend, was es ist, und sein Entgegengesetztes an ihm gesetzt, bestimmt durch das Positive, ist es in seinem Negativsein Sich-selbstgleiches;[1] oder es ist eine absolute Vielheit von Punkten, und die Masse ist absolut in Unteilbare, in Atomen, geteilt;[2] und sie ist unendlich geteilt, denn das Widersprechende ist sich UNMITTELBAR gleichgesetzt, so daß es in seinem Gleichsein jedes bleibt, was es ist.

β) Die Sichselbstgleichheit ist ebenso als das Wesentliche bestimmt durch die negative Einheit, es erhält sich ebenso absolut in seiner Ungeteiltheit gegen die absolute Unterbrechung der Kontinuität oder die Atome[3] und ist nicht unterbrochen, sondern bezieht sich, als die negative Einheit an ihm habend, nur negativ auf sich selbst, hat nur Einen Mittelpunkt. Indem so die negative Einheit nur Mittelpunkt der positiven ungeteilten Einheit ist, so ist der Atom in Wahrheit selbst nur Mittelpunkt, er tritt nicht aus der Ungeteiltheit heraus; und das Negieren der allgemeinen Masse ist nur das Setzen eines Quantums derselben, das einen Mittelpunkt hat;[4] / und absolut unterschieden[5] ist nur das Setzen einer unendlichen Menge von Quantis.

γ) Die Verschiedenheit der Quantorum ist nur ein Unterschied als solcher, ein Unterschied der Größe, ein ganz als ÄUSSERLICH zufällig gesetzter; denn ihr Wesen ist dasselbe; sie sind in ihrer Vielheit selbständig. Aber eben der Unterschied ist zufällig, heißt, er ist als Unterschied der Größe; und

---

[1] *Neben diesen Zeilen am Rande:* absolute Grenze
[2] *Daneben am Rande:* Attraktivkraft gleichbedeutend mit Atom
[3] *Neben diesen Zeilen am Rande:* Expansivkraft
[4] *Daneben am Rande:* Quantum
[5] *Ms:* abs. untersch. *wird von H aufgelöst als:* abs[olutes] Untersch[eiden]

dieser zufällige äußerliche Unterschied ist absolut notwendig,
sie sollen unterschieden sein; es wäre sonst nichts gesetzt als
absolute Gleichheit, nicht die Entgegensetzung der positiven
und negativen Einheit; er tritt als ein Äußerliches auf, aber
dieser äußerliche Unterschied ist absolut notwendig. Das größere Quantum sowie das kleinere hat seinen Mittelpunkt; indem wir das größere als das Reale, Allgemeine setzen werden,
wird auch sein Mittelpunkt der reale und der des kleineren
der ideale, reflektierte im Verhältnisse gegen jenen; aber eben
es wird in der Beziehung dieser Unterschied und beide aufge- 10
hoben.

δ) In diesem Unterschiede sind sie AUFEINANDER BE-
ZOGEN, sie sind sich innerlich gleich, ihrem Wesen nach, eins
ist Quantum wie das andre; sie müssen sich als diese Gleichheit setzen. Als Quanta sind sie sich selbst gleich, indifferent und träge, aber diese Trägheit ist gegen ihren Unterschied gekehrt, und ihre Selbständigkeit, ihr Fürsichsein,
hebt sich in demselben auf. Die Trägheit / als dies Negative,
als das Aufheben der Selbständigkeit, ist die Schwere, die negative Selbständigkeit, die negative Sub- 20
stantialität.

Als jene indifferente, sich selbst gleiche Trägheit war
die Substantialität das Wesentliche der himmlischen Körper.
Sie ist ihr Gegenteil geworden, nämlich Selbständigkeit
als Aufheben der Selbständigkeit. Die Schwere ist nicht
eine indifferente Sichselbstgleichheit, sondern eine nach
außen gekehrte, negative differente, gegen das Unterschiedene sich als selbständig setzende; und das Quantum, die bestimmte Masse, hat nur eine solche, eine aufgehobene reflektierte Selbständigkeit, d. h. es ist schwer; die Substantialität, 30
die Materie, Selbständigkeit, ist auf diese Weise selbst ein
Ideelles geworden.[1]

ε) Von den Entgegengesetzten in dieser Beziehung, das
größere und das kleinere Schwere, ist das größere als das
Allgemeine gegen das kleinere als das Besondere gesetzt,
und jenes erscheint als Tätiges, als dasjenige, welches die

---

[1] *Daneben und weiter unten am Rande:* Selbständigkeit, Schwere.
Masse als differente Schwere.   Bewegung, differentes Anfangen
und Enden in Ruhe.   Begriff der Bewegung, einfache Bewegung.

Verschiedenheit aufhebende S c h w e r e ist, das kleinere dagegen als das B e s o n d e r e und P a s s i v e, als dasjenige, welches der Sichselbstgleichheit e n t r i s s e n w o r d e n ist und in
sie zurückkehrt; aber d i e M a s s e, die in Differenz gesetzt,
getrennt ist, hat sich nicht durch sich selbst getrennt, sein
Wesen ist als / Masse gleichgültig gegen sein Getrenntsein,
o d e r e s i s t n i c h t in seinem E n t f e r n e n selbständig,
nicht im Setzen der Differenz, denn, indem das Sichselbstgleiche als tote Masse auf die eine Seite gegen die Bewegung
10   getreten ist, so ist sie nicht durch sich selbst different und unendlich, sondern dieses Differentwerden ist e i n Ä u ß e r e s
für sie; u n d d i e B e w e g u n g i s t e i n Z u f ä l l i g e s für sie.
   ε. Die Bewegung als das auf die Ruhe Bezogene hat dies
Gegenteil ihrer selbst zur V o r a u s s e t z u n g u n d B e d i n -
g u n g, s o w i e s i e in dieselbe übergeht; oder sie hat einen
absoluten, ihr v ö l l i g f r e m d e n Anfang, einen Anfang aus
der Ruhe.¹ Sie ist hiedurch aus der Realität in ɪʜʀᴇɴ
Begriff zurückgegangen; sie ist nicht mehr reale, in sich
vollendete Kreisbewegung, sondern ihre Abstraktion,
20   ein ꜰᴀʟʟ, der einen Anfang hat und in Ruhe aufhört.
   Das größere Quantum erschien als die tätige Ruhe, als das,
wovon die Bewegung anfängt; das kleinere als das passive, als
das nur auf sich selbst bezogene, oder es hat die G e s t a l t d e r
B e w e g u n g; von den beiden Mitten der beiden unterschiedenen Quantorum ist die eine Mitte, die nach außen differente,
in sich selbst gleiche Sichselbstgleichheit, die S c h w e r e,
die Gestalt des größern; die des kleinern die andere
Mitte, die nach außen indifferente Mitte, aber in sich
different, die Unendlichkeit der Bewegung. /
30   Der Fall des Körpers ist die Darstellung der differenten
Substantialität der Schwere, oder er ist die Seite
ihrer Unendlichkeit; jene Substantialität war in der
himmlischen Bewegung das indifferente Selbständige, das
Licht, und seine Unendlichkeit ebenso eine indifferente, nicht durch sein Gegenteil bedingte, in seinem
Gegenteile anfangende und darin sich aufhebende,
sondern Kreisbewegung, nicht anfangende und nicht auf-

¹ *Daneben und weiter oben am Rande:* 2ter Teil der Mitte   2. Bewegung hat Bedingung und Ende   Begriff

hörende; hier ist die Unendlichkeit e i n e b e d i n g t e ‚ideale —
die g e r a d l i n i g e Bewegung, so wie e n t g e g e n g e s e t z t die
Substantialität Schwere, das Aufheben der negativen Substantialität ist. Aber dafür war das, was jene absolute Bewegung oder die Unendlichkeit vernichtete, selbst e i n I d e a l e s ,
Raum und Zeit; itzt ist das in dieser Bewegung Aufgehobene
ein Selbständiges, eine Masse, die Einheit negativer und positiver Einheit; es ist itzt erst ein B e w e g t e s gesetzt;[1] im
himmlischen S y s t e m e gab es keine Bewegten. Die himmlischen Körper sind keine b e w e g t e ; sie sind absolut selbstän-   10
dige Bewegungen, UNMITTELBAR Eines mit der Selbständig-
keit; nur das Ruhige kann b e w e g t w e r d e n , und ein Ruhiges, d. h. der Bewegung Entgegengesetztes und damit in seiner Beziehung auf Bewegung ist hier erst B e w e g t e s . /

B.

Die als ruhig tätige Masse und die als bewegt untätige Masse sind verknüpft durch die Mitte, die in ihren beiden Seiten
oder Gestalten Schwere und Bewegung ist; und der Prozeß ist
die einfache Beziehung, die einfache Aufhebung der Selbständigkeit jener K ö r p e r , die Linie des Falles. Es erscheint nur   20
der eine tätig, als den fallenden an sich ziehend, als die absolute Schwere in sich habend, und der andre nur als fallend.[2]
Aber es sind in Wahrheit b e i d e s c h w e r und hiemit beide tätig und beide fallend, beide passiv;[3] die Einheit der Schwere
und der Fallbewegung ist ihre absolute Mitte, in der beide
sich gleich sind. Hievon ist die Darstellung, daß diese absolute
Mitte in der Berührung heraustritt. Eben in der Berührung des
Passiven durch das Tätige ist die Selbständigkeit und die Bestimmtheit beider aufgehoben, es ist e i n E i n s gesetzt, welches außer beiderseitigen geteilten Schweren je ist, und ein   30
Eins, welches diesem ihrem Verhältnisse als F a l l b e w e g u n g
entgegengesetzt ist, d. h. es ist im Falle unmittelbar in der /
Fallbewegung eine Bewegung gesetzt, die außer diesem Mit-

---

[1] *Daneben am Rande (als Marginalie):* B e w e g t e s
[2] *Daneben am Rande:* Schein der Tätigkeit und der Passivität
[3] *Daneben am Rande:* beide schwer und fallend

telpunkte ist,[1] eine vorbeigehende Bewegung, eine Fallbewegung, für die ein Eins ist, das außer ihr liegt.

In dieser vorbeigehenden Bewegung ist von dem Gegensatze der Fallbewegung und des Eins, das außer ihr ist,
wieder die Mitte die differente Substantialität[2] oder die
Schwere und die Unendlichkeit als Bewegung. Die Gestalt des
Ruhigen, der tätigen Schwere, hat wieder die größere Masse,
die kleinere die der vorübergehenden Bewegung; dieser[3] aber
ist für sich schon geradlinige Bewegung, seine Gestalt in
diesem Verhältnisse ist auch Bewegung; er ist Bewegung der
2ten Potenz, eine durch Bewegung bestimmte Bewegung oder eine an ihr selbst sich bewegende Bewegung, eine
krummlinige, welche aber überhaupt so wie sie einen Anfang, so ein Ende hat, nicht in sich zurückkehrt, /

[1] *Daneben am Rande:* Die Bewegung außer dem Mittelpunkte
[2] *Daneben am Rande:* Mitte
[3] *Gemeint ist:* der Wurf

ZUM ENDE DER MECHANIK,
ZUM CHEMISMUS, ZUR PHYSIK UND
ZUM ANFANG DES ORGANISCHEN

Fragment 5
c) Dieser starren Gestalt der Erde ...

[1]c) Dieser starren Gestalt der Erde, die sich nach der Achse bestimmt, oder ihrer reinen Beziehung auf sich und dem ideal oder gebunden Insichbleiben der Differenz unter der Herrschaft des Magnetismus steht ihre Bewegung, die nicht ihren Mittelpunkt in sich selbst hat, gegenüber; und diese ist in der Gestalt als die Seite des Flüssigen, das die Differenz absolut mitteilt und die spezifische Schwere in der Form eines allgemeinen ununterschiedenen Tones erhält, bestimmt worden.

a) bezieht sich die Richtung der Achse auf diese entgegengesetzte Natur, und insofern sie sich als Abstraktion, Linie, darstellt, erscheint ihr jene entgegengesetzte als die entgegengesetzte Linie, mit der sie einen rechten Winkel macht; und jene Abstraktion als fixierte Abstraktion hat das Bestreben, diese Entgegensetzung aufzuheben und sich mit der entgegengesetzten als Eins zu setzen; die magnetische Achse dekliniert nach Osten und Westen und wechselt zwischen beiden Deklinationen ab, so wie sie in dieser Deklination selbst nicht einen formal gleichförmigen Gang hat, sondern eine krumme Linie der Geschwindigkeit[2] beschreibt; /

β) Für sich selbst aber ist diese Flüssigkeit oder die Ost- und Westseite das Unstete und Wandelbare, das absolut Bewegliche, welche ebenso absolut die Bewegung aufhebt und sich in absolutes Gleichgewicht setzt, aber es ist ewig nur dies Sich-ins-Gleichgewicht-Setzen und ewig das Aufge-

---

[1] *Fragment 5 bildet die Neuformulierung eines Zusammenhangs, von dessen früherer Fassung nur noch der gestrichene Anfang des Fragments 6 erhalten ist. Vgl. Einleitung der Herausgeber XIII.*
[2] *Darunter:* Größe

hobenwerden desselben; und die Differenz, welche in dasselbe gesetzt wird, ist zunächst ebenso eine Veränderung der spezifischen Schwere und hier ein ebenso ideales Sein derselben als vorhin. Diese Veränderung der spezifischen Schwere der Seite der Flüssigkeit, die sich absolut im Gleichgewichte der Verschiedenen mitteilt und sie wieder aufhebt, ist die Veränderung der spezifischen Schwere der Atmosphäre und des Meeres und ihre Bewegung, die negative, das Aufheben dieser Veränderung, welche Veränderung so

10 wie die Wiederherstellung des Gleichgewichts als Ebbe und Flut der Atmosphäre und des Meeres — 2 Formen der Flüssigkeit, die wir überhaupt noch nicht kennen — sich innerhalb größerer, auf das ganze System sich beziehender Veränderungen des allgemeinen Tones der Erde wieder bis ins einzelnste der Bewegung der Achsendrehung der Erde und des verschiedenen Verhältnisses dieser zur Bewegung in der Bahn, der jährlichen und täglichen Bewegung und der Inklination und Deklination derselben besondern, periodische Veränderungen, die IN IHREM Elemente wieder die ganze

20 himmlische Bewegung ausdrücken werden und selbst nichts

* als die gleichzeitige Darstellung derselben sind. Indem diese Prozesse der Ebbe und Flut des Meeres und der Atmosphäre Ausdrücke der himmlischen Bewegung an der Erde und bestimmt an einer Seite ihrer Gestalt sind, so müssen für sie nicht das ihnen Untergeordnete als Ursachen angegeben oder ihr realer Ausdruck nicht als ihr Wesen und sie regierend angesehen werden, die Barometerveränderungen z.B. vom Druck der Luft; aber was zu erkennen ist, ist eben der Grund des verschiedenen / Drucks der Luft. Ebbe und Flut werden auf

30 den Lauf des Monds bezogen, aber dieser hat keine selbständige Natur in seiner Bewegung, sondern bezieht sich schlechthin auf ein anderes als seinen Mittelpunkt, und seine Bewegung ist darum schlechthin aus einem andern zu erkennen. /

Fragment 6
b) Die Erde hat auf diese Weise . . .

[1]b) Die Erde hat auf diese Weise beide Bewegungen, die um die Sonne und die achsendrehende, IN SICH aufgenommen: als Einssein der Flüssigkeit, des absoluten Außersichseins, und des Tons als absoluten Insichseins des Mittelpunkts, als ihre an ihr seienden ideellen Momente, die innern Differenzen ihrer Selbständigkeit. Das Aufgenommensein beider ineinander in der Gestalt und das ruhige Einssein derselben;[2] die Gestalt bezieht sich nur auf sich selbst, ist untätig.

Aber ihre beiden Bewegungen oder die beiden Seiten ihres Tons als spezifischer Schwere und ihrer Kohäsion sind nicht reduziert an ihr in der reinen Gestalt, in der Vereinigung in eins fallend, sondern selbst in ihrer Beziehung entgegengesetzt. Die in der Flüssigkeit der Ost- und Westpolarität sich im Gleichgewicht / erhaltende spezifische Schwere und die in der Süd- und Nordpolarität in der Starrheit selbst nur ideell sich verteilende spezifische Schwere wird selbst gegeneinander gespannt und kämpfen miteinander; die starre Achse der Nord- und Südpolarität dekliniert gegen die Potentialität des Ostens und Westens, und diese Flüssigkeit des Ostens und Westens ist es selbst, in welcher die Differenz der Kohäsion erscheint, in ihrem Aufgehobenwerden durch die Flüssigkeit. Beides sind gleichsam nur Andeutungen des Kampfes ihrer absoluten Entgegensetzung.

In der toten Gestalt ruhen nämlich jene beiden Seiten ineinander, oder sie ist ihre ALLGEMEINE positive Einheit, noch

---

[1] *Davor stand in E (später gestr.):* auf das ganze System sich beziehende Perioden, sich bis ins einzelnste der Achsendrehung der Erde und der verschiedenen Verhältnisse dieser zur Bewegung in ihrer Bahn besondern; und wieder die ganze himmlische Bewegung an ihnen darstellen werden. *Zur inhaltlichen Übereinstimmung dieses Textstückes mit Fragment 5 vgl. Einleitung der Herausgeber XIII.*

[2] *In E folgte (später gestr.):* es muß außer ihr die Tätigkeit derselben gesetzt werden; als Gestalt fällt die Bewegung außer ihr; und insofern sie diese Bewegung vereinigt, das Außereinander derselben als Sonne und Mond.

nicht als ihre negative Einheit gesetzt; die beiden Seiten des
Gebundenseins des Gegensatzes in der Kohäsion und die Natur der Flüssigkeit nicht als ein ruhiges Ergossensein des Tones in sie, sondern eben als dieses gekehrt gegen ihre Differenz, die er zugleich in sie setzt, subsumieren selbst das
Ganze der Gestalt und setzen sie gedoppelt und hiemit
ihren lebendigen Prozeß mit sich selbst. Die Subsumtion
der ganzen Gestalt unter die Flüssigkeit löst dieselbe [in]
einen sich selbst gleichen Ton auf. Die Sub/sumtion derselben
10 unter den Ton als die negative Einheit rekonstruiert diese
ihre Auflösung und macht sie zur absolut lebendigen Gestalt.

Wir betrachten zuerst jene erste Subsumtion im allgemeinen.

a) In der Auflösung des ideellen, in der Kohäsion gebundenen Gegensatzes ist die Erde das leere Eins derselben; sie sind
durch sie in ihrer absoluten Entgegensetzung zusammengehalten, aber ebendarum aus dieser Spannung absolut im Begriffe, in sich zu zerfallen, oder die Erde ist hiemit gesetzt als
20 die kometarische Differenz an sich habend, der Gegensatz im Gegensatze. In der himmlischen Bewegung war der
Gegensatz von Selbständigen, absolut Äußerlichen füreinander, im Mechanismus, der Natur des Mondes an der Erde, das
absolut Einfache und Passive weder nach außen noch innerlich sich selbst entgegengesetzt; itzt [ist] der dritte,
der innre, kometarische absolut lebendige Gegensatz in der
Erde selbst. Das Einfache, sich auf diesen kometarischen
Gegensatz beziehende, ist das Einfache innerhalb des Gegensatzes oder der Mond, und er ist dasjenige, was die nun auf-
30 geregte tote Gestalt der Erde in diesem ihrem Gegensatze
zusammenhält und regiert; er ist die feste Gestalt der Erde
gegen sie in dieser Auflösung.

[1]Die Sonne als das Tätige im himmlischen Systeme hat
eben in der Be/rührung des Gegensatzes das Erlöschen der
ideellen Beziehung ihrer Selbständigkeit auf die Selbständigkeit des Gegensatzes gesetzt, und die Gestalt ist dies Er-

---

[1] *Davor gestr.:* In der Gestalt der Erde als solcher, in dem Erstarrten
ist die Bewegung erloschen, und

löschen der verschiedenen Selbständigkeiten und der Bewegung als der ideellen Beziehung derselben; oder sie hat die
sich auf sich selbst beziehende, passive, unaufgeschlossene
Seite des Gegensatzes gesetzt, die Gestalt als die Bestimmtheit der Selbständigkeit des Sichselbstgleichseins beider Seiten; aber ebenso absolut ist in dieser Berührung die andere Seite der Mitte, die absolute Unruhe der Unendlichkeit, und das
selbständige Allgemeine, das Licht, hat sich aus der unendlichen Differenz gegen sich als selbständige Materie in den Ton
zurückgenommen, befestigt sich ihrer indifferenzierenden 10
Natur entgegen und treibt sie absolut auseinander. Das Licht
als dies Innre, zum Tone Gewordene ist nicht nur das absolut
sich auf sich selbst beziehende Eins, (Eins, das sich als Eins
anschaut und als Eins in das Eins aufnimmt), sondern ebendarin die absolute Idealität, d. h. das Quantitative in die
absolute Differenz auseinandertreibend. Wie es in der Gestalt
die Erde zur toten Gestalt, zu dem, was uns im himmlischen
Systeme der Mond war, machte, so macht es sie nunmehr
ebenso im Gegenteil zum Kometen, und in dieser Abstraktion treten ihre tote Gestalt oder daß sie Mond ist und daß sie 20
Komet ist, und sie ist itzt nur als dieses gesetzt, auseinander;
denn die vorherige Potenz wie diese, die kometarische
oder chemische, sind beides selbst / ideelle Potenzen, und die
absolut lebendige Natur der Erde ist erst das absolute Einssein beider;[1] die Erde als diese absolut kometarische Natur
oder das Subsumiertwerden ihrer Gestalt selbst unter ihre ideelle Potenz, die [2]eben in dieser Potenz oder Seite ihrer Natur
nichts als dieses [ist], und das gediegene Einssein dieses Gegensatzes, das ihn als eine einfache ruhige Bewegung Darstellende, ist der Mond; die Gestalt, sie im Gegensatze gegen 30
den chemischen Prozeß als der realen Bewegung und ideale

---

[1] *Es folgte auf dem Rande (wieder gestr.):* und wir würden eigentlich
sagen können, in der Potenz der Mechanik haben wir nur den Mond erkannt und in der itzigen den Kometen als eine Totalität, wenn nicht
ebendiese Totalitäten selbst aus dem Eins der beiden Abstraktionen der
Bewegung herkämen, das nur der Erde, nicht dem Monde noch dem Komet zukommt, und Gestalt und chemischer Prozeß sind die beiden Seiten der Erde
[2] *Am Rande:* ist nur

reine Bewegung,[1] tritt auf [gegen] ihn, und er ist das mechanische Moment [in der] Darstellung des chemischen
Prozesses der Erde; oder der Kampf der Elemente der Erde,
ihre kometarische Bewegung, der ein Prozeß von Materien
von verschiedener spezifischer Schwere ist, die Auflösung der
Kohäsion ist als reine Bewegung, als Kreis, in sich zurückkehrende Bewegung an dem Monde; dieselbe, welche an der
Erde als die Geschichte der Barometerveränderungen, die Geschichte der Inklination und Deklination als eine in eine Linie
ausgedehnte Folge, / als ein Schwanken zwischen einem Anfang und Ende, Minimum und Maximum, ist dort als eine
Kreisbewegung, die alle diese Momente als eine unendlich
künstliche, noch nicht dargestellte krumme Linie ausdrückt.

b) Mit dieser kometarischen Natur der Erde treten wir in
DIE ZWEITE POTENZ des Chemischen ein; die von der Gestalt losgebundene und in sich different gesetzte Flüssigkeit
oder vielmehr die ganz sich entzweiende und losbindende Kohäsion, sie war die Differenzierung der Masse und die Beziehung dieser Differenz auf die Einheit und so, daß diese Differenz, ebenso als sie sich auf das negative Eins als einen
Punkt bezog, unmittelbar in der quantitativen Einheit
ruhte; oder jenes negative Eins war ebensowohl ein Punkt der
indifferente des Magnetismus als die Kraft aller Differenzen,
als ein Gleiches allenthalben oder die Besonderung der
spezifischen Schwere eine bloße ideelle Differenzierung, zugleich in der Form der Flüssigkeit, des Aufhebens
der Unterschiede gesetzt. Aber itzt ist das Sichselbstgleiche das Flüssige selbst, als an ihm ein Verschiedenes des
Tons gesetzt; er drückt seine Differenzierung in der Flüssigkeit als eine Menge von spezifischen Schweren aus, verschiedene Flüssigkeiten von verschiedener spezifischer Schwere.
Hiemit die ideellen Pole der Kohäsion real, für sich
seiend; aber / ebendamit ist die Kohäsion als der sich gleich-
bleibende Ton aufgehoben in Differenzierung, aber wesentlich different und ebendarum sich selbst aneinander idea-
lisierend, sich gegenseitig aufhebend, und indem sie sich in
dem Eins der Idealität vernichten, das Gegenteil ihrer selbst
werden, sich ebenso absolut erzeugen, als sie sich vernichten.

---

[1] *Über der Zeile:* einfaches Einssein beider Bewegungen

In diesen Übergang von der idealen, verschiedenen spezifischen Schwere zur realen fällt die ELEKTRIZITÄT; die in der Kohäsion idealgesetzte Differenz drückt sich als eine in dem Quantitativen selbstgesetzte Differenz aus und diese in ihrer absoluten Differenz ihres Wesens als gespannt gegeneinander. Ein vorübergehendes Moment, das sich ebenso absolut aufhebt, als es selbst sich ebenso absolut erzeugt, das Gesetztsein derselben als Fürsichseiender und in diesem Fürsichsein sich doch aufhebend. Dieses Moment der Spannung ist überhaupt Elektrizität, das Ideale oder das Formale der differenten spezifischen Schweren. Das Allgemeine, das Licht, war das absolut Allgemeine, quantitative Einheit, die positive Mitte des himmlischen Systems; diese Selbständigkeit oder das Licht, auseinandertretend gegen die Bewegung, war differente Selbständigkeit, Schwere, die ihm geworden; mit der Bewegung als eins gesetzt, ist es durch die Unendlich/keit, die absolute Differenz, selbst hindurchgegangen und hat selbst negative Natur angenommen; es resumierte sich aus dieser absoluten Differenz als negative Einheit, als Ton, als das Gegenteil seiner selbst, als Bewegung, die sich rein auf sich selbst bezieht und ihre Beziehung auf ein anderes negiert; diesen Ton sich als ideal, der Schwere different, haben wir als ideale spezifische Schwere begriffen; wie sie als Akzidenz existiert, als eine in der Masse erscheinende Eigenschaft, sie für sich, frei von der Masse, ist sie die Entgegensetzung des Lichts in sich selbst, die sich substantiierende, ideale spezifische Schwere der Elektrizität. Der Ton, der wieder aus seiner absoluten Kontraktion zum Lichte wird, indem er, in sich sich differenzierend, wieder in die Form des Positiven eintritt, aber zunächst auch nur dies Differente seiner selbst ist oder die Darstellung seiner Spannung, wie es in dem Übergange zu seiner Darstellung als reale qualitative Einheit ist. Die elektrische Differenz ist nicht das verschieden spezifisch Schwere selbst oder die Besonderung der Schwere als solcher, welche sich zum Wesen einer Masse macht, sondern die ideelle Darstellung,[1] als erschei-

---

[1] *In E folgte (später gestr.):* in dem allgemeinen Elemente, das als solches den Gegensatz selbst nur allgemein, d. h. als absolut reinen Gegensatz zunächst ausdrückt;

nend, obzwar, insofern es[1] [als erscheinendes] selbst materiell
ist, auch gleichsam die Spur einer chemischen Realität[2] und
des Gegensatzes derselben als besonderer Geruch u.s.f.[3] in
ihr[4] als solcher anzutreffen ist; oberflächlich / [betrachtet,
ist] das Hervorbringen der Differenz darum ein Reiben so
wie das Hervorbrechen der Flamme ohne Produkt körperlos.
Und eigentlich chemisch ist das Hervortreten der rein idealen
spezifischen Schwere in ihrem Versenktsein in der Materie.

II. Chemismus

10 Das Prinzip desselben ist, daß die Gestalt als solche,
die Differenz in sich bindend, idealsetzend, sie nicht aus der
Bestimmtheit der Sichselbstgleichheit der Flüssigkeit treten
läßt, nun in der entgegengesetzten Bestimmtheit des Freiseins
der Differenz und des Differenten der Flüssigkeit selbst setzt,
hiemit diese auflöst und zu verschiedenen Flüssigkeiten
macht.

Diese Differenten sind a) Flüssigkeiten, ein Gestaltloses, das, unter Einer Bestimmtheit gesetzt, ebendamit ein
Sichselbstgleiches ist, das als nicht absolut Besonderes, als
20 nicht Starres die Totalität der Differenzen nicht in ihm hat
und / ebendamit nicht das Eins der Reflexion, sondern, sich
in der Sichselbstgleichheit seine Bestimmtheit erhaltend, jenes ausschließt, so wie es das Suchen dieses negativen Ein-
heitspunkts ist.

b) sind sie spezifisch schwer, den Ton in sich als
einen in ihnen bestimmten Ton habend und in dieser Bestimmtheit sich selbst gleich, die entgegengesetzte Bestimmtheit, eine andre spezifische Schwere, aber so wie den
reinen Ton aus sich ausschließend; der Ton ist in der Ge-

30   [1] *Gemeint ist:* das allgemeine Element

    [2] *Zwischen den Zeilen:* der chemische Prozeß an ihr sich darzustel-
len fähig *im Zwischenraum neben der folgenden Überschrift mit Verweiszeichen:* als Moment nicht unabhängiger Prozeß, an sich [im] lebendigen Prozesse hervorgebracht, die Begriffskunst isoliert ihn.

    [3] *Zwischen den Zeilen:* chemische Wirkungen bedeutender als die
Polarität des Magnetismus

    [4] *Gemeint ist:* die ideelle Darstellung

stalt als solcher nur als in die Flüssigkeit ergossen dargestellt;
in der Darstellung der Kohäsion aber darin, daß ebenso die
vollkommne Differenzierung aber auseinander gesetzt ist; es
ist nur formal aufgehobene, aufgelöste Kohäsion, nicht
absolut aufgehobene; sie als der Ausdruck der ganzen Differenzierung ist im Ganzen dieser verschiedenen Flüssigkeiten, und als einfaches Ganzes, als ihre Idealität und negatives Eins erscheint sie in ihrem Prozesse; itzt ist die Einheit ihre formale Indifferenz, aus der sie sich gegenseitig aufheben und ineinander übergehen. 10

c) sie sind also als Einheit des Tons und der Flüssigkeit
vollkommne Materie und gestaltete, aber in sich gestaltete, beide sind ununterscheidbar eins, unmittelbar ineinander aufgenommen, oder es ist an der Flüssigkeit in Beziehung auf sie selbst nichts unterschieden. Ihre spezifische
Schwere, ihre Besonderheit ist es nur in Beziehung auf ein
anderes; sie ist eine materielle Qualität, / und die spezifische Schwere hat erst in dieser Besonderheit eine Bedeutung und Sein. Es hindert nichts, diese materiellen Qualitäten hier Stoffe zu nennen; es sind qualitative Materien, 20
Stoffe auf dieser Stufe oder in dieser Potenz ihres Indifferent-
seins, wir werden aber diese Form wieder aufzuheben wissen;
um solche Weisheit [braucht man] sich nicht zu bemühen, die *
sie dynamisch als Intensität begreifen will; [dies ist] nichts
[als] eine Bestimmtheit statt der andern und hier nicht die
rechte, die allein [die der] Stoffe ist. Aber als qualitative, als
Bestimmtheiten, sind sie ebenso ideell oder sich aufhebend
und damit auch ihre Form der formalen Indifferenz; was sie
zu Stoffen, Materien, macht und daß sie Stoffe sind, ist ihre
Form, und sie sind es darum nur in dieser Potenz. 30

Diese voneinander unterschiedenen Flüssigkeiten von verschiedener spezifischer Schwere oder diese Stoffe sind die
chemischen Elemente; sie sind einfach als ein unmittelbares Einssein ihrer besonderen spezifischen Schwere, ihres eigentlichen Tons und der formalen Indifferenz. Diese Einfachheit ist aber gerade dieses, daß
sie diese Abstraktion oder nur formale Indifferenz sind;
sie sind als diese abstrakten Bestimmtheiten nicht aufzulösen, nicht in sich zu teilen nach der Bestimmtheit, die
ihr Inhalt ausmacht; aber sie sind zu teilen als Einheit der 40

Bestimmtheit und der Indifferenz, und getrennt von dieser
fallen sie ineinander und heben sich auf. Sie sind Elemente,
heißt nicht, in ihrem Einssein miteinander bleiben sie, was
sie sind, ihr Eins mehrerer ist eine Zusammensetzung
aus ihnen als unveränderten, sondern im Gegenteil: / diese
Elemente müssen eins, die Form ihrer Indifferenz zum
Wesen werden, mehrere solcher indifferenten als Eine Indifferenz; und sie als vereinigte sind [es] ebendarum, die die reinen Bestimmtheiten, Idealitäten, aufheben; das Zusammen-
10 setzen aus ihnen ist ihr Aufheben; sie sind allerdings auch der
Zusammensetzung fähig; aber die Zusammensetzung ist nicht
die einzige und nicht die höchste Art ihrer Einheit, sondern
dies ist die, worin sie sich als für sich seiende aufheben; sie
sind als Stoffe, als getrennte die absolut getrennten, es ist ein
absoluter Widerspruch in ihnen, daß sie Bestimmtheiten und
Indifferenz sind, und dieser Widerspruch ist es, der sie aufhebt; das Erscheinen dieses Widerspruches ist denn ihr Prozeß.

I.

20   Vors erste betrachten wir sie in dem absoluten Verhältnisse
ihrer Entgegensetzung oder Bestimmtheit, und da wir diese
Bestimmtheiten für sich jede betrachten, so sind sie in dieser
Betrachtung unmittelbar formal indifferente oder Stoffe.

Der erste Stoff ist der Begriff der differenten Flüssigkeit, des Stoffes selbst, oder seine Bestimmtheit, auf
sich bezogen, nicht different gegen ein anderes, / völlig untätig zu sein; Flüssigkeit, die als ein rein Quantitatives
Stickstoff; die formale Indifferenz, welche selbst Flüssigkeit ist; hier ist Form und Inhalt eigentlich dasselbe; der
30 Inhalt ist selbst ebendiese formale Indifferenz, absolute Flüssigkeit, aber die Form ist das Gemeinschaftliche aller; hier
hingegen ist ebendiese Form, indem sie Inhalt ist, als das
nicht Gemeinschaftliche, sondern als ein anderes als die andern sind, gesetzt, hiemit als Bestimmtheit.

Diese absolute Passivität oder Sich-nur-auf-sich-selbst-Be-
ziehen des Stickstoffes löst sich auf in den Gegensatz oder die
Realität, welche sich ebenso wieder im Gegensatze als Sich-

auf-sich-selbst-Beziehen und Gegensatz verhält, jenes, Stickstoff im Gegensatze, ist Wasserstoff, dieses der Gegensatz im Gegensatze, das formale kometarische Moment, der Sauerstoff; jenes der Stickstoff als Base, dies das Differente derselben.

Der Stickstoff, sich hier entgegengesetzt, nimmt diesen Gegensatz in sich zurück, setzt sich als synthetische Einheit seiner selbst und des Gegensatzes im Kohlenstoffe; das eigentlich erdigte Prinzip, das ins Unendliche gestaltete oder als Atom gesetzte und in dieser Gleichheit aller nur flüssige, 10 die Kohäsion als ein Formales, selbst Kohäsionsloses, das absolut Spröde und ebendarum ohne innre Differenz.

a) Ich bemerke zuerst, daß wir die Bestimmtheit dieser Stoffe und ihre allgemeine Form, die formale Indifferenz ihrer Flüssigkeit, unterschieden haben; die Chemie tut dasselbe, indem sie jene als die wägbare Base von dieser als einer / unwägbaren Base unterscheidet und die letztere als Wärmestoff begreift;[1] a) verliert aber hiemit der Stoff alle Bedeutung, denn ein imponderabler Stoff hört auf, schwer und Materie zu sein, was der Stoff ausdrückt; β) die Wärme 20 als dies Immaterielle, etwas Formales oder eine Abstraktion; daß sie eine bestimmte Abstraktion oder ein Akzidenz eines Körpers sei, muß sie sich als eine Akzidenz darstellen oder empfindbar sein; denn bloß empfindbar nennen wir im Gegensatze gegen das Anschaubare dasjenige, was nicht als ein Ding, Substanz, d. i. als eine Indifferenz mit der Bestimmtheit des numerischen Eins oder des Punktes der Reflexion, welches immer in der Materie überhaupt als solcher selbst in der Flüssigkeit, insofern sie zuerst Materie ist, gesetzt ist, nicht sich unterscheidend von dem Quantitativen 30 und andern, sondern mit der formalen Indifferenz, der rein quantitativen positiven, gesetzt ist, oder überhaupt das Mitteilbare, nicht als Flüssigkeit Materie, sondern als Abstraktion derselben; die Wirklichkeit zwar nicht als Substanz, aber als Akzidenz, entgegengesetzt dem Möglichen; aber diese Stoffe als Flüssigkeiten, als Gasarten, dargestellt, als solche sollen wesentlich solche sein, die für sich in der Kälte ebenso

---

[1] *Daneben am Rande:* die unwägbare Base

als in der Wärme Gasarten, Flüssigkeiten bleiben und für sich
unabhängig von aller Temperatur sind; also der Wärmestoff
nicht als / wirkliches Akzidenz, sondern mit der Kälte, seiner entgegengesetzten Möglichkeit, eins; dies drückt die Chemie so aus, der Wärmestoff ist in ihnen figiert, gebunden,
latent; dies heißt aber nichts anderes als: er ist weder als Materie, ponderable Base, noch als Akzidenz gesetzt, er ist gar
nicht vorhanden, oder die Form der Flüssigkeit als formale
Indifferenz ist eigentlich ganz unbestimmt, sie sind nichts
als diese Form der Indifferenz oder der allgemeinen Abstraktion selbst. Mit der Lateszenz, worauf die Chemie wie beim
Wärmestoff, so auch beim Wasser und andern Dingen gekommen ist, steht sie an der Grenze der Realität und Idealität; es
fehlt das Einssein beider, nämlich der absolute Begriff,
daß die Realität als eine Bestimmtheit an sich ideell ist und in
ihrem Sein in ihr Entgegengesetztes übergeht; die Negation,
das Verschwinden der Bestimmtheit eines Stoffes, ist in
der Lateszenz oder dem Figiertsein ausgedrückt, aber hier
bleibt die Chemie stehen, und statt den Stoff wirklich in seinem Gegenteil aufzuheben, setzt sie denselben noch in demselben, aber als verborgen, als nicht erscheinend, d. h. er ist
hiemit, wie er soll, schlechthin nur als Möglichkeit gesetzt;
aber es liegt in der Lateszenz noch der falsche Gedanke, daß
er nicht als das Gegenteil seiner selbst, als rein Mögliches, sondern noch als ein Wirkliches vorhanden sei; aber das Wirkliche ist ein solches, welches nicht verborgen, nicht ein Inneres ist, als eins mit seiner Möglichkeit selbst ist. /

Es bleibt also von dem Wärmestoffe als der Form der Flüssigkeit nicht die Bestimmtheit der Wärme, [sondern] die bloße
Unbestimmtheit der Akzidenzen oder die allgemeine Form
der Indifferenz des Quantitativen, die Form der Potenz übrig, in der wir die chemischen Stoffe in dieser Potenz
setzen; die Form der Luft, das Flüssige als Form [werden
wir] hernach kennenlernen.

β) Was ihre Dignität als chemische Elemente betrifft, so
müssen sie als diese wahrhaftig angesehen werden; ihre Einfachheit besteht darin, daß jedes schlechthin nur diese
Bestimmtheit ist, und obzwar etwas Materielles, doch nichts
Irdisches, zu dem der Kohlenstoff, das irdische Element unter ihnen, den Übergang macht; sie sind rein diese Be-

stimmtheiten der ersten Potenz, und was ihnen fehlt, ist das negative Eins, dessen selbst wieder abstrakte reine Darstellung der Kohlenstoff ist, indem er als die Identität des Stickstoffs und des Wasser- und Sauerstoffs ist, selbst wieder abstrakt, einfach ist und keine Beziehung auf sie hat, aber selbst als weiter unbestimmtes Flüssiges; sie sind die Kohäsionslosigkeit an ihnen selbst. Die Kohäsion als eine Besonderung der spezifischen Schwere ist nur in ihnen allen zusammen, aber ebendiese Totalität sowie das Eins derselben ist es, was ihnen fehlt, sie sind deswegen nicht in eine Liste mit dem, was für die analysierende Chemie ebenfalls einfach ist, aber in eine andre Potenz gehört, indem es ein Irdisches, Reales ist, zu setzen, mit den / unzerlegten Erden, Schwefel, Phosphorsäuren, Metallen; sie sind in einem andern, ganz andern Sinne einfach, unzerlegbar, einfach als Momente des Irdischen oder des Kohlenstoffs; diese aber wieder Bestimmtheiten des Irdischen und kohärent in sich getrennt.

γ) Was ihren Inhalt und ihr Verhältnis zueinander betrifft, so ist er schon bestimmt worden; der Stickstoff als das Passive, Einfache gegen den Gegensatz, der Wasser- und Sauerstoff ist, in diesem ist wieder Wasserstoff das Einfache, der Stickstoff innerhalb des Gegensatzes gegen den Sauerstoff; der Stickstoff, insofern er Base ist, und beides zusammen, der Stickstoff und der Gegensatz des Sauer- und Wasserstoffs ist wieder der Gegensatz, die Auflösung des Kohlenstoffs, der ihre Kohäsion, aber als Element die Abstraktion der negativen Einheit ist, die in sich selbst nicht different, nur das Element, die formale Kohäsion, die absolute Sprödigkeit ist. Der Sauerstoff als der Gegensatz im Gegensatze erscheint darum zugleich als das Aufheben des Gegensatzes oder als die vermittelnde Unendlichkeit oder als das rein Tätige.

aa) Dies ihr absolutes Verhältnis, das absolut durch die Idee selbst gesetzt ist, ist nicht an die empirische Darstellung dieser Elemente gebunden; das, was itzt Stickstoff u.s.f. genannt wird, könnte sich vielleicht erweisen selbst als zusammengesetzt und die empirische Darstellung dieser Elemente eine andere werden, woran aber zu zweifeln ist, denn diese stellen bestimmt diese Bestimmtheiten der Idee dar; wenn auch die empirische Darstellung sich ändern sollte, so müssen / die nunmehr als einfach gefundenen selbst schlechthin das angezeigte Verhältnis ausdrücken.

ββ) Aus der Natur derselben erhellt alsdenn die Notwendigkeit ihres Überganges ineinander,[1] oder daß Kohlenstoff in Stickstoff und Wasser- und Sauerstoff müsse können aufgelöst werden, ebenso der Gegensatz des Wasser- und Sauerstoffs in den Gegensatz des Stickstoffs und des Gegensatzes des Wasser- und Sauerstoffs; also was im Gegensatze Wasserstoff ist, zu Stickstoff und der Sauerstoff selbst in den
10 Gegensatz des Wasser- und Sauerstoffs. Diese Seite ihrer Idealität aber ist es, worin sie ihre Form der Indifferenz verlieren, aufhören, Stoffe und Materien zu sein, und schlechthin nur als Akzidenzen gesetzt sind, die zum Gegenteil ihrer selbst werden.

  * Indem die Chemie aber sie als Stoffe festhält und selbst in ihrem Verschwinden sie noch existieren läßt mit der Ausrede ihrer Verborgenheit, so ist es gerade diese ihre wichtigste Seite, ihre Idealität, die am wenigsten noch dargestellt worden ist, sondern ihr Wirklichwerden in
20 einem chemischen Prozesse wird nur als ein Erscheinen begriffen, so daß sie vor ihrem Erscheinen schon als diese Wirkliche und da, wo sie erscheinen, der Körper aus ihnen zusammengesetzt gewesen sei. Aber auch hier zwingt die Natur die Chemie, dieses Fixiertsein der Wirklichkeit zu verlassen und zu sagen, daß das Erscheinen dieser Elemente häufig
  * erst ihr Wirklichwerden sei, besonders und hauptsächlich ist / dies der Fall bei der Zerstörung organischer Körper, und die erscheinenden: Phosphor, Ammoniak, die Menge der Säuren werden anerkannt als gebildet, als nicht als solche
30 vorhanden gewesen zu sein, worunter z. B. doch der Phosphor ist, den die Chemie für etwas Einfaches ansieht und hiemit das Werden eines Einfachen selbst behauptet, ob sie zwar dies Einfache nur als ein bisher Unzerlegtes, nicht an sich Einfaches [betrachtet], also doch in Wahrheit die eigentliche Entstehung des Einfachen, d. h. entweder das Aufgelöstwerden eines Einfachen in Einfache, nämlich den Übergang eines Einfachen in seine entgegengesetzte Form der Vielfa-

---

[1] *Daneben am Rande (als Marginalie):* Ihr Verhalten im Prozesse überhaupt

chen, noch den Übergang eines Einfachen in ein andres Einfaches, sein Gegenteil,[1] nicht erkennt.

ββ) Was die Sache selbst betrifft, den Übergang einer dieser Bestimmtheiten in die entgegengesetzte, so ist die Vermittlung oder das, worin sie übergehen, nichts anders als die 0 der Unendlichkeit selbst; und wo er sich darstellen soll, so muß diese gesetzt sein, existieren; dies ihr absolutes negatives Eins ist aber nicht in ihnen als diesen Stoffen gesetzt, sie sind tote, in ihrer Indifferenz ihre Idealität und Negation einhüllend; das Eintreten in den Pro- 10 zeß erscheint deswegen schlechthin für sie als ein Äußeres; und sie für sich als diese abstrakten Elemente vermögen ebensowenig den Prozeß unabhängig darzustellen, als / die magnetische Differenz oder als die elektrische Spannung. Sie bedürfen wie diese der dritten Potenz, des Physischen; und wie das mechanische Moment in seiner Totalität die Gestalt, das elektrische Moment selbst als Totalität, als Prozeß — als Ton, der sich als Spannung teilt und aus dieser wieder zusammennimmt, selbst Bilder des ganzen Prozesses sind, so ist auch der formale Prozeß dieser Abstraktionen nur eine Seite des gan- 20 zen chemischen Prozesses und ihr Eintreten in den Prozeß und Verwandeln und Übergehen in demselben etwas Äußerliches für sie; um von ihrem Übergehen im Prozesse zu sprechen, müssen wir dieses physikalische Eins, Realität, körperliche Besonderung voraussetzen; die Zusammensetzung ist eine ganz formale Vereinigung ohne diese absolute negative Einheit, und wo nur Zusammengesetztes ist, ist kein Aufheben der Bestimmtheit und keine Verwandlung in ihr Gegenteil; jenes Eins ist aber wesentlich die Natur des Organischen; das Mineralische hat als selbst Organisches eben- 30 falls diese Einheit, aber mehr als eine nicht zugleich aufgeschlossene, als eine untätige, wodurch es selbst als formales Einfaches gesetzt ist und der Zusammensetzung fähig ist; und es vermischt sich hier das Zusammensetzen und das organische absolute Ineinssetzen; in diesem formalen Organischen also [kann] teils nicht so rein sich jene Umwandlung darstellen, teils [ist es] das Zusammensetzen. Aber α) stellt es selbst hinreichend diese Umwandlung dar,

[1] *Über der Zeile:* des Kohlenstoffs in

* und ungeachtet die Chemie immer nur den Begriff des Zu-
sammensetzens hat und nur diesem nachgeht und nur das
zu bemerken pflegt, was dahin geht, weil [sie] dies allein für
das Erklärte und Begriffene hält, so ergeben sich doch auch
hierin die Erscheinungen dieses Umwandelns in Menge; nur
* einiges weniges anzuführen: a) fixe Luft, kohlensaures
Gas / (denn der Kohlenstoff als das individuelle Element in
formaler Indifferenz, als Gas dargestellt, erscheint different,
als Säure) in das reinste destillierte Wasser getrieben, hinter-
10 läßt einen Rückstand, der nicht vom Wasser verschluckt ist
und der fast atmosphärische Luft ist, die Sprache der Chemie
[zu] sprechen, mit mehr Stickstoff in der Auflösung als die
gemeine atmosphärische; die verschluckte fixe Luft, wieder
aus dem Wasser ausgetrieben, gibt ebenso wieder diesen Rückstand u.s.f., so daß sich die Kohlensäure in das Entgegengesetzte des Stickstoffs, der atmosphärischen [Luft] umwandelt; β) umgekehrt entsteht aus der Vermischung des reinen Sauerstoffgases mit salpetersaurer Luft, welche ein
andres Mal nur Stickstoff[1] und Sauerstoff [bilden,] fixe
* Luft; γ) phlogistisierte Luft (oder der zu viel Stickstoff
zugeschrieben wird) vermindert sich eher etwas mit reinem destilliertem Wasser geschüttelt, aber wird dadurch verbessert; die Chemie kann dies nicht erklären, denn unter andern Bedingungen nimmt das Wasser keinen Stickstoff in
sich, [um] so häufiger wird aus dem Stickstoffe etwas an-
* deres; δ) überhaupt die Erscheinung der fixen Luft ist freilich leicht erklärt, daß ätzendes Kali und so weiter sie aus der
atmosphärischen Luft einsauge; allein, [es ist] bloße Hypothese, daß fixe Luft schon dagewesen sei, da sie durch an-
30 dere REAGENTIEN für fixe Luft nicht darin entdeckt wird,
und vorhin reine dephlo/gistisierte und salpetersaure sie ga-
ben; ε) ebenso, wo ein Erfolg dem Begriff der Zusammensetzung nicht gemäß ist. Einsaugung der Feuchtigkeit aus
* der Luft ist in einer feuchten Luft wohl der Fall, aber
ebensooft erscheint Feuchtigkeit, wo die Luft schlechthin für
trocken anerkannt wird; in der größten Erscheinung ist dies
die Erzeugung des Regens, wo die kurz vorher ganz

---

[1] *Darüber am Rande:* analytisch

trockne Luft, also Stickstoff und Sauerstoff, unmittelbar ihr Verhältnis ganz umkehrt und [zu] Gegensatz als solchem, zu Wasserstoff und Sauerstoff, wird. (ς) bei den berühmten Versuchen der Oxydation der Metalle, die als eine Verbindung des Metalls mit Oxygen erwiesen werden soll, z. B. Mercurius mit Oxygengas behandelt, oxydiert wird und ebenso durch Hitze desoxydiert wird und Oxygengas gibt; — (wobei doch manches in Ansehung der Rückstände zu bemerken wäre) aber rotes Bleioxyd[1] z. B. gibt, rein erhitzt, fixe Luft und Wasser, d. h. es wird hier die atmosphärische Luft nicht zu Stickstoff und Sauerstoffgas potenziert, sondern setzt den Gegensatz auf eine ganz andere Weise in demselben.)

β) Auf eine viel reinere Weise aber stellt sich dieser Übergang an den chemischen Prozessen dar, worin eine vegetabilische oder animalische Substanz mit ins Spiel kommt, die das Prinzip der negativen Einheit wesentlich in sich hat, und dessen Indifferenz selbst der Differenz fähig und in ihr unzerstört / bleibt und das als ein Differentes Gesetzte in seiner Einheit vernichtet und unter seiner entgegengesetzten Bestimmtheit hervortreten läßt. Alle Anwendung der Chemie auf tierische Funktionen[2] gibt eine Menge Beispiele hievon. Ebenso der chemische Lebenslauf des Toten; der Durchgang des toten Animalischen, des Vegetabilischen durch die verschiedenen Arten der Gährung ist nichts anders als dieser Übergang aus einer Form der Bestimmtheit in eine andere. Z. B. auf der Stufe der Essiggährung angekommen, so zeigt reine Essigsäure nichts als Kohlen- und Wasserstoff, ebendieselbe Substanz aber, in die faulende Gährung hinübergetrieben, Ammoniak, Stickstoff; der Essig selbst, der das eine Mal nur Kohlen- und Wasserstoff darstellt, [verbindet sich] nicht nur mit Pottasche oder Kali, das selbst aus dem Vegetabilischen durch die Verbrennung des Holzes abstammt, sondern auch mit KALK, STICKSTOFF. Was das Kali, Pottasche als eine vegetabilische Substanz betrifft, so ist es diese, aus welcher Winterl seine Andronia, die zunächst Stickstoff zu sein scheint, gewinnt, welche

---

[1] *Daneben am Rande:* Mennige; Priestley I. S.187.   Siehe *
Trommsdorff § 2817
  [2] *Über der Zeile:* Atmen

ebensowohl zum Substrat der fixen Luft als der sal-
petersauren beiträgt und mit welcher sich, wenn erst ihr
Gewinnen bestimmter bekannt ist, jene Umwandlung
einfacher chemischer Stoffe regelmäßiger wird darstellen
lassen. Der chemische Prozeß, der sich auf den Prozeß dieser
Elemente bezieht, kann keinen andren Gegenstand haben
als / die Darstellung des Verwandelns und des Überganges dieser Stoffe ineinander, so daß, um es bestimmter auszudrük-
ken, die indifferente Bestimmtheit, der Stickstoff, als übergehend in die indifferente Bestimmtheit, wie sie im Gegensatze als differente Indifferenz, als Wasserstoff, als Base, erscheint, und der Sauerstoff als der Gegensatz im Gegensatze
oder das Unendliche ebensowohl für sich ist als das Prinzip,
das den Stickstoff zur differenten Base macht oder als Prinzip der Kaustizität, so wie wieder der reine Kohlenstoff als
nichts anders denn als das Getötetsein des Sauerstoffes oder
der Differenz der Subsumtion unter den Stickstoff, die Synthese beider[1], wie im Wasserstoff der Stickstoff unter den
Sauerstoff subsumiert ist. /

[1] *Wohl zu lesen:* Synthese beider ist

Fragment 7
δ) Endlich muß noch bemerkt werden ...

[1]δ) Endlich muß noch bemerkt werden, daß diese Elemente schlechthin, indem sie reine Bestimmtheit sind, formale Elemente, formale einfache sind, daß sie das Gegenteil des organischen Prinzips, das Tote, repräsentieren, nicht in sich unendliche, absolut differente, die in ihrer Differenz ebenso die absolute Idealität und Einheit an ihnen selbst sind; a) indem die Chemie nach diesen toten Stoffen das Organische erkennen will, so tötet sie dasselbe vielmehr unmittelbar; sie erkennt es als das Gegenteil vielmehr dessen, was es ist, als ein Zusammengesetztes, statt daß es ein absolut Einfaches ist. Es ist unnütz, hierüber weitläufig zu sein, daß,[2] indem die Chemie das Organische aus diesen Elementen bestehen läßt, wobei sie in noch so verschiedenen organischen Gebilden gewöhnlich alle 4 Stoffe, Sauer/stoff, Stickstoff, Wasserstoff und Kohlenstoff darstellt und sich, um einen Unterschied auszusagen, auf die Verschiedenheit des Mischungsverhältnisses beruft, das sie auch nicht kennt, und es würde nichts zur Sache tun, wenn sie dasselbe auch kennenlernte, — so betrachtet sie es als ein Totes, nicht als ein Organisches; das Organische kann ebensogut auf die Potenz der Mechanik heruntergebracht werden und auch [auf] dieser betrachtet werden; aber ebensowenig das Wesen derselben, [sondern] eine untergeordnete Seite, ein Prozeß, gegen den das Organische gekehrt ist, den es vernichtet. Wenn es tot ist, bemächtigt sich erst der chemische Prozeß der Herrschaft über

[1] *Am Anfang der Seite oben links (über dem folgenden gestr. Textstück) als Bogennumerierung: a) In E folgte (später gestr.): Es erhellt aus der Bestimmtheit des Gegensatzes, daß die Mitte zwischen Stickstoff und dem Gegensatze Kohlenstoff ist, daß er selbst so als Element ein Einfaches, Untätiges ist und eigentlich die tätige Mitte absolut negatives Eins, welches die Indifferenz der Differenz, die wahre Kohäsion, nicht an ihm gesetzt ist. Dasjenige aber, was hier als das Tätige erscheint, ist auf der Seite des Gegensatzes der Sauerstoff, das absolut Differente; aber es selbst ist ebenso nur die formale Tätigkeit, die Erscheinung derselben, die Gestalt des Tätigen.*
[2] *Anakoluth; der mit* daß *eingeleitete Satz wird nicht fortgeführt.*

das Organische, und dies beginnt auf diese Weise einen neuen
Lebenslauf, den Lebenslauf des Todes, den Weg des Chemismus. Aber in diesem selbst behauptet es seinen eigentümlichen, absolut einfachen Charakter, und wie das Mineralische
widersteht es der Darstellung und Auflösung in die chemischen einfachen Elemente. Aschenkrug eines toten Freundes;
* β) die Chemie, indem sie das Organische zusammengesetzt, besondre Mischung sein läßt, so hebt sie doch darin
den toten Begriff ihrer reinen Einfachheit auf und deutet
10 doch wenigstens auf eine Einheit hin, die der Einfachheit ent-
* gegengesetzt ist. Aber dies ist nicht einmal der Fall, diese Hin-
deutung treffen wir dann nicht an, wenn Stickstoff u.s.w. zu
absoluten Prinzipien und dem Wesen des Organischen gemacht wird und z. B. das Vegetabilische als Herrschaft des Kohlenstoffs, das Animalische als Herrschaft des
Stickstoffs genommen wird, was, wie aus dem vorhin Angeführten erhellt, auch ganz empirisch genommen, aus den Produkten / keine Wahrheit hat; Andronia, Stickstoff[1]
ebenso im Vegetabilischen als im Organischen, so hat dies
20 einen ganz rohen Sinn, als ob solche Elemente etwas
Substantielles, etwas an sich wären; sie werden in eine
* viel höhere Dignität der Substantialität erhoben, als die Chemie ihre Stoffe erhebt. Die Roheit, mit welcher die organische Natur danach ausgeteilt wird, ist ebenso groß als
die Roheit der Vorstellung selbst; so das Wesen des vegetabilischen Kohlenstoffs, des animalischen Stickstoffs — der
Grund ist, weil in der chemischen Analyse in jenem sich
vorzüglich Kohlenstoff, in diesem Stickstoff zeige, was vors
erste empirisch gar nicht wahr ist, und dann beruht diese Ver-
30 teilung ganz auf der gemeinsten chemischen Betrachtung des
Organischen, und es ist gar nicht zu begreifen, wie auf der andern Seite diese Ansicht des Organischen sich doch als erhoben über die gemeinste chemische oder jede andre rohe An-
* sicht des Organischen erhoben geltend machen will. — Alsdenn, wenn so aus der gemeinsten chemischen Ansicht des
Organischen im Organischen selbst z. B. der Stickstoff zum
Repräsentanten des Nervensystems gemacht worden ist,
so wird gefolgert, daß in dem, was man Nervenkrankhei-

---

[1] *Über der Zeile:* Essig

ten nennt, der Stickstoff zu sehr im Organsimus hervortrete,
dies Übel durch Zusatz von dem, was für sein Gegenteil [gilt],
Kohlenstoff, verbessert werden müsse, um den Stickstoff
herunterzubringen; nun findet sich, daß / in solchen Krankheiten gewisse Mittel helfen; hieraus folgt denn unmittelbar,
daß diese also Kohlenstoff seien; oder umgekehrt, man
nimmt von Mitteln aus der Chemie an, daß sie kohlenstoffhal-
tig seien und sie helfen in einer Krankheit, so war diese also
stickstoffhaltiger Natur; eine Schlußart, welche alles andre Schließen des reflektierenden Wissens an Mangel der Phi-   10
losophie übertrifft. Kurz, es ist dieselbe Ansicht nicht zu ver-   *
kennen, die, wo sie verdorbene Säfte annahm, dieselben ab-
führte und bessere hineingoß oder bei zuviel Säften etwa
ebensogut absorbierende Erden geben konnte; an die Stelle
der verdorbenen Säfte ist zuviel Stick- oder Kohlenstoff und
an die Stelle des Abführens das Neutralisieren jenes Zuviel getreten. Das Ganze ist dasselbe; der Organismus und die Einwirkung auf [ihn] wird, wenn schon von der Einwirkung gesagt wird, daß sie weder eine mechanische noch eine chemische, sondern eine organische, dynamische, eine Erregung sei   20
— der Name tut nichts zur Sache — in Wahrheit wie der unter-
geordnetste chemische Prozeß genommen, nicht einmal
[dies], sondern als ein ganz äußerliches Ab- und Zugießen
eines Zuviel und eines Zuwenig.

Die Sache verbessert sich endlich um nichts, wenn ge-   *
sagt wird,[1] das organische Nervensystem z. B. sei nicht eigentlicher Stickstoff, das Muskelsystem nicht eigent/licher Kohlenstoff oder das Vegetabilische nicht eigentlicher Kohlenstoff, so das Animalische, sondern vegetabilisches Muskelsystem, oder auch die Kieselformen fallen nur nach der Koh-   30
lenstoffseite hin — diese Stoffe seien nur Repräsentanten
dieser Systeme, diese Systeme und Formen seien poten-
zierter Stick- und Kohlenstoff — a) dies Hinfallen [ist] eine
ganz oberflächliche Gemeinschaftlichkeit einer ganz allgemeinen formalen Bestimmtheit; so [gibt es] unendliche
andere Gemeinschaftlichkeiten aus andern Potenzen;[2] das

---

[1] *Daneben am Rande:* Steffens   Kohlenpulver, bei Hoff Feuer-   *
schlagen
[2] *Daneben am Rande:* Magnetismus, Elektrizität

Wesen ist die Idee der Potenz selbst; ihr untergeordnet die Bestimmtheiten derselben; und nur dies ganz Allgemeine einer andern Potenz liegt im potenzierten Repräsentantsein; das wesentliche Erkennen wird gerade umgangen; in einer andern Potenz verliert Kohlenstoff, Stickstoff u.s.w. alle Bedeutung; denn die andere Potenz, hier die organische, ist eben dies Aufgehobensein jener Bestimmtheiten; die absolute existierende Form, das Wesentliche ist eben das Nichtsein jener Stoffe; es bleibt ihnen nichts als die allgemeine Bestimmtheit,
10 das Verhältnis des Gegensatzes, das in allen Potenzen dasselbe ist; die Potenz selbst aber, der Organismus und das existierende Organische wieder, wie es sich in diesen Bestimmtheiten organisiert, ist das nicht Erkannte. Zu ihrer Idealität oder einer höhern Substantialität, in der die Materialität, Stoffheit dieser Stoffe, ganz seine Bedeutung verliert; physische Elemente. /

II.

Diese chemischen Elemente sind Einfache als Abstraktionen, ihr Wesen ist ihre Differenz; in der Idee
20 ihres Prozesses als eines solchen EXISTIERT nicht ihre Idealität oder negative Einheit; ihr Prozeß ist als das Aufheben derselben betrachtet, aber dies ihr Aufheben ist ihr Wesen, ihre wahrhafte Substantialität; diese ist nicht selbst eines dieser Elemente, sondern das fünfte ihnen gegenübertretende; der Kohlenstoff ist zwar ihre einfache synthetische Einheit, aber selbst, obzwar das Indifferente, Reelle unter ihnen als Kohlenstoff, als die Einheit ihrer Potenz, die Abstraktion ihres Aufgehobenseins, oder das einfache, außer ihnen liegende, to-
30 te Produkt. Diese ihre absolute Idealität aber, in welcher sie ihre differente Beziehung ausdrücken, sie sich vernichten, ist hiemit das ihnen zugleich Gegenübertretende und zugleich in ihnen Seiende, ein Vernichten, das zugleich ihr Bestehen ist; dieser ihr existierender absoluter Begriff oder ihre Unendlichkeit ist das Feuer; das Licht, das schlechthin positiv, sich im Tone verunendlichend, aus dieser einfachen Verunendlichung [zurückkehrend], als Elektrizität

die Erscheinung seiner Spannung in differente spezifische
Schweren darstellte und nun aus den/selben durch Vernichtung seiner Differenz sich in seine Einheit zurücknimmt und
als der Geist der chemischen Natur sich darstellt, die wahre
chemische Substanz der chemischen Einfachheiten, in
welchem sie ihre formale Indifferenz, ihr Bestehen verlieren
und gesetzt sind als das, was sie sind, als IDEELLE, als Akzidenzen, als aufgehoben, oder es ist ihr Prozeß. Das Feuer ist
das Sein derselben als das, was sie sind, und WIE es ist als
diese Totalität dieser chemischen Elemente oder in welchem 10
Verhältnisse sie an ihm sind, erhellt aus der Bestimmtheit
ihrer Natur. A. Die beiden Momente, die den Gegensatz ausmachen, sind der Sauer- und Wasserstoff, sind die
unmittelbar differenten des Feuers, da es die negative Einheit ist, so erscheinen die negativen als die Momente, welche
Momente des Gegensatzes sind, und seine Existenz [ist] dies
ihr Sich-ineinander-Aufheben und Erzeugen; der Wasserstoff
als wieder das Indifferente des Gegensatzes ist seine Base,
sein Phlogiston, sein Brennendes, sein Auf-sich-Bezogensein;
der Sauerstoff, seine Differenz nach außen, sein Bezogensein 20
auf ein anderes, die Gestalt seiner Tätigkeit. Das Feuer ist
nicht ihre Einheit, in der sie INDIFFERENT gegeneinander
sind, das eine als auf sich selbst bezogenes, das andre als das
Bezogensein nach außen, sondern ihre qualitative. Ihre
Beziehung ist nicht [als] verschiedene Seiten eines und eben-
desselben gesetzt, in dem sie gleichgültig ineinander als /
einem ruhigen Allgemeinen wären, sondern sie ist — eine entgegengesetzte; in dieser sind sie verschieden zugleich aufeinander [bezogen], und das Feuer, DIES SEIN ihres gegenseitigen Vernichtens, ihr Vergehen gegeneinander als absolut 30
Entgegengesetzter, also ebenso in ihrem Entgegengesetztsein
sich Erzeugender, ist ihre negative Substantialität. B. Dies
absolut differente Sein des Feuers aber [ist] ebenso ein
Indifferentsetzen dieser seiner Seiten. Außer ihrer Differenz gegeneinander haben sie auch die Seite der Indifferenz des Bestehens; die Seite seiner BASE, des Wasserstoffes,
als Indifferenz darstellend, wird es zum Stickstoffe, die
Seite seiner Differenz, selbst als indifferente, zum Kohlenstoffe, denn der Kohlenstoff ist das indifferente Element
der Differenz als ABSTRAKTION der Kohäsion, d. h. in der 40

ganz indifferenten Form darstellend, oder der die Säurung unter sich subsumierende Stickstoff, wie er als solcher sich ihr absolut entgegenstellt, im Feuer aber unter sie subsumiert ist.

Das Feuer ist die absolute Einheit dieser Momente ohne ein Verhältnis derselben gegeneinander oder es zu denselben; es ist in dieser Idee des Feuers nicht bei diesen Momenten an ein Verhältnis des PRODUKTS zu denken, als ob Kohlen- und Stickstoff vom Feuer — vor ihnen — produziert würden

10 oder umgekehrt es von ihnen, indem der Kohlenstoff different gegen den Stickstoff würde; als so seine Indifferenz Stickstoff selbst, und insofern [es] itzt sich different verhält, Wasserstoff Base und seine subsumierte Differenz zum Sauerstoffe.[1] — Das Ganze / ist EINE Totalität, deren jedes einzelne Moment in dieser Totalität unmittelbar gesetzt ist und in diesem Einssein alles Verhältnis für sich seiender Ursachen und Produkte ausschließt. Dieser Gang von Auflösung des Feuers in Kohlen- und Stickstoff oder umgekehrt des Differenten zu einem dieser, zum Wasser- und Sauerstoff

20 des Feuers, ist nur eine Ansicht, die indem sie so die Momente nach ihrem Verhältnisse unterscheidet, sie als alle sich bedingend, d. h. in einer Totalität seiend erkennt. Diese negative Totalität der ideellen Elemente, das Feuer, ist als ihre negative Einheit unmittelbar ihr Verschwinden in ihrem Sein und ihr Sein in ihrem Verschwinden oder ihr Prozeß, aber auch nur die Idee desselben, nicht der reale chemische Prozeß selbst; das Feuer ist an sich die Idee desselben; aber das reale Feuer unterscheidet sich noch nicht von sich selbst als einem Tätigen[2] von sich selbst als einem Passiven;

30 es setzt sich keines dieser Momente gegenüber, denn es kann nur sich selbst als Totalität sich gegenübersetzen; der reale chemische Prozeß ist, daß der Prozeß selbst seinen Prozeß durchläuft und jedes Moment desselben, nicht die Abstraktion eines Moments, sondern die Totalität derselben selbst ist. Das Feuer als diese Idee des Prozesses ist ebendarum

---

[1] *Wohl zu lesen:* es ist seine Indifferenz Stickstoff selbst, und insofern [es] itzt sich different verhält, wird Wasserstoff Base, und seine subsumierte Differenz wird zum Sauerstoffe.

[2] *Wohl zu lesen:* als ein Tätiges

gleichgültig dagegen, unter welcher seiner entgegengesetzten
Bestimmungen es im realen Prozesse gesetzt [ist]; seine Differenz drückt sich als Sauerstoff und Wasserstoff aus, negativ
und / positiv; es kann im realen Prozesse als Negatives das
positiv Gesetzte oder das Negative erscheinen, als die Seite
seiner Basizität herauskehrend, als desoxydierend oder re-
duzierend, oder als die Seite seiner Differenz, als oxydierend,
erscheinen; es ist die Einheit von beidem; und im bestimmten
empirischen Prozesse kann entweder das eine oder das andere, und zwar wieder in unendlichen Modifikationen geschehen, je nachdem das Brennende oder das reale Feuer selbst
mehr die eine Seite der Totalität ausdrückt; hier ist jede dieser ideellen Potenzen auf gleiche Weise gesetzt.[1]

B. Als diese einfache Idee des chemischen Prozesses
ist [das Feuer] selbst die erste Potenz desselben; der
Prozeß als dieses negative Wesen des Feuers muß sich als
Realität setzen, oder das Feuer als absolut Tätiges — Stickstoff und Kohlenstoff sind selbst in seine Differenz eingeschlossen, nicht seine Produkte — muß sich selbst in der
Form der Passivität gegenüberstehen, als positive Substanz, wie es die absolut negative Substanz [ist]. Dieses, daß
das Feuer nur die Idee des Prozesses ist, erscheint notwendig als nicht unendlich, nicht sein Kreislauf, so daß es
zu einer andern Substanz hinzutritt, so wie es, um zu sein,
derselben nötig hat und in seinem Entstehen selbst als Produkt, als Erzeugtes, erscheint. Aber diese Zufälligkeit seines Entstehens, Seins und Erlöschens ist es, was in der Totalität des Prozesses wegfällt; im Kreise dieser Totalität
des in sich zurück/gehenden Prozesses muß es ebenso absolut
immer entstanden sein, als es immer ist und immer vergeht; und es entsteht uns der Prozeß als DIE MOMENTE
des absoluten Prozesses oder die Momente, deren jedes selbst
der ganze Prozeß ist.

Das tätige Feuer, sich als indifferent, passiv gegenüber-
stellend, wird zu seiner Realität, es wird zu dem sich
auf sich selbst beziehenden, in seinen beiden Gliedern indif-

---

[1] *Daneben am Rande:* Alles als Allgemeines, Mittelbegriff und Einzelnes.

ferent gegeneinanderseienden Feuer, einer Verdopplung desselben, in welcher es sich in die Passivität verliert.

Die Eine Seite dieser Reduktion des Feuers oder
seines Erlöschens ist das einfache Ineinssein, das indifferente Ineinanderaufgenommensein der Momente der Totalität des Feuers; das Wasser, das an sich Flüssige, als das
Aufgehobensein der Differenz, das absolut Mögliche, in
Differenz gesetzt zu werden, in dem aber die Entgegensetzung der Differenz des Feuers nicht ist, dasselbe subsumiert
10 unter die allgemeine, quantitative, positive Einheit. Indem
es so das absolut Dekomponible ist, das durch jeden Reiz in
die Differenz übergeht, so ist diese Erscheinung der Differenz an ihm sein Hervortreten in die chemischem MOMEN-
TE des ideellen Gegensatzes; er erscheint unmittelbar nicht
als die Indifferenz der chemischen Momente der Totalität,
sondern als der Momente des Gegensatzes derselben, als
Sauer- oder Wasserstoff; gleichgültig in der Form des
einen oder des andern aufgelöst, d. h. aus seiner Indifferenz
gerissen zu werden. / Es ist als diese Möglichkeit derselben
20 nicht aus ihnen zusammengesetzt, denn diese Momente sind
hier keine wirklichen mehr, d. h. sie sind nicht unverändert im Wasser, sondern ihr Einssein in ihm ist ihr Aufgehobensein als das, was sie als getrennte sind; und das Wasser ist
die Indifferenz, die Möglichkeit beider. Es geht hieraus die
Entscheidung hervor, daß das Wasser nicht zerlegt wird, indem es als Wasser- und Sauerstoff dargestellt wird. Insofern
das Eine hervortritt in einem Prozesse, muß es
auch die andere Seite, aber diese Verwirklichung seiner
Möglichkeit heißt, es erst als die zwei entgegengesetzten
30 Wirklichkeiten setzen, die als Wirklichkeiten nicht in ihm
waren, so daß dieselbe Quantität Wassers als die bloße Möglichkeit beider ebensogut das eine als andere werden kann;[1]

---

[1] *In E folgte (später gestr.):* die Spannung welche in dasselbe gesetzt
wird, hebt unmittelbar die unendliche Teilbarkeit desselben als eines
sich selbst gleichen auf, oder seine Möglichkeit, in zwei Formen gesetzt
zu werden, unterscheidet es zugleich als Quanta und verwirklicht jedes
als eine besondre Differenz; seine qualitative Teilung ist unmittelbar
auch seine quantitative; das Wasser ist wesentlich nicht ein Atom, nicht
Punkt der Reflexion, der ebensowenig zersetzt werden könnte; die ide-
40 elle Teilung, Aufhebung der Form seiner Existenz, ist unmittelbar

und indem diese beiden Wirklichkeiten hervortreten, so treten sie an 2 Quantis Wasser hervor; die aber ebendarum, weil das Wasser in Quanta von verschiedener Spannung geteilt wird, nicht mehr Wasser sind; es ist nur Wasser als diese Indifferenz der beiden ideellen chemischen Momente; sowie diese Indifferenz in / ihm aufgehoben wird, so wird es, insofern eine Teilung in dasselbe gesetzt wird, zur allgemeinen flüssigen Materie, und diese wird in verschiedener Spannung dargestellt. Man kann eigentlich nicht sagen, Wasser, unter der Form der Basizität gesetzt, ist Wasserstoff, unter der Form der Azidität, ist Sauerstoff; denn mit diesen Differenzen hört es auf, Wasser zu sein; es ist nur die allgemeine sich selbst gleiche Quantität des unbestimmt Flüssigen, und die Teilung dieser Flüssigkeit ist nicht eine Zerlegung, sondern das an ihr Hervortretende, als spezifische Schwere Ideelle, Verschiedene. Die Frage kann so gestellt werden: Ist das Wasser wesentlich eine Menge von absolut selbständigen Atomen, Punkten der Reflexion? Denn so wird es in der Zerlegung betrachtet, indem es nicht als ein sich selbst gleiches Quantum nur in mehrere Quanta verteilt werden soll, sondern bestimmt als bestimmter Begriff, in der Realität als Atom oder in seinen ideellen Faktoren; es ist aber nicht als sein Begriff in der Realität, nicht als Punkt der Reflexion gesetzt; es soll nicht sein Begriff geteilt werden; dieser wird freilich in Sauerstoff und Wasserstoff zerlegt; analytisch [ist] seine Teilung eine rein qualitative ideelle — sondern die Realität des Wassers [ist] dasselbe als sich selbst gleiches Quantum, als Materie; der Punkt, das Atom, soll sich in flüssige Quanta auflösen; aber so ist er selbst schon wesentlich diese Flüssigkeit. Dieser Übergang ins Entgegengesetzte, aus dem Punkt in die Flüssigkeit, aus der Bestimmtheit des Begriffs in die Realität, ist der absolut leere, unzulässige Übergang; der Übergang in das Gegenteil ist nur der Übergang einer Bestimmtheit in ihre entgegengesetzte, die aber beide wesentlich in demselben Elemente oder dasselbe Element sind; Wasserstoff in

auch eine reale, und das Wasser wird nicht als eine Menge von Atomen, sondern als ein Quantum zerteilt; die Einheit ist nicht ein bloßer Schein, sondern wesentlich und diese Einheit bleibt in der ideellen Bestimmung, Spannung, Diffenzierung dieselbe, d. h. es werden nicht zwei Qualitäten, sondern 2 Quanta des Wassers gesetzt.

Stickstoff, eine Bestimmtheit in die entgegengesetzte in der
absoluten Flüssigkeit; es ist rein das qualitative Ideelle, das
sich aufhebt, die beide in demselben Allgemeinen sind. / Wasser aber und Luftform sind eben nur darin dasselbe, daß sie
die allgemeine Flüssigkeit sind. Wird Wasser als dies Flüssige
überhaupt begriffen, in dem die Differenten, Sauer- und Wasserstoff, in der Form der Indifferenz aufgehoben, als wirkliche Sauer- und Wasserstoff aber in der Form der Differenz
der in verschiedene spezifische Schweren gesetzten Flüssigkeit
10 sind, so ist der Gegensatz wieder ein ideeller, das Wasser
selbst nur eine Bestimmtheit und der Übergang nicht ein Zerlegen dieser Bestimmtheit, sondern ein Aufheben derselben in
ihrer entgegengesetzten. Es ist nicht die Realität, die sich
teilt, sondern der Ton der Flüssigkeit überhaupt oder rein das
Ideelle, das Unendliche derselben, das sich einmal als Indifferenz, Wasser, und dann als Differentes der verschieden spezifisch schweren Flüssigkeit setzt.

Es ist noch zu erinnern: Die Potenzen des Wassers erscheinen nicht als Stick- und Kohlenstoff, weil sie eben
20 unmittelbar aus dem Einssein herkommen und different gegeneinander [sind], als sich beziehend aufeinander, als Base
und als Säurung, Wasser- und Sauerstoff.

Feuer und Wasser sind ihrem Wesen nach eins, aber das
eine, das absolut Tätige, die absolute Differenz an sich selbst,
als sich unendlich vernichtend setzend, das Wasser als absolute Indifferenz, bloße Möglichkeit der Differenz; die Mitte zwischen beiden ist die 0 der Unendlichkeit. Die erscheinende
Mitte, d. h. die ihnen entgegengesetzte, für sich itzt noch
ebenso indifferent gesetzte als der Prozeß als Moment, die
30 leere Mitte beider ist ihre Gemeinschaftlichkeit, insofern sie
in ihre Elemente als Flüssigkeiten von verschiedener spezifischer Schwere sich auflösen, ein / indifferentes Kraft -
loses, das leere Aufnehmen ihrer Auflösungen oder die reine
Flüssigkeit selbst. Dies zunächst untätige Allgemeine,[1] die
Form der Indifferenz, ist das Element der Luft überhaupt;
sie hat hier zunächst keine andere als diese passive Bedeutung und ist der Gegensatz im Gegensatze des Feuers
und des Wassers; oder als der tätigen Einheit entgegengesetzt,

---

[1] *Am Anfang der Seite oben links als Bogennumerierung:* b)

ist sie selbst passiv wie das Wasser, aber dies unter der dem
Wasser entgegengesetzten Form, wie dies die absolute Möglichkeit der Differenz, aber die entgegengesetzte Möglichkeit; das Wasser ist das indifferente Aufgehobensein derselben, dies die indifferente Wirklichkeit derselben, die Form der Freiheit der Elemente oder Idealität
des Feuers und Wassers.[1] Weil die Luft die Form der absoluten Flüssigkeit ist, so erscheint sie als rein und ruhig für sich
selbst vorzüglich in der Bestimmtheit der unbestimmten indifferenten Flüssigkeit des Stickstoffs, aber mit Beziehung der-   10
selben auf die Differenz als Subsumtion des Sauerstoffs unter
den Stickstoff; denn der Wasserstoff ist wesentlich Base,
die Unbestimmtheit als different; die Base, in die Luft
erhoben, verliert sie diese Beziehung nach / außen und ist unter der Form des indifferenten Stickstoffs, der aber, da die
Luft die Mitte oder der Gegensatz im Gegensatze ist, selbst
nicht die Abstraktion des Stickstoffes, sondern die abstrakte Differenz, den Sauerstoff, in sich subsumiert und wesentlich Totalität ist; als dieser den Sauerstoff subsumierende
Stickstoff erscheint sie zunächst, insofern wir den Prozeß hier   20
selbst unter seine Momente subsumiert betrachten, und in
dieser Bestimmtheit, aber jedes für sich seiend; in der Realität
dieser Form betrachten [wir die] Luft ebenso als den erzeugenden Prozeß; im Prozesse selbst erscheint sie als Sauerstoff
tätig.

Die Idee des Prozesses als Feuer, die absolute negative
Einheit, den Gegensatz der chemischen Elemente in sich
aufhebend, hebt sich selbst [auf];[2] das Wasser ist dieser
Prozeß als die Reduktion desselben; das Feuer ist bedingt durch das Sein, die quantitative Einheit des Wassers,   30
denn es ist für sich nicht das Sein; das Wasser als die absolute
Möglichkeit, sich aufzuheben und differenzieren; dies Aufgehobene als Wirklichkeit, dieses Sein differenter Flüssigkeiten
als Luft, die formale Indifferenz, die bloße Form der ersten
Potenz der freien abstrakten Flüssigkeiten; aber indem sie ihr abstraktes Allgemeines oder Gemeinschaftliches

---

[1] *Daneben am Rande:* deswegen Stick- und Kohlenstoff in ihr
[2] *Daneben am Rande (als Marginalie):* Verhältnis also dieser Elemente dieses

ist, ist dies nicht mehr selbst ein vielfaches Quantum, eine
Vielheit solcher formalen Indifferenten, also nur an
die differenten Bestimmtheiten gebunden. Aber die Luft ist
wesentlich allgemeine einfache, ungeteilte und unteil-/
bare Quantität, bloße Form nur für die Abstraktion, aber als
Luft physisches Element, sie in eins setzende Allgemeinheit; das Feuer das Aufheben der chemischen Elemente, Wasser das flüssige Aufgehobensein; die Luft das Aufheben in der Form des Aufgehobenseins; tritt sie als Auf-
10 heben hervor, so ist sie Feuer, als Aufgehobensein Wasser. Doch [sie] ist nicht das GLEICHE Einssein des Aufhebens
und Aufgehobenseins, sondern diese Einheit unter der Bestimmtheit des letztern; die Einheit, welche sie bindet wie das
Wasser, aber so, daß sie nicht die reine negative Möglichkeit derselben als unterschiedener ist, sondern ihre Möglichkeit als der ideell in ihr gesetzten, als die ALLGEMEINE
Substantialität derselben, sie umschließend, wie der
Gedanke derselben, indem sie unterschieden und doch nicht
wirkliche, sondern als aufgehoben gesetzte, ideelle sind. Wir
20 können sagen, daß so, wie das Feuer der Geist der chemischen Elemente, so die Luft das indifferente Vorstellen
derselben, das Wasser aber das Empfinden, das ungeschiedene
Einssein derselben ist; was im Wasser UNunterschieden ist,
wird gleichsam im Raume der Luft indifferent, ideell unterschieden, nicht als ein Nebeneinander der Farben
z. B., so wie derselbe Körper als farbig, als durchsichtig,
hart, gestaltet u.s.f. ist, in ebendieser ruhigen Idealität sind die chemischen Elemente IN DER LUFT ineinander;
sie werden besondere Materien, Stoffe erst in ihrer Abstrak-
30 tion und dann die Luft zu ihrer Form.

Diese Elemente des Feuers, Luft und des Wassers sind wahre PHYSISCHE / ELEMENTE; sie sind selbst jedes der ganze
Prozeß, aber als diese Elemente sind sie nur DER PROZESS
unter SEINE MOMENTE indifferent gesetzt und nicht in negativer Einheit, oder diese Prozesse nicht selbst im Prozesse gegeneinander begriffen und nicht die Identität dieser drei Prozesse selbst. Diese Einheit derselben ist, da sie zusammen das
Auseinanderfallen der Formen des Prozesses sind, a) selbst
ebensowohl IHRE ABSOLUTE NEGATIVE EINHEIT, in der sie
40 als unterschiedene sind und sich aufheben und erzeugen,

ihr Prozeß, als auch die indifferente, dieselben in sich vollkommen [in] eins setzende Einheit; sie zusammen sind
für reale Einheit selbst, dieselbe sowohl als Allgemeinheit, positive Einheit, als als negative Einheit, Idealität, die ideellen
Momente, so wie die Einheit selbst, die im Prozesse für sich
ihrem Gegensatze entgegengesetzt wäre, selbst nur ein Element ist. Diese Einheit ist ihr viertes, das absolute Individuum, die Erde, die ebensowohl ein für sich seiendes Element gegen sie, als ihr absoluter Prozeß, als ihre absolute Allgemeinheit gegeneinander, in der sie ungetrennt als eins ge-　10
setzt sind.

Die Erde als diese Einheit der physischen Elemente ist nun
auf gleiche Weise ihr Subsumiertsein unter die ALLGE-
MEINE Einheit als ihre negative Einheit, das, worin sie bestehen und sich aufheben.[1] /

I. Das Einssein der physischen Elemente in der Erde macht
die Erde zu ihrer wahren Substanz und Materie derselben,
sie, an der nur der Wechsel der Akzidenzen zur organischen
Indifferenz oder allgemeinen Wesen, in der sie wie im
Äther selbst erst ihre Realität haben, eins ist.[2] Die Einheit als　20
das Wesen der Erde ist die Einheit, indem die Elemente in ihr
sich in sich selbst reflektieren, sie in das allgemeine Medium, Element, sie so in sich zurückgehen und in dieser Reflexion als ihrer eigenen Unendlichkeit zugleich absolut unendlich werden, d. h. zugleich in ein anderes übergehen, oder
wie das absolute Wesen ihres [Prozesses] die Erde, ihr durchsichtiges Medium ist, so ist sie auch absolute Unendlichkeit
als Prozeß, dem sie als FORMALER ALLGEMEINHEIT in jedem
Medium als unorganische Natur gegenüberstehen und
[sich] zugleich aufheben. Die Erde ist hiemit die sich aus ihrer　30
Auflösung in die physischen Elemente resumierende
Gestalt, das absolute Realisieren der Gestalt, die sich Tota-

---

[1] *In E folgte (später geändert):* ihr absolutes Feuer. Als ihre allgemeine Einheit ist sie das Wesen, die absolute Substanz.

[2] *Wohl zu lesen:* an der nur der Wechsel der Akzidenzen zur organischen Indifferenz oder zum allgemeinen Wesen gehört, in der sie
wie im Äther selbst erst ihre Realität haben, und an der der Wechsel
eins ist. *In E folgte (später gestr.):* ALS ihre absolute Reflexion, ihre
absolute kometarische Entgegensetzung und Idealität derselben　　　　　　　　　　　　　　　　　　　　　　　　　　　　　40

lität wird, sich als realisierend, die Gegensätze der Kohäsion
als absoluten Prozeß der Totalität in sich setzend und sich
in sich selbst besondernd; a) sie selbst als Flüssigkeit ihr
Element, die formale / Allgemeinheit derselben, in der die
Elemente für sich sind und [sich] in ihrem Fürsichsein realisieren, in sich selbst als Totalität zurückgehen; b) ihr Prozeß
auf die ideelle Weise, daß die Differenzen ihre ideellen Momente, die physischen Elemente sind und sie im Prozesse mit ihnen, ihre absolute, ihnen gegenüberstehende Einheit ist, aufgelöst in die verschiedenen Formen des Prozesses;
ihre ihr gegenüberstehende unorganische Natur, sie selbst das
4te Element, erregt von ihr, sie aufhebend in ihrer Indifferenz
und ebenso sie differenzierend; in ihrem Fürsichsein sie absolut ineinander vermengend, so daß alle ihre Unterschiede
verschwinden und sie ihre Vermengung ist, welche sie als
Kohäsion differenziert, aber so, daß jedes der Differenten diese ganze Vermengung, vollkommene Erde, ist; ein System der Erden als solcher, der Ton, die Spannung nicht
eine Flüssigkeit, ein Allgemeines von verschiedener spezifischer Schwere ist, sondern Erde von verschiedener spezifischer Schwere; jedes kohärent ins Unendliche, jedes ein indi-
viduelles Organisches. Durch diese[1] absolut Indifferentes,
Verhältnis der Erde zu den Elementen, absolut allgemeine Gestalt.

Ehe wir dies Individuum selbst betrachten, die Allgemeinheit seiner Indifferenz und Einheit[2], wendet sich die Betrachtung zuerst [der] Bestimmung der Elemente selbst [zu]. /

A) Die Erde als das allgemeine Element oder das Sein,
die Substantialität der Elemente

[3] a) Die physischen Elemente, bisher als Prozesse, als
Identitäten der chemischen Elemente begriffen oder
selbst als Flüssige, das Indifferente differenzierend, sind, in

---

[1] *Gemeint ist:* die Vermengung *lies*: Durch diese ist sie
[2] *Über* Indifferenz und Einheit *zwischen den Zeilen:* Potenz
[3] *Davor stand in E (später gestr.):* Wir betrachten zuerst dies organische Individuum als organischen absoluten Prozeß.

der Allgemeinheit der Erde gesetzt,[1] selbst indifferente
Einheit, nicht die negative Einheit verschiedener differenter
Flüssigkeiten; oder, nach der Einheit ihrer ideellen Momente
betrachtet, sind sie selbst individuelle oder positive Einheit, ein gleich verbreiteter Ton und IN DIESER quantitativen
Einheit sich different als kohärent setzend, d. h. als die selbst
gleiche Einheit, in welcher die Idealität der chemischen
Elemente das Wesen und das Allgemeine ist, sich so in
sich trennend, daß diese Trennung eine Spannung dieser
sich selbst gleichen Einheit ist. Jene erste Einheit ist ihr
ideelles Entstehen, sie sind die Realität einer vorherigen Potenz, das Aufheben der in ihr gesetzten Momente, worin der Begriff das Allgemeine der vorherigen Potenz, in
sein Gegenteil übergegangen ist, das Aufheben der Verschiedenheit von Flüssigkeiten; und sie sind jener Begriff / als seine
negative Einheit. Aber so geworden, sind sie nunmehr selbst
das Allgemeine, selbst die Potenz, und als solche sich realisierend, sind sie in ihren Momenten sie selbst, nicht die
Auflösung ihrer, sondern ihr Einsbleiben, Erde; und jedes
dieser ihrer realen Momente ist sie selbst, ihr Allgemeines; es ist die quantitative Einheit differenter derselben
wie vorhin ihre qualitative negative; oder sie teilen sie ein,
wie [sie] vorhin geteilt [war]; ihre Differenzen in ihrer
Realität wie vorhin in ihrer Idealität. Wie in allen Potenzen
[hier] a) Einheit ideell herkommend, b) die Einheit unauf-
löslich als Begriff, der sich realisiert, in allen seinen Differenzen schlechthin dasselbe bleibt. Die Erde ist für sie zunächst
diese allgemeine, sich selbst gleiche, unauflösbare, ungeteilte
Einheit; diese ist zunächst ihre irdische, individuelle
Natur, ihre Realität, der Wendungspunkt, an dem sie in die
Existenz treten, positive Totalität werden, in die Einheit der
Erde aufgenommen; das Feuer ist ein Feuer der Erde u.s.f.[2]

a) Das Feuer war das absolut allgemeine und positive
Sichselbstgleiche, das Licht, das sich in der Mechanik in die
Unendlichkeit versenkt und als die absolute negative Einheit

---

[1] *Daneben am Rande:* diese Ansicht gehört zur Methode. Wendung
der negativen Totalität in die positive Totalität
[2] *Daneben am Rande:* Feuer, in diese Positivität aufgenommen, setzt
sich in derselben different als Farbe und Wärme.

derselben zum Ton wurde, aus diesem in die ideelle Spannung
der Elektrizität heraustrat und, in ihr diesen idealen Prozeß
als elektrischen Funken / endigend, in die 2 verschiedenen
Seiten seines Elements, einer Erde als sich selbst gleicher Flüssigkeit und als Flüssigkeiten von verschiedener spezifischer
Schwere, in sich verklang, ein idealer körperloser Prozeß,
itzt in die Allgemeinheit der Erde versenkt, oder was dasselbe
ist, ein unauflöslicher Begriff; in der irdischen Materie realisiert es sich als Feuer, es wird sich darin ein Gedoppeltes, und
10 aus dieser seiner Realisierung sich zurücknehmend, ist es erst
physisches, wahrhaftes Feuer.

Das Feuer BRICHT sich in dieser quantitativen Natur auf
die gedoppelte Weise des idealen Seins, des idealen Aus-
drucks der Totalität, und des realen; oder dort ist es
Licht in der Erde, hier als Wärme; in beidem Sein bleibt sein
Begriff dasselbe, und ebendiese seine Unzertrenntheit seines
Begriffs ist die Erde selbst als der Boden, allgemeine Flüssigkeit, an der es so seine gedoppelte Totalität setzt, nichts als
seine quantitative Substanz.

20 a) Das erste Einssein, dies einfache, kraftlose, unent-
gegengesetzte, unwiderstreitende Ineinssein, worin das
Feuer als ganz positives Einfaches, als Licht mit der Erde
vermischt,[1] [ist] Farbe. Der tote Ton, ein Schein der Kohäsion, / ohne Schwere, eben weil er nicht gegen die Gestalt
der Erde und also überhaupt nicht gegen die Schwere geht.
Die Farbe ist das einfache Einssein des Lichts und der
Gestalt der Erde, welche hier gegen das Licht ebenso nicht
einmal Materie ist, sondern ein leeres immaterielles, ununter-
schiedenes, widerstandloses Gegenteil; und das Einssein bei-
30 der, die Farbe, als eines absoluten Gegensatzes der Finsternis, aber ein unvermitteltes, positives Eins; Licht und
Finsternis sind selbst die ideellen Momente der FARBE, der
Begriff derselben, das Licht, das in die Gestalt überge-

---

[1] *In E folgte (später gestr.):* diese Individualität als Totalität, als
Kohäsion ohne spezifische Schwere darstellt, so daß die Erde darin
ebenso nur die Finsternis, das rein quantitative Gegenteil des Lichts, insofern es ihr entgegengesetzt ist, aber in Wahrheit die quantitative Individualität, das Allgemeine dieses Einsseins selbst ist, ist die FARBE[1a]

[1a] *Daneben am Rande gestr.:* Licht ist weiß gegen Finsternis, aber auch nur
40 gegen dieselbe.

gangen ist, aber in dieselbe als die Abstraktion des Allgemeinen, das nur als solches dem Licht absolut entgegengesetzt, absolut reine Finsternis ist, aber beide reine Allgemeine und so eins sind. Die Kohäsion dieser Einfachheit
oder die Teilung der Farbe, dieses einfache Individualisieren, ist in seinem Teilen selbst absolut Farbe, und diese Einheit hebt sich schlechthin nicht auf, wird nicht ideell gesetzt, sondern bleibt das sich selbst gleiche Wesen; und
die Differenz trübt diese Sichselbstgleichheit nicht.

Die Farbe als solche, die reine existierende Farbe, ist 10
das Gelb, das auf gleiche Weise Einssein beider, des Lichts
und der Finsternis; in der Finsternis / selbst ist das Licht das
Allgemeine, die ursprüngliche Einheit, das Allgemeine der Individualität selbst, in der Farbe ist darum vielmehr eine
Erhöhung, eine höhere Intensität desselben. Das stärkere Hervortreten der Finsternis an ihm, in dem es gleichsam der
Grund ist, die Finsternis aber das über ihn Herge-
zogene, jenes das Wesentliche, dies das an ihm Gesetzte, diese Individualität ist die des Roten; das aber zum Wesentlichen die Finsternis, zum an ihm Gesetzten das Licht hat, das 20
Blau; die Rekonstruktion des Gelb, der Farbe, aus diesem
seinem Subsumiertwerden unter die Finsternis ist das Grün,
welches nicht das Eins des Roten und Blauen ist,[1] [der] beiden Seiten des Gegensatzes als solchen, sondern den Gegensatz im Ganzen macht die Farbe in ihrer ersten Potenz als
Gelb gegen den Gegensatz, der das Rot und Blau zusammen
ist, aus, und in diesem Gegensatz ist wieder das Gelb der
Grund, das Wesen des Roten; die Synthese ist darum wesentlich zwischen Gelb und der Seite im Gegensatze, welche
selbst der Gegensatz ist, dem Blau. Zwischen diesen 30
Grundfarben oder die das qualitative Verhältnis der Momente
der Totalität oder Kohäsion als solche ausdrücken, geht
die Natur in ihrem quantitativen Übergehen fort, löscht ihren
qualitativen Unterschied in reine quantitative Unendlichkeit
des qualitativen Unterschiedes aus, indem sie in absoluter
Teilbarkeit das eine Extrem in das andre übertreten läßt.
Die / Farben sind wesentlich diese Individualitäten, Einhei-

---

[1] *In E folgte (später geändert):* welche ZUNÄCHST als der Gegensatz erscheinen, sondern das Zurück aus dem Gelbe und diesem ganzen
Gegensatze oder vielmehr dem Gegensatze im Gegensatze, dem Blau.   40

ten entgegengesetzter Ideeller, und können ganz empirisch durch das Aufeinanderfallenlassen der Entgegengesetzten, Licht und Finsternis, einer hellern und einer dunklern Farbe, dargestellt werden; das Licht bleibt in allen dasselbe und ungeteilt; sein Element, in das es versenkt erscheint, ist die Erde für dasselbe, Finsternis aber mit dieser in eins gesetzt, sich individualisierend, ist es Farbe; die Teilung ist nicht eine Teilung des Lichts in Farben als seine ideellen Momente, sondern der Farbe in Licht und Finsternis. Die Farben selbst aber sind die verschiedenen Weisen und Verhältnisse des Einsseins beider; und eine Auflösung des Lichts, die Newton[1] auch bei den Farben, die ideellen reflektierten Teilungen, einführte, hat Goethe in diese quantitative verwandelt, bei welcher das Wesen immer das Allgemeine, das Licht selbst ist, und indem es zugleich der Finsternis entgegengesetzt ist, diese synthetische Einheit beider wieder als Einfachheit selbst erkennt.[2] /

---

[1] *In E folgte mit Bezug auf Newton (später gestr.):* hier wie allenthalben die Ansicht der Reflexion einführte,

[2] *Schwäbizismus; wohl zu lesen:* erkannt.

Fragment 8
von dem andern . . .

[1]von dem andern; nur für einzelne Körper als solche ist die Wärme wie das Feuer ebendarum zufällig für sie, und es kann darum entweder die Form der negativen Einheit, das Feuer, das erste sein, was die Indifferenz des Körpers, sein Einzelnsein, herausreißt so wie umgekehrt die Differenz der Körper, was das absolute Aufgehobenwerden ihrer Differenz oder das F e u e r setzt. Hier ist aber noch nicht von der Besonderung und Vereinzelung der Gestalt die Rede und ebensowenig also, was die Wärme in Beziehung auf sie ist, weder bestimmte Leitungsfähigkeit noch Wärmekapazität, sondern die Erde ist das Allgemeine [des] Einsseins überhaupt der Flüssigkeit als eines Allgemeinen und derselben als einer zugleich in sich besonderten von verschiedener spezifischer Schwere; auf diese allgemeine Verschiedenheit bezieht sich hier die Wärme als selbst flüssiges Aufheben der verschiedenen spezifisch [schweren] Flüssigkeiten. Dieser ihr Begriff, ihr absolutes Wesen der Wärme selbst, ihr Quell, ihr Ursprung; ihr Begriff als ein Gewordenes, das mitteilende Auf/heben, erscheint dann als ein mitteilendes Sein, als rein quantitativer Ton, der unendlich verschieden sein kann und unangemessen dem Tone, der die Stimmung des Körpers [ist] und welcher hiemit nicht flüssig wird; in Beziehung auf den Körper selbst als seine Kohäsion ist diese Änderung des Tones ebenso verschieden; die Kohäsion des einzelnen Körpers ist, da er wesentlich ein sich selbst gleiches Quantum ist, die Einheit des Gegensatzes der Flüssigkeit und der Sprödigkeit, beides selbst Formen der Gestalt, nicht der Attraktiv- und Repulsivkraft oder verschiedener spezifischer Schweren. Die Veränderung des Tones im Körper in Beziehung auf ihn selbst ist, da sie im Quantitativen ist, selbst ein Lebenslauf im Qualitativen, so daß sie, indem sie so reale Wärme an einem Körper ist, die qualitativen Momente des Prozesses durchläuft, aber ebenso in gerader als in umgekehrter Ordnung, daß niedrigere Temperatur Erhärtung, Set-

---

[1] *Am Anfang der Seite oben links als Bogennumerierung:* d)

zen größerer Sprödigkeit, Erhöhung derselben Differenzierung bis zu gänzlicher Entzweiung in verschiedene Flüssigkeiten, umgekehrt: erhöhte die größere Erstarrung begleitet. Die Menge der Wärme verliert als ein Verhältnis der Menge durch das Qualitative.[1]

Der Begriff des Feuers als absoluter Quantität oder im Medium der Erde ist Farbe, das ideelle Werden des Lichts zum Feuer, das reale Sein, Farbe als irdisches Licht; einfaches Einssein Differenter als Wärme, Aufheben der spezifischen
10 Schwere, sich Herausnehmen aus dieser Beziehung, Flamme, Freiwerden vom Irdischen. Aber seine Realität und dies Heraustreten aus seinem Elemente ist überhaupt bedingt durch / dieses Element, es ist ein Sein in demselben, ein irdisches Sein; und diese Realisierung des Feuers in dem Elemente geschieht in diesem selbst, ist ein Werden einer Bestimmtheit dieses Elements selbst, oder die Flamme fällt ebenso in die Erde selbst, als sie aus ihr heraustritt. Was sie ist in der Erde, davon nachher.

b. Das Wasser als die reale Flüssigkeit, ebenso in die Erde
20 gesetzt, oder als sich selbst gleiche quantitative Einheit bricht sich ebenso in derselben in dieser doppelten Bestimmtheit nach seiner Natur; *a*) als Sichselbstgleiches, sich auf die Einfachheit der Erde Beziehendes ist es wie Farbe, irdisches Licht, sein Begriff jene unmittelbare Möglichkeit des Sauer- und Wasserstoffs, süßes Wasser, eine Abstraktion, der unmittelbar einfache Begriff, welche sich im Prozesse der Elemente und der Erde immer aus ihrer realen Existenz erhebt, um immer dahin zurückzufließen; es ist eine Absonderung wie die der Farbe und der Wärme, indem das Licht in
30 der Erde und Feuer geworden ist; so erhebt sich das an die Erde als kometarische Differenz gebundene Wasser aus dieser Vermischung mit ihr, es stößt sich aus, erhebt sich in die Luft, sowie es aus allen Punkten der Erde hervorquillt, in zwei entgegengesetzten Prozessen; und seine Verwandlung [ist] die gedoppelte, einmal aus der Starrheit kommend, welche sich gegen die allgemeine Flüssigkeit der Erde in ihrer Besonderung erhält und Wasser erzeugt, die Flüssigkeit aus sich ausschließt; das andre Mal aus der inkohärenten

---

[1] *Daneben am Rande:* Eis erhält das Wasser in seiner Temperatur = 0

reinen Flüssigkeit, der / Luft,[1] welche aus dem gleichgültig Ineinandersein der chemischen Elemente zur Flüssigkeit,
wie sie sich auf die Gestalt bezieht, zum süßen Wasser übergeht.

Das Meer ist die absolute Realität des Wassers wie Flamme des Feuers, es ist nicht eine Vermengung des Salzes von
außen her mit dem süßen Wasser, sondern ist absolutes Element; wie die ganze Gestaltung der Erde in der Flamme der
Natur, in den allgemeinen Farben und [der] Wärme existiert,
als eine unendlich verschiedene Verteilung der tätigen Wärme 10
und Farbenverhältnisse besondert, so existiert die ganze Erde,
eine Auflösung im Meer erzeugend, als die vielerlei besonderten Salze, die aus dem Meerwasser ausgeschieden werden
können und aus welchen ebenso wie das Basische des Kalkes
und die Säure, ebenso das Einfache / des Kiesels und Tons
sich zusammennimmt. Das Meer besondert sich in dieser seiner Salzigkeit, ebenso wie die Erde ihre irdische Vermengung
auseinanderteilt in verschiedene Meere, die salzigter und weniger es und anderer Natur es sind,[2] mehr Kiesel, Sand hervorbringen als andere. Es lebt in sich als eine organische To- 20
talität, als das Tier des [Meeres] wie das Feuer der Erde; es ist
zunächst die allgemeine Flüssigkeit, die Auflösung, aber es
kommt ebenso in sich zum Punkte der Individualität, zur negativen Einheit; es nimmt sich aus seiner absoluten Mitteilung
des Tones in den Punkt des Tons zusammen und erzeugt das
Licht in ihm selbst, ein Meertier wie ein Feuertier; sein Phos- *
phoreszieren den faulenden Fischen zuschreiben, ist ebenso,
als den Regen einer Gegend dem Bache, der darin fließt. Es
leuchtet, wie die Luft in sich zum Feuer kommt, indem
sich ihre Spannung aufhebt; es kommt nicht zum Feuer 30
um seiner Flüssigkeit willen, in der sich keine Differenz, irdische Verschiedenheit als spezifische Schwere, erhält, in der
allein die Flamme sein kann, aber es gelangt zur Phosphores-
zenz, zum gelben Lichte, indem seine flüssigen spezifischen
Schweren, die in eins konfundiert, sich gegeneinander spannen und indem es aus dieser Spannung seine Rückkehr in seine

---

[1] *Daneben am Rande:* Erzeugung des Taus von Prevost　　　　　　*
[2] *Wohl zu lesen:* die salzigter und weniger salzig und von anderer Natur sind,

Sichselbstgleichheit als diese Rükkehr bezeichnet, als ein Ge-
gensetzen seiner Einheit / gegen die in ihm beginnende Differenzierung; indem es so seine Flüssigkeiten zum Lichte werden [läßt], wird es zu einer unendlichen Menge von Organischem, lebenden Punkten,[1] die ebenso schnell wieder in allgemeine Flüssigkeit zurückgehen, in das grünlichte Licht der
Vermischung; ein Moment der organischen Individualisation
der Differenz, die es nicht in sich erhalten kann, in seiner
absoluten Sichselbstgleichheit, welcher[2] in der Erde
10 perennierend wird.

c. Die Luft selbst [ist] endlich so *a*) auf die Erde bezogen
und wird irdisch, und das Element der Allgemeinheit bezieht
sich und bricht sich in ihre einfache Allgemeinheit und [ist]
β) das ruhige Aufnehmen der irdischen Individualitäten in
sich. Als jene erste Allgemeinheit[3] ist sie die ruhige Umge-
bung aller irdischen Form und Verschiedenheit. Wie für den
Begriff des Feuers das irdische Element / Finsternis ist, so ist
es für die Luft überhaupt das Erfüllte, der Widerstand; diese
aber vielmehr selbst das Medium, das Allgemeine für das Ir-
20 dische; seine einfache Beziehung auf das irdische Element
nichts als dies ruhige Umgeben desselben. — Für die Besonderung des irdischen Elements aber ist [die Luft] ebenso different gegen dasselbe als eine feste Gestalt und [4]nimmt sie in
die Form der Allgemeinheit auf; sie läßt alle irdische Individualisierung als solche, setzt sie aber in Luftform als eine ex-
pansive Flüssigkeit; sie hat alle Dinge der Erde wie die Flam-

* [1] *Daneben am Rande gestr.:* Forster
[2] *Bezieht sich auf:* Moment
[3] *In E folgte (später gestr.):* hat die irdischen Individualitäten, jede
30 einzelne in Luftform in sich, unaufgelöst in ihrer Totalität, als ihren bestimmten Geruch; sie ist leere positive Allgemeinheit als diese negative
Allgemeinheit, und der absolute Prozeß hat in ihr sein Feld. *(Daneben
am Rande gestr.:* Sinne der Erde) (Wie jeder einzelne Prozeß sich auf
diese Weise zur Erde macht und ihre Totalität in sich darstellt, sie hier
das allgemeine durchsichtige Element derselben ist, so ist sie auch die
absolute Einheit derselben, und diese Systeme ihre idealen Momente,
sie als ihre negative Einheit als solcher und als ihr allgemeines zugleich
das für sich Organische, aber ihre Unendlichkeit oder ihr absoluter Prozeß; ihre Idealität, worin ihr Selbständigsein aufgehoben ist.)
40 [4] *Am Anfang der Seite oben links als Numerierung für ein eingeleg-
tes Blatt:* e)

me der Natur als verschiedene aufgehobene spezifische
Schweren, das Meer als aufgelöste Neutralitäten, so sie als
aufgelöste Individualitäten, als verschiedene Gerüche, Auflösungen, worin die ganze Bestimmtheit des irdischen Indivi-
dualisierens bleibt.

γ) Als Totalität aber ist die Luft die Auflösung der Individualitäten der ganzen Erde in ihre Allgemeinheit. Sie ist als
dieses selbst der Boden, in welchem der allgemeine Prozeß
der Erde der Erde gegenübergesetzt ist, die Allgemeinheit, in
welcher die Erde sich selbst als Auflösung ihrer Gestalt gegen- 10
übertritt. Diese Realität der Luft ist deswegen eine vorübergehende Totalität, oder sie ist nichts anders als der Moment des
absoluten Prozesses, in welchem die Erde ihrer chemischen
Trennung in die Selbständigkeit ihrer unorganischen gestalt-
losen Natur zugeht, welche versuchte Selbständigkeit sie aber
ebenso absolut wiederaufhebt; eine momentane Individualität der Luft in ihr selbst, die, wenn sie zustande käme, die
Erde als einen Mond zurücklassen, während die Luft als eine
Atmosphäre, in welcher sich die Einheit der Individualität er-
hielte, ihr gegenüber zum Kometen würde. 20
Die Elemente sind nun betrachtet worden, wie sie
sich realisieren oder in dem durchsichtigen Elemente der Erde, welches für sie ohne Widerstand durchgangbar, ihr positives Element ist, in welchem sie sich in sich selbst reflektieren
und / für sich jedes eine Totalität, ein Organisches wird. —
Das Feuer ein System der Farben und Wärmen; das Wasser
als Meer ein organisches Ganzes des aufgelösten Irdischen mit
der Möglichkeit der Trennung; die Luft die Auflösung der
ganzen Individualität des Irdischen, und durch Aufnahme in
ihre Allgemeinheit wird diese Auflösung unzertrennbar, 30
einfach, selbständig werden. Oder die Erde war bisher nichts
als das allgemeine, durchsichtige Medium dieser Elemente,
die positive Einheit, die allgemeine Mitte, in der sie für
sich sind, sich als Totalitäten für sich setzen. Aber diese ihre
positive Einheit ist ebenso absolut negative Einheit, ihre Unendlichkeit, das worin sie sich aufheben; oder ihre Einheit
ist ebenso ihr absoluter Prozeß. Jedes dieser Elemente ist erkannt worden als die Idee des Prozesses, jedes als eine Bestimmtheit desselben und in dieser eine Differenz; es ist dies
an ihm selbst wesentlich die an sich selbst seiende Differenz, 40

aber [es] ist nichts als das Aufheben seiner selbst oder die absolute Unendlichkeit. In seiner Bestimmtheit ist unmittelbar sein Werden zu einem Andern oder sein Bewegtwerden, sein Sichselbstaufheben, seine negative Einheit; es ist absoluter Prozeß, ihre eigne Idealität; und wir betrachten zuerst einfaches Ineinssein der Elemente und der Gestalt der Erde.

[1]Die Erde ist nunmehr diese ihre Idealität oder der Prozeß der physischen Elemente ihre Substantialität, nicht als gleichgültiges Medium derselben gegeneinander, sondern absolut differente Beziehung, worin sie ineinander übergehen und in einem Kreislauf sich aufheben und erzeugen. Der Kreis selbst, die bleibende Substanz in diesem ihrem Wechsel, ist die Einheit derselben, die Beziehung ihrer als / differenter, was sie wesentlich sind, das, worin sie das, was sie sind, ihre Idealität durch Entstehen und Untergang, Kommen und Verschwinden darstellen und ideell werden. Dies ihr Ideellwerden ist ihre 2te Potenz sowie das Ideellsein, das Subsumiertsein unter die Allgemeinheit, die hier im Kampfe mit ihr ist, das 3te, die reale Erde. Diese ihre Realität, ihre Allgemeinheit, Erde als Unendliches, deren ideelle Momente oder Potenzen sie werden, ist im Prozesse mit ihnen, daß es selbst das eine Mal sich als erste Potenz, als Gestalt, ihnen gegenübersetzt und sich also als Individualität gegenübersteht der Auflösung seiner Gestalt, und der absolute Einheitspunkt der Erde, der Mittelpunkt der Unendlichkeit zwischen beiden, der Erde und den Elementen gleichsam, und das sich selbst gleiche Allgemeine in der Form dieser zwei Seiten ist; das andre Mal, daß diese absolute Einheit als Punkt sich zur positiven heraushebt und die beiden Gegensätze zusammenschlägt und aus ihrem Zusammenschlagen ebenso absolut entfaltet; die Realität der Mechanik ist in Differenz gegen die chemische Potenz, die drei Elemente, das allgemeine absolute Werden der Gestalt ist die Rekonstruktion, das Subsumieren der Elemente unter sich.

Dieser Prozeß oder Meteorologie der Erde hat die Erde zum absolut Allgemeinen der absoluten positiven Einheit und

---

[1] *Am Anfang der Seite oben links als Bogennumerierung:* f)

negativen Einheit; in der Abstraktion jener ist sie selbst ein
Element, eine Seite des Prozesses, als jene aber ist sie die /
negative Einheit beider, ihrer selbst und der Elemente. Die
Allgemeinheit, Unendlichkeit setzt die Erde als Feuer, als Tä-
tiges gegen Wasser, und die Luft erscheint als eine Seite der
Mitte, die Erde als andere und die Tätigkeit des Feuers nur im
Wasser gesetzt; aber die Berührung des Wassers durch das
Feuer ist die Erde selbst und ihr Einssein mit der Luft und
das Zusammenfallen der ganzen Bewegung, aber diese Berüh-
rung beider ist ebenso absolut ein Auseinanderfallen in die 10
Tätigkeit des Feuers, das sich in Wasser setzt, und auf der an-
dern Seite in die Indifferenz der Luft und Erde.

a) [1]Die Sonne als Licht wird in der Erde zu Feuer —
bisher dargestellt; es ist der Ton in die flüssige Erde verbreitet
als Sichselbstgleiches, aber differenziert sich ebenso absolut
in eine Differenz spezifischer Schwere. Diese Spannung aber
in differente spezifische Schweren widerspricht der Sichselbstgleichheit des Tons, der Erde als Allgemeinheit, und dieser Widerspruch ist es, der in dem Prozesse auftritt, der Erde
einmal als Gestalt, die ihre Differenz in ihrer Sichselbstgleich- 20
heit unterdrückt, ohne dieselbe, so daß die Differenz die
Gleichheit unterdrückt und ihr so gegenübersteht, dies Freiwerden der Differenz.

Die negative Einheit, der Ton als Prinzip der Kohäsion der
Gestalt, tritt gegen die Flüssigkeit; in dieser seiner Existenz ist
er das Element des Feuers so wie das Flüssige / das Element
des Wassers, jenes als das Tätige, dies als das Passive. In diesem Verhältnisse der Entgegensetzung dieser beiden wird von
ihrem absoluten Einssein in der Erde abstrahiert; und dies
Einssein ist ihre abstrakte Mitte und darum selbst eine ge- 30
doppelte, die positiv allgemeine, das Element der Luft und
die synthetische, die Erde auf der andern Seite. Und dieser
Teil des Prozesses ist eben das Hervorbringen dieser gedoppelten Abstraktion oder des Fürsichseins der Luft und Erde
darin, daß die Erde aufgelöst sich als allgemeine zu Luft wird.
Das Wasser, das an ihr, der Erde, Flüssige verschwindet, tritt

---

[1] *Daneben am Rande:* **Der Prozeß näher betrachtet,**

ihr gegenüber, ihre Indifferenz der Flüssigkeit wird zur Differenz gegen sie[1] und zum Allgemeinen, zur Luft. Die Erde auf diese Weise von ihrer Flüssigkeit verlassen, die ihr gegenübertritt; die Erde wird absoluter Kristall, starr sich isolierende Allgemeinheit, und das Flüssige wird zur Luft; die Totalität der Gestalt hatte das Flüssige als sein Kristallisationswasser gebunden, sie wird durch den Verlust desselben zum Starren; die Form der Gestaltung geht selbst in diesem Gegensatz verloren; der die Differenten zusammenschlagende
10 Punkt tritt zwischen sie und ihre Auflösung; sie wird eine unendliche Menge von Atomen. /

Das Wesen dieser Spannung ist ganz allein das Feuer, es verwandelt das Wasser in Luft, aber die Luft in diesem ihrem Entstehen ist ebendarin bezogen auf die Erde, gespannt gegen sie, sie ist die Einheit, Eine elektrische Seite gegen die andere als Erde. Das Tätige, das Feuer, ist gegen die Erde als die Einheit des Flüssigen und Starren gekehrt, und seine Spannung derselben ist die Trennung beider, gleichsam das Niederschlagen der Erde aus der Flüssigkeit, die als
20 Luft entweicht, aber[2] in dieser Trennung ebenso absolut entgegengesetzte, differente gegeneinander bleiben; was also als das Passive, worauf die Wirkung geschieht, erscheint, ist das Wasser der Erde, das zu Luft gespannter, sich auf ihre Differenz beziehender, verflüchtigt wird.[3] Die Luft als solche war vorher der Raum dieses Kampfs der Elemente. Sie ist wesentlich als das Empfangende, als das Untätige, die allgemeine Seite der Mitte zwischen Feuer und Wasser zu erkennen. Sie ist es nicht, welche als Luft das Wasser auflöst, noch enthält sie es als aufgelöst wie z. B. ein Metall in
30 einer Säure aufgelöst ist; sie löst es nicht auf, denn sie ist un-

---

[1] *In E folgte (später geändert):* Die Kohäsion der gestalteten Erde löst sich auf in Kohäsionslosigkeit; die Gestalt, das Starre verschwindet nicht in seinem Gegenteil, sondern tritt sich als sein Gegenteil gegenüber;

[2] *Wohl zu lesen:* beider, die aber

[3] *Wohl zu lesen:* das zu Luft stärker gespannt, sich auf ihre Differenz beziehend, verflüchtigt wird. *In E folgte (später geändert):* Die Luft selbst, die hier erst entsteht, ist zugleich ebenso vorher vorhanden als das positive allgemeine Element überhaupt, die Erde als ihre abstrakte Indifferenz, als der Raum dieses Kampfs der Elemente.

ter den Elementen die Seite der Allgemeinheit überhaupt, der
positive Moment, welcher kein tätiger ist; noch enthält sie es
aufgelöst, oder das Wasser hat in der Luft gar keine Wirklichkeit mehr, wie das Metall, in der Säure aufgelöst, / Wirklichkeit hat; aber das zur Luft gewordene Wasser ist
different, gespannt gegen die Erde. Bloß in der Luft
aufgelöstes Wasser, d. h. als Wasser Wirklichkeit habendes, ist
feuchte Luft, die durch Veränderung der Temperatur als
Wasser dargestellt werden kann; aber jene Spannung ist kein
materielles Wasser, sondern eine ideelle Infektion der Luft, 10
Veränderung ihrer spezifischen Schwere überhaupt,
und zwar im Verhältnisse zur Erde. Was das Wasser auflöst,
d. h. es zur gespannten Luft macht, ist das differenzierende
Prinzip, ist allein das Feuer als Ton, der sich zur Elektrizität
macht; indem der Ton different, aber in Flüssigkeit, das absolute Gleichgewicht, fällt, so geht sie zugrunde; dies, daß die *
Luft a) weder das Wasser auflöst noch es aufgelöst enthält,
ist, was sich de Lüc und Lichtenberg so viele Mühe gegeben haben, empirisch zu erweisen, und wodurch sie in der
Wirklichkeit sich über die Wirklichkeit der einen Seite er- 20
heben. Aber zugleich muß gesagt werden, daß die Luft als
das allgemeine Indifferente, als die Mitte zwischen Feuer und
Wasser erscheint, aber als die Form des Feuers; ihm entgegengesetzt ohne dasselbe ist es das Untätige, aber das Feuer ist
selbst erst das Tätige in diesem seinem Einssein mit der Luft;
das Feuer zehrt sich als solche selbst unmittelbar auf, seine
Nahrung, das Sein und sich Erzeugen dessen, was es in sich
aufzehrt, ist die Luft; sie ist aber hier ebendarum nicht formale Indifferenz, / sondern das positive Sein des Feuers selbst
gegen das Wasser, der es die Unendlichkeit; denn das Feuer 30
ist für sich überhaupt nichts; seine Realität des Tons ist
hier die Flüssigkeit, das allgemeine Medium überhaupt, hier
gegen die Seite der Erde, nach welcher sie flüssig, Wasser ist,
ist seine Gestalt, sein Medium sein Einssein mit dem Wasser,
wodurch es darauf wirken kann, das allgemeine Medium der
Luft, so berührt es das Wasser und macht es zu realer, mate-
rieller Luft, d. h. aber zu gespannter gegen die Erde. Diese

Mitte erweist sich hiedurch in allen Formen der Mitte[1] a) das
eine Mal [als] die allgemeine Mitte, indifferente Luft überhaupt, dann Gestalt des Tons, der einen Seite subsumiert, dann gespannte subsumierende Luft. Wie[2] das
Feuer sich durch die Luft auf das Wasser bezieht, so bezieht
es sich auch auf dasselbe durch die andere Seite der Mitte,
die Erde als synthetische Einheit, und so erst ist die
Kette geschlossen. Diese Beziehung ist eine, die der vorigen
entgegengesetzt; wie dort das Wasser negativ zu einer Span-
10 nung der Luft wird, so ist dagegen die Erde als das Synthetische die / Gestalt, nicht die Form der Allgemeinheit, sondern
die der Besonderheit. Das Wasser wird in die zwei Seiten der
Allgemeinheit und Besonderheit zerrissen; in der Erde wird
es absolut besondert, oder die Erde wird gespannt auf die
entgegengesetzte Weise zu einem absolut Starren; das Wasser,
das in Luft verwandelt wird, wird in ihr ein ebenso Ideelles,
elektrische Seite der Spannung, als es in der Erde wird; die
entgegengesetzte Spannung, wie dort die Spannung des Allgemeinen, so hier die Spannung des Besondern. Das Verhält-
20 nis der Tätigkeit des Feuers durch die Luft auf Wasser geht
hiedurch in das Verhältnis über, daß die Differenz des Tons
zu gespannter Luft und erstarrter Erde, das Feuer selbst zum
leeren Indifferenten der sich zum Punkte zusammenziehenden Gestalt wird; [3]das Wasser vergeht, und das Feuer verliert sich so in seine beiden Seiten; es erstarrt selbst, die Erde geht dem Werden zum Monde zu; die Luft aber zur Selbständigkeit eines Kometen. In diesem Auseinandergerissen-
werden der Erde oder in der Berührung des Wassers durch die
absolute Differenz, welche das Feuer ist, entsteht eine andere
30 Form der synthetischen Einheit, Wasser war Flüssigkeit
der Erde, eins mit der Gestalt, / das Feuer eins mit der Luft,
die Luft die Weise seiner Existenz, der Ton als Licht in die

[1] *Darunter auf dem Rande ungültig:*

Luft

Feuer   Wasser

Erde

Wasser

[2] *Oben rechts auf eingelegtem Halbblatt (als Zuordnung zu dem vorausgehenden Bogen):* zu f
40   [3] *Am Anfang der Seite oben links als Bogennumerierung:* g)

Luft aufgelöst, das Wasser im Kristall der Erde eingeschlossen. Der Prozeß der Spannung hat die Verbindungen verändert, andere synthetische Einheiten gesetzt oder andere selbständige Wesen. Die Luft ist gespanntes Wasser; oder das Wasser, vorhin in der Gestalt, der synthetischen Einheit gebunden, ist itzt in der allgemeinen Einheit, die Erde wird im Übergehen in die Starrheit auf eine andre Weise ein Sichselbstgleiches, Flüssiges, flüssiges Gas; hier Aufheben der Kohäsion in Starrheit, dort in Flüssigkeit.

Diese Bildungen sind aber als Abstraktionen schlechthin 10 bezogen aufeinander, sie sind gespannt gegeneinander, elektrische Differenz; sie können als solche nicht selbständig werden; ihre höhere Selbständigkeit, das Gehen auf das Extrem macht sie zu absolut bezogener Entgegensetzung, und diese ist die absolute Idealität, in welcher sie sich aufheben. Und ihr Selbständigwerden ist unmittelbar die Verwandlung in den umgekehrten Prozeß.

A) Beide, Luft und Erde, sind absolut entgegengesetzt, different, selbständig gesetzt. Das Selbständigwerden der gespannten Luft ist unmittelbar ihr Übergang aus ihrer All- 20 gemeinheit, da sie eins ist mit der Differenz, dem Negativen, in die Körperlichkeit, sie hat in ihre Allgemeinheit selbst die Spannung empfangen, und der Ton [ist] als eine Einheit Entgegengesetzter in / ihr selbst; eine Kohäsion beginnt in ihr, die in dem Allgemeinen gesetzte Differenzierung, Unendlichkeit; es wird eine Individualität und ein Aufheben der Spannung gegen die Erde; aber da diese Individualität wesentlich innerhalb der absoluten Allgemeinheit und dem an sich Flüssigen ist, so ist die Individualität nur eine im Momente ihres Entstehens zerfließende Individuali- 30 tät, das Gebildete nur ein im Gegensatze Seiendes, die Differenz selbst als ein Allgemeines oder eine absolute Möglichkeit der Differenzierung; die Wolkenbildung ist die beginnende Selbständigkeit der Luft, in deren flüssiger Natur [sich] dies Flüssige zu einem Irdischen, aber irdisch Flüssigen, einer synthetischen Einheit macht. Das Individuelle bildet sich als eine unendliche Menge einzelner Punkte in ihr; denn in dem Allgemeinen, das wesentlich solches ist, kommt der Punkt des Tons oder des Individuellen nur [als] eine solche unendliche Menge [vor]; dies reine Punktwerden selbst 40

aber ist die freie Individualität des Feuers, das in seiner Realisierung, seinem / Hervorbrechen als Flamme, sich auf entgegengesetzte Weise verhalten kann, daß es entweder die Spannung, die Differenz, aus deren Aufheben es hervorbricht, in
eine formale Einheit, in eine bloße Möglichkeit der Differenz
auflöst und es sich unmittelbar darin als Blitz verzehrt und in
dieser materiellen Vernichtung, die nur im Gegensatze der
Spannung ist und der unmittelbaren absoluten Differenz, zugleich als diese Unendlichkeit sich absolut einfach darstellt
10 als der Ton des Donners, der, indem das Feuer, das Sichzu-
rücknehmen des [Feuers] aus dem Irdischen schlechthin darauf bezogen ist, diese Unendlichkeit als ein Zurückgenommensein, als ein momentanes Sein, Unendlichkeit oder ein
Sichselbsterkennen ausdrückt. Oder aber die Flamme der Individualität fällt in das Wasser selbst, und indem es die Spannung aufhebt und zu Einer Flüssigkeit macht, vermag es in
dieser sich selbst gleichen, absolut Eins gewordenen Flüssigkeit zugleich sich als different zu erhalten und in sie selbst als
in ihre Sichselbstgleichheit gespannt zu setzen, oder es hat
20 eine Gestalt, eine Erde sich erzeugt. Das Feuer ist auf
diese Weise nicht die absolut momentane Individualität des
Blitzes, dessen Flamme in der zusammenfallenden Flüssigkeit, in der alle Differenz verschwindet, im Wasser, keine
Nahrung mehr hat, sondern indem es diese Flüssigkeit selbst
in ihrer Sichselbstgleichheit zu differenzieren, in ihr selbst
die Individualität zu befestigen und hiemit zu einer Differenz
spezifischer Schwere, zu einer Starrheit, zu machen vermag,
so dauert sie in demselben und brennt als feurige Erscheinung. Die Meteore sind nicht einzelne Erscheinungen, Ge-
30 witter-Entladungen, die im Betracht des ganzen Prozesses der
Erde gleichsam um ihrer geringen Menge [willen] verschwinden, sondern sie sind große feurige Erscheinung als Meteor,
deren in einer Nacht zu einer bestimmten Periode an die /
1000e sichtbar werden. Wenn diese Individualität selbständiger, organischer wird, so erlischt das Feuer in ein Atmosphäril, in eine wahrhafte Erde, in der die Flamme in sich selbst,
in die Indifferenz zurückgeht. Das Atmosphäril entspringt
selbst in der Luft; das Wesentliche desselben ist, den Mittelpunkt der Individualität zu haben, zu dem es wird,
40 nicht seine Materien; dieser formale Mittelpunkt ist ebenso

in dem Hagel, Graupen und Schnee; die Kälte als solche
macht diese Erscheinungen nicht begreiflicher; was wesentlich an ihnen ist, ist, daß sie einen Kern, einen kristallisieren-
den Mittelpunkt haben, die absolute Form, welche in der
Luft als solcher, die eine absolute Flüssigkeit, Vernichtung
aller Form ist, nicht ist; aber die Spannung der Luft als absolute Spannung ist der Punkt der Form, der Kern und die
Kristallisationsform, die Differenz in der Spannung, die
als Differenz sich nicht nur nach außen bezieht, sondern [als]
absolute Differenz, absoluter Begriff, sich ebenso auf sich 10
selbst bezieht und hierin Totalität, Punkt und Kristallisationsform ist. Die Kälte kann die Luft nicht zu Wasser,
sondern nur das gebildete Wasser starr machen; aber die Bildung des Wassers selbst ist selbst als Wasser die Veränderung
der allgemeinen indifferenten Form in Gestalt, aber eine formale Gestalt als ein Negatives der Gestalt, das Produkt, das /
von seinem bildenden Prinzip, der absoluten Differenz, dem
absoluten Begriffe, verlassen ist und deswegen ebenso unmittelbar in seinem Hervortreten in die Existenz als Blitz ver-
lischt. Aber daß dieser absolute Begriff als Flamme, dieses 20
Wesen der Individualität in der Luft ist, dies ist es, was in der
Spannung des Prozesses ist, eine vollständige Erde, und was
das Wesen der Bildung ebenso des Regens als des Atmosphä-
rils ist. Die heraustretende Differenz ist aber die höchste Individualisierung des als Wasser, Wolke und Regen beginnenden
Kometen. Die bloße Erscheinung dieser Momente seiner Bildung ist die Flamme und das außer ihr fallende Wasser, die
Trennung des absoluten Begriffs der Unendlichkeit und der
Sichselbstgleichheit der Differenz.
Dies die eine Seite der Auflösung der Spannung des Pro- 30
zesses.
Auf der andern Seite gerät die Erde, in ihrer Spannung zur
Starrheit übergehend, ebenso wie die Luft in den Widerspruch
ihrer wesentlichen flüssigen Natur mit der in sie gesetzten absoluten Starrheit, in den Widerspruch ihrer Gestalt, an welcher die Flüssigkeit negiert wird. Für sich, in ihrer
Spannung sich auf sich selbst beziehend, da sie Totalität ist,
preßt sie ihr Kristallisationswasser in den / Flüssen immer aus
sich aus, erhält sich immer in ihrer Gestalt, hat diesen Prozeß
der Wolkenbildung gegen die sie umgebende Luft im Tau und 40

in sich selbst. Aber dieser Prozeß, insofern er an ihr selbst, ist nicht ihre Spannung gegen den sich als Wolke bildenden Kometen.

Die Spannung der Erde selbst ist die der Luft entgegengesetzte; die Spannung der Luft zerfällt in sich, indem in ihr die Individualität beginnen will; die Spannung der Erde im Gegenteil, indem sie der höchsten Individualität, der absoluten Sprödigkeit in dem Aufheben ihres Flüssigseins zugeht. Dieser Übergang ist, wie in der Luft eine Spannung ihrer All-
10 gemeinheit in Differenz, so an der Erde umgekehrt ein Aufheben der in ihrer Gestalt gesetzten und allein in dem Einssein der Flüssigkeit mit dem Spröden möglichen verschiedenen spezifischen Schweren. Mit der Flüssigkeit hebt sich diese Differenz auf, und indem alles einer Sprödigkeit zugeht, so ist dies tätige, spannende Aufheben der spezifischen Schweren ein Erhitzen, das Werden zur Flamme selbst. In dieser negativen Flüssigkeit geht die Erde der Natur des Glases oder Laven und Schwefels [zu] und eine Auflösung der verschiedenen Schweren gleichsam in eine Wolke von absolut Sprödem. Die-
20 se flüssige gestaltlose Kristallisation der Sprödigkeit ist als dies Flüssigwerden, Aufheben der spezifischen / Schwere, eine absolute Erhitzung und das Werden zur Flamme; wie die Luft zum Kometen würde, so die Erde zum Monde ausbrennen; der KERN einer solchen Erhitzung, die gewordene Flamme, bricht sich in den Explosionen der Vulkane eine freie äußerliche Bahn, so wie in den Erdbeben diese verschiedene Spannung eines solchen Flammenkerns gegen anderes, als Gestalt sich Festerhaltendes [sich] auf eine ideelle Weise in einem elektrischen Schlage aufhebt.
30 [1]Beide Flammen, die momentan entstehende der Luft und die langsam sich bildende der Erde, der Verbrennung, brechen zusammen, stürzen ineinander, und in diesem Einswerden brechen die beiden Spannungen des werdenden Kometen und des Erdbrandes ineinander, und die Erde ist dies Ineinanderfallen der Elemente, sie ist das Einssein ihrer Gestalt mit diesem sich aufhebenden Prozesse. Wie jener Kreislauf sich erneuert und fortdauert, ebenso dauert dies

---

[1] *Oben rechts auf eingelegtem Halbblatt (als Zuordnung zu dem vorausgehenden Bogen):* zu g)

Einssein fort, und dies Einssein derselben ist als das Resultat, in das sich der Prozeß auflöst, ebenso ihre absolute Bedingung und ihr absolutes Wesen.

Die Erde ist dieser sich reduzierende Prozeß, oder derselbe [ist] absolute Allgemeinheit und Einheit als Materie, in welcher er ganz und keines seiner Momente unter/schieden ist, alle vermengt, und zwar [1]in einer absoluten Durchdringung, der Äther derselben, aber so, daß die Elemente an ihr herausgeboren, nicht für sich seiende[2], sondern an ihr als ideelle, aber so gesetzte wirkliche, ihre Akzidenzen [sind], sie ihre absolute Substantialität ist, [die Elemente] in ihrer Indifferenz unterschiedene sind oder zu wahren Sinnen derselben werden. (Die Realisierung der Elemente in ihr, worin sie ihr Element ist, das Feuer zur Flamme, Wasser zum Meere, die Luft zum kometarischen Prozesse, zur Bildung einer der Erde entgegengesetzten Erde wird, ist zugleich in der Befreiung von der Erde das vollkommene Hineinfallen in sie im absoluten meteorologischen Prozesse, so nämlich, daß jedes einzelne zu seinem Sein als Totalität, Flamme, sein Sein in der Erde als seine Bedingung erkennt; wie es sich befreit, ebenso die Erde sich in sich ebenso von ihm befreit und sich ebenso zusammennimmt, die Finsternis, das Aufgehobenwerden der spezifischen Schweren in sich verbirgt u.s.f. — und im meteorologischen Prozesse, der die Darstellung hievon, derselben als Einer Totalität, die Erde das Eins dieser Subsumtionen ist.)

Die Erde ist befruchtet im Prozesse, sie ist das Allgemeine und die absolute Unendlichkeit, das Eins der Elemente in untrennbarer Durchdringung; der Prozeß / setzt sie ideell an ihr. Die Befruchtung der Erde ist absolut dies Werden derselben als einer Totalität, nichts anders, als daß in dem Zusammenstürzen der Spannung alle Elemente in Eins zusammenfallen, ein Punkt werden, der in ungetrennter Einheit alle zusammenhält, wodurch die Elemente in eine andere Potenz übergehen, nämlich wie vorher gegeneinander gekehrte Substanzen, so itzt Akzidenzen der Einen Substanz, welche Substanz

---

[1] *Am Anfang der Seite oben links als Bogennumerierung:* h)
[2] *Daneben am Rande:* hier absolut selbständige, als Element im Chemismus für sich seiende, aber sich auf die Erde beziehend

als unendliche sich auf eine ganz andre Weise zur Totalität macht, nämlich so, daß sie fernerhin aufgelöst, in dem Momente der Totalität absolut dieselbe Einheit aller Elemente bleibt.[1] /

[1] *Der fortlaufende Text des Manuskripts dieses Fragments wird hier unterbrochen, um das Fragment 9, das eine Neufassung zur* Meteorologie *als dem letzten Abschnitt des* Chemismus *enthält, einzuschalten. (Vgl. zur Begründung dieses Verfahrens die erweiterten Fassungen zu Abschnitten des Organischen — Fragmente 12 und 14 — , die, anders als das hier folgende versprengte Fragment, an den betreffenden Stellen ins Manuskript eingelegt sind.)*

Fragment 9
allgemeine Infektion . . .

allgemeine Infektion verlieren kann, in seinem Verbrennen
einen Kern hat und als Meteor in längerer Flamme brennt
und als irdisches Feuer, brennende Flamme, in seinem Erlöschen als Atmosphäril herabfällt, sonst aber nur in Wasser erlischt. Diese Reduktion des Komets ist aber unmittelbar sein
Auseinanderfallen in eine leere Luft und eine Erde, die den
Kometen an sich gerissen, sich unterworfen hat, und das er-
loschene Feuer ist der gleich verbreitete Ton, der aber als sol- 10
cher nicht bleiben kann, sondern sein Eingeschlossensein in
die Erde, das Zerflossensein in die allgemeine Flüssigkeit
aufhebt, die Luft aus ihrer Indifferenz reißt und die Erde dagegen spannt und somit beide gegeneinander.[1]
Jeder Moment dieses Prozesses ist physisch, keiner ein
leerer mechanischer der Verdampfung durch Wärme oder der
Erkältung noch ein rein chemischer, sondern absolut chemischer. Die Spannung der Erde gegen Feuer ist ein Zu-Luft-
Werden des Wassers, nicht eine Verdunstung noch eine chemische Auflösung ineinander, sondern der Durchgang des 20
Wassers durch die absolute organische Einheit der Erde zu
Luft, und der Grund dieser Verwandlung ist der in der Erde
indifferent gesetzte Ton, der sich differenzieren oder Wirklichkeit haben muß; oder seine Differenz fällt in die Flüssigkeit der Erde, und in dieser sich spannend, bricht das Aufheben derselben als Erdbeben aus. Aber diese innre Spannung
wird eine äußere, fällt in das Wasser, und dies wird zur
Luft; die Erde tut sich von selbst auf, und indem der
Ton in das Flüssige fällt, so geht diese zugrunde. Die
Wolkenbildung aus dieser Spannung ist die beginnende Selb- 30
ständigkeit der Luft, die umgekehrte Verwandlung der Luft
in Wasser oder als Wolke vielmehr eine irdisch werdende Luft,
eine Vermengung, die wesentlich von Nebel unterschieden
[wer/den] kann, ein Sein des Wassers, wie es als Luft sein
kann, eine erhöhte spezifische Schwere der Luft, die in dieser

---

[1] *Daneben am Rande (als Marginalie):* Erdbeben

nicht getragen wird, sondern welche als die andre Seite der Kohäsion lebendig hinausgehalten wird; die Luft wird, entfernt von der Erde, spezifisch leichter; und nicht in der absoluten Veränderung der spezifischen Schwere der Luft, sondern in der relativen besteht der Übergang; wird die Luft in der Höhe, in welcher sie diese spezifische Schwere hat, gespannter, es sei höhere oder niedrigere (Erdbeben), so tritt sie für diese, die ihrem Orte angehört, zu Wasser heraus; der Barometer gehorcht nur der spezifischen Schwere, und sein Fallen ist die Verwandlung der spezifischen Schwere der Luft in absolute Schwere, in Materie, in Wasser. Das erscheinende Aufheben als Einssein der getrennten, sich aufeinander beziehenden Spannungen ist das Feuer. Die befruchtete Erde geht in sich zurück; oder der absolute Punkt fällt in sie hin, der zwischen ihr und der Luft stand, und in diesem Einssein wird sie organisch gebären; und als diese ist es, daß von Wasser und Feuer [die Erde geboren wird]. Die Erde, zunächst als sie selbst neu geboren, ist die befruchtete, die sich so sistiert. /

Fragment 10
Wir sind mit dieser Idee der Erde . . .

[1]Wir sind mit dieser Idee der Erde in die **Physik** eingetreten; die Gestalt, das Resultat der Mechanik, ist das einfache Bilden der Erde in sich selbst, worin sie zur Gestalt wird, als ein einfaches indifferentes Ineinandersetzen des Tons in der Flüssigkeit. Im **Chemismus** tritt dies einfache Ineinandersein **auseinander,** die Gestalt ihrer Auflösung gegenüber oder ihrer Totalität, insofern die Momente derselben als selbständige, physische Elemente sind; sie ist als die einfache Einheit die wesentliche Einheit derselben, und im absoluten chemischen Prozesse stellt sie sich als solche dar im Kampfe mit den Elementen, in Gewalt derselben, und in ihrem Erbeben hebt sie den Gegensatz auf und wird das Eins ihrer Gestalt und ihrer Elemente. Als solches ist sie die reale physische Erde, für welche diese Elemente nicht Substantialitäten, sondern Akzidenzen, Eigenschaften, ideelle Momente sind. a) Wir betrachten diese Idee des physischen Körpers, wie an ihm die Elemente ideelle Momente, Eigenschaften sind, b) wie die Idee des physischen Körpers überhaupt sich in diesen Akzidenzen besondert oder wie sich diese Elemente in der Erde individualisieren, c) und wie die ganze Erde das System dieser physischen Besonderung ist, d) wie dieser physische Körper als einzelner sich im Prozesse verhält, der chemische Prozeß der besonderen Körper; der chemische Prozeß der physischen Erde aber kann nur der sein, worin sie innerhalb ihrer absoluten Einheit sich ent/zweit und ihren Produkten in der Entfaltung die untrennbare Einheit ihres Wesens mitgibt oder worin sie eigentlich Organisches, Pflanze und Tier ist.

A) Die physische Idee des Körpers

I. Wir betrachten die Elemente einzeln und nehmen sie in ihrem Realisieren wieder auf, worin sie ein anderes werden:

[1] *Fortsetzung von Fragment 8*

das Feuer zur Flamme, das Wasser zum Meere, die Luft als das Allgemeine selbst zu einer Seite des Prozesses gegen die Erde, sie als sich in sich selbst, als zum Punkte ihrer Totalität; diese fällt unmittelbar in die Erde.

A. Das Feuer war zu Farbe, Wärme und Flamme geworden in der Erde als seinem Medium; aber ebenso, wie es sich als Flamme von diesem Medium befreit, so erlischt es, es ist schlechthin nur in ihm, oder dieses sein Sein in diesem Allgemeinen ist sein wahres Wesen; der Prozeß stellte das Feuer als solches dar; das Feuer w a r, e x i s t i e r t e nur UNENDLICH, indem es in dieser Totalität war, indem es sich in Luft und Erde spannte und im Aufheben ihrer Spannung als Flamme hervortrat; d. h. es ist im allgemeinen Elemente. Dies sein Sein in der Erde ist α) Spannung, d. h. verschiedene, sich aufeinander beziehende, spezifische Schweren, die hier erst körperlich werden, die aber vereinzelt das Wesen, das einfache Verhältnis jeden Körpers, ausmachen, gleichsam die absolute F a r b e, der absolute Ton / des Körpers, β) es als Wärme ist ebenso ein Aufheben dieser Spannung, die Wärme ist selbst n e g a t i - ve Flüssigkeit überhaupt, αα) als flüssige haben die Körper überhaupt W ä r m e l e i t u n g s f ä h i g k e i t, ββ) aber wie die spezifische Schwere verschieden ist, so haben sie auch verschiedenes Verhältnis zum Aufgehobenwerden derselben oder verschiedene W ä r m e k a p a z i t ä t. Von dem gleichen Quantum Wärme werden die realen Körper sehr verschieden erwärmt. Das Feuer ist hiemit ideell oder eine Eigenschaft, Verschiedenheit der spezifischen Schwere, diese ist im Körper sich selbst gleich, und das Aufheben ist Wärmeleitungsfähigkeit, aber sie ist absolut besondert, verschiedene W ä r m e k a p a z i - tät, gleichsam der ganze Prozeß, aber der einfache, in sich selbst zurückgehende, worin der Körper nicht aus sich heraustritt.

B. Das Meer ist die S a l z i g k e i t des Körpers, d. h. seine Möglichkeit, getrennt zu werden in zwei Körper von verschiedener spezifischer Schwere u n d v e r s c h i e d e n e r Wärmeleitungsfähigkeit und W ä r m e k a p a z i t ä t. Diese Salzigkeit ist dem ersten, der M e t a l l i t ä t, absolut entgegengesetzt; jene ist gediegene Einheit der positiven und negativen spezifischen Schwere, eine Sichselbstgleichheit, diese die Möglichkeit, absolut ungleich zu werden im Prozesse, der ein Auseinanderfallen ist; die Salzigkeit ist die Neutralität, die formale Einheit, wie die Metallität absolute Einheit.

C. Die Luft [ist] in dem Körper ebenso wie die Salzigkeit der Gegensatz, / die Möglichkeit des Auseinanderfallens, aber auf eine andere Weise, nach der Natur der Luft, der Mitte, des Allgemeinen, absoluter Gegensatz. Die Neutralität des Salzes ist als Luft, als Allgemeines, ein Aufheben der Salzigkeit in Einheit, Allgemeinheit; das Neutralsein ist einfach, oder gerade diese Einheit selbst ist die absolute Möglichkeit des Auseinanderfallens. Wie in der Salzigkeit sie als eine 10 gedoppelte Möglichkeit, so ist hier jene Möglichkeit als ein Einfaches und die Änderung nicht das Zerfallen in 2, sondern an ihm selbst das absolute Gegenteil-seiner-selbst-Werden. Gegensatz in der Neutralität, ruhig ineinanderfallend, unendliche Trennbarkeit, Möglichkeit absoluter Differenzierung, entgegengesetzt als Einheit. Aber das sich Zurücknehmen aus der Trennung oder dieselbe als Einheit ist nichts anders als das Verhältnis selbst zum Feuer oder die Brennbarkeit, die Unfähigkeit, in die verschiedenen spezifischen Schweren auseinanderzufallen und die Form 20 der Neutralität auf die ideelle Weise der Veränderung der spezifischen Schwere zu haben; in Salzigkeit wird der Körper 2 verschiedene spezifische Schweren, hier ebenso, aber nacheinander.

D. Die Erdigkeit ist die Reduktion dieser ideellen Elemente, das absolute Ineinssetzen derselben, die absolute Starrheit des Punktes, so daß sie ununterscheidbar und ebendarum untrennbar oder als hervortretend aufgehoben sind, weder metallisch als sich auf sich selbst beziehender Prozeß und die andern Formen als / ein Äußeres habend noch 30 eine dieser Formen selbst, Einheit als Neutralität, die zerfällt, noch die Brennbarkeit als absolute Änderung, absolutes Gegenteil-seiner-selbst-Werden an ihm selbst, sondern Unzerstörbares und unveränderliche Einheit.

Wir verstehen demnach, was es ist, daß die Ältern ge- * sagt haben, der Körper bestehe aus Mercurius, Salz, Schwefel und Erde.

Der absolute Mercurius ist die Metallität, die Gediegenheit, die Sichselbstgleichheit des bestimmten Tons, der spezifi-

schen Schwere, positive und negative spezifische Schwere als
solche und Wärmekapazität.

Das Salz ist die Neutralität, seine Möglichkeit, in zwei Körper von verschiedener spezifischer Schwere auseinanderzufallen.

Der Schwefel die Verbrennlichkeit, Möglichkeit, zwei verschiedene spezifische [Schweren,] ideell nacheinander, in sich
dasselbe [zu] bleiben oder an ihm selbst das Gegenteil seiner
selbst zu werden.

10 Die Erde endlich die Einheit derselben, d. h. die absolute
Weise, wie sie ineinander eins sind und keine sich voneinander
* [als] die entgegengesetzten unterscheiden; es ist von jenen
Ältern diese Erde die jungfräuliche Erde genannt worden, um
* die sie sich viel Mühe gegeben haben. Die Neuern, welche diese Idee roh empirisch genommen haben, haben in den Körpern diese Erde sowie den Schwefel, Salz und Mercurius als
den empirischen Schwefel u.s.f. gesucht und diese freilich
nicht darin gefunden; und sie haben sie deswegen nicht darin
gefunden, weil jene Einheit der Erde, des Schwefels, Salzes
20 und Mercurius die absolute Idee des ein/zelnen Körpers ist,
die als absolute Idee nicht in der unorganischen Natur vorhanden ist, sondern [in] diese auseinanderfällt, die Momente
nur vereinzelt ausdrücken kann. Wir sehen, daß das System
dieser Eigenschaften Metamorphosen des Feuers oder des
absoluten Begriffs [sind.] *a*) Metallität als Ton, Klang, bestimmte spezifische Schwere und das negative Sich-Zurück-
nehmen, die Idee des Prozesses bleibend in einer Einheit.
β) Salz, Feuer, auseinanderfallend, die Möglichkeit der Spannung darstellend, sie verwirklichend; zu Luft und Erde wer-
30 den, zu einem Starren und absolut Flüssigen; *γ*) dasselbe Feuer, wie es als Einheit, als Flamme ist, sich verzehrt, zu einer
andern spezifischen Schwere wird; *δ*) das Erlöschen der Flamme, die vollkommene Unfähigkeit der Veränderung oder die
aufgehobene Möglichkeit dieser drei Veränderungen.

Diese Idee des Körpers drückt also die ganze Totalität des
Prozesses aus; als Metallität die Idee desselben die spezifische
Schwere, der sich selbst gleiche Ton, der zugleich sich auf-
hebt, dies Aufheben selbst zu einem Sichselbstgleichen in der
Wärmeleitung macht, aber ebenso zu einem Besonderten,
40 einer bestimmten Kapazität; in dieser besonderten Aufhe-

bung realisiert sich aber unmittelbar der Prozeß und wird
zum Werden verschiedener spezifischer Schweren in der Salzigkeit, setzt aber sie ideell im absoluten Schwefel, d. h. macht
daraus nur verschiedene spezifische Schwere an demselben
Körper, die er aber als absolut einzelner nur nacheinander zu
haben vermag. Und die Erdigkeit ist derselbe ganze Prozeß
als Eine / Einheit; alle diese Momente absolut reduziert zur
Ununterscheidbarkeit. Ich bemerke hierüber, a) daß diese
Elemente, wie sie so als Eigenschaften am Körper in Einer
Einheit sind, sie die wahre Reflexion dieser Elemente in sich
selbst, die Idealität, Indifferenz derselben als ihr Bezogensein
nach außen oder daß sie nur im Prozesse sind; sie sind die
Sinne des Körpers. Er ist unmittelbar darin in Beziehung
auf andere und indifferent in ihm selbst,[1] das Sein derselben im Körper. Aber die Indifferenz dieser Sinne ist eine formale, oder es ist die Indifferenz der ersten Potenz. Die Erde
unmittelbar als das Einssein der Elemente oder das an ihr
Ideellsein ist absolute Einzelnheit, absolute Erdigkeit, absoluter Punkt der Reflexion, und jeder einzelne irdische Körper
ist so nach dieser Einheit gesetzt; die Idee des Körpers ist die
Einheit der sich unterscheidenden, entgegengesetzten und in
ihrer Entgegensetzung aufhebenden Totalität; aber die Existenz dieser Einzelnheit, des einfachen Punktes, vermag ebendarum nicht, zumal an ihm selbst, die Totalität des Prozesses
in einer Einheit darzustellen, und der existierende einzelne
Körper, um seiner Einfachheit, seiner Erdigkeit willen, drückt
nur immer Ein Moment [aus], und die andern Momente liegen außer ihm, sowohl ruhend als andre Körper als auch als
Momente des Prozesses. Der Körper hat nur Einen Ton, Eine
spezifische Schwere, hat nur Bedeutung in Beziehung auf andere spezifische Schweren, andere Körper, oder selbst im absoluten Sich-Verändern ist ein fremdes Feuer, das ihn be-/
wegt, der Prozeß; die Salzigkeit ist nur die Möglichkeit der
Spannung, hat das Indifferente, woran es sich spannt, außer

---

[1] *In E folgte (später gestr.):* sie gehen in sich selbst zurück und gehen
in anderes über; die besondere Erwärmung, Aufheben der spezifischen
Schwere, geht in Salzigkeit und diese in die Flamme über und in dieser
der Körper aus diesem Prozeß in Erde, und er ist Erde; er ist im ganzen
Prozesse ein und dasselbe. b) Diese Bewegung des Körpers in ihm selbst
ist für ihn als einzelnen ebenso ein Außersichsein;

sich, außer jener Einheit der spezifischen Schweren, und insofern sie wirklich wird, ist sie Zerlegung, eine Zerstörung des Körpers; diese ist nicht zugleich mit ihrer Möglichkeit oder Neutralität gesetzt; diese nicht die Brennbarkeit, welche nicht die Möglichkeit ist, in zwei zu zerfallen, sondern an ihr selbst die verschiedenen spezifischen Schweren zu haben; aber diese ist zugleich [in der] Einheit der Erdigkeit nicht Ineins der verschiedenen Schweren. Und die Erdigkeit in ihrer Einheit ist ebensowenig ohne innere Möglichkeit, sich zu
10 differenzieren; sie ist auch nicht metallisch, nicht fähig, die Idee des Prozesses in sich darzustellen. Es fallen in der ersten Potenz als der absoluten Einfachheit diese Momente sowohl existierend als im Prozesse auseinander; die Erdigkeit als die Einheit derselben ist formale, eine Einheit, in welcher sie nur aufgehoben sind, oder es fehlt diesen Körpern die Einheit für sich selbst oder die absolute Unendlichkeit; er ist wohl unendlich, geformt, oder es ist an ihm schlechthin nur Eine Seite, nur Ein Moment der Form wirklich, die andern Momente liegen als andre Körper oder als seine vorhergehenden
20 oder nachfolgenden Zustände außer ihm. Oder es fehlt ihm der fünfte Sinn, der seine Einheit, die auf seinen Prozeß bezogen ist, in / absolut einfache Einheit, in sich zurücknimmt und sie als eine einzelne, bezogene auf den Gegensatz aufhebt und sich als die zurückkehrende Einheit setzt, oder er ist nicht Stimme, Ton wohl und ebenso Klang, eine von außen erregte Stimme.

c) Es steht in der Idee des Körpers diese seinem Fürsichsein, unter welcher der Formen der Momente es sei, seinem Einzelnsein, seinem Sein als Totalität der Momente seiner
30 Schwere, seinem Gehen in den Prozeß und seiner Veränderung entgegen, und in der Idee ist beides gesetzt als Eins; aber der einzelne Körper kann diese Metallität und Brennbarkeit nicht in seinem Fürsichsein setzen; er ist nur unter einer Form dieser Momente, der Kohäsion oder [des] Magnetismus, aber ist dies absolute Sein der Differenz aller Momente; der einzelne Körper hat also keine wahrhafte Kohäsion, ein Wort, das oft gebraucht wird, ohne verstanden zu werden; die wahrhafte Kohäsion haben wir in der formalen Gestalt erkannt als Magnetismus, d. h. als ein Sein verschiedener spezi-
40 fischer Schweren in Einer Einheit, in der Gestalt als Totalität;

hier fassen wir sie näher auf als die Verschiedenheit der Sinne und des Prozesses gegen die Erdigkeit und die absolute Einheit, das Einssein der Erdigkeit und der verschiedenen Sinne. Der Körper hat dies Einssein nur als ein Auseinander in der Differenz der Momente des Prozesses; denn er ist Erde, / er drückt die Idee der Totalität aus, aber ist ein formales Einssein, der drückt sie nicht auf einmal aus, sein Erscheinen, seine differenten Zustände und seine Indifferenz sind nicht absolut dasselbe; die absolute Kohäsion ist diese Unendlichkeit als eins; an ihm selbst zu verschiedenen Zeiten, zu gleicher Zeit als seiende Totalität verschiedener Körper[1] zusammen; und ebenso ist die Kraft des Prozesses dieses Werden der Momente der Totalität in ihrem Nacheinander, oder insofern sie zugleich sind und indifferent gegeneinander, ihr Differentwerden, das Feuer nicht an ihm selbst.

Die Erde als die Totalität der Vereinzelung der Körper drückt an ihnen dies verschiedene Verhältnis der Momente des Prozesses aus[2] oder setzt sich als Erde in den verschiedenen Momenten ihrer Idee; die Erde als solche [hat] allein absolute Kohäsion, sie ist die Einheit in der Differenz aller Momente; aber sie ist es selbst auch nur in dieser Potenz; sie ist es nicht für sich selbst; die Momente, als zur Erde geworden, liegen selbst ruhig in ihr; im Prozeß der Elemente ist sie als dies Einssein entstanden; nur im Organischen wird sie selbst an sich dies Eins für sich selbst.

Wir betrachten diese Momente kurz als diese in der Erde seienden oder als irdische Körper; hiemit *a*) als die Idee des Prozesses, die Metallität als Metall, *β*) den Gegensatz der Salzigkeit und Verbrennlichkeit als Salz und brennende Körper, *γ*) als eigentliche Erde. /

[3]*a*) Das Metall ist die irdische Darstellung der Idee des Prozesses, der Prozeß in ihm selbst, der Körper, der aus

----

[1] *In E folgte (später gestr.):* sie ist an ihm bloße Möglichkeit; er ist dieses Wirkliche, das entgegengesetzt ist, ein ausgeschlossenes Mögliches. Die Kohäsion der Erdigkeit ist die Sprödigkeit;

[2] *Daneben am Rande (als Marginalie):* Einteilung der irdischen Körper

[3] *Davor stand vielleicht schon für E gestr:* Die Erden als solche wären die eigentlich konkreten und vollkommenen Körper, wenn sie nicht entweder als absolut spröde für sich den Prozeß verschmähten, oder in ihm entweder zu Salzen werden oder als Salze auseinanderfallen müßten. Alle sind aber auf diese Weise Abstraktionen der ganzen Erde.

der spezifischen Schwere in die Wärmeleitung und Veränderung der spezifischen Schwere in ihm übergeht, diesen Prozeß aber nur ideell als Übergang von gestaltloser, starrer Flüssigkeit zur fließenden Flüssigkeit werden läßt und in sein erstes Sein zurückfällt, diesen Prozeß so ideell erhält, ohne zu Oxyd nach dem Prozesse, bleibender Veränderung der spezifischen Schwere zu werden, kein andres Moment in seinem Prozesse an sich setzt, der Erdigkeit überhaupt entgegengesetzt; es ist wesentlich sich selbst gleicher Ton, Flüssigkeit, und in seinem
10 Starrsein ebenso eine sich selbst gleiche Flüssigkeit als durchaus edel, eigentlich ohne Bruch gestaltet sowie ohne Kristallisation. Aber das edelste Metall bleibt ein irdisches; in seiner Veränderung der spezifischen Schwere liegt unmittelbar die Möglichkeit, ein anderes Moment des Prozesses bleibend an ihm zu setzen, und die edeln Metalle bleiben zwar für sich unverändert im Feuer, aber das irdische Feuer oxydiert selbst das Gold, sie schmelzen mit andern zusammen, und sie haben vor andern Körpern das ideelle[1] Durchlaufen [der] Momente des Prozesses als Schmelzens und Glühens. Aber sie sind un-
20 edlere Metalle, nur Metalle überhaupt / durchlaufen auch die Momente des Prozesses, indem sie in der Differenzierung der spezifischen Schwere an ihnen selbst, jeder Moment des Prozesses, den sie durchlaufen, bleibender an ihnen wird. Das Metall, das Sichselbstgleiches in seinem Prozesse ist und vielleicht zugleich ein solches, welches wohl den Prozeß am vollständigsten an sich ausdrückt, das Eisen, ist fähig, selbst den Schein einer Differenzierung spezifischer Schweren an ihm selbst darzustellen wie Nickel, Kobald und andre als Magnet; eine absolut oberflächliche Erscheinung des Ineins-
30 bleibens in der Differenzierung; die Inklination setzt selbst die Erscheinung einer verschiedenen spezifischen Schwere an ihm; aber es kann nicht einmal des höher hervortretenden Scheins der Differenzierung, der Elektrizität, fähig werden.

Das EDLE Metall drückt rein den Begriff der ersten Potenz des in der [Metallität] seienden Elements aus; es hat eine hohe spezifische Schwere, und der Prozeß derselben ist der ideale, daß es die Aufhebung derselben in ihm selbst setzt, als Flüssigkeit Wärme leitet, mitteilt und in diesem Übergang in

---

[1] *Darunter:* Unverbrennlichkeit

eine andre spezifische Schwere, im Glühen und Schmelzen, worin seine spezifische Schwere größer zu werden pflegt, in sich selbst bleibt,[1] kein anderes Moment des Prozesses an sich / setzt, weder das der Salzigkeit noch das der Brennbarkeit, und den Prozeß nur auf jene ideelle Weise an ihm ausdrückt. Aber um seiner Einfachheit willen hat das edle Metall wie ein irdischer Körper überhaupt die differenten Momente des Prozesses als ein außer ihm Seiendes und ist fähig, auch den realen Prozeß an ihm zu haben; sein ideeller selbst aber hat das Prinzip seiner Bewegung nicht in ihm selbst. 10

Die weniger edeln Metalle aber sind nicht fähig, in jenem einfachen Prozesse sich in sich selbst zu erhalten, sondern er wird unmittelbar in ihnen reell, es werden an ihnen die Formen der andern Momente des Prozesses gesetzt.

Es ist viel von einer Reihe der Metalle die Rede gewesen; eine Ordnung derselben kann nichts heißen als ihre Darstellung im Übergange aus dem Extrem der ihnen wesentlichen Form des Seins in [2]das ihm Entgegengesetzte. Man hat * geglaubt jene Eigenschaften in der spezifischen Schwere und der Kohäsion andererseits zu finden. Was die spezifische 20 Schwere betrifft, so ist sie nicht nur ein sehr bestimmter Begriff, sondern das wesentliche Insichsein des Metalls, das Sichselbstgleichheit ist. Die andere Seite dieses Insichseins desselben ist unmittelbar die Möglichkeit, in den Prozeß einzugehen, die Differenzierung an sich darzustellen; diese Möglichkeit ist aber etwas so Allgemeines und faßt so viel in sich, / daß sie ein ganz Unbestimmtes ist, entweder nur das Moment, den ideellen Prozeß an ihm selbst zu haben, zu glühen und schmelzen,[3] oder Salzigkeit, Aufgelöstwerden durch Säuren und Salze mit ihnen zu bilden oder an ihm selbst ver- 30 schiedene Grade der spezifischen Schwere darzustellen, die verschiedener Oxydabilität, oder die Form der Erdigkeit an sich auszudrücken, die Sprödigkeit — oder endlich die Art des Eingehens in den mechanischen Prozeß mit andern Körpern, Härte, Dehnbarkeit in die Breite, Streckbarkeit in die Länge u.s.f., Verhältnis zum Gewichte überhaupt — und endlich wieder das Verhältnis zu andern Metallen

---

[1] *Daneben am Rande:* Höhere Flüssigkeit
[2] *Am Anfang der Seite oben rechts als Bogennumerierung:* i
[3] *Daneben am Rande:* Wärmeleitungsfähigkeit 40

selbst, den Prozeß der Synsomatie, Verhältnis des Zusam-
menschmelzens und der Veränderung der spezifischen Schwere dieses Gemisches sowie die Bildung einer chemischen Differenz mit denselben in der galvanischen Aktion. Eine Ordnung nach jeder einzelnen dieser Eigenschaften, d. i. einer
besondern Form der Differenz weicht durchaus von der andern ab, und es ist da gar kein Miteinandergehen oder Entge-
gengehen zweier Eigenschaften zu finden, wie notwendig;
denn keine dieser Eigenschaften ist isoliert, ein rein andern
10 schlechthin Entgegengesetztes; sie greifen alle ineinander,
keine ist die herrschende, bezieht sich nicht auf eine einzelne
andre als ihre entgegengesetzte, sondern immer auf das Verhältnis aller zusammen; und was der spezifischen
Schwere entgegengesetzt werden kann, ist nur das / Verhältnis aller dieser Eigenschaften zusammen, ihre Totalität als
verschiedener Formen, wie das Sein im Prozesse und diesen
seinen verschiedenen Momenten und Formen sich ausdrückt.
Ehe also eine Ordnung unter den Metallen aufzusuchen war,
mußte vielmehr die absolute Ordnung dieser Eigenschaften,
20 das absolute Verhältnis derselben, d. h. die Totalität der Idee
des Körpers überhaupt und dann der Metalle insbesondre
* erkannt werden. Steffens hat die Kohärenz der spezifischen Schwere entgegengesetzt, aber a) aus seinem Versuch
geht hervor, daß er bei dem, was er Kohärenz nennt, kein kla-
* res Bewußtsein gehabt hat; es geht aus seiner Schrift keine
* Idee derselben hervor; indem sie allgemeiner Begriff ist, hat
[er] überhaupt das formale Sein derselben als Magnetismus
und den ganz formalen Begriff der Differenz überhaupt in der
* Einheit gehabt; aber diese Differenz, um was es zu tun
30 war, dann in ihrem Sein als Totalität der Formen des Prozesses ist ihm nicht viel weiter geworden als rein die mechanische Kohärenz, nach welcher ein Draht eines Metalls mehr
oder weniger, ehe er zerreißt, tragen kann, das ganz Äußerli-
* che, das Verhältnis zum Gewichte; das einzige, was wahrhaft
innre Form des Prozesses andeutet, hat ihm Ritter an die
Hand gegeben, nämlich das Verhältnis des Metalls zum Glühen und Schmelzen, welches das Moment / des ideellen
Prozesses ist; dies Moment drückt das Ideellsein des Prozesses
für das Metall aus; es ist eigentlich die Idee dessen, was das
40 Metall im Prozesse ist, Veränderung seiner spezifischen

Schwere; aber dies Moment bleibt eigentlich nur an dem absolut edlen Metalle in seiner Reinheit, einem bloßen Erglühen und Schmelzen; in Beziehung auf seine Bestimmung als Größe ist [das Metall] aber schon selbst nicht ein Einfaches in seiner Existenz, ein[1] Verhältnis in sich des Glühens zum Schmelzen, ein Verhältnis der Distanz beider oder des Früher- und Späterseins des einen oder des andern; und dann ebendamit unmittelbar erscheinen diese Formen selbst nur, [indem] es teils die andern Formen des Prozesses setzt und nicht beide als solche darstellen [kann], sondern vom Glühen nicht zum reinen Schmelzen, vom reinen Glühen nicht zum Glühen, sondern zur Oxydation fortgeht — nicht Erglühendes mehr oder Schmelzendes, Verglasung — also ein Verhältnis nicht des Schmelzens zum Glühen, sondern zur Oxydation u.s.w., worin sich ebenjenes einfache Verhältnis selbst verändert und seine Menge des Oxygens, quantitative Materie, eine andre Bestimmung [wird]. Weder [die] Idee, welche dem Steffensschen Versuch zum Grunde liegt, kann gründlich genannt werden; und ebenso oberflächlich ist das Empirische — die Angabe der Größe der Eigenschaften der Metalle, von denen er spricht — behandelt. Was endlich die Anknüpfung der Metallreihe an die Erden betrifft und den Übergang aus ihnen in die organische Natur, / so ist von den Formen des Kohlenstoffs und Stickstoffs, worein dann die Formen der spezifischen Schwere und Kohärenz übergehen, welche chemischen Elemente, Abstraktionen, noch im Physischen gebraucht werden, wo sie gar keine Bedeutung mehr haben, schon die Rede gewesen; und das absolut Wesentliche, das Organische selbst, die Form vielmehr schlechthin getötet; die Idee der Reihen, das Reduzieren der Verhältnisgrößen organischer Momente der Erde auf bloße quantitative Unterschiede ist ein Mißverständnis der Philosophie, welche das Reale allerdings als eine und dieselbe absolute Quantität, d. h. Sichselbstgleichheit erkennt, aber indem sie Unterschiede setzt, ebendamit das Qualitative hat. Aber die Unterschiede selbst bloß quantitativ als Verschiedenheiten der Größe zu nehmen, macht entweder dem Wesen des Erkennens überhaupt ein Ende, für welches der Unterschied absolute

---

[1] *Davor ist wohl* sondern *zu ergänzen.*

Entgegensetzung und nur darum Aufhebung der Entgegensetzung ist; die Erkenntnis der Natur, das Erheben derselben zum Geiste ist gerade die Gewalt, die ihrem quantitativen Wesen angetan wird, indem sie die Unendlichkeit nur
als eine unendliche empirische Vermittlung zwischen den Extremen darstellen kann, die Vernunft aber wahrhafte Unendlichkeit ist und dieses Vermitteln aufhebt und die Extreme
festhält als Momente der Idee.

b. Die Körper des Gegensatzes aber der Salzigkeit
und Brennbarkeit, die / Salze, alsdenn Schwefel, Naphthen
u.s.w. erscheinen, weil als reine Körper des Gegensatzes auch
als unmittelbar aus dem Prozesse, dem Meere und dem Erd-
brande herkommend; indem sie ihn ausdrücken, sind sie für
sich nur in der Form der Erde, nicht ihre absolute Einheit
und zerfließen in Wasser, und das Salz zerfällt in Säure und
Kali, Base, dessen Abstraktion erst in diesem Zerfallen die
erdigte Natur darstellt, aber schlechthin different ist und seine Neutralität unmittelbar aus der Luft herstellt; die Säure
auf ihrer Seite ebenso. Der Schwefel, das Brennbare, auf
seiner Seite ist als der ABSOLUTE Gegensatz das in irdische
Form gesetzte Feuer, der Gegensatz in seiner absoluten Differenz gegen sich selbst, nicht in Form der Neutralität, sondern in der Form der absoluten Einheit, die als sich bewegender Gegensatz oder im Prozesse ebendarum brennt; der
Schwefel ist ebendarum der Säure selbst so nahe oder dem
Zustande, in welchem seine feurige Natur different wird, und
zwar so, daß er eben um seiner Einheit willen auf die gedoppelte Art zur Säure wird, durch das Prinzip der Azidität
andrer Säuren: Schwefelsäure, aber ebenso durch die differente Basizität, welche der eigentlichen Säure entgegengesetzt ist und nur die Differenten, Bezogensein überhaupt
an sich hat, durch das Prinzip der Kalität, durch Hydrogen,
zur hepatischen oder Hydrothionsäure wird, die in ihrer Auflösung Wasserstoffgas und Schwefel wird.

c. Die Erden selbst als solche sind das eigentlich Konkrete,
das absolut Spröde, die vernichtete innre Differenz der
Brennbarkeit und der Neutralität sowie der / Flüssigkeit, der
quantitativen äußern. Zusammenschmelzen mit andern. In
diesem Prinzip ihrer Sprödigkeit wieder die andern Formen
darstellend: Kiesel nimmt diese Sprödigkeit in Kontinuität

zusammen, in die Form der Flüssigkeit, im reinen Tone[1]
diese verlierend, und wird zur reinen Sprödigkeit, aber ebendarin, oder indem er diese absolute Beziehung nach außen,
die Flüssigkeit, ganz aufhebt, wird er Beziehung in sich selbst,
zerfällt innerlich und als Gegensatz in seiner absoluten Differenz, geht in das Brennbare des Basalts, Erden u.s.w. über,
auf der andern Seite aber in die Neutralität der Kalke. Das
Wesen, die Bestimmtheit [der] Materie eines jeden, kann wieder die Extreme der Flüssigkeit oder Kontinuität und der
Sprödigkeit oder der absoluten Unterbrechung der Kontinuität darstellen und ebensowohl dem durchsichtigen Kristalle
als der erdigten Zerbröcklung sich nähern, und der Edelstein
als die absolute Aufnahme des absolut Spröden in die absolute Kontinuität kann ebensogut im Kiesel als im Tone und vorzüglich der Vermischung beider sich darstellen; der edle
[Stein], der Diamant, nähert sich in seiner Abstraktion, Aus-
schließung aller Differenz, der chemischen Abstraktion des
erdigten Elements / und zeigt sich in seiner Verflüchtigung als
reiner Kohlenstoff. Nicht daß er an und für sich reiner Kohlenstoff wäre, sondern seine absolute Erdigkeit, die absolut
kontinuierlich ist, geht in ihrer Verflüchtigung unmittelbar in
diese Abstraktion über. Die Kalke aber sind um ihrer neutralen Natur willen in geringerem Grade fähig, nur zur hellen
Durchsichtigkeit zu gelangen; durch ein höheres Aufheben
ihrer Möglichkeit zu zerfallen, würden sie aufhören, Kalke zu
sein, und Kiesel werden; die Form der Differenz ist es allein,
was die Erden unterscheidet so wie diese Körper überhaupt.

Diese allgemeinen Momente können uns leiten, die
Ausgangspunkte der Extreme zu bezeichnen und die absoluten Prinzipien der Ordnung zu erkennen, zwischen ihnen aber
die Übergänge der Natur ineinander; und diese Übergänge
und Vermengungen sind selbst das Konkrete derselben.

Denn ebendiese Abstraktionen, wie der Begriff der Erde
sie auseinanderlegt, sind nicht die Erde selbst; die Erde ist wesentlich die Einheit derselben. Als diese Erde, als ihre erste
Potenz, kann sie aber nicht sie als ihre Momente in absoluter Einheit, d. h. nicht organisch, nicht in dieser Einheit

---

[1] *Hegel schreibt* Thone; *gemeint ist hier und in diesem Kontext
der bestimmte Stoff: Tonerde.*

auseinandergehalten oder nicht die auseinandergehaltenen in
dieser Einheit darstellen, sondern jedes Moment wird ihr zu
einem solchen für sich seienden. Aber ob sie zwar nicht die
organische Einheit derselben darstellt, so stellt sie wesentlich
die organische Vermengung der/selben [dar], aus der ihre Abstraktionen erst da und dort hervortreten, und sich als das
System derselben, sie fängt in ihrer Einheit an, und ihre große Organisation ist durchaus in ihren Gliedern eine nur verschiedene Vermengung dieser Momente; die Einheit selbst re-
10 flektiert sich hier noch nicht aus dem Systeme, sondern ist
verborgen, die Einheit ist als eine organische Notwendigkeit,
der jedes Moment zu einem Seienden wird und geordnet nach
dieser Einheit; aber noch nicht als freie Einheit, welche zugleich als die Totalität und als Einheit existiert. Die absolute
Einheit existiert nur als Erdigkeit, als Aufgehobensein der
Momente, und diese sind wieder ohne ihr Aufgehobensein:
fallen auseinander.

Die Erde als dies Ganze hat allein die wahrhafte Kohäsion, ein System differenter spezifischer Schweren ausbrei-
20 tend und sie in ihrer Einheit zusammenhaltend; der einzelne
[Körper] ist nur Ein bestimmter Ton; das Ganze die kohärente Einheit aller Töne, aber die nicht als solche existiert, entgegengesetzt ihrem Auseinander der Momente. Nach dieser
Bestimmung der Potenz, der Art, wie sich die Erde organisiert, betrachten wir [die Befruchtung der Erde.]

Die Befruchtung der Erde ist, daß sie die absolute Einheit des Prozesses ist; das befruchtende tätige Prinzip ist das
Feuer, wozu das Licht in der Erde wird. In / der reinen Wärme als solcher konfundiert sich überhaupt alle Differenz
30 der spezifischen Schwere; das Feuer ist in der Gestalt nicht
nur Wärme, die Flüssigkeit, Sichselbstgleichheit erhaltend,
sondern Licht als differenzierender Ton, der, ihr entgegengesetzt, die Verschiedenheit der spezifischen Schwere setzt und
erhält und die Wärme, das flüssige Aufheben derselben, ein-
schränkt. Die in sich finstere Erde, von dem Feuer durchdrungen, ist nur erwärmt, eine unförmliche Masse, das Zu-
sammenfließen ihrer selbst; die Gebilde der organisierenden
Natur können nur da sein, wo Licht und Wärme zum
Gleichgewichte kommen. Das INNRE DER Erde ist darum
40 wüst und leer, ungebildet, weder ein metallischer noch ein Gra-

nitkern, nichts, was der Bildung angehört; die Rinde der Erde ist das wahrhaft Befruchtete; und in dieser als der gestaltenden Durchdringung des Lichts und der Wärme fällt die unorganische Natur mehr der Finsternis und dem Innern zu, weil die Ausdehnung des individualisierenden Prinzips der Erde, ihre Starrheit, die sich organisiert, sich in ihrem Ausdehnen gleichbleibt und wesentlich in der Form dieser wesentlich sich gleichen Flüssigkeit ist, ihre Gebilde für sich nur Eines Tones, nur Einer spezifischen Schwere fähig sind, also das Flüssige die Oberhand in ihnen hat. Die Bildung und das Kristallisieren geschieht darum am Tage schwächer, ist langsamer und kleiner als in der Nacht, und in den finstern Höhlen der Erde gebären sich die schönen Kristalle, wo das Flüssige vom Lichte / belebt, zugleich nicht so eingeschränkt von ihm wird, daß die Individualisierung in ihm die Oberhand gewönne, daß die innere Differenzierung mächtiger würde und eine organische Bildung erweckte.

Die Wurzel dieser Bildungen der Erde ist der Granit; diese Wurzel ist nicht ein Einfaches, denn das Einfache ist in der unorganischen Natur eine Abstraktion, weil es die ganze Differenz nicht in sich, sondern außer sich haben müßte und nur ein Moment derselben ausdrückte. Der organische Grund der Erde hat darum die Differenz an sich, aber sie darstellend außereinander als seine Teile in sich; der Grund ist nicht als ein entstandenes Gemenge zu betrachten, ein zufälliger Niederschlag, sondern als die absolute Existenz der organischen Einheit der organischen Erde. Der Granit hat den einfachen, in sich unauflösbaren Kern des Kiesels an sich, dann den Glimmer, der in die Fläche geht und zum Gegensatze im Gegensatze wird, endlich den Feldspat als die noch unentwickelte Neutralität des Kalkes. Beide, die Formation des Brennbaren und die des Kalkes, sind als Glimmer und Feldspat, oder sie sind als im Granit in ihrer Wurzel eingeschlossen, selbst innerhalb der kieseligen Gediegenheit, jeder selbst eine Konkretion, die sich schon dem Tonigten, dem Zerfallen des Kiesels, nähert und mehr erst den Keim so wie der Metallität, so auch des Brennbaren und des Kalkigten (der Feldspat, / als Kali, Baryt) in sich enthält, als daß sie dies schon selbst ausgebildet wäre. Die Entfaltung geht gleichsam vom Glimmer aus, von dem, was der Gegensatz in dieser Dreiheit ist. Aber diese Entfaltung ist ebenso unmittelbar ein Einfachwerden des Granits; denn das Entfalten ist das Setzen der Totalität als Moment, ein INNRES Einfachwerden dieser Wurzel; in diesem Einfachwerden fallen die Differenzen nach außen. Diese Dreiheit des Granits nimmt sich zusammen, und indem er die an ihm gesetzte Verschiedenheit aufhebt, geht er in die äußerliche über; er verfeinert sich zum Erdigten, wird einfach und geht in den Ton[1] über, der

10 Tonschiefer aber beginnt dann auf mannigfaltige Weise zum Innerlichwerden des Gegensatzes, zur schwefelsauren Verbindung, zu werden, so wie er im Schieferton, mit Schwefel getränkt, in Steinkohlenflöze, die ganz brennbare Flächen sind, und auf der andern Seite in erdigtere Form habende Trappformation, zum Basalt, übergeht und so zur erdigten Schweflichkeit wird. Auf der andern Seite erhält die Neutralität ebenso ihre Ausbildung; der Glimmer, das Wandelbarste scheint sich durch die Talkerde mit dem Kalk zu verbinden, die gleichsam das reinerdige Salz auszumachen

20 scheint, die wie der Tonschiefer zwischen ihm und der ausgebildeten Brennbarkeit zu stehen scheint, so die Talkerden zwischen ihm und der ausgebildeten Neutralität der Kalkgebirge, welche als die unsprödere / Neutralität einen trägern Fluß haben und sich so an die sprödern und kristallinischern Gebirge der andern Arten gestaltlos sich niederlegen, bis [das reinerdige Salz] endlich im gemeinen Flößgebilde oder aufgeschwemmten Lande ungebildet sich vermischt und trennt und im Kieselsand Ton und Kalk eine innerlich und äußerlich formlose Masse darstellen. In den Tonschie-

30 fern und Kalklagern haben die Formen der organischen Bildungen ihren Sitz. Vieles dieser Bildungen ist als geschichtlich zu erkennen; aber das meiste ist als ein Ansatz organischer Bildung selbst zu erkennen; in den Ton- und Kalklagern ist das Unorganische so weit aufgeschlossen und sich innerlich differenzierend und zugleich noch so sich zusammen in der Einheit haltend, daß das Schiefrige, wie es sich zum schweflichten Prinzip herausbildet, hier auf einer Stufe des

---

[1] *Hegel schreibt* Thon; *gemeint ist hier und in diesem Kontext wieder der Stoff; vgl. Fußnote 1 auf S. 88.*

Werdens zur innern Differenz aus dem Einfachen steht, daß
es als schwankend zwischen Organischem und Unorganischem
angesehen werden muß und die tote organische Form der
Pflanze wenigstens darstellen kann, ehe es seine Abstraktion
der innern Differenzierung vollendet, ehe es wieder in unorganische Brennbarkeit, seine Brennbarkeit selbst zur Erde
zurücksinkt, so bedarf im Kalke die Natur seiner Neutralität
nur des Aufhaltens auf / diesem Sprunge aus der Einfachheit
zur toten indifferenten Neutralität, um[1] sein Werden zur
Neutralität auseinanderzuhalten, um animalische Bildungen auszudrücken. Edelgesteine so wie die schönern
durchsichtigen Kristalle selbst des Kalkes sind feinere Durch-
dringungen, Extreme des Ineinander-Aufhebens aller Differenzen. Die Metalle aber sind die Abstraktionen der Erde, worin sie die Differenzen der Erde und an dieser selbst die Sprödigkeit des Glases, ihr absolutes Punktsein vertilgt und eine
reine Kontinuität bildet und die Form ihrer Durchsichtigkeit,
das Einfachmachen des Spröden selbst zum Wesen erhebt.
Die Metalle, die als solche der Differenzierung am bedürftig-
sten sind, sind deswegen mit der irdischen Flamme, dem
Schwefel, am liebsten verbunden; und die Metallität ist als
ideeller Ton, ideelle Sichselbstgleichheit, wenn der Ton auch
nicht zur spezifischen Schwere wird, wenigstens als Farbe allenthalben verbreitet.[2]

[3]Der Übergang aus der erdigten Einfachheit zum Zerfallen in den innern Gegensatz und in die Neutralität ist durch
die Form organischer Bildungen bezeichnet; aber ebenso
gebiert sich die absolute Flüssigkeit, die Sichselbstgleichheit, die für die Sprödigkeit des Erdigen nur Form ist,
zur wesentlichen / Bestimmtheit heraus; und die metallische Gediegenheit, der sich selbst gleiche Ton,
die in den rein erdigten Kontinuitäten bloße Form, Durchsichtigkeit ist, wird ausdrücklicher, sich absondernd als Farbe,
bis es[4] selbst als seine Abstraktion die Erden, trennbaren,

---

[1] *Darüber:* Mitte
[2] *Unter der letzten Zeile auf dem unteren Rande:* Tonlagerung,
Quarzgänge
[3] *Am Anfang der Seite oben rechts (als Zuordnung eines eingelegten Blattes zu dem vorausgehenden Bogen):* zu i
[4] *Gemeint ist:* das Metall

durchdringt, besonders in den Ton- und Schieferbildungen als
die andere abgeschiedene Seite ihrer Sprödigkeit mit ihnen
auf eine trennbare Weise vereinigt ist. Die edlen Metalle scheinen da aufzublühen, wo auf der andern Seite das Erdigte
ebenso die materielle Kontinuität des Metalls ausschließend
und auf seiner Seite zur Kieselbildung, zur formellen Kontinuität, fortgeht. Die Quarzadern sind ihre ergiebigsten Gänge.
Die andern Metalle erschienen wenig in dieser Abstraktion
der Gediegenheit und bilden als Erze eine vollständige irdische Totalität; [im] besondern ist die metallische Gediegenheit gern mit seinem Gegensatze, dem Gegensatze in ihm
selbst, dem Brennbaren oder dem Schwefel, vereinigt, und
solche Erze machen das vollständigste irdische Ganze der metallischen Flüssigkeit, Formlosigkeit, quantitativen Einheit
und des Feurigen, der absoluten qualitativen Einheit, absoluten Form, aus.

[1]Dies ist kurz das allgemeine organische Schema der sich
organisierenden Erde;[2] / es ist selbst der zur Erde gewordene,
absolute chemische Prozeß der Elemente; dieser chemische
Prozeß ist der Gestalt entgegengesetzt und selbst ein Kampf
der Gestalt gegen ihn; der chemische Prozeß, der unter der
Gewalt der Gestalt zur Ruhe gekommen und die organische
Natur der Erde ausmacht, existiert hiemit unter dieser Beziehung auf den Mechanismus der Erde.

Die starre Achse der Erde, ihre achsendrehende Bewegung,
das Verhältnis dieser Bewegung zur Sonne sind Momente, mit
denen die sich organisierende Erde zu kämpfen hat, und die

---

[1] *Am Anfang der Seite oben links (über dem folgenden gestr. Absatz)*
als Bogennumerierung: k)

[2] *Der Absatz begann in E (später entsprechend geändert):* Dieser organische Bau der Erde *daran schloß sich an (später ungültig):* wie er nun
unter der Herrschaft des allgemeinen mechanischen Zusammenhangs
der Erde, ihrer Gestalt und allgemeinen Bewegung in dem Gegensatze
des Flüssigen und des Festen, besonders der allgemeinen Differenz dieses letztern als Erdachse sich verwirkliche, eine physische Geographie
der Erde, der mechanische Bau, die Verteilung des Landes und des Meeres und des Landes, wie es in diesen allgemeinen Einflüssen sein Schema
ausführt, wo es seine Granitpunkte ansetzt und dann von da aus sein
Schema der Organisierung gesetzmäßig auslegt und den Kampf dieser
seiner Organisierung mit seinem Mechanismus und seinem Chemismus,
seinem Prozesse, darstellt.

Spuren der Revolutionen der Erde bezeichnen hinlänglich diesen Kampf; die Tiergerippe südlicher Länder, die in den nördlichen gefunden werden, die mächtigen Salzlager mitten im festen Lande, die Trennung von Ländern durch Meere, die zusammengehangen zu haben scheinen, die andern Zeichen gewaltsamer Zerstörungen deuten auf ein anderes Verhältnis der Erde zur Sonne und hiemit ein anderes Verhältnis der organischen Bildungen zum Mechanismus derselben.

Doch müssen diese Zeichen nicht zu weit ausgedehnt wer- den. Jedes Steinkohlenflöz, das vegetabilische Formen, jeder 10 Kalk, der organische Krümmungen in sich trägt, jedes Lager von versteinertem Holz, jedes brennbare Mineral wie Basalt, jedes Schweflichte wie die Schiefertonflöze sowie überhaupt * alle schichtenweise Lagerung besonders der Schiefergebirge sind einem mechanischen Ursprung aus Feuer oder Wasser zu- geschrieben worden, und wo die Natur organisch ordnet, ist allenthalben nur mechanische, zufällige Ordnung erblickt worden. Aber schon der bloße Anblick des Baus der Erde lehrt, daß jenes organische Schema der Bildung der Erde kon- stant sich erhält und in einer mechanischen Niederschlagung 20 aus einem flüssigen Brei nicht in so bestimmten Zügen sich ausgedrückt hätte oder daß jenes Niederschlagen als Ein orga- nisches Kristallisieren muß gedacht werden, dessen / mannig- faltige Schichtungen aufeinander [folgen], aber nicht jede wieder eines eigenen Aufschwellens und Gärens der Masse be- darf, so daß jede ein eigner Niederschlag wäre, nicht einer neuen Revolution zu jedem Übergang einer Gebirgsbildung in eine andere; so hat die Natur hier nur im Groben, in ganz all- gemeinen Zügen ein Bild der Idee darstellen können, das in der Geschichte der Erde zugleich jedesmal nur als ein Zustand 30 muß angesehen werden. So sieht man wohl, daß die alte Welt wie der dreifache Granit die vollkommnere Ausbildung gegen die neue westliche Welt ist, die nur die Spannung von Norden und Süden hat und der Festigkeit der Mitte entbehrt und in aller Formbildung, Entfaltung des Organischen schwächer ist; aus Asien als dem absolut festen Mittelpunkt ist das Voll- kommene geboren worden; Amerika entbehrt eines solchen Kerns. Fast alle Tiere der alten Welt finden sich in der neuen, aber Unendliches der Tierbildung ist schwächer, und die star- ke Vegetation ist eigentlich das Überwiegende; und auch die- 40 se entfaltet sich nicht sowohl so reich als die der alten Welt, sondern geht in die Härte der / Hölzer; die Menschen sind eine absolut schwächere Natur; sie entbehrten, was den Menschen in seiner Beherrschung der Natur stärkt, das Eisen und das Lastvieh, ein rein kindisches Volk. Von Norden nach Süden ist im Norden die Masse der Erde ausgebreitet, gegen Süden das Wasser herrschend, und die Länder strecken ihre Spitzen da hinaus, wie sie im Norden ihre Stirne entfalten.[1]

10   Die organischen Wesen sind empfindlicher gegen diesen mechanischen Unterschied der Erde, sehen zur Sonne auf, das ihr Verhältnis gegen die Sonne ist; sie selbst als Erde ist gerade dieses, daß sie den von der Sonne angefachten unendlichen Prozeß mit ihren Elementen besiegt und in sich zusammengenommen hat und insofern nur im allgemeinen von ihm, von diesem Mechanismus bestimmt, ihm gehorcht.

Diese organische Vereinzelung, deren Schema im allgemeinen dargestellt worden ist, ist das Wesen der Erde, in jeder Entfaltung ihrer Momente ein Selbständiges zu werden 20   und ein Indifferentes gegen anderes. Jeder ist wesentlich diese starre Individualität, aber in dieser starren Individualität zugleich ein bestimmter, besondrer. Seine Besonderheit aber ist ebendarum nicht lebendige Differenz gegen andre, sondern sie ist ruhend, selbständig; und sowohl das differente andere als die tätige Beziehung beider ist ein Äußeres für den einzelnen Körper. /

Die einzelnen physischen Erdkörper sind die einfachen Einheiten der Elemente ohne Entfaltung, ohne den Gegensatz der Form, der Unendlichkeit gegen ihre Ge-30   diegenheit und Starrheit in ihnen selbst zu haben; der

---

[1] *In E folgte (später gestr.):* Die organische Natur steht in der klimatischen Differenz ganz unter der Herrschaft der Sonne; in der heißen Zone ist das Licht übermächtig und läßt es nicht zu einem Schweben zwischen innen und außen kommen; gegen die Pole fällt es nach innen hinein, in der heißen Zone bildet es sich in den Vögeln zum metallischen Farbenglanze heraus, und die Stimme schweigt, so wie die vierfüßigen Tiere ebenso wild nach außen gehen, die Pflanzen aber in sich gedrungen bleiben.

Prozeß ist also etwas Äußeres für sie; die ihrer Bestimmtheit
in ihrer Einzelnheit gegenüberliegende ist ein anderer Körper
und ebenso die Beziehung beider aufeinander, das Feuer.
Ihr Leben im Prozesse ist ein vergängliches Leben, das
sich nicht in sich selbst fortsetzt, der Zusammenhang der beiden Seiten des Prozesses ist ein zufälliger für [es]; es ist in ihm nicht der absolute Wendungspunkt, durch welchen die sich gegeneinander Spannen-
den, indem sie diese Differenz nach außen in sich reflektieren, unendlich werden und in dieser Selbständigkeit 10
sich selbst zerstören würden und darum das Gebilde der
Spannung aufheben und bleiben, was sie ursprünglich sind,
sondern diese Gebilde der Spannung werden selbständig
und fallen auseinander.

Dieser chemische Prozeß der einzelnen Körper ist an
sich absolut derselbe, welcher der allgemeine ist, dieser das
absolute Vorbild, jener eine Nachahmung, in welchem
alle Belebung, absolutes Einssein, allgemeine Idee zufällig
äußerlich ist, oder er drückt sich nur formal aus, wie wir sehen werden. 20
Im absoluten Prozesse war der absolute Begriff oder die Idee
des Prozesses als existie/rende absolut existierende Differenz,
d. h. sich in sich vernichtende und entstehende, das Tätige,
das Feuer.
Ebendieselbe Idee als passiv, mit aufgehobner Differenz als
bloßer Möglichkeit, das Wasser.
Die beiden Mitten zwischen beiden Luft und Erde, jene als
die allgemeine Mitte, diese als die synthetische.
Beide als Mitten ebendarum das Beziehen des Feuers auf
das Wasser; der eine Arm des Feuers die Luft, der andre die 30
Erde, die in ihm als solchem, als Abstraktion sich zerstören-
dem, Differenz auf diese Weise seiend, sich erhaltend als indifferent, diese wieder als Luft indifferent, abstrakt allgemein
gegen die Form der Erde als Allgemeinheit, die die synthetische Einheit des Gegensatzes ist.
Ebenso das Wasser existiert als die Möglichkeit, nach diesen beiden Seiten gesetzt zu werden als mögliche Spannung
der Luft und mögliche Spannung der Erde.
Diese Spannung in beiden ist ihre werdende Individualität

oder Selbständigkeit, der[1] sie als absolut allgemeine Elemente nicht fähig sind, die sich also aufhebt, zusammenstürzt und in das erste Verhältnis zurückkehrt.

Der chemische Prozeß der einzelnen Körper ist dasselbe; aber indem er niedriger steht, daß er nicht absolut in sich zurückkehrt, steht er auch höher, eben weil die Entgegengesetzten fähig sind, die in sie gesetzte Differenz zu tragen und in ihr sich zu individualisieren, sich darauf zu erhalten.

10 Im chemischen Prozesse der einzelnen Körper müssen ebendiese Elemente existieren, aber da sie hier nicht als allgemeine sind, sondern als besondere, die vereinzelte Erde in den Prozeß tritt, so ist nur die absolute Form jener Elemente selbst notwendig, und die irdischen Körper können in fast unendlichen Kombinationen des mehr und weniger vollkommenen Prozesses gegeneinander die Seiten jenes allgemeinen Verhältnisses vertreten; um den einzelnen Prozeß zu begreifen, müssen aber schlechthin diese Momente in ihm aufgesucht und [gezeigt werden], welcher Körper entweder das 20 Feuer sei als das absolut Tätige oder das Wasser als das / Flüssige, das die Möglichkeit der Differenz hat und in sie übergehen soll, oder Luft und Erde als die Indifferenten, in welchen [die] Differenz des Feuers und Wassers existiert und an welchen diese Differenz gesetzt wird. An dem empirischen Prozesse können diese Elemente sowohl körperlich als auch als bloße Formen vorhanden sein; so z. B. im Zusammenschmelzen von Metallen ist die kontinuierliche flüssige Natur des Metalls der Repräsentant des Wassers im absoluten Prozesse. Wie im absoluten Prozesse Luft und Erde die Indifferenten sind, 30 die in Beziehung aufeinander gespannt werden, so sind es hier 2 Metalle; die Mannigfaltigkeit des chemischen Prozesses hat bald das eine Moment als Wirkliches, bald als bloße Form.

Wir haben es hier mit der Idee zu tun, und es kann nur wenig Rücksicht auf die empirische Form der Existenz des Prozesses genommen werden; das Wesentliche ist, das Gesetz seines Verlaufs zu erkennen und am interessantesten die Form der Existenz des Feuers als des Tätigen, der eigentlichen Seele des Prozesses, und aus dessen Erkenntnis sich

---

[1] *Lies:* deren

dann die Art der Existenz der übrigen Momente von selbst ergibt, das selbst als i d e a l e r Prozeß, sein Wesen gesetzt sein
muß und die absolute Form ist.

A) Das e r s t e M o m e n t ist, daß der für sich seiende Körper in absolute Differenz g e g e n e i n e n a n d e r n gesetzt,
b) daß diese Spannung realisiert, das von jedem in den andern
Gesetzte ideell eins mit ihm werde, sich darin individualisiere,
entgegengesetzte synthetische Produkte entstehen und wieder
zur ersten Indifferenz zurückkehren; hier fallen die Produkte
auseinander, aber diese Rückkehr ist nur eine for/male; diese
aus dem Prozesse kommenden Entstandenen sind andere, als
die zuerst gesetzt, die Rückkehr zur ursprünglichen Selbständigkeit ist die Wiederholung desselben formalen Prozesses,
aber so, daß er einen andern Inhalt hat, daß nämlich ebendiese synthetischen Produkte so gespannt [werden] und wieder
entgegengesetzte synthetische Produkte entstehen, welche die
ersten waren; es sind nur die Materialien sozusagen unterschieden.

a) Das erste ist d i e S p a n n u n g d e s indifferenten Körpers;
α) einen indifferenten Körper wollen wir entweder ein Metall
oder ein Salz, einen neutralen oder von den Erden selbst eine
neutrale nennen, nicht den Schwefel, das absolut Brennbare,
oder ein Kali (reinen Kiesel, reine Tonerde), dies sind selbst
Abstraktionen, Differente oder wie reiner Kiesel, reiner Ton[1]
formale Indifferente (doch im Zusammenschmelzen ist es
dasselbe). a) Das Spannende ist das F e u e r , die Einheit in absoluter Differenz, die sich der indifferenten Körper bemächtigt, in ihnen s e i n e D i f f e r e n z verwirklicht und [in] ihnen
seine Differenz als real, sie als Dinge hat. Dies Feuer, diese
Einheit der Differenz, existiert auf 4erlei Weisen: e n t w e d e r
als e x i s t i e r e n d e s einfaches Wesen, hier als freies Element,
als Flamme, oder als existierendes irdisches Wesen, als Säure,
o d e r als nicht als solches existierendes, sondern eine in den
Körpern selbst seiende Differenz, die in ihrer Flüssigkeit entweder unmittelbar wirksam ist, die Form differenter Metalle,
oder wenn sie nicht flüssig, sondern in ihrem Wesen / starr
sind, erst zur Form [der] Flüssigkeit gemacht [werden müs-

---

[1] *Hegel schreibt:* Thon *(in der Zeile darüber:* Thonerde*); gemeint ist
der Stoff; vgl. Fußnote 1 auf S. 88 und 91.*

sen] und so erst sich auf eine andre beziehen, die als gewöhnliche Elektrizität in Glas u.s.w. erregte Tätigkeit. [Es existiert] αα) als freies Feuer, Flamme, als solches existierendes Feuer tritt es zufällig, äußerlich zu den Körpern hinzu; und sein ideales, tätiges Sein in ihnen ist unmittelbar der ideale Prozeß, Veränderung der spezifischen Schwere in ihnen selbst; dies elementarische Feuer scheint die Luft als solche zu der absoluten Bedingung seiner Existenz zu haben, aber die Form der Luft ist selbst fähig, den Gegensatz des Irdi-
10 schen und der Luft an sich zu haben als inflammable Luft und Oxygen oder auch atmosphärisches Gas und die indifferenten Körper zu bilden, in die es sich als different setzt und sie in ihrer Spannung aufhebt, indifferenziert, das Produkt des Wassers bildet, aber diesem entgegengesetzt ebenso eine andre Luft, 2 synthetische Produkte entstehen; denn bei diesen Verbrennungen findet [sich] immer ein Rest von Luft, und die Seite des Wassers ist der Form der beiden Flüssigkeiten selbst verborgen. ββ) Es existiert als Säure, [als] nichts anders als irdisches Feuer, absolut Differentes; das Feuer als
20 solches ist die synthetische Einheit der Azidität und Basizität, aber wie sie sich absolut vernichtend ineinander vernichten, existiert keins von beiden, in der Säure ist nur die Azidität; aber sie existiert, und sie ist im Gegensatze der Azidität und Basizität der Gegensatz selbst; sie ist Feuer, darin als der Widerspruch der bloßen, abstrakten Säure; das Feuer hat nötig beides, seine existierende Azidität und Basizität; die Säure hat absolut nötig die Base, wenn / aber schon nur eine Seite in ihr ist, so existiert sie dagegen und ist die absolute Entgegensetzung, die absolute Notwendigkeit, ein andres zu
30 werden als sie ist, ihre Existenz aufzuheben, wie das Feuer seine Nichtexistenz aufzuheben; der Widerspruch, zu existieren als für sich Seiendes und ebenso absolut eines andern nötig zu haben, ist der innre Widerspruch des Wesens, der es zum irdischen Feuer macht. Das Entgegengesetzte, die Kaustizität, ist derselbe Widerspruch. Die Säure hat darum auch des Wassers und der Luft als solcher, worin sie mit der Base zusammenhängt, nötig, die reine Säure ohne Wasser pflegt auf die Metalle keine Wirkung zu haben, muß durch Wasser verdünnt werden, ebensowenig ohne Luft.
40   γγ) Das Feuer existiert als die beiden Differenzen gegen-

einander, nicht der Säure und der Base als solcher, denn diese
als solche sind selbst die Differenz des Feuers, sondern als Körper, die für sich in der Form der Indifferenz, der Sichselbstgleichheit sind, absolut flüssig in ihrer Bestimmtheit gegeneinander, nicht Schwefel, Salz, Erden, denn diese sind
neutral oder in sich different, sie sind spröde und zerfallen als spröde in sich selbst, nicht absolute einfache Bestimmtheit. Die Metalle allein haben die gefoderte Differenz
in ihnen, die weder kalisch noch sauer ist, sondern indifferent, auch nicht die Einheit entgegengesetzter Bestimmtheiten, sondern ein Einfaches; in ihrer Flüssigkeit oder absoluten
Gediegenheit bezieht sie / in der Berührung ihr verschiedener
Ton unmittelbar aufeinander, und diese unmittelbare Beziehung Entgegengesetzter als solcher ist das Feuer. Diese Metalle in der Berührung sind unmittelbar das spannende Feuer
und fangen den Prozeß an. Der galvanische Prozeß ist durchaus ein absolut chemischer; es ist nur, daß das Wesen des Feuers in einer andern Form gesetzt ist, und das erscheinende
Feuer, die Flamme, erscheint als ein Erzeugtes, als eine
Folge. Das Wasser ist als solches in ihm, und die beiden Metalle sind selbst als Erde und Luft Besonderes und Allgemeines gegeneinander; δδ) aber zwei Körper, die zwar in ihrer
Natur verschieden sind, aber nicht flüssig wie das Metall,
sondern neutral oder brennbar oder erdigt, setzen durch
die bloße Berührung nicht die Beziehung ihrer Differenz, weil
sie nicht flüssig sind, sich nicht mitteilen, sie müssen zur Mitteilung äußerlich gezwungen werden, eine Mitteilung, Flüssiges in sie gesetzt werden. Die Reibung ist ein erzwungenes
Flüssigmachen derselben, indem es die Unterbrechung, die
Sprödigkeit aufhebt und alle Teile bezieht, sie als eines
setzt und auf diese Weise die innere Unterbrechung jedes
einzelnen, die Sprödigkeit aufhebt und beide Differenzen
gegeneinander auftreten läßt.

Auf diese vier Weisen ist das Feuer gesetzt, und indem das Feuer auf diese Weise existiert, real ist in den differenten Körpern, durch die es gesetzt wird, so ist in seiner Existenz unmittelbar die Spannung der Körper gegeneinander
gesetzt; diese / Spannung selbst kann sich darstellen, dieses Moment befestigt werden; sie verzehrt sich als Feuer, aber
dieses Verzehren kann aufgehalten werden; selbst im eigent-

lichen Verbrennen tritt die erscheinende Spannung an dem erhitzten Körper hervor —, sie erscheint z. B. in der Verdampfung des kochenden Wassers oder wenn [es], auf glühendes Metall oder glühende Kohlen gespritzt, verdampft, ebenso wenn Kohlen ohne Flamme langsam verbrannt werden;[1] ob sie zwar als die entladende Flamme das Aufheben der Elektrizität und der Spannung ist, so ist die Flamme selbst als Flüssigkeit auf der andern Seite ein außerordentlich guter Leiter so wie auch erhitztes Glas, indem es durch die Erhitzung

10 seine Sprödigkeit verliert und als Erhitztes flüssig — ohne wirklich zu Fluß zu kommen zu brauchen — Mitteiler, Leiter der Elektrizität ist; aber sie ist Leiter nicht in Beziehung auf die Spannung, welche sie aufhebt, sondern auf eine allgemeine, sich erhaltende Spannung, Luftelektrizität. In Beziehung auf die Spannung, auf die [sie] sich bezieht, so verschwindet diese z. B. an den Kohlen, die langsam ohne Flamme bren-

* nen, wenn die Flamme / ausbricht; Volta erklärt [dies] für eine Zerstreuung der Elektrizität, aber es ist ein wahres Aufheben derselben; denn für die Spannung, auf die sie keine

20 Wirkung hat, wirkt sie nicht zerstreuend, sondern leitend.

Im unmittelbaren chemischen Prozesse, wo die Spannung unmittelbar ins Produkt übergeht, kann keine Elektrizität stattfinden, so wie die geschlossene galvanische Kette unmittelbar keine Spannung hat; aber ungeschlossen drückt sie nur diese Spannung aus; es ist Feuer, das nur in der Spannung ist. $\gamma\gamma$. Das Reiben solcher Körper hingegen, deren einer absolut spröde, nicht flüssig, nicht metallisch ist und bei dem eine Spannung und ein Druck, hält sie am bestimmtesten fest. Solche Körper vorzüglich sind wie[2]

30 Glas, Harz, das Brennbare als solches, das die Differenz in sich hat, Nichtleiter; wie die Spannung in ihnen gesetzt werde, das Erwecken der Elektrizität in ihnen ist oben erklärt worden; das Reiben ist ein äußerliches Flüssigmachen, ein Beziehen der isolierten Punkte ihrer Sprödigkeit aufeinander; soweit die Reibung geht, geht auch die Mitteilung, und sie

---

[1] *Daneben am Rande versehentl. nicht gestr:* Volta S. 199

* [2] *Der Satz begann in E (später entsprechend geändert):* Es ist hier der Ort über Leiter und Nichtleiter, die auch nicht mit Unrecht idioelektrische Körper genannt worden sind, zu sprechen.

erhalten die so in sie gesetzte Spannung um ihrer Nichtflüssigkeit willen; das Wasser ist ein Leiter, weil es als die absolute Möglichkeit der Differenz wieder absolut fließend ist. Aus der Natur der Sprödigkeit dieser Körper und des Festhaltens ihrer Körper geht hervor, wie sie sich so gespannt auf andre beziehen; sie beziehen [sich] in der Berührung in Wahrheit auf andre; die 2 Oberflächen einer / Glasscheibe sind schon selbst eine solche Beziehung Entgegengesetzter. Indem sie sich beziehen auf andre, und zwar in ihrer Spannung, sind sie in Wahrheit eigentlich keine Isolatoren, son- 10 dern indem sie ihre Spannung in sich behalten und in diesem Fürsichsein sich auf andre beziehen, so sind sie auf die andern als entgegengesetzte bezogen und setzen die entgegengesetzte Elektrizität in sie. Der Nichtleiter, der sich unflüssig erhält wie Glas, Schwefel, wirkt differenzierend, verteilend, setzt die entgegengesetzte Elektrizität; eine Glasplatte verteilt schon an ihren Oberflächen, eine auf einer Seite geriebene Glasplatte ist auf einer Seite positiv, auf der andern negativ elektrisch, und auf derselben Seite scheint derselbe Gegensatz zu sein; dem Reibzeuge nahe, wenn positiv, auf der 20 übrigen Fläche negativ, die andre Seite umgekehrt. Der Doppelspat, ein neutraler Körper, durch die bloße organische Berührung setzt Ekektrizität in sich und wird, wie es scheint, polarisch wie der Turmalin durch Erwärmung.

b. Dies Moment der Spannung realisiert sich in den in Spannung gesetzten Körpern, sie werden in sich different. Die Natur ihrer Einzelnheit, diese negative Indifferenz macht sie fähig, daß es als die ausgelöschte Differenz beider ist, die Beziehung auf das Entgegengesetzte wird an ihnen selbst gesetzt, und es entstehen zwei entgegengesetzte und auf irgend- 30 eine Weise synthetische Produkte. Indem die Einheit der Entgegengesetzten, die beide, ideell gesetzt, in sich hat, in der Spannung selbst ideell war, sich so verdoppelt realisiert hat, ist das Feuer in jeden eingekehrt; und der Prozeß hört auf, die Produkte fallen auseinander. Dies Hervorgehen / der Produkte aus der Trennung ist näher zu betrachten; der lebendige Grund der Teilung aus der Einheit und in Beziehung auf die zuerst als zwei indifferente Körper —

Zur Entstehung des Produkts wird nun gewöhnlich die *
Verwandtschaft der Körper angegeben, als Grund ein lee- 40

res Wort, die Beziehung in ihrer Bestimmtheit ist die Natur dieser Körper selbst. Die lebendige Verwandtschaft ist das Feuer, daß die Körper sich als seine beiden Seiten verhalten. Das zu Begreifende ist die Verteilung im Produkte, das im existierenden Feuer als in eins Gesetzte, als Wahlverwandtschaft; d. h. ein Körper [ist] mit einem Teile des andern stärker verwandt und bemächtigt sich desselben und läßt den andern liegen, nicht so, daß die Produkte eigentlich synthetische Produkte, sondern nur Eines, das andere rein abgeschie-
10 den werde,[1] das lebendige Moment des Prozesses wird in diesem Begriffe ganz übersehen;[2] es soll von den in die Einheit des Prozesses gesetzten Körpern nur der Eine Teil des Einen Körpers sich auf einen Teil des andern Körpers beziehen, und der andere Teil dieses andern Körpers sich gar nicht auf jenen tätigen Teil des Körpers beziehen, und seine eigne vorhergehende Beziehung gegen den [Teil], mit dem er eins war, soll ganz aufhören und er rein ausgeschieden werden. Aber dieses Mo/ment des Einsseins der beiden Körper ist nicht nur eine Einwirkung des als tätig erscheinenden Teils auf einen
20 Teil, der als passiv erscheinend, sondern es ist eine Vermengung aller; die miteinander kämpfenden, als tätig erscheinenden Seiten sind schlechthin nicht isoliert, unbezogen gegeneinander, sondern sie sind α) als entgegengesetzte aufeinander bezogen und β) beide gemeinschaftlich auf ein Drittes bezogen und sind, ob sie schon entgegengesetzt sind, konfundiert miteinander; aus dieser Vermengung verwirklichen sie ihr Verhältnis, im Produkte auf das Passive bezogen und einander entgegengesetzt zu sein, und bilden beide synthetische entgegengesetzte Produkte; der als ausgeschieden erschei-
30 nende [Teil] drückt in seinem Ausgeschiedensein auch seine Beziehung auf den aus, aus dem er als ausgeschieden erscheint, er ist selbst ein synthetisches Produkt, und es wird überhaupt kein reines Produkt, wenigstens kein rein basisches Produkt geben.

* Berthollet ist derjenige, welcher den von Bergmann aufgestellten Begriff von Wahlverwandtschaft, der in der Chemie allgemein herrschend ist, angegriffen und an

---

[1] *Daneben am Rande gestr:* Gold durch Salz und Salpetersäure
* [2] *Daneben am Rande gestr:* Berthollet

die Stelle der bloßen Tätigkeit des einen und des völlig Untätigwerdens des andern die Tätigkeit beider in dem Dritten behauptet und hiemit eine Vermischung beider in den beiden Produkten behauptet hat, eine synthetische Teilung, in der die Beziehung beider auf das Passive ausgedrückt / wäre; es muß aber nicht bloß der Ausdruck in den Produkten, der Beziehung beider in einem Dritten, sondern auch der gewaltsamen Diremtion, des tätigen Setzens eines Entgegengesetzten, behauptet werden; nicht behauptet werden, weil die beiden vorher entgegengesetzt waren.[1]

[2]Die beiden indifferenten Körper, die durch das Feuer gegeneinander gespannt werden, a) setzen ihre Spannung als ideell, als Elektrizität, b) aber ebenso fixiert als veränderte spezifische Schwere des andern; c) und sie setzen diese von jedem in den andern gesetzte Spannung selbst körperlich, materiell; und die Existenz dieser Differenz gibt das Wasser oder was sein Repräsentant im Prozesse ist, in dem die indifferenten Körper ihre Differenz verwirklichen; oder sie haben selbst an ihnen diese trennbare Seite, so daß ein Teil für sich bleibt, der andre aber die in den andern zu setzende Differenz ist. Die indifferenten Körper erscheinen als synthetische im Prozesse, wenn sie es schon an sich nicht sind; sie haben eine gedoppelte Beziehung, die ihrer Bestimmtheit, in sie aufgenommen, selbständig, alsdenn ihre Beziehung auf ein andres, und diese ihre Beziehung auf ein andres ist unendlich verschieden, gegen jeden anders. Sind sie neutral, so ist an ihnen selbst die Möglichkeit, sich als synthetisch darzustellen; und die Möglichkeit der Differenz ist an ihnen selbst. Aber Metall z. B. stellt diese seine Beziehung auf andres nur ideell dar; die Existenz setzt es im Wasser. Metall wird mit einer Säure behandelt; die Indifferenten sind Metall und Luft, welche durch die Säure gespannt werden; das Indifferente, / worin sie sich spannen, ist das Wasser. Die Existenz der Differenz des Metalls nimmt es sich im Wasser und setzt sie als Hydrogen und setzt dies in die Luft; die ideelle Differenz des Metalls ist Phlogiston genannt worden; aber das gibt selbst

---

[1] *Neben diesem Absatz am Rande:* und es bleibt eine unkristallisierte Flüssigkeit, die Oxyd vom höchsten Grad enthält

[2] *Am Anfang der Seite oben links (als Zuordnung eines eingelegten Doppelblatts zu dem vorausgehenden Bogen):* zu k) am Ende

diesem Hydrogengas oder der dampfförmig entwichenen Säure einen Teil seiner Metallität aufgelöst mit und verteilt sich
so selbst. Die Luft [nimmt] ebenso das Oxygen aus dem Wasser und setzt es in das Metall; Luft ist als Oxygen different,
Metall als Hydrogen. — Auch kann, wie die Indifferenten ihre
Differenz im Wasser realisieren, zugleich auch in der Säure
[dies geschehen]; und das Metall erhält einen Teil der Säure,
die Luft den andern Teil als Dämpfe, und die Säure als irdisches Feuer ist selbst die in die Produkte gesetzte Differenz,
10 Wasser. Oder wird die Säure wie Salpetersäure nicht bloß so
formell quantitativ geteilt, so daß die entgegengesetzten Teile
nur die Form der Entgegensetzung, Dampf- und Erdform haben, so geht sie als diese bestimmte Säure ganz zum Grunde
wie die Salpetersäure häufig.

So wie die indifferenten Körper in dem angeführten Sinne
synthetische sind, so die Produkte auf die angezeigte
Weise. In dem lebendigen Momente des Prozesses selbst ist
alles konfundiert; dieser lebendige Moment des existierenden
[Prozesses] ist ebensowohl ein Beziehen der beiden Indif-
20 ferenten aufeinander, d. h. das Setzen, im vorigen Beispiel
der indifferenten Mitte des Wassers, mit dem die Säure zusammenfällt, in beiden als die Trennung dieser Bezogenen;
den auseinanderfallenden Produkten ist wesentlich beides
aufgedrückt, das an ihnen selbständig Bleibende, alsdenn wenigstens die Differenz, wie sie an der Mitte durch den andern
Körper bestimmt worden ist. Es geschieht eine Verteilung der Mitte, das, was von ihr in jedem gesetzt wird, ist
durch den andern Körper bestimmt, es ist die Differenz des
andern Körpers selbst gegen jenen; im angeführten / Falle
30 setzt das Metall aus dem Wasser Hydrogen in Luft; die Luft-
oxydation in das Metall, und ist das Wasser der Mitte zugleich
Säure, so wird sie ebenso verteilt, und das Metall gibt selbst
Metallität, metallische Teile der durch dasselbe bestimmten
verwirklichten Differenz mit.

Dies ist die wahre Natur des chemischen Prozesses, daß darin das Feuer die beiden indifferenten Körper
spannt, sie in der Mitte ihre Differenz verwirklichen und jedes
seine Differenz, sie sei nun bloßes ideelles Bestimmen der
Mitte oder reales Trennen in ihm selbst, in das andre setzt.
40 (Das Feuer und die Mitte, Säure, insofern sie irdisch ist, mit

Wasser ist auf beide bezogen, und [in] den getrennten Produkten ist beides.)

Diese Natur des chemischen Prozesses wird durch den Begriff der Verwandtschaft und der Wahlverwandtschaft zum Teil oberflächlich und formal gemacht, zum Teil verfälscht.

Die Verwandtschaft drückt nichts aus als die Art, wie sich im Prozesse ein Körper nach der Seite seiner Differenz auf den andern bezieht, z. B. Luft als oxydierend das Metall, dies wird ausgedrückt, daß das Metall Verwandtschaft zum Oxygen der Luft oder das Oxygen zum Metall habe. Aber diese Beziehung ist nur teils Ein Moment, Eine Abstraktion des Prozesses, und ein solches Verhältnis der Luft zum Metall ist schlechthin erst durch das Feuer des Prozesses selbst, oder die Luft ist erst durch das Feuer oxydierend. Im Prozesse laufen so viele Stoffe durcheinander, und das Metall z. B. bezieht sich im Beispiele nicht [primär] auf das darin erscheinende Wasserstoffgas oder Dämpfe der Säure; so entsteht eine Vergleichung der differenten Beziehung mit den Beziehungen auf diese andre; und jene differente / Beziehung, vergleichungsweise gegen andre, die nicht als diese differente Beziehung im Produkte erscheinen, ist darum Wahlverwandtschaft genannt worden; und es wird z. B. gesagt, das Oxygengas habe eine größere Verwandtschaft zum Metall als zum Hydrogengas, und wenn eine Säure die Verbindung eines Kalis und Metalls trennt und das Metall niederschlagen und mit dem Kali sich verbinden soll, so wird gesagt, daß sie eine Wahlverwandtschaft mit dem Kali habe. Das Leben des Prozesses ist es, was in dieser formalen Betrachtung ganz zugrunde geht;[1] es ist im Prozesse alles in Beziehung aufeinander; die beiden Seiten der Mitte sind durch die Differenz der gleichgültigen Körper selbst bestimmt, und daß die gegeneinander indifferenten Körper diese Kraft haben, die Mitte so gegeneinander zu bestimmen, mit andern Worten, daß das, was eine Verwandtschaft heißt, vorhanden ist, ist erst selbst nur Kraft des Feuers. Nur von der Säure, die an ihr selbst als absolut different gesetzt, kann gesagt werden, daß sie eine Verwandtschaft zum Kali habe, aber diese Beziehung

---

[1] *Daneben am Rande:* falsch

ist keine absolute, sie drückt nichts aus als die Möglichkeit, erst unter bestimmten Umständen in einem bestimmten Prozesse, nicht überhaupt unter jedem Umstande, in jedem Prozesse sich abstrakt darauf zu beziehen; dieser Begriff der Verwandtschaft ist also unbestimmt, oder wenn er bestimmt sein soll, so ist er falsch. Noch mehr der Begriff der Wahlverwandtschaft. In der Wahlverwandtschaft soll sich z. B. die Säure, die sich auf einen neutralen / Körper bezieht, nur auf seine Base, das Kali, beziehen und die andre Seite seiner Neutralität, die nachher als Säure sich darstellt, seine Säure an ihm hatte, im Prozesse einesteils ganz aufhören, sich auf die Base zu beziehen, andernteils diese tätige Säure auf dasjenige, was im neutralen Körper nachher als Säure sich darstellt, sich gar nicht beziehen. Ebenso wenn eine Säure sich auf zwei basische Körper, 2 Kalien oder ein Kali und ein Metall [bezieht], als ob sie durch die Wahlverwandtschaft sich nur auf eines beziehe und auf das andre gar nicht und als ob diese beiden Basen ebenso sich nicht aufeinander bezögen. Sondern es ist wesentlich zu behaupten, daß, welcher Körper die Mitte verträte, es [nicht allein] sei, daß er von den indifferenten verschieden sei, daß sie selbst in ihrer Differenz ¹nun im Prozesse isoliert, indifferent gegeneinander bleiben und darum auch so wieder auseinanderfallen, sondern auch, daß sie vermengt sich gewaltsam auseinanderreißen, und weil das Feuer ebenso absolut entgegensetzend als beziehend ist und aus dem momentanen Leben des chemischen Prozesses ebenso, indem es abstirbt, seine Natur als dies Entgegensetzende darstellen muß, daß nicht allein darum, weil vorher eine Entgegensetzung wirklich war, auch die Produkte entgegengesetzt sind, sondern daß auch die lebendige, ebenso dirimierende Kraft des Feuers als eines Ineinsseins, ohne bestimmt zu sein durch eine vorherige Wirklichkeit der Entgegensetzung, frei aus sich selbst diesen Gegensatz der Produkte hervorbringe. /

Was vors erste das Sein der Mitte, diese habe eine Form, welche sie wolle, das Irdische der Säure oder der Base, a) was nun die erste Seite betrifft, so hat Berthollet für die Chemie die Verteilung dessen, was er Unterlage z. B. der Säure

---

¹ *Am Anfang der Seite oben links als Bogennumerierung:* 1)

oder auch Grundlage der Base [nennt], zwischen den beiden
Produkten in seinem größern Werke, **Statique de Chimie**, un- *
widersprechlich erwiesen; eine Säure, die mit einem Salze in Verbindung gebracht wird, jagt die andre nicht so aus,
daß nun sie allein ein reines Salz mit der Base bildete,
sondern sie bildet ein Salz, aber es bleibt ebenso noch von der
Base mit der andern Säure verbunden; oder eine Base wird *
aus einem Salze vermittels einer andern Base niedergeschla-
gen, so verteilt sich die Säure an beide. (Das Verhältnis der *
Teilung gibt Berthollet an, daß beide nach der chemi- 10
schen Masse wirken, d. h. als Produkt der absoluten Quantität der empirischen Menge mit der Verwandtschaft, der Natur ihres Verhältnisses gegen das Dritte.) Ein Metall *
wird aus einer Auflösung durch ein anderes Metall niederge-
schlagen, aber entweder verteilt sich die Säure an beide Metalle, oder auch das niederschlagende Metall so, daß es zum
Teil in der Säure aufgelöst ist, zum Teil mit dem niederge-
schlagenen Metall sich vermengt und so, daß auch von diesem ein Teil in der Auflösung bleibt, so sehr, daß, indem die
eine Säure Luftform annimmt, kohlensaures Gas, Salpeter- 20
säuregas, / also sich ganz zu trennen scheint, auch Wasserstoffgas, teils ein Teil von ihr in der andern tropfbarflüssigen
Verbindung bleibt, teils, daß selbst ein Teil des Metalls, Kali
mit dem Gas entweicht.

[1]β) Außer diesem Verteiltwerden der Mitte an die Extreme
ist es das Wesentlichste zu erkennen, wodurch diese Extreme als solche bestimmt werden, in denen sich die verteilende
Mitte setzt. Zunächst sind sie einesteils durch die vor der
Vermengung im Prozesse gesetzten Indifferenten bedingt;
die synthetischen Produkte sind sich entgegengesetzt, weil 30
das, was in den Prozeß trat, vorher absolut in seinem Fürsichsein wirklich [war], und diese Wirklichkeit der vorherigen
Entgegensetzung bestimmt die Wirklichkeit der Entgegensetzung der aus dem Prozesse heraustretenden Produkte. Nicht

---

[1] *Der Absatz begann in E (später geändert):* β) Das andere ist nicht
die bleibende Beziehung beider Entgegengesetzter auf ein Drittes, sondern ihre tätige Entgegensetzung selbst. Hierüber ist nun die Chemie
längst in Kollision mit ihrer trägen Verwandtschaft gekommen; diese
überhaupt setzt die Beziehung einer Säure auf eine Base, als absolute,

so [darf dies] verstanden werden: Jenes außer der Einheit im Prozesse ganz unabhängig von dem Feuer gesetzte, wirkliche verschiedene Verhältnis verschiedener Säuren z. B. gegen eine Base wäre ein absolutes Verhältnis und das Feuer, der Prozeß, bloß eine formale Beziehung derselben aufeinander, in welcher formalen Beziehung nur das natürliche Verhältnis der Substanzen das bestimmte wäre. In dieser trägen Verwandtschaft wäre die Beziehung einer bestimmten Säure auf eine
* Base eine absolute; aber es ist bald bemerkt worden, daß
10 Verschiedenheit der Umstände, z. B. Temperatur, die kristallinische Form eine verschiedene Beziehung setze, mit andern Worten, es ist erkannt / worden, daß hier das existierende Feuer erst die Differenz, ihre bestimmte Beziehung gegeneinander setzt und der Grad des Feuers eine verschiedene Spannung verschiedener Substanzen, eine niedrige Temperatur die Spannung des einen in ihrer höchsten Differenz läßt, die des andern aber hier unbelebt bleibt und bei verschiedener Temperatur die Spannung des erstern vermindert, die des andern verstärkt wird.[1]

20   *a)* Diese wesentliche differenzierende Kraft des Moments der Vermengung stellt ihre Kraft zuerst [so] dar, daß es die Vermengung in entgegengesetzte GESTALTEN auseinandertreibt, in eine kristallinische und in flüssige, tropfbarflüssige, oder in größerer Differenz in luftförmige; die Niederschläge sind ganz allein bestimmt durch das differenzierende Prinzip, allen Verwandtschaftsgesetzen zuwider, es schlägt sich ein Salz nieder mit einem Überschusse von Oxyd oder von Base, während die Auflösung einen Überschuß von Säure enthält, so daß sich ebenso Salze mit einem Überschusse von Säure aus derselben Flüssigkeit bilden.[2] Es ist der Na-
30 tur nichts schwerer, als in der Flüssigkeit den Punkt der Individualität der Gestalt zu finden und zu erzeugen, und doch ist dies so notwendig, daß sie in dieser Differenz der Gestalt alle Gleichförmigkeit der Vermischung unterbricht. Diese erste Notwendigkeit, sich in Gestalt gegen die Form des tropfbar

---

[1] *In E folgte (später gestr.):* Was die Kristallform, die ein Salz sich behält, seine Unauflöslichkeit [betrifft], so erscheint hier die Kraft des differenzierenden Prinzips.

[2] *Daneben am Rande:* auswaschen

oder / luftförmig Flüssigen zu entzweien, ist die erste Notwendigkeit.

β. Diese Notwendigkeit ist ebenso eine Differenzierung in Ansehung des Inhalts als der äußern Gestalt, aa) daß sich z. B. zwei Säuren aus [dem] Momente der Vermengung miteinander und der Base sich mit Verteilung der Base oder auch der einen Säure auseinanderreißen in das minimum der einen und Maximum der andern in den synthetischen Verbindungen. א) Die Chemie hat darum sich so große Mühe gegeben, reine Reagentien zu finden, d. h. chemisch Einfache, die aller Neutralität entrissen wären, aber sie kann es immer notwendig nur zu einem maximum des Befreitseins von dem andern Bestandteile des Salzes bringen, z. B. reines Kali durch die stärkste Kalzination nicht rein sich darstellen lassen, sondern [ist] immer noch mit Kohlensäure verbunden, derselbe Fall mit reinen Metallen; sie sagt, es sei wohl ganz rein im Glühen, aber es reiße sogleich wieder Kohlensäure aus der Luft an [sich]; ב) bei einer solchen Verteilung kann von der gewöhnlichen Vorstellung der vorhergehenden Verschiedenheit der Säuren oder Basen behauptet werden, daß sie bei dieser Trennung deswegen sich trennen, weil sie vorher getrennt gewesen seien; allein diese Vorstellung fällt dann ganz weg, wenn in einer und derselben Auflösung Salze von verschiedener Verteilung der sog. Bestandteile sich bilden. Wenn zwei verschiedene Säuren an einer Base / sich nicht rein absondern, sondern teils entgegengesetzte synthetische Produkte mit dem minimum und maximum der Base oder, wo die Säure das Mittlere ist, mit jenem maximum von Säure und minimum teils mittlere [Produkte] geben, so kann dies immer noch auf die Rechnung der vorher entgegengesetzten Säuren oder Basen geschoben werden, und die vermischten Produkte drücken die gemeinschaftliche Wirkung beider Säuren aus; bis hieher geht Berthollet; er bleibt bei dieser Verteilung der Mitte stehen, daß die gegeneinander getrennten Säuren hier ihre in einem Dritten vereinigte Wirkung ausdrücken, aber daß ihre entgegengesetzte Wirkung bestimmt sei durch ihre vorher entgegengesetzte Natur, durch die vorherige Wirklichkeit ihrer Differenz. In der Tat ist oft das Ineinssetzen derselben in dem lebendigen Momente des Prozesses ein formales Ineinssetzen; es finden sich in den Produkten dieselben Verschiedenen, die vorher waren; jenes Ineinssetzen treibt sich auseinander, aber es enthält nur den formalen Quell dieses Auseinandergehens; es macht die Produkte nur verschieden in Ansehung des Quantums der Vermischung, und dieses Quantum kann als die vorhergehende Bestimmtheit der Natur der Säuren und ihrer Quantität, die in den Prozeß gesetzt wurde, angesehen werden. γγ. Aber es muß weiter gegangen werden, daß diese / Differenzierung eine lebendige ist und eine homogene Auflösung, die Auflösung

10 Eines Metalls in Einer Säure zu verschiedenen Produkten — in Beziehung auf dieses Metall selbst und die ihm sich zuteilende Säure nicht bloß der Gegensatz zwischen dieser Verbindung und dem andern Produkte der Luft — auseinandertreibt; hier kann nicht die chemische Masse der Säure gegen eine andere als Prinzip der Teilung gesetzt werden, denn es ist

* nur Eine Säure. Z. B. eine schwefelsaure Eisenauflösung kristallisiert in sehr verschiedene Verhältnisse des Inhalts eines jeden Kristalls derselben Auflösung; die ersten Kristalle dieses Eisenvitriols, die sich bilden, sind fast farblos, die andern wer-

20 den immer grünere, und es bleibt zuletzt eine nichtkristallisierende Flüssigkeit; es hilft hier nichts, zur Form überzuspringen und zu sagen, daß das leicht Kristallisierbare sich zuerst kristallisiere, denn die Sache ist gerade, daß sich in der homogenen Flüssigkeit ein solcher Unterschied eines leichter kristallisierbaren Verhältnisses gegen schwerer kristallisierbare Verhältnisse und gegen ein Verhältnis, das sich gar nicht kristallisiert, bildet. Noch auffallender sind in einer Metallauflösung die Erscheinungen, daß sich hier unmittelbar eine solche Differenz bildet,[1] z. B. bei Kupfer ein Teil aufgelöst wird, der

30 andre aber in unauflösbares Oxyd sich verwandelt (und ebenso bei allen Metallen verschiedene Grade der Oxydation in der / Auflösung sich bilden). Am auffallendsten und stärksten ist diese Differenzierung, wenn die Metallauflösung auf einer Seite in den höchsten Grad der Oxydation, auf der andern Seite zur Reduktion übergeht. Ich behandelte vor einigen Monaten rotes Bleioxyd mit konzentrierter Salpetersäure, wo es bekannt ist, daß ein Teil Oxyd sich auflöst, der andre aber in den höchsten Grad der Oxydation, in ein dunkles Oxyd und

---

[1] *Über der Zeile:* ebenso in Beziehung auf die Eine Seite

in Unauflösbarkeit durch Salpetersäure, übergeht, [also] dieselbe Differenzierung vorhanden ist; aber verwundert wurde ich, als ich dem Ganzen etwas Wasser zugoß, um den einen Teil des hellern Oxyds, das in der Säure auflösbar ist und als Salz liegen bleibt, wenn nicht genug Flüssigkeit zur Auflösung vorhanden ist, vollends aufzulösen, zugleich reduziertes Blei, vollkommenes Metall, erhielt, so daß in derselben Säure Bleioxyd sich auflöste, anderes auf ein Extrem der höchsten Oxydation, das andre auf das Extrem der Reduktion sich stellte. Und ich finde vor einigen Tagen eben eine solche Erfahrung * von Chenevix, der Kupferoxyd, das er auf 11 per centum Oxygen berechnet, mit Phosphorsäure behandelte, einen Teil darin auflöste, während ein anderer Teil sich ganz reduzierte. In diesen Verteilungen ist durchaus keine vorherige Differenz zu erkennen, die die Differenz der Produkte bestimmte; es ist ein und ebendasselbe gleichförmige Metall oder Oxyd, das sich zu einer ebenso sich gleichen Säure verhält. /

Es ist dasselbe, wenn in der galvanischen Aktion eine Metallauflösung auf der einen Seite ein höheres Oxyd als die Solution selbst enthält, auf der [andern] Seite aber reduziert 20 wird, das reine Wasser aber zu Oxygen und Hydrogen wird. Die Erscheinung dieses Differentwerdens ist hier nicht so auffallend, weil das Feuer in der galvanischen Form des Prozesses seine Differenz als eine fixierte Spannung in verschiedenen Metallen hat und sie an der Säure also selbst als Elektrizität hervortritt, da hingegen in der Säure, die auf Ein Metall wirkt, das Feuer die unsichtbare Differenz der Säure ist, die an ihr als solcher noch nicht als etwas Wirkliches gesetzt ist.

[Es] vermögen die stärksten Säuren nicht als einfache Gold, Platin aufzulösen; sie müssen, um darauf zu wirken, auf 30 eine offnere, an ihnen schon verwirklichte Weise ihre Differenz haben, und die Vermischung der Salz- und Salpetersäure, Königswasser oder oxygene Salzsäure, lösen eines erst auf, indem sie auf diese Weise schon existierende Differenz haben — wie Flamme, die ebenso die Differenz in ihr verborgen hat, jene Metalle nicht oxydiert. Aber der elektrische Funken,[1] in dem dieses Feuer ein als different existierendes ist, da hingegen unendlich weniger flüssige Metalle, d. h. weni-

---

[1] *Lies:* **Aber der elektrische Funken vermag es,**

ger sich selbst gleiche, also schon der Differenz offnere, von einfachen Säuren aufgelöst werden. Die oxygene Säure oder Königswasser ist hier ganz dasselbe, was die galvanische Ver-
* bindung zweier Metalle ist; oder die interes/sante Verbindung einer Säure mit Wasser, die Ritter zeigt, die so aufeinander gebracht sind, daß sie sich nicht vermischen, in welchem Falle sie stark z. B. auf Zink wirken, hingegen vermischt, diese existierende Differenz aufgehoben, unwirksam sind, wo dieselbe Quantität beider vorhanden ist.

10   Die Erscheinung dieser Differenzierung ebenso in der Aufeinanderfolge einer Destillation, in der Entwicklung der Gasarten und Flüssigkeiten, welche übergehen. Vorzüglich aber an der Oxydation der Metalle: Mercurius, Blei, an der Luft erhitzt, oxydieren sich in ein graues Oxyd, von da gehen sie ihre höhern Grade der Oxydation durch, bis sie auf die höchste Stufe, rotes Oxyd geworden zu sein, gekommen sind; bei fortgesetztem Feuer gehen sie in das Gegenteil über, sie oxydieren sich nicht stärker, sondern desoxydieren sich wieder, Mercurius stellt sich ganz reguli-
20 nisch wieder her, das Blei geht wenigstens in den Zustand des gelben Bleioxyds und dann den noch schwächern des halbverglasten Oxyds zurück. Zinn stellt seine verschiedenen Grade der Oxydation auf einmal dar; in ein schnelles heftiges Feuer gebracht, bedeckt es sich oben mit einer weißen, aus glänzenden Nadeln bestehenden Vegetation des Oxyds; unter ihm befindet sich ein anderes rötliches Oxyd, alsdenn ein durchsichtiges hyazinthnes Glas, und zuunterst liegt unverändertes Zinn. Ich weiß wohl, daß das Oberste / am meisten oxydiert ist wegen des Zutritts der Luft; aber die
30 Abnahme nach unten ist nicht eine gradweise, sondern ver-
* teilt sich in bestimmte Stufen. Berthollet behauptet zwar, daß die Oxydation eine rein quantitative Stufenfolge sei und ein Metall auf allen Zwischengraden sich aufhalten könne; allein, so sehr die Natur an diesen vermittelnden Gang gebunden ist, so ist die Natur des Begriffs doch das Mächtigere, und in dem quantitativen Fortgange treten Stufen hervor, in die sie überspringt, auf denen sie sich hartnäckiger hält und das Qualitative auch durch die Erscheinung des Qualitativen, die Farbe, bezeichnet. Der Übergang der Oxydation des Mercu-
40 rius z.B. geschieht nicht aus der ersten Stufe, worauf es

grau[1] ist, in ein immer größeres Hellwerden, sondern es geht in eine ganz andere qualitative Farbe, die rote, über und wird halbverglastes Oxyd, das graue Bleioxyd eben nicht in eine bloß hellere, sondern in die gelbe, alsdenn in die hellrote, wo es verglast ist, dann in ganz verglastes honiggelbes Oxyd.

Das Metall geht in diesem seinem Prozeß aus seiner Form der Sichselbstgleichheit, der absoluten Kontinuität und Flüssigkeit in Erdigkeit, absolute Sprödigkeit und aus dieser wieder in die formale Kontinuität des Spröden, in die Glasform über.

Die Hauptmomente des chemischen Prozesses als einer lebendigen Tätigkeit sind die Verteilung der Mitte an die Seiten durch die in ihr sich realisieren/de Differenz der Extreme und das gewaltsame Zerreißen des Einsseins aller Momente in entgegengesetzte Produkte.

a) Die Natur dieser Produkte ist näher zu bestimmen; sie haben das Gepräge des lebendigen Momentes des Prozesses an ihnen; jeder ist für sich und [hat] die durch den entgegengesetzten Körper in der Mitte sich realisierende Differenz an ihnen; oder es sind neutrale Produkte. α) Die Neutralität des Produkts ist überhaupt eine Einheit, gesetzt mit der Möglichkeit der Trennung; das Trennbare ist die Aufnahme eines differenten Bestimmten in das Allgemeine. a) Dies Allgemeine hat die größte Weite der Existenz, es kann bloße Form, Luftform [sein]; und die chemischen Abstraktionen oder Elemente sind solche, die darum auch mehr oder weniger rein, nicht neutral dargestellt werden können, aber so, daß z. B. von wahrhaft reinem Sauerstoffgas u.s.f. nicht gesprochen werden kann. β) Unter den reellen irdischen Körpern sind das absolute Metall, das absolut Brennbare und unter den Erden einige ebenso im Irdischen die Abstraktionen der Momente; aber es ist nur von wenigen zu erkennen, daß sie als der Begriff dieser Momente existieren und aus dem Prozesse rein als diese Extreme hervorgehen. Den gewöhnlich für einfach erkannten Schwefel erkennt Winterl nicht für solchen, nur einen flüssigen, d. i. einen solchen, der in der Natur seiner absoluten

---

[1] *Darüber:* schwarz

Sprödigkeit selbst wieder seine Bestimmtheit in eine Indifferenz aufgenommen hat, die zwar formal, ideell, nicht körperlich, aber äußerlich für ihn durch ein anderes gesetzt ist. Von den Metallen sind die wenigsten als einfach zu erkennen, die meisten stellen im Prozesse ihre Differenz zu einem andern als eine körperliche dar, als irgend ein schwarzes Pulver, aus welchem schon mancherlei gemacht wor/den ist; und selbst von den edlen Metallen, Gold und Silber, ist es schwer zu behaupten, ob sie ganz rein, nicht mit andern vermischt, darzu-
10 stellen sind. b. In eigentlich neutralen Produkten, in denen das Moment der Vermischung das Überwiegende ist, muß dasjenige, was sich als getrennt darstellen läßt, nicht als so, wie es in der Trennung ist, vorhanden gedacht werden. Die Säure und die Base haben ihre Differenz gegeneinander verloren, oder wenn die Base ein Metall ist, so ist es nicht metallisch, sondern oxydiert in dem Salze. Die Base ist wie die Säure abgestumpft; und die Einheit beider hat ganz verschiedene Eigenschaften gegen die, welche die Getrennten haben, auch ist der Charakter der Eigenschaften der neutralen Ver-
20 bindung nicht eine Zusammensetzung aus den Eigenschaften der Zusammentretenden, z. B. Härte, spezifische Schwere, Auflöslichkeit in Wasser, Kristallform, sondern es ist durchaus eine eigne Individualität.

*   c) Die Säuren und Basen so abgestumpft, wie sie in der Neutralität vorhanden sind, auch getrennt darzustellen, hat Winterl gezeigt; eine so getrennte fade Säure und Base in Verbindung miteinander gebracht, geben wieder dieselbe neutrale Verbindung, welche eine frische Säure und frische Base miteinander geben. Aber auf eine frische Base hat sie stumpfe
30 Säure keine Einwirkung. Tritt eine solche neutrale Verbindung in den Prozeß ein, so kann die fad gewordne Säure und Base nur wieder erfrischt, als different gesetzt [werden] durch den Hinzutritt des Feuerprinzips, dessen differenzierende Kraft, es sei als Feuer selbst oder als Säure, sich von neuem an ihnen setzen muß; und es ist die Kraft des differenzierenden Prinzips des Prozesses, das sie in diese Form auseinanderreißt. d) Überhaupt ist das Sauersein der Säure, das Kaustischsein der Base das Sein in Beziehung auf ein andres, nicht eine Materie; denn die Materie ist das, was für sich
40 ist; die Beziehung / auf ein anderes aber ist das Nicht-Fürsich-

sein, das Ideelle; die Säure als solche ist sowenig eine Materie
als z. B. die Härte. Daß ein Körper in Beziehung mit dem, was
in der Trennung von ihm als Oxygengas dargestellt werden
kann, als Säure erscheinen [kann], heißt nichts, als daß sie in
dieser Verbindung ihr Fürsichsein verloren und different sind;
es sind eigentlich wenige Körper, die unter dieser Bedingung
als Säure erscheinen, unendlich mehr, die in dieser Verbindung indifferent sind. Von vielen Säuren, z. B. der Salzsäure,
ist ihre Säure nicht zu trennen; es ist durchaus unerwiesen,
daß ihr Substrat, ihr Fürsichsein, durch Verbindung mit dem   10
Oxygen Säure werde; von andern Säuren hingegen ist es bestimmt erwiesen, daß sie nicht als Verbindungen von irgend-
einem indifferenten Stoffe mit Oxygen Säure sind; z. B. die
Blausäure stellt sich getrennt nur als Wasserstoff, Stickstoff
und Kohlenstoff dar. Das Oxygengas selbst ist für sich nicht
Säure, sondern indifferent gegen einige Substanzen, nur different gegen einige. Die Hydrothionsäure erscheint als Wasserstoffgas und Schwefel in der Trennung und ist bestimmt eine
Säure.

Überhaupt ist anzumerken, daß bei dem Gegensatze der   20
Säure und der Base dies in Ansehung der bestimmten Körper
im ganzen etwas sehr Relatives; es gibt Körper, die sich diesen
Extremen nähern, aber die mittlern sind es relativ und für
einen andern Körper Base, für einen andern Säure. So z. B.
die Metalloxyde sind gegen die Säuren wahrhafte Kalke, Basen; und das Oxygen, dessen Verbindung mit den Metallen
dargestellt werden kann, macht sie zu differenten Basen, zu
Kalien, nicht zu Säuren; an den Kalien selbst dagegen kann
ihre Basizität oder / selbst Kaustizität nicht als Oxygen dargestellt werden;[1] ebenso sind die Metallkalke auf der andern   *
Seite Säuren, außer [bei] denen, die metallische Säuren genannt werden, durch höhere Oxydation entstehen, Chrom-,
Molybdänsäure u.s.w.; [2]haben andre von Zinn-, Eisenoxyd als
reiner Zinnsäure, Eisensäure gesprochen; jedes Oxyd ist dies
aber überhaupt sowohl gegen andre Oxyde überhaupt als auch

---

[1] *In E folgte (später gestr.):* aber eben daraus erhellt die Natur des
Oxyds, daß es nicht eine bestimmte Differenz der Säurung, sondern die
Differenz überhaupt ausdrückt;
[2] *Am Anfang der Seite oben links als Bogennumerierung:* m)

gegen Kalien, in denen es sich, besonders im Ammoniak, ebenso auflöst als in den Säuren. So verhalten sich auch die stärksten Säuren gegen Gold und Platin nicht als Säuren.

Um alles zusammenzufassen, so ist im chemischen Prozesse durch das Feuer die Einheit absolut Differenter, der absolute Begriff, als indifferent gegeneinander gesetzte Körper in absolute Beziehung gesetzt, aus welcher absoluten Beziehung, welche alle ihre Selbständigkeit vermischt, sie ebenso absolut getrennt werden und in Produkte zerfallen, und wenn eins
10 der Produkte selbst als eine Säure, als ein Differentes erscheint, so ist nicht vorher in der neutralen Verbindung, in der sie in den Prozeß trat, dies Differente gewesen, sondern sie erhält durch den Prozeß selbst diese Belebung oder Idealität.

Die Produkte sind als hervorgehend aus dem Prozesse in Beziehung auf die vorherige Existenz der in den Prozeß gerissenen Körper so bestimmt, daß jedes seine Differenz gegen das andre in dem andern verwirklicht hat; sie sind auf diese Weise andere, als vor dem Prozesse waren; und es ergibt
20 sich hieraus das Verhältnis dieses chemischen Prozesses einzelner Körper zum absoluten Prozesse. /

Er ist nämlich eine formale Totalität, er kehrt in sich selbst zurück, zu derselben Indifferenz, die anfangs gesetzt war, aber nur der Form nach, nicht dem Inhalt nach; er beginnt mit der absoluten Einzelnheit der Körper, ihrer Indifferenz gegeneinander, zu der das Feuer tritt, sein Wendepunkt ist die Konfusion dieser Körper, aus welcher Einheit wieder die Teilung hervorgeht, wieder die Indifferenz der ersten; aber die Produkte sind andre, das Sein der ersten
30 ist aufgelöst und eine Vertauschung ihrer Momente geschehen;[1] die Unendlichkeit stellt beide als aus dem Prozesse herkommende als eines dar, aber nur teilweise; jedes wird nur in einem seiner Teile eins mit einem Teile des andern. Die Wiederherstellung des ersten Verhältnisses in seinen Körpern ist ein neuer Prozeß, der ebenso sich verläuft, nur in Ansehung des Inhalts mit umgekehrter Bestimmung. Das Salz,

---

[1] *Neben diesem Satz am Rande:* **AB　CD**
　　　　　　　　　　　　　　 AC　BD

welches sich kristallisiert hat gegen die Form der Allgemeinheit des Gases oder flüssiger Säure, die vorher kristallisiert
war, kann nicht immer durch die Belebung des Feuers itzt
das Tätige gegen jenes werden. Mehrere Metalle, auch mehrere Salze treten durch Veränderung der Temperatur in ein entgegengesetztes Verhältnis und werden das allgemeine Tätige
gegen das andre, das zuerst das / Tätige war. Mercurius, Blei,
durch Feuer gegen Luft gespannt, oxydieren sich, die Luft ist
die differente Säure, und sie wird zum passiven, sich selbst
gleichen Stickstoff; durch Erhöhung der Temperatur wird das   10
Oxyd das Tätige, reduziert sich und oxydiert die Luft. Aber
es ist darum entweder diese ideelle Veränderung der Temperatur oder eine körperliche Veränderung eines andern Körpers zu dieser Umkehrung notwendig.[1] Das vorhin Tätige hat
sich neutralisiert, indifferenziert in der Synthese, aber darum
ist das andere gegen diese Synthese nicht das Tätige geworden; denn es ist selbst aus der Verteilung als ein Untätiges in
Beziehung auf das Vorhergehende hervorgegangen; jedes aber
wieder als ein Tätiges different gegen ein anderes. Die Produkte gehen also als indifferent gegeneinander und nur diffe-   20
rent gegen anderes aus dem Prozesse hervor; im lebendigen
Momente des Prozesses waren sie absolut different gegeneinander, absolut aufeinander bezogen; es fällt das Moment
ihrer Differenz[2] und das Moment ihrer Indifferenz auseinander. / Aber diese ihre Indifferenz gegeneinander, das, was sie
im Produkte sind, wie sie aus dem Prozesse herkommen, ist wesentlich gesetzt nur durch die absolute Beziehung, die sie im Prozesse haben. Diese Reflexion, die die Natur auf sich, wie sie im chemischen Prozesse ist, selbst macht,
ist das Organische; und wir treten hiemit in das Organische   30
über.

In dem a) unmittelbaren irdischen Körper ist das
Prinzip der Individualität gesetzt als absolute Einzelnheit,
numerisches Eins, eigentlich nur als Prinzip der Individualität; dies Eins ist absolutes Eins der Momente der Totalität der
Elemente, die seine Akzidenzen, ideell sind, er die absolu-

---

[1] *Daneben am Rande:* Wiederauflösung eines Niederschlags.
[2] *Über der Zeile (am Rande):* Einssein

te Negation ihrer Selbständigkeit, aber sie sind an ihm
wirklich, aber als Akzidenzen. b) Jene Einheit und diese
ihre Totalität sind einfach ineinander, indifferent, einander nicht entgegengesetzt; die negative Einheit und
die Totalität der Elemente treten nicht an ihm in die
differente Beziehung. c) Aber die Erde ist nicht absolute
Einzelnheit, sondern sie ist auch Allgemeinheit, und die Elemente, die in / ihr ideell sind, sind auch zugleich Allgemeinheit und jedes eine Totalität, wie wir sie erkannt haben, ihre
10 Idealität in der Erde ist zugleich das positive Allgemeine, daß
sie sich in dem allgemeinen Elemente in sich reflektieren und
als eine Totalität von Momenten setzen. Aber der einzelne
Körper ist der Allgemeinheit der Erde entgegengesetzt, und
indem sie im einzelnen Körper ideelle sind, ist diese ihre Idealität nicht ihre Reflexion in sich selbst als Totalität; sie sind
nur als Momente dieser ihrer innern Totalität, nur ideelle
negative Einheit, nur allgemeine als Abstraktionen.
Der Sinn der Farbe des einzelnen Körpers ist darum nur
ein abstrakter, als Farbe an ihm nicht existierend — wahr-
20 haft wäre es die Totalität aller Farben — sondern als eine
bestimmte Farbe; ebenso sein allgemeines Sein als Materie, die allgemeine Materie und ihm Entgegengesetztsein als
Schwere ist nicht selbst als allgemeine Schwere, und da das
Allgemeine im Besondern nur als System der einzelnen
Schweren sein könnte, nur als eine einzelne, besonderte
spezifische Schwere. Die andern Momente der innern Totalität der Elemente fallen außer [dem Körper.] b) Der Prozeß oder seine lebendigen Momente ist das Hinausgehen
des einzelnen Körpers über diese seine Einzelnheit; a) das
30 Element ist hier selbst als Allgemeines, als Indifferenz seiner Momente; / es ist aber in diesem lebendigen Momente nur
die aufgelöste Einzelnheit, die vernichtende Beziehung der
Bestimmtheiten aufeinander, und dieses Moment hat außer
sich das Bestehen, die Indifferenz der Einzelnheit. Aber dies
Moment ist wesentlich bezogen auf diese Indifferenz seiner
selbst, auf das Bestehen des Produkts; und das Sein der Einzelnheit des Elements kommt aus dem Sein der Entgegengesetzten her und geht in sie über, so wie sie wesentlich auf es
bezogen sind; und die Einzelnheit des Elements ist ebenso
40 wesentlich auf ihr Aufgehobensein bezogen, darauf, daß das

Element als ein Bestimmtes zum Allgemeinen wird; das absolut Wesentliche ist, daß die sich selbst gleiche Flüssigkeit Eines Tons, Einer spezifischen Schwere, einer Farbe, eines Moments in der Neutralität, zugleich des lebendigen Moments, ein Aufheben dieses Einen sei und zugleich ein Sein der Vielheit des Elements oder daß das Element als Allgemeines zugleich in der absoluten Einzelnheit sei — daß die Selbständigkeit der Elemente zugleich in der Form der Besonderheit, der Idealität der Nichtselbständigkeit sei und in dieser seiner Vereinzelung unmittelbar selbst allgemein werde.[1] /

a) Am einzelnen [Körper] ist nur ein Moment des Elements gesetzt; diese Einzelnheit konfundiert sich mit dem entgegengesetzten Momente; das Element ist auf diese Weise als Allgemeines, insofern die Einheit seiner Momente gesetzt ist; b) ebenso ist im lebendigen Momente des Prozesses der Kreislauf der ineinandergreifenden Elemente. Aber a) jede Allgemeinheit des Elements ist nur eine negative, der lebendige Moment des chemischen Prozesses ist nur das Aufheben der Existenz seiner Momente, ebenso ist der Kreislauf der Elemente im Chemischen nur das Aufgehobensein ihrer Selbständigkeit, hat unmittelbar in sich den Trieb auseinanderzugehen; oder dieser Moment ist wesentlich bezogen auf die gedoppelte Indifferenz der Elemente aa) als selbständiger in ihrem Prozesse gegeneinander und ββ) als in sich einer Totalität ihrer Momente. Aber beides ist wesentlich aufeinander bezogen; diese Beziehung, dies Einssein [ist] das Ansich des chemischen Prozesses und dies das Organische.[2]

---

[1] *In E folgte (später gestr.):* Dies ist das Organische.
[2] *Es folgte in E (später gestr.):* daß die Elemente im absoluten chemischen Prozesse selbständig, als Ganze, in ihrer Differenz gegeneinander seien und daß sie in dieser ihrer Existenz als Ganze sich unmittelbar zu ihren Momenten vereinzeln, als welches ihre Existenz ist, und daß [sie] ihre existierenden Momente haben — und zugleich daß jener absolute Prozeß und diese Totalität nur als negative Einheit negativer Mittelpunkt seien und die Totalität der Momente sie in dieser Idealität a) ihr ganzer Kreislauf des gegeneinander Differenten und in ihrer Vereinzelung und Idealität unmittelbar allgemein seien.

Die Elemente sind aus ihrer differenten Selbständigkeit in der Erde, in ihrem Mittelpunkte zu ideellen geworden; dieses absolute Prin-

Das numerische Eins des irdischen Körpers hat a) alle [Elemente] als ideelle / in sich, als wirkliche, indifferente gegeneinander, die sich nicht widerstreiten, ihr Prozeß gegeneinander ist völlig beruhigt, damit aber ihr Widerstreit, ihr Kampf und der Kreislauf ihres sich gegenseitigen Aufhebens außer diesem einzelnen irdischen Körper. β) Die Elemente haben zugleich in der Erde ihre Reflexion in sich selbst und sind als allgemeine selbst jedes in sich eine Totalität des Seins; am absolut einzelnen Körper aber ist nicht diese Erde
10 als allgemeine, worin sie als Totalität sind, sondern er ist ein besonderter, und die Elemente sind nicht in ihrer Totalität an ihm gesetzt, es ist nur Ein Moment, eine Farbe an ihnen. Aber a) jenes indifferente Sein der Elemente gegeneinander ist absolut eine Differenz gegeneinander, so wie jene einzelne innre Bestimmtheit der Elemente wesentlich ebenso nur in seiner Allgemeinheit ist, worin es existiert — und die Elemente sind wesentlich A) diese Totalität derselben nach außen, in der sie [in] dem Kreislaufe [des] absoluten Prozesses sind, A) und zugleich diese ihre allgemeine, ruhige, ideelle Totalität
20 in sich und sind beides wesentlich, sie sind wesentlich das Einssein von beiden. Dieses Wesentliche ist es, zu dem die Erde fortgehen muß, um zu sein, was sie / ist, daß das Einzelne eine Totalität der Elemente, Differenter gegeneinander und zugleich, daß sie seien eine Vereinzelung ihrer inneren Existenz, die unmittelbar eine Allgemeinheit wäre; der chemische Prozeß hat beides nur als getrennte Momente, im lebendigen Momente ist jenes Einssein aller Elemente und das Vermischtsein ihrer Existenz in den Produkten ihre Totalität. Das Einssein von beidem aber ist das Organische. Es geht hier-
30 aus die Natur des Organischen hervor.

a) Das Organische ist vors erste die absolute Einzelnheit der Erde, das numerische Eins und Ideellgesetztsein derselben an ihm; es ist aber zugleich nicht das ruhige Ideellsein derselben in ihm; in diesem ruhigen

zip der Individualität ist das Sein aller irdischen Körper; aber zunächst ist es dies einfache Einssein, worin die ideellen Elemente, nur formal allgemeine, selbst unter dem Prinzip der Einzelnheit stehen; die Erde ist wahrhaft existierende Erde nur im einzelnen irdischen Körper; er als dies unmittelbare numerische Eins der Elemente

Einssein ist nur die Vereinzelung der Elemente selbst in den Momenten ihrer Realität; es existiert als Prozeß, als Aufgehobensein dieser Vereinzelung derselben oder daß sie als allgemeine sind, b) als solche treten sie ihrer Existenz als vereinzelter gegenüber; und ihr Sein als allgemeiner, nicht formell ideeller, ist das organische Eins, und es ist diese Allgemeinheit derselben, die absolut eins mit der negativen Einheit; sie sind hier als ideell allgemeine; aber diese ihre Idealität ist / bedingt durch ihre Realität, und ihrem Kreislaufe in der negativen Einheit des Organischen steht ihr absoluter Kreislauf als selbständiger, gegeneinander differenter gegenüber. Als diese selbständige reflektieren sie sich in der organischen Einheit, sie werden ideelle und einzelne, aber ebenso absolut allgemeine, und zwar ideell allgemeine und reell allgemeine. So geht ihr absoluter Kreislauf in den Kreislauf der organischen Einheit über und zurück in jene, und das Organische ist der Kreislauf dieser beiden Kreisläufe.

a) Die Elemente stehen dem Organischen in der Bewegung entgegen, in ihrer absoluten Selbständigkeit als System der Sonne, in dem sie nur durch den ganz ideellen absoluten Begriff der Zeit gegeneinander different sind, und dieselbe[1] als durch das Feuer, den freien, realen absoluten Begriff; es ist als der absolute Begriff, indem sie jede Form der Selbständigkeit verlieren, wesentlich das Aufheben derselben, in seinem Negieren derselben ist ihre wirkliche rein als differente Selbständigkeit für das Organische notwendig.

b) In dieser positiven Beziehung der organischen Einheit auf die selbständigen Elemente vollenden [sie] den Kreislauf ihres idealen Prozesses in der Bewegung und des realen im absoluten chemischen Prozesse in sich, und das Organische ist schwer ein in dieser Allgemeinheit Gesetztes, gehört selbst diesem Prozesse an, der in ihm widerklingt, mit dem und allen dessen Perioden es auf- und niedergeht. / c) Seine Einzelnheit tritt aber zugleich aus diesem Raume, in dem es schwimmt, heraus; sein Sein in diesem Prozeß ist das allgemeine Element seiner Existenz, in welchem er aber sich in sich zurückzieht. So wie es die Peripherie dieses kreisenden

---

[1] *Lies:* dieselben *(gemeint sind:* die Elemente*)*

Prozesses durchläuft, so ist es der ruhige Mittelpunkt desselben und bezieht sich durch seine Radien als Punkt auf sie,
sie werden durch seine Vereinzelung aus ihrer Selbständigkeit und ihrer Kontinuität ihres Zusammenhangs gerissen,
aus ihrem sich selbst gleichen Fürsichsein, und sind nur eine
unendliche Menge von Punkten, von Einzelnheiten.

c) Dies ist das erste Moment des organischen Individuums
gegen die Elemente, daß das Fürsichsein der Elemente als
himmlischer Körper und die Kontinuität ihres Kreis-
10 laufs, das Ineinandergreifen ihrer Notwendigkeit in ihm sich
reduziert und die Elemente in ihnen selbst vereinzelt werden.[1] Diese Vereinzelung ist die Reflexion der Elemente
außer ihrer sich selbst gleichen Flüssigkeit und ihrer Differenz
gegeneinander in sich selbst, eine Vereinzelung, worin sie sich
in sich selbst brechen und zu ihrer Totalität in sich gelangen;
sie existieren als diese Totalität nur in dem Ganzen der Erde.
Sie existieren an dem einzelnen Körper nur in der Vereinzelung eines Moments, eines ihrer Töne, einer ihrer Farben, es
muß ebenso / notwendig ihre Vereinzelung als das ruhige Be-
20 stehen der Schwere in ihrer Totalität aufgehoben werden, sie
müssen als ideell Allgemeine, als das negativ Allgemeine, d. h.
gesetzt werden als Ganze, aber als Aufgehobene und als diese
aufgehobene Ganze gesetzt werden; das ist, sie müssen zu
Gedanken werden.

d. Die Existenz dieses Systems der Elemente als in einer
Einheit, in der sie diese ideellen sind, ist das Organische, so
daß sie darin, wie sie ihrem Wesen nach sind, selbst different
gegeneinander sind; ihr ideales Bestehen als Akzidenzen ist
zugleich als lebendiger Prozeß derselben gegeneinander. Aber
30 die Einheit derselben ist Einheit Organischer, ist der Prozeß
selbst, ist als Eine Einheit, und das Organische ist für sich,
ist ihr absolut in eins gemengter Kreislauf; die Bewegten in
dem Organischen sind nicht diese Elemente selbst, sie sind
ideelle, sondern was sich bewegt, ist das organische Eins

---

[1] *In E folgte (später geändert):* wie das unorganische Individuum der
Erde. Aber so absolut es sie vereinzelt, so absolut hebt es diese Vereinzelung auf und macht sie sich zu ideell allgemeinen, nicht zu selbständigen Ganzen, sondern zu negierten Ganzen, zu negativ allgemeinen, es
macht sie zu Gedanken.

selbst, dies Eins ist das existierende organische Eins; die Momente seiner Bewegung sind selbst jedes das organische Eins, nur in der Form des ideellen Elements gesetzt; es differenziert sich in Momente, deren jedes selbst die organische Natur des organischen Eins ist; die Elemente, die durch dieses Eins durchgegangen / sind, sind untrennbar vermischt worden; und die Trennung, die wieder herausgeht, ist ein System von organischen Gliedern, das Element selbst ein organisches Moment; das Organische ist in seinen Momenten es selbst, die Form seiner Differenz, Gegeneinander seiner Momente ist das Element.

Das Organische also ist diese einfache Einheit der Elemente oder die absolute Substanz; an den freien Elementen ist diese Selbständigkeit Form, sie erscheinen als mehrere Selbständigkeiten mehrerer Substanzen, umgekehrt am Organischen ist die Substantialität das Wesen, und ihr Wesen, ihre Bestimmtheit ist bloße Form, bloß differente Beziehung, welche differente Beziehung, differentes Einssein zugleich absolutes Eins ist mit jener positiven Allgemeinheit, Substantialität.

Diese Substanz, an der die Elemente nur Form der Differenz sind, steht a) dem System der Elemente gegenüber, in welchem sie teils eine Selbständigkeit als Weltkörper, teils differente Selbständige im Prozesse der Elemente, die in ihrem langsamen Kreislauf auseinandergehalten, es ist beides dasselbe Bild der Totalität; auf der Seite der Elemente als solcher ist gleichsam dieser Kreislauf das Rad der Peripherie; die Seite der Idee des Organischen als die absolut schnelle Bewegung / dieser Peripherie, durch welche sie ruhend und als Ein allgemeiner Ton erscheinen und keins zu unterscheiden ist. Das absolut allgemeine Eins beider, was als die Mitte zwischen beiden erscheint, insofern sie [als] auseinander betrachtet werden, ist eben dies, daß sie beide Formen der Bewegung, dieselbe Totalität sind, ihrem Inhalte nach, ihrem Wesen nach sind; aber in Ansehung der Form sind sie aber auch Entgegengesetzte, und diese Seite ihres Einsseins oder ihrer Mitte ist die absolute Form, die Unendlichkeit, die ebenso diese absolute Entgegensetzung als unmittelbar die Idealität, das absolute Aufheben dieser Entgegensetzung ist. Die beiden Seiten der Mitte sind selbst an die beiden Seiten als die Form ihres Erscheinens verteilt; die Elemente erscheinen

als das allgemeine Seiende, Selbständige, Ewige gegen die
Einzelnheit des organischen Individuums, das sie überdauern[1]
im Sein, sie, die in ihrem Zerstörtwerden unvergänglich sind
gegen dasselbe. Aber die andere Seite der Mitte, die Unendlichkeit, ist auf der Seite des organischen Individuums;
sie ist die Individualität selbst, dasjenige, was jenes Verhältnis des Seins der Elemente umkehrt, die Allgemeinheit
der Elemente absolut besondert, die Reflexion derselben, sie
zu einzelnen Punkten macht und sich hiemit zum abso/lut
10 Allgemeinen erhebt, indem jenes Allgemeine der Elemente
nur die seiende, indifferente, träge Allgemeinheit ist, die
Allgemeinheit des organischen Individuums aber die negative,
ideelle Allgemeinheit, in welcher sie gleichfalls sind, indifferent bestehen, aber als aufgehobene, als ideelle, als Momente der Form. Das Organische hat aus den Elementen die Seele
für sich genommen, und es ist die Flamme des Lebens und
das Allgemeine der Unendlichkeit. Was bisher unsre Reflexion war, daß die Momente der Totalität wesentlich eine Beziehung in der Unendlichkeit, Einssein, dies existiert in dem
20 Organischen.

e. Das Organische ist auf diese Weise sich selbst der Kreislauf als absolutes Eins, und sein Sein als absolutes Eins ist,
daß es sich dazu macht, daß es die Elemente idealisiert, daß
ihr System selbständig gegen dasselbe ist, nur als negative Einheit ist. Aber es ist auf diese Weise derselbe Widerspruch des
Prozesses in ihm selbst gesetzt, daß er als absolut Einzelnes
und Einfaches und als Totalität der organischen Momente ist.
Die Idee des Organischen ist die absolute Allgemeinheit, Einssein beider, des absolut einfachen Einsseins des Organischen
30 und des Organischen als einer Totalität, und zugleich zerfällt
sie in sich selbst, und die Idee existiert in der Verdopplung
der organischen Individualität. Die Idee, in welcher als einfacher zugleich die Unendlichkeit, der absolute Begriff ist,
muß sich selbst unendlich werden, / sie muß sich selbst als
Eins setzen, das ihr absolut entgegengesetzt ist, für sich selbst
dies Aufheben des Gegensatzes, [sich] als ein anderes setzen, als sie ist, und so, daß dies andre sie selbst ist, und nur
sein in dieser Entzweiung und im Aufheben derselben. Die

---

[1] *Am Anfang der Seite als Bogennumerierung:* n

Idee der organischen Individualität ist Gattung, Allgemeinheit; sie ist sich unendlich ein anderes und in diesem Anderssein sie selbst, existiert in der Trennung der Geschlechter, deren jedes die ganze Idee ist, aber die, sich auf sich selbst als auf ein Äußeres beziehend, sich [im] Anderssein als sich selbst anschaut und diesen Gegensatz aufhebend. Zwischen beiden steht die Mitte in ihren beiden Seiten der positiven und negativen Allgemeinheit; das Weibliche erscheint als das positive Allgemeine, das passive Sich-auf-sich-selbst-Beziehende, die Form Empfangende, das Männliche aber als die negative Seite der Mitte, als das Tätige der Form. Die Idee selbst ist ihre absolute Einheit; die Idee existiert nur als unendlich, als sich selbst ein anderes seiend, als Individualität. Das Individuum ist die Idee, und es existiert nur als Idee, in dem Individuum ist daher der Widerspruch, diese Idee zu sein und zugleich nur ein anderes zu sein als diese Idee, es ist absoluter Trieb; es ist nur, indem es das Aufheben dieser Bestimmtheit ist, dieses Anderssein[1] ist. In diesem Aufheben des Andersseins und der Berührung beider Geschlechter nun existiert also nur die Idee; die Individuen, die nur sind als dies, daß sie / Triebe sind, Idee und sich auf sich selbst als ein anderes beziehend, hören auf zu sein; das Erzeugte ist die existierende Idee, welche ebendarum denen ihr Gegenüberstehenden ihr Wesen, Idee zu sein, genommen hat und nur die Einzelnheit und damit nur die Selbständigkeit als Form, nicht als Wesen läßt und sie zu Elementen macht, das Kind und diese zu Einzelnheiten gewordenen oder die selbständigen Elemente fallen indifferent auseinander. Aber die Idee ist wesentlich nur als Unendlichkeit in sich selbst als sich auf anderes beziehend, und in ihrer Existenz ist sie unendliche Individualität; es fängt unmittelbar ihre Spannung gegen die Elemente an, und der ganze Kreislauf ist absolut in sich zurückgekehrt; oder er hat keinen Anfang und kein Ende und ist derselbe ewige Kreislauf.

f. Wenn wir auf diesen Kreislauf des Organischen reflektieren, so sehen wir, daß das Organische die Einheit

---

[1] *Wohl zu lesen:* dieses Andersseins

zweier Prozesse ist, die einen Kreis bilden; der eine
ist der Kreislauf, in welchem die selbständigen Elemente zu
idealen und aus diesen ebenso absolut zu selbständigen werden, indem ihre Idealität, negative Allgemeinheit, unmittelbar
auch positive Allgemeinheit ist, der Kreislauf der Selbsterhal-
tung, des Gesetztseins des elementaren Prozesses in dem Organischen, der andere der Kreislauf der Gattung, die realisierte Idee. Das Organische, das so die Differenz nach außen gegen den Prozeß der Elemente aufgehoben hat, indem / es ihn
10 in sich setzt, setzt sie in sich selbst, zerfällt in sich in differente organische Individuen, wird zum Geschlechte und hebt
ebenso diese Differenz auf und kehrt zur ersten zurück. Das
Organische schaut sein Anderssein, sich dort als die Totalität
des unorganischen Prozesses an, unbewußt, daß es dieselbe
Totalität ist; dieses Anderssein wird ihm dazu, daß dies andre
es selbst wird oder daß sein Anderssein dasselbe organische
Wesen ist, und diese Differenz verkehrt sich wieder in die
erste. Beide greifen unmittelbar ineinander. Das Aufgehobenwerden der Differenz gegen den unorganischen Prozeß wird
20 eine Differenz der Geschlechter und das Aufgehobenwerden
dieser jene erste Differenz.

Wir sehen hieraus, daß die organische Individualität ist hiemit die absolute Einheit der gedoppelten Bewegung in sich
selbst und die sich auf ein anderes bezieht; und das Wesen der
Erde ist in ihm vollkommen realisiert; oder in ihm kommt die
Erde zu sich selbst und gebiert sich zu dieser absoluten Einheit der gedoppelten Bewegung heraus. Die beiden Bewegungen sind, wie gezeigt, ein absoluter ununterscheidbarer Kreislauf,[1] die Idee, die Gattung, ist die Sonne des Individu-
30 ums, um welche sich die selbsterhaltende Bewegung, auf das
Individuum beziehende / Bewegung dreht; und diese Bewegung des Individuums um die Gattung, indem sie einerseits
sich auf die Idee bezieht, bezieht sie sich andrerseits auf eine
unorganische Natur. Es ist die Mitte; die Unendlichkeit

---

[1] *In E folgte (später gestr.):* und insofern sie als zwei Bewegungen unterschieden werden, so ist ebenso das umgekehrte Verhältnis an ihnen
selbst; das was als jene organische Beziehung auf ein anderes gesetzt
wird, ist umgekehrt auch die Beziehung auf sich selbst.

des Außersichseins ist an sich nach 2 Seiten außer sich; es ist die Erde, die sich um die Sonne bewegt, ebenso einen Mond um sich bewegt und in ihrem Sein Sonne und Mond von sich, aber so, daß sie als tätige die Kraft gegen den Mond nur von der Sonne hat, abhält; so das Organische, [das] sich gegen die Macht der Gattung, die es untergehen macht, sowie gegen die der unorganischen Natur erhält und sich um seine Achse für sich selbst bewegt, in sich selbst ist, sich erhält. Aber diese Bewegung des organischen Individuums in sich selbst ist das Aufzehren der unorganischen Natur und daß es in ihm selbst die Gattung habe, ihr gemäß sei; und so ist das Allgemeine die absolute Mitte, welche sich in sich selbst bewegt, um welche sich die immer andres werdende, in der Peripherie seiende Individualität bewegt. Der Erhaltungsprozeß des Individuums als seine Bewegung um sich selbst aber hat allein die Kraft von der Gattung, der Idee, / und im Erhaltungsprozesse existiert die Gattung als lebendiges Organisches im organischen Individuum, und das Individuum als die absolute Mitte und Einheit zwischen der Totalität als unorganischer Natur und der organischen Idee,[1] so daß diese seine Gestalt, seine Tätigkeit ist; aber ebenso absolut setzt sich die Idee als tätig gegen das Individuum. Es ist die unorganische Natur, die im Geschlechte zur Gattung wird und über das Individuum den Sieg davonträgt.

Die absolute Einheit, wie wir [sie] als das Wesen des Organischen erkannt haben, ist die absolute Lebenskraft, ein absolut Allgemeines, was um seiner Einheit und Einfachheit willen nicht aus einem andern begriffen werden [kann]; es ist unbegreiflich als dieses Einfache, es ist der absolute Äther; als dies Sichselbstgleiche hat es alle

[1] *In E folgte (später gestr.):* hat darum an ihm selbst als Individualität die beiden Prozesse der Idee mit der Individualität, seinen mit der unorganischen Natur; auf die Idee, Gattung, sich beziehend, ist dieser Prozeß selbst ein sich in sich selbst bewegender und ein sich auf ein anderes beziehender, ein Individuum derselben Gattung, und der Prozeß der unorganischen Natur ebenso, so daß das Individuum beide ebensowohl als unendliche Prozesse, beide als Einheit der achsendrehenden und der sich auf ein anderes beziehenden Bewegung hat.

Entgegensetzung in sich; und es ist ihm nichts entgegengesetzt, d. h. es wird nicht aus einem andern begriffen; es ist Allgemeines als der absolute Begriff selbst. Es ist ebendarum nicht die abstrakte Einfachheit, diese ist nur in Beziehung auf ein Entgegengesetztes, das Vielfache, und wird aus ihm begriffen; aber jene absolute Einheit als nicht abstrakte Einheit, sondern lebendige Einheit ist unmittelbar unendlich; sie ist die absolute Einheit Entgegengesetzter, der Idee und der Individualität, der Totalität in der Form der Einheit und /
der Unendlichkeit. Die Einfachheit des Lebens ist darum weder Resultat von Faktoren noch von was es sei, ebensowenig ist sie etwas Geheimes, Unerkennbares; sie ist in ihrer Einfachheit unendlich, sie ist die Idee jenes absoluten Aufgenommenseins der Unendlichkeit in das Einfache selbst, in welchem unmittelbar absolut Besonderes gesetzt ist, das unmittelbar absolut Allgemeines ist, und dies absolut Allgemeine ebenso unmittelbar absolut Besonderes; es ist darum, indem es unbegreiflich, d. h. nicht aus einem andern erkennbar ist, zugleich absolut erkennbar; indem die aufgewiesene
20 Einheit ist, ist es das existierende Erkennen selbst; das Erkennen erkennt sich nicht durch etwas andres, sondern durch sich selbst, und wir erkennen das Organische eben, indem wir erkennen, daß es jene Einheit oder das existierende Erkennen ist. Insofern jene absolute Einheit des Organischen in Beziehung als ein Besonderes betrachtet wird, so geht es unmittelbar in das Allgemeine über, als Allgemeines einem Besondern entgegengesetzt und umgekehrt, aber dieser Übergang ist allein in der Betrachtungsweise; das Organische ist an sich selbst dies übergehende Einssein, das [sich] ebenso absolut
30 dirimiert, als es in seinem Dirimieren Eins bleibt. Es ist formal dasselbe einfache Ineinssein wie das Besondere im Raume, das unmittelbar als dies Einzelne ebenso absolut außer sich, flüssig allgemein ist, in seiner Einzelnheit unmittelbar Raum nur im allgemeinen, oder[1] die Einfachheit des Gedankens, der als ein bestimmter ebenso unmittelbar ideell allgemein ist, nur daß in der / trägen formalen Indifferenz des Raumes, der nicht zugleich absolute Zeit ist, das Besondere noch von sei-

---

[1] *Wohl zu lesen:* oder wie

ner Allgemeinheit eines Räumlichen abgesondert etwas ist, so wie im formalen Denken das Gedachte noch eine besondere Bestimmtheit ist, im Organischen als solchem hingegen die Besonderheit absolute Besonderheit oder an ihr selbst als Besonderheit aufgehoben, unendliche Besonderheit ist.

Dies Moment des Verhältnisses des Organischen zum besonderen Elemente ist es, was die wahre Idee der Erregbarkeit ist.

Diese organische Flüssigkeit oder Einfachheit ist es, die alles Begreifen organischer Funktionen nach ihrem Wesentlichen, daß sie organische sind, aus mechanischen oder chemischen Gründen zunichte macht; dies einzelne Ding, das in die Atmosphäre der organischen Funktion gebracht wird, hört unmittelbar auf, dies Einzelne zu sein, es wird — wie das Einzelne im Raume — von der organischen Einheit infiziert, zerstört als diese Besonderheit. Die organischen Funktionen können nur innerhalb ihrer selbst, innerhalb ihrer Einheit begriffen werden, sie haben kein äußerliches Verhältnis, sie scheiden sich nur voneinander; in sich sind sie in der organischen Einfachheit geschlossen; was mit Unorganischem vorgeht, indem es vom Organischen in seinen Kreis gerissen wird, ist nicht ein Teilen deselben, so daß es sich einiges davon herausnähme, anderes abschiede und das, wie es im Organischen wird, schon im Unorganischen selbst zu erkennen wäre; die Wirkung des Organischen ist eine absolute Infektion. Es fallen alle die Vorstellungen hinweg, daß die Pflanze z. B. die Kohlensäure der Atmosphäre, die ohnedem nicht / in ihr ist, zersetze, die Kohle für sich behalte und das Oxygengas am Lichte wieder von sich gebe — wobei selbst das reine Faktum, daß die Pflanzen Oxygengas geben, auf schlecht gemachten Versuchen beruht — oder daß ebenso im Atmen das Oxygengas zersetzt und das venöse Blut durch diese Oxydation in arterielles Blut umgewandelt werde, ebenso das Begreifen der Nutrition, daß sie im Vermischen mit organischen Säften und ein Ausziehen des nährenden Stoffes sei durch Auflösen, Niederschlagen, Gerinnen u.s.w. Alle diese Vorstellungen enthalten nur eine äußerliche, mechanische òder chemische Wirkung, in deren Produkten nichts anderes sei, was nicht schon vorher als solches in dem Unorganischen, das in [die] Atmosphäre des Organischen kommt, vorhanden gewe-

sen sei. Die organische Infektion ist für das Unorganische
eine dasselbe wesentlich ändernde Wirkung, die im Animalischen, z. B. als tierische Wärme überhaupt, nicht als eine bestimmte chemische Wirkung tätig ist. Die allgemeine Form
dieser Infektion ist auch aufs bestimmteste empirisch dargestellt worden; es sind z. B. Speisen in den Magen der Tiere in
verschlossenen Röhren gebracht, sogar die Magenwände aus-
geschnitten und die Speisen verdaut worden; ebenso hat man
Stückchen Fleisch, in kleine Beutel von Leinwand eingeschlossen, in die Bauchhöhle oder auch unter die Haut auf
das bloße Muskelfleisch gebracht und [sie sind] ebenso als im
Magen verändert worden. / Das Wesentliche am Produkte der
organischen Funktion, das, was ihr zugehört, ist nicht eine
oberflächliche Tätigkeit des Zerreißens des Unorganischen
oder des Vermischens dessen, was auf ihrer Seite erscheint,
mit dem ihr dargebotenen Unorganischen, sondern dies wird
wesentlich verändert, infiziert, in ihre Allgemeinheit erhoben.
Von dieser allgemeinen Idee des Organischen gehen wir zu
der Existenz des Organischen über.
Die einfache Existenz des Organischen ist die Pflanze;
die beiden Momente des Organischen, es als Gattung und es
als Individualität, Idee, Gattung und Individualität, treten
nicht auseinander; das Individuum ist als Kreislauf seines
Prozesses in den Momenten desselben immer das Ganze, die
Gattung; die Gegliederung an ihr selbst tritt nur in eine
äußerliche, oberflächliche oder aufeinanderfolgende Differenz, und der Prozeß der Gattung, das Zerfallen der Idee ist
ebenso formal. Das Individuum ist gewissermaßen unvergänglich zu nennen, indem es selbst immer die Gattung und seine
Gegliederung zugleich die Erhaltung der Gattung ist oder
es in dem Prozesse der Gattung nicht untergeht, sich nicht in
Entgegengesetzte des Geschlechtes teilt, sondern der Prozeß
des Individuums, in dem es sich als allgemeines setzt, sich in
sich gliedert, und der umgekehrte, in dem es unter die Idee
subsumiert wird, fällt zusammen; sein Sich-Gliedern ist unmittelbar sein Zerfallen in die Individuen der Gattung, das Individuum als solches existiert als eine Vielheit von / Individuen; die Idee, die Gattung, ist gleichsam zu schwach, als
daß sie sich in entgegengesetzte Individuen zerfallen lassen
und sich der Geschlechtsdifferenz anvertrauen könnte.

[1]Wir betrachten die Pflanze in ihrem einfachen Lebenslaufe. Die Pflanze, als die erste Potenz des organischen Prozesses ausdrückend, ist absolute organische Einheit, und indem sie sich gegen die unorganische Welt großzieht als gegen das, worin sie sich als ein anderes, als sie selbst ist, großzieht, sich zur Totalität des Prozesses macht und ihn als andres, als sie selbst ist, seiend aufhebt, kann sie die Totalität als in ihren Momenten, indem sie immer eins bleibt, nur in einer Sukzession an sich darstellen, nicht als differente gegeneinander im unmittelbaren Zugleich, sie hörte damit auf, das formale Sichselbstgleiche des Organischen an ihr selbst zu sein; in ihrer organischen Gegliederung bleibt sie dasselbe und ist darin eine formale Differenz, eine Vervielfältigung ihrer selbst. Noch weniger kann sie, indem die Idee unendlich wird, sich als solche teilt, in diese wahrhafte Verschiedenheit der Individuen übergehen (die Idee als solche hört in dieser Verteilung auf zu existieren); die Idee existiert in dem Prozesse der Gattung, aber nicht als ein numerisches Eins, sondern in der Mehrheit solcher Eins, Mehrheit der Individualitäten, und eine solche ist die Pflanze; der Prozeß der Gattung als solcher sich abtrennender ist nur nach / der Seite seiner Differenz, als diese als Individualität selbst abstrakt, deren Differenz nicht in Individuen wirklich wird, bleibt unter der Bestimmtheit dieser Individualität und tritt nicht als entgegengesetze Individuen auf oder [ist] selbst als ein Moment der Totalität des Individuums, statt daß der Gattungsprozeß in der Kraft der Allgemeinheit das Individuum unter sich subsumiert.

Der organische Lebenslauf in der Form dieser Einfachheit oder als Pflanze ergibt sich hiedurch auf folgende Weise:

[2]Die selbst in der Einfachheit der Idee existierende Pflan ze ist der Samen, die ganze Pflanze in ihr selbst; er bezieht [sich] als Organisches überhaupt auf sich selbst als ein anderes; er fällt in die befruchtete Erde. Der befruchtete Samen,

---

[1] *Der Absatz begann in E (später gestr.):* Es sind an der Pflanze drei Momente zu erkennen, wie sie sich gegen ihre unorganische Natur ausbreitet und sich in sich realisiert, wie sie in dieser Ausbreitung zugleich sie selbst bleibt oder sich nur vervielfältigt und dann wie sie dieser Entwicklung entgegen im Prozesse der Idee sich selbst aufhebt, in die Einheit der Idee zurückgeht.

[2] *Am Anfang der Seite oben links als Bogennumerierung:* o)

d. h. der sich so auf sich selbst als ein andres beziehende Samen, kehrt sich gegen die elementarische Natur, um sie sich zu unterwerfen, sich zum Mittelpunkte ihres Kreislaufes zu machen und ihr Kreislauf in sich zu sein; seine erste allgemeine Befruchtung oder die Beziehung auf das Unorganische, auf sich selbst als ein andres, überhaupt ist, daß diese unorganische Natur in ihn selbst als das Allgemeine fällt, daß er itzt durch die unorganische Natur als Allgemeines ist, er also sich in sich / entzweit, sich in sich eine unorganische Natur
10 entgegensetzt, und indem er zugleich das Allgemeine ist, diese unorganische Natur umschließt, zugleich die Haut, welche diesen Punkt der Individualität und das für ihn zur unorganischen Natur Werdende enthält, und in der Unendlichkeit seiner Natur sie aufzehrt; der Samen zehrt zuerst aus sich selbst; er hat ein Albumen, verzehrt sein Albumen; als die Idee der organischen Natur ist er das Eins seines organischen Seins und der unorganischen Natur. In diesem in sich eingeschlossenen Leben wird er sich, da das, was er aufzehrt, zugleich er selbst ist, er macht erst als Ganzes sich zu einem an-
20 dern, als er selbst ist, aber unmittelbar als DIES GANZE ein nach außen Gerichtetes; diese Spannung nach außen geht ebenso in eine nach innen auseinander als das organische Eins, das lebendige Feuer der Pflanze entzweit sich gegen Luft und Erde und zehrt die Mitte, das Wasser, in sich auf; sie wurzelt in den Boden und strebt in die Luft. In diesem Wasserprozesse zerfällt die Schwere in entgegengesetzte spezifische Schwere; die eine Seite dringt in die Erde, die andere in absoluter Leichtigkeit in die Luft; diese geradelinige, einfach entgegengesetzte Bewegung, insofern sie sich allein auf die
30 Gestalt bezieht, das indifferente Einssein der Flüssigkeit und der Einheit in der Differenz bezieht, entzweit aber die Linie in mehrere Linien in die Breite und kommt zur Fläche des Blatts, so wie die ganze Differenzierung die Bildung mehrerer Äste, die körperliche Form sich gibt;[1] die Differenz in der Einheit, die Kohäsion ist / so in die Flüssigkeit versenkt, sie ist nur als äußere Gestalt, und das Wasser ist insofern fade und steigt bloß mechanisch durch die Röhren der Fasern als durch ein Haargefäßsystem auf; das Brennbare [ist] in das

---

[1] *Neben diesem Satz am Rande:* innrer Prozeß der Gestaltung

Wasser versenkt. Diese Entwicklung ist Entwicklung der bloßen flüssigen Gestalt, ist als solche eine nicht innerliche Entfaltung, Spannung, organische Gegliederung; die Pflanze, die sich als Einheit des Kreislaufs darin erhält, kann sich nur als dieses organische Eins in der Form des Samens erhalten und unterbricht die Linie, die sie zieht, allenthalben mit solchen Resumtionen in die Einheit oder Herstellungen des Samens; in der Wurzel sowie in der Linie des Stammes verknotet sie sich; jeder Knoten ist ein Samen und jede Entfaltung des Knotens eine neue Pflanze; jeder Knoten ist vollkommen in sich geschlossen, durch eine härtere Scheidewand als das Holz vom übrigen abgeschnitten, und entzweit sich gegen den Stengel wie vorhin gegen die Wurzel als Ganzes; jedes ein neues Individuum. Die Entfaltung ist eine Wiederholung der Pflanze; das Blatt ist die ganze Pflanze sowie der Ast, und die Linie der Holzfaser sowie das Holz umgekehrt, die zylindrische Fläche / der Rinde und die reine Fläche des Blattes sind Abstraktionen, die sich auf die bloße Gestalt beziehen, sie sind Abstraktionen, in denen die Pflanze sich ganz nach innen vereinfacht und äußerlich dies höchste Heraustreten zur Form hat.

Im Entfalten der Gestalt ist keine innre Differenz gesetzt; das darin Gewordene ist also eine reine sich ausdehnende Kristallisation, und es ist in seinem Gewordensein auch ein Indifferentes, ein absolut Gewordenes, ein Erstorbenes; der mächtigste Trieb in der Pflanze ist dieser einfache der Gestalt, innerlich in sich zu ersterben; und der lebendige Prozeß ist gleichsam das Oberflächliche, Vorübergehende an ihr. Aber so indifferent sie sich in ihrem Fortbilden erhält, so spannt sich in ihr zugleich der Gegensatz der Wurzelung gegen die Verzweigung in der Luft, dieses Entfalten der Gestalt gegen die Einheit der Pflanze. Diese Einheit dieser Spannung ist das Lebendigwerden des Feuerprinzips, das dem fortgehenden Gestalten gegenübertritt. Die Linie der Wurzel tritt in den Gegensatz gegen die Breite des Blatts, und in dem Stamme ist der synthetische Gegensatz von beidem; es ist in ihm nichts als die einfache Holzfaser, welche röhrige Zwischenräume zwischen sich hat, in denen das Pflanzenwasser in die Höhe steigt; die Horizontale der Blätter hält diesen Fortgang auf; und ebenso hemmen in dem

Stam/me horizontale Blättchen das Aufsteigen des organischen Wassers. Diese Hemmung ist die in dem Blatte gesetzte Tätigkeit der durch das Licht des Feuers belebten Luft gegen die in der reinen Länge der Wurzel durch dasselbe Feuer tätige Erde; und die das Wasser differenzierende Tätigkeit des Blatts kann wohl keine andre sein als der Versuch, es zu neutralisieren, es innerhalb der organischen Einheit in Salzigkeit zu versetzen, so wie dagegen die gegen es tätige Erde in der Wurzel es dem Brennbaren, Spröden, dem staubigten Kohä-
10 sionslosen näher zu bringen sucht. Pflanzen, die gleichsam innerhalb der Macht der Wurzel bleiben, repräsentieren uns dies Mehligte, Kohäsionslose, in sich Indifferente, das nicht zur Säure oder Salzigkeit kommt. Die Physik der Pflanze selbst hat den reinen Gegensatz noch nicht bestimmt darzustellen gewußt; das Allgemeine ist das unter der Herrschaft der Luft und Erde gegeneinander in Blatt und Wurzel gespannte Wasser, in welcher Spannung die Einheit des Feuerprinzips als die Einheit dieser Spannung hervortritt; und wie vorhin [das] formale Fortgehen der Linie sich durch die Kno-
20 ten unterbrach, die Gestaltung der Pflanze, so unterbricht itzt die ideale Einheit, das Feuerprinzip, jenen sich gestaltenden Fortgang des Ganzen, und das werdende Allgemeine der Gattung unterbricht das Leben, sie hört auf zu wachsen. Die synthetische Farbe des Grüns der Blätter geht in die einfache Farbe des Gelb, des Lichts der Individualität, die bisher das Allgemeine, ihre unorganische Natur unter sich brachte, wie es unmittelbar Farbe ist, zurück; und das Feuerprinzip geht in einen entwickelten Knoten / zusammen, in welchem es seine innre absolute Entzweiung gleichsam als ein Sonnensy-
30 stem realisiert; dieser Knoten umgibt sich mit Blättern, entzweit sich von innen heraus, als der schönsten Differenzierung der Gestalt, die am liebsten gelb und in höherer Reinigung weiß sind und in denen alle holzige Linie und Gerippe in Eins vermengt ist und keine Fasern wie im gewöhnlichen Blatte unterscheidbar sind; der Knoten entzweit sich in den differenten Gegensatz des Männlichen und Weiblichen, — einen Gegensatz,[1] der nur formal ist und nicht

---

[1] *In E folgte (später geändert):* in welchem die Pflanze nur Idee ist, das nicht existierende Allgemeine;

als ganzes Pflanzenindividuum sich macht; es gibt darum keine männliche und weibliche Pflanze, der Unterschied von männlich und weiblich ist nur ein Unterschied von Teilen an derselben Pflanze, nicht die Bildung [von] 2 Individuen; und die Monoözisten und Diözisten sind nur in diesen ihren Teilen unterschieden, und vielleicht gibt es nicht einmal wahre Diözisten, indem nach Blumenbach in den meisten Blüten *
nicht allein die Anfänge des männlichen Geschlechts, sogar männliche und weibliche Teile angetroffen werden; der Fruchtknoten mit dieser Entzweiung schwimmt im Brenn- 10
baren, im Öle, und die Nektarien sind die geschlechtlosen Bildungen dieses Öles. Die Entzweiung des Öles in Geschlechter schlägt der Fruchtknoten ebenso wieder zusammen, in ihrer Berührung vorher die unbefruchtete Mitte, kommt sie zu sich selbst; sie ist Samen, eine Knospe, die / sich aus der ganzen Pflanze und aus der Idealität Knospe geworden ist; nicht eine formale[1] Wiederholung, sondern die sich in den Gegensatz entzweit und aus ihm sich gefunden hat.

Das so ausgeborne Feuerprinzip hatte den in Luft und Erde entgegengesetzten Wasserprozeß der fortgehenden 20
Gestalt zuerst nur gehemmt, dann sich für sich ausgebildet und jenem sich gegenübergesetzt, aber so, daß diese Entwicklung der Geschlechter innerhalb der Pflanze selbst stehen bleibt, die, selbst Gattung, diese Entzweiung nur als ein Moment des sich in seinen ideellen Momenten darstellenden Feuerprinzips an sich hat; dieses Allgemeine bleibt, aber die ganze Individualität der Pflanze ist nun jener Gestalt gegenüber, nur als eine allgemeine, in Luftform, als der Geruch der Blume dargestellt. Aber die so herausgeborene Einheit der Pflanze kehrt sich nun gegen des Wasserprozeß, 30
realisiert den Geruch in ihm und gibt ihm eine reale Differenz; sie macht aus der idealen Spannung und Indifferenz des vegetabilischen Wassers ein Neutrales, ein Salz; und die unreife Frucht, die Weinsteinsalz ist, wird zu einem edlern Salze, dem Zucker; bis sie diese Neutralität endlich ganz in die organische Einfachheit zurückgenommen und unauflösbar wird und als Weinigtes aller Früchte [ist], in dem Feuer und Wasser absolut organisch sich vereinigt haben.

---

[1] *Für* formale *stand in E* bewußtlose

Das / Pflanzenindividuum selbst aber kann diesen Wein nicht selbst trinken,[1] es reicht ihn nur edlern Naturen als die für sie zubereitete unorganische Natur dar; die Pflanze würde Tier werden, wenn diese absolute Einheit des Feuers und Wassers in der Frucht in sie selbst zurückginge, und seine Gestalt, die nur eine äußerliche Gegliederung ist, in eine innre Gegliederung auseinandergehen; jene Früchte, in die sie übergegangen, bleiben nur die Abstraktionen dieser Einheit, in der das Feuer unmittelbar im Wasser, in ihm eine feste Differenz setzt, die innre Gegliederung wird, die darum ebenso in der flüssigen Allgemeinheit Einheit bleibt; sie fallen von der Gestalt ab, die nicht fähig ist, sie aufzunehmen, und die Pflanze ist im Samen wieder in ihre erste Stufe, den Prozeß der bloßen Gestaltung, zurückgesunken; wie sie in der Frucht der Prozeß in sich zurückgekehrt ist, so ist sie im Samen als Gestalt; im Samen selbst erreicht sie eine innre Gegliederung, daß sie in sich selbst ihre unendliche Welt ist und in sich in den Gegensatz zerfällt, den [sie] sonst außer sich hat; aber wie sie diese Stufe erreicht hat, so hört der Samen auf, dem Pflanzenindividuum und seinem Prozesse anzugehören, und das beginnende Leben des Samens ist dieses Aufheben seiner Innerlichkeit, seines Entgegengesetztseins in sich selbst; und ebenso ist er gegen das Element gerichtet, indem es[2] ebensowenig ist für ihn, im ununterbrochenen Strom eine Entgegensetzung macht, gegen das es[3] sich nur [durch] / Vervielfältigung erhält. Nach der Weise, wie sie ist, sind die Elemente an ihr; weil sie sich nicht an ihr selbst zur Einheit ihrer selbst und der unorganischen Natur wird, sich nicht aus dem Prozesse der Gestalt absolut zurücknimmt, so hat sie auch nur vier Sinne, den einfachen der Gestalt, des Feuers, insofern er in der Erde realisiert ist; den des Geruchs und des Geschmacks; es fehlt ihr der fünfte, der Sinn der Stimme oder des Gehörs, dies absolute Zurückgenommensein der Unendlichkeit in sich selbst, das Aufgehobensein der unorganischen Natur als einer äußern; jene Sinne, die sie hat, treten darum nur im Kreislaufe auf: *a*) sind nicht absolut zugleich, und

---

[1] *In E folgte (später gestr.):* sein Brot nicht selbst essen;
[2] *Gemeint ist:* das Element
[3] *Gemeint ist:* das beginnende Leben

ebenso fehlt jedem als solchem die Natur der Stimme selbst,
d. i. sie sind nur ihre bestimmte Sinne; in jedem fehlt der
Sinn als Sinn, als absolut allgemein in seiner Bestimmtheit
das, an sich unendlich, das in der Besonderheit allgemein
bleibt; die Elemente sind nur in ihnen zu Sinnen geworden,
als sie in dem organischen Kreislaufe in die Gewalt der organischen Einheit kommen und selbst nicht wie in einem Mineral nur in Einer der Bestimmtheiten ihrer Existenz, z. B. bestimmte einzelne Farbe, oder insofern sie als einfache selbst
wieder bestimmte sind; so hat sie eine freie herausgehobne 10
Existenz der formalen Allgemeinheit; das Feuer als Farbe existiert in dem Blatte als die synthetische grüne Farbe, die in
das Gelb und aus dem Blaugrünen in das reine Grün und dann
in das Gelb aus der Pflanze selbst übergeht; die Schwere
ist ein Aufstreben zur Leichtigkeit und eine Mannig/faltigkeit
spezifischer Schweren, aber sie kommt [nicht] bis zur zufälli-
gen Bewegung; die Wärme ist nur eine zugleiche Vielheit der
spezifischen Schwere, nicht ein beständiges Aufheben derselben; der Geruch als in die formale Einheit der Luft herausge-
hobene Individualität ist nur Einer, aber er existiert als sol- 20
cher freier als im Mineral, wo er durch Reiben oder Hauch gewöhnlich aufgeregt werden muß, oder[1] vorzüglich nur im
Prozesse oder selbst ein Prozeß — wie die rauchende Säuren —
ist. Der neutrale Sinn des Geschmacks[2] existiert nicht als Salz
und die Differenten desselben, sondern als eine organisch
überwundene Salzigkeit und hört auf, neutral zu seyn, und
hat die Natur des Brennbaren in sich.

Wie die Elemente an der Pflanze nicht allgemein und in
sich zugleich absolut besondert sind, so ist auch ihre Gestalt
ebenso nicht in sich besondert, sondern sie ist in ihrer Geglie- 30
derung so sich selbst gleich, daß bekanntlich die Knospen,
Blätter zu Bäumen gezogen, daß die Pflanzen umgekehrt die Wurzeln in die Höhe, die Zweige in die Erde ge-
steckt werden können und jene sogleich als Zweige, diese als

---

[1] *Versehentl. Nebensatz; lies:* oder ist vorzüglich

[2] *In E folgte (später ungültig):* auch nur Einer; und indem diese Salzigkeit, Trennung der Geschmäcke, in Einen übergeht, so ist dieser einfach, und selbst ein bestimmter. Die Pflanze hat in ihrem Prozesse die
Momente der Totalität nur nacheinander;

Wurzeln vegetieren, daß die Rinde selbst ohne Knospen sich einem andern Baume einimpfen läßt und im Knospentreiben die Pflanze, von der sie genommen ist, darstellt. Um dieser Einfachheit willen hat sie sich nicht besonders als Gattung zu erhalten. Die organische Gegliederung ist zugleich so kein Individuali/sieren dieser Glieder; sowenig die Pflanze sich als einzelnes Individuum aufzuheben hat, sowenig hat sie auch ihre Gegliederung als ein Auseinandertreten Verschiedener zu resumieren. Die Fortpflanzung durch Wurzeln ist fast allgemeiner im Pflanzenreich als die durch Samen; (die Samenfortpflanzung ist ein Luxus der Natur, worin sie nur ihre höhere Differenzierung in Geschlechter andeutet;) bei den kryptogamischen Pflanzen überhaupt werden die Geschlechtsteile unendlich klein angenommen, so wie die Samen, und bei einer Menge von Pflanzen ist es der Fall; aber es ist von der Palme, die den Pisang trägt, gezeigt worden, daß sie zwar Samen, aber keine triebfähige Samen hervorbringe.

Die organische Gegliederung ist eine Sukzession der organisch gewordenen Elemente. Aber beide, die Gestalt und dieser Prozeß der Elemente, beziehen sich schlechthin aufeinander; beides muß ineinanderfallen; die Gegliederung der Gestalt muß in sich eine organisch differenzierte Gegliederung sein; und die Frucht der Pflanze, das flüssige Einssein des Wasser- und Feuerprozesses, muß sich durch das erstorbene, nur eine äußere Differenzierung der Länge habende Holz ergießen und das Feste flüssig und das Flüssige durch die Festigkeit die ausgeborne Differenz an ihm haben.[1]

Diese organische Einheit und vollkommene Organisation ist das Tier; seine / Gestalt ist in sich absolut organisch gegliedert, und der Gegensatz des einfachen Ineinssein der Gestalt und des organischen Prozesses und des differenten Ineinssein treten auf eine andre Weise auseinander als an der Pflanze; das einfache Ineinssein der Gestalt und des organischen Prozesses ist selbst ein absoluter organischer Prozeß, der Prozeß des Individuums; und in dem differenten Ineinssein derselben sind die Differenten selbst organische Indi-

---

[1] *Auf dem unteren Rande:* Die einfache Verlängerung der Pflanze ist eine Vermehrung derselben

viduen, und das einfache Ineinssein ist ihre Idee; sie sind im
Prozesse der Gattung: Als Individuen das Allgemeine der Gattung, die unorganische Natur unter sich subsumierend — als
im Prozesse der Gattung umgekehrt im Allgemeinen verge-
hend.

Dadurch, daß jedes Moment des organischen Prozesses in
die Einfachheit der Gestalt selbst aufgenommen ist, ist es ein
Allgemeines, und in dieser Allgemeinheit existiert es in seinem ganzen Geteiltsein; die Beziehung auf die unorganische
Natur ist für die Pflanze nicht vorhanden; sie ist nicht für
sich ihr Entgegengesetztes. Für die in sich selbst seiende Unendlichkeit des animalischen Individuums ist erst diese Trennung vorhanden, daß in seiner Allgemeinheit die Teilung ist;
und es kommt ebenso in das Anderssein des organischen Individuums, in das äußere, worauf es sich bezieht, selbst ein
Gegensatz; es ist ideale Allgemeinheit, Abstraktion; es scheidet sich von ihm ab, es existiert als sich entgegengesetzt; das
Äußere wird ein Reflektiertes, für sich Bestehendes und Mannigfaltiges und kommt als dies Mannigfaltige an das Tier, da
die Pflanze in ununterbrochenem Strome mit ihrer unorganischen Natur ist und diese ebenso ein in sich ununterbroche-
ner Strom ist. Das Tier empfindet; das Erregtsein ist ihm
eine Einzelnheit; es unterscheidet sich unmittelbar als Allgemeines von diesem Einzelnen; dies Einzelne wird unmittelbar
zu / einem allgemeinen Ideellen; die Empfindung ist eine einzelne, oder sie ist in ihrem Sein als ein Aufgehobensein gesetzt.

Im Prozesse des Individuums hebt es die unorganische Natur unmittelbar auf, in dem der Gattung wird es aufgehoben;
durch die Umkehrung des Verhälnisses stellt sich das Ganze
dar; die Einheit beider, die Reflexion ihres Einsseins ist der
theoretische, ideale Prozeß. Ebenso tritt zwischen die
Unmittelbarkeit des Einsseins des Pflanzenindividuums und
der Gattung die Mitte der Empfindung; das Gattungsein des
Tieres ist in ihm als Begierde und als eigentliche Empfindung;
es empfindet sich und das andre seines Geschlechtes, oder ES
besteht in seinem Anderssein so wie das andre; sein Aufgehobensein in der Gattung besteht selbst als Begierde, als
Nichtaufgehobensein; ebenso als Nichtaufgehobensein des andern, als Anschauung.

In dieser Neutralität ist das Element zum eigentlichen Sin-

ne geworden; es ist Allgemeines, Ideales und darin besondert;
das Blau ist hier Farbe; das empfundene Blau ist nicht allein
diese Bestimmtheit des Blau, für die nichts anderes ist, sondern sie ist gesetzt als Unterschiedenes, damit zugleich als
Aufgehobenes, als Farbe überhaupt; die Empfindung ist in ihr
selbst ideelle Vernichtung des vereinzelten Äußern, / noch
nicht Vernichtetsein desselben, Begierde, und ebendarin
Bestehen desselben, eigentliche Empfindung, Anschauung.

Diese Idealität des unmittelbaren Aufgehobenseins der Ein-
10 zelnheit oder der einfachen Beziehung der Entgegengesetzten
aufeinander [ist] die Empfindung als System, der absolute
Charakter des Animalischen, der sich für sich ausbildet.[1]

A. Prozeß der organischen Gestaltung
oder des sich zur Totalität ausbildenden Individuums

a) die Gestalt überhaupt ist in ihrem Prinzip zuerst die
Einzelnheit überhaupt und Einzelnheit bezogen in dem allgemeinen Elemente der Einzelnheit auf die Erde; durch den animalischen Charakter der Empfindung wird diese einfache Allgemeinheit des Einzelnen auf die Erde [bezogen;] die
20 Schwere wird unterbrochen, und das Einzelne tritt dem Elemente der Einzelnheit zugleich gegenüber; / die Erde wird ein
formales Allgemeines gegen die absolute Einfachheit des
Einzelnen; es besondert sich diese Erde, hebt das Anschauen, worin der einzelne Körper versenkt ist, auf, und indem es so ein allgemeines Einzelnes ist, der Erde die Allgemeinheit des Seins zukommt, in der das Besondere besteht,
es aber das negative Allgemeine, die Zeit gegen die Erde, so
hat das Tier willkürliche Bewegung;[2] es erweist sich als die
lebendige Zeit gegen die indifferente bestehende Erde und
30 geht an ihr, die es sich besondert hat, vorüber. /

---

[1] *In E folgte (später gestr.):* ist ebenso der Charakter des Prozesses
der Gestaltung oder des sich Zur-Totalität-Ausbildens gegen die unorganische Natur als des Prozesses der Gattung: diese Allgemeinheit unterbricht und besondert darum ihr Verhältnis nach außen; die Idealität der
Äußerlichkeit ist sein Unterbrochen-, Einzelnsein und entnimmt sie
dem allgemeinen Strome der Elemente.

[2] *Daneben am Rande ungültig:* es ist Zeit, geht vorüber.

ZUM ORGANISCHEN UND ZUR
PHILOSOPHIE DES GEISTES

Fragment 11
β) so allgemein abgesondert von der Erde . . .[1]

β) so allgemein abgesondert von der Erde als organischer
Einheit ist es[2] die allgemeine Vermengung aller Elemente, das
absolute In-eins-Geflossensein, eine Gallerte, in welcher
nichts unterschieden ist; es ist der Keim des Lebens in ihr, sie
ist vom absoluten Begriffe durchdrungen; aber die absolute
Einheit der Gallerte hält sich gegen die Spannung absolut und   10
untrennbar zusammen, die durch den absoluten Begriff in
seine Flüssigkeit gebracht wird; das Flüssige ist als das absolute Mitteilen dasjenige, was selbst seiner Natur nach als ein
Außersichsein das positiv Allgemeine ist, in welchem der absolute Begriff sich realisiert und in seiner absoluten Entgegensetzung seine Einfachheit existierend hat, der absolute Begriff; als absolutes Eins mit dieser Flüssigkeit hat das Organische die unorganische Natur ebenso absolut in sich, als es sie
außer sich hat. Die Pflanze kann diese Flüssigkeit nicht in
sich aushalten; / in dem Samen ist sie ein solches Einssein der   20
innern und äußern Welt, der Gestalt und des Flüssigen, des
Allgemeinen und des absoluten Begriffs; sie zehrt zuerst aus
sich selbst, zehrt ihre Flüssigkeit auf und benimmt sich damit die Möglichkeit aller innern Organisation, und das allgemeine Flüssige ist ihr äußerliches Element; das flüssige Tier
hingegen ist als absolut unendlich in diesem seinem absoluten
Insichsein, in dieser seiner Flüssigkeit absolut außer sich; es

[1] *Der Textzusammenhang der hier beginnenden Fragmente ist nicht
mehr durch Hegels Numerierung der Bogen bzw. Doppelblätter oder
Blätter gesichert, sondern durch die griechischen Anfangsbuchstaben*   30
der einzelnen Abschnitte von β bis ψ.
[2] *Gemeint ist:* das Tier *bzw.* das sich zur Totalität ausbildende Individuum

schwimmt in dem allgemeinen Elemente als seinem eigenen
innerlichen Elemente der Animalität. Für die Pflanze fällt die
Flüssigkeit, das allgemeine Element, außer sie; die Gallerte des
Tiers [ist] dies allgemeine Element als im Tier selbst seiend;
es ist wie die Pflanze, die erwachsen ist, im allgemeinen Elemente und seine Ernährung ein unbesonderter Strom, aber
dieser unbesonderte Strom der Ernährung ist in ihm selbst.
Niedrigere Tiernaturen, die nicht so dem besonderten Elemente, der Erde, sondern den formal allgemeinen äußerlichen
10 Elementen, der Luft und dem Wasser, [angehören,] nähern
sich darin der Pflanze; sie werden darum wie die Pflanze in
Eiern geboren; sie schwimmen als Gestaltete im allgemeinen
äußerlichen Elemente des Wassers und der Luft, und darum
können sie mehr nur im Eie zu dieser Natur einer in sich ge-
schlossenen Welt, welche die allgemeine Flüssigkeit absolut in
ihr selbst hat, auf/steigen; welches das absolute Tier in seinem
Ausgebildetsein selbst vollkommen ist.

γ. Diese Gallerte ist nach [einer] Seite zuerst selbst dieser
allgemeine Zusammenhang des Tiers mit dem äußern Elemen-
20 te; und es besondert dasselbe notwendig darin, daß das Tier
überhaupt dies allgemeine Einströmen des Elementes durch
seine Flüssigkeit hindurch zu allen Seiten seines Wesens unterbricht; indem es die Gallerte als Haut läßt, welche die Beziehung mit den allgemeinen Elementen der Luft und des Wassers bleibt, geht es zugleich auf die Produktion einer dieser
entgegengesetzten innern Flüssigkeit und setzt sich durch den
Mund in den besondernden Zusammenhang mit ihm, dem
Elemente, worin es dasselbe besondert und stellt sich damit
in die Beziehung einer Ernährung, die jener Beziehung auf Luft
30 und Wasser, worin die Pflanze bleibt, entgegengesetzt ist,
einer Ernährung, die selbst organisch besondert die Natur des
feurigen Prinzips in sich empfangen hat. Die Haut ist das Re-
siduum der niedrigern Stufe, aus der das Tier herkömmt, seiner Angehörigkeit dem ganzen Elemente als einem äußern,
und ebendiese behält [sie] beständig und nimmt an der Besonderung keinen Anteil; sie ist der Sitz der Flüssigkeit, der
Gestalt des Luft- und Wasserprozesses, der absoluten Form
der Flüssigkeit, in welche das Tier seine Ernährung auflöst,
der allgemeine Zusammenhang, das Element der tierischen
40 Organisation. /

δ) Die Besonderung des Zusammenhanges mit dem Elemente oder die äußerliche Erzeugung dessen, daß das Tier mit der besonderten organischen Erde in Beziehung steht gegen das Element, ist ebenso eine absolute Besonderung innerhalb der Gallerte selbst; und der absolute Begriff des Animalischen trennt sich in das Feste gegen die flüssige Haut, welches Feste an ihm selbst den Gegensatz hat und sich in sich scheidet in die absolute spröde Kontinuität der Knochenbildung; die eine Seite des Gegensatzes (als ausstrahlende Kerne, die den Charakter des Brennbaren, des absolut Sprö- 10 den haben, dessen Wesen der Punkt ist, der aus sich ausgeht) und in die andre Seite des Gegensatzes, den neutralen, den äußerlich zerfallenden, in den Antagonismus des (Streck- und Beuge-) Muskels.

ε. Der Knochen als die Seite der Sprödigkeit geht von Kernen aus, aus einer gleichsam Vervielfältigung des Einheitspunktes in der Flüssigkeit; der Knochen wird, indem er im Organischen ist, selbst ein System und repräsentiert die Gestalt der Totalität in der Bestimmtheit seiner Sprödigkeit und kehrt aus so ursprünglicher Bestimmtheit sich in dieser 20 organischen Ausbildung notwendig in die entgegengesetzte um; der Punkt des Kerns strahlt aus sich heraus, geht in die Bildung / der körperlichen Linie über und von da in die gänzliche Umkehrung zum Körperlichen der Zylinderform über zum kugligten Umschließen. Der einzelne Knochenkern, der zur Länge wird, rundet sich nach außen ab, und als ganze Länge besondert, gliedert er sich zu einer Menge solcher Knochenlinien; die Extremitäten sind als solche unmittelbar auf das Besondern der elementarischen Erde gerichtet und selbst am meisten besondert und am meisten die einzelnen 30 der Kernform nahe. Die Knochen haben sich aus Kernen umgekehrt, nach innen Länge, nach außen gerundet, kehren [sich] als Rückenwirbel um zur aufgeschlossenen nach außen offenen Höhlung, aufgebrochene, aber bleibende Kerne und zu der Mehrheit bleibender Ausstrahlungen; an der Brust schließen sich die langen Knochen an und streben selbst eine körperliche Umwölbung darzustellen, in der Schädelbildung aber erreichen sie dies auf eine vollkommenere Weise; sie fallen innerlich zusammen, werden Flächen, und von der Konzentration des **ossis sphenoidei**, gleichsam dem Mittel- 40 punkte des Schädels, wölbt sich diese Fläche zum Schädel. /

ζ. Wie innerhalb der organischen Gallerte das Knochensystem als Seite der Sprödigkeit sich ausbildet, so auf der andren das Muskelsystem als der Sitz der auseinanderfallenden Trennung, der Neutralität, aber der aufgelösten, — denn die Allgemeinheit des Tiers ist die absolute Wirklichkeit aller Möglichkeit; es hat in seiner Einheit die wirkliche Trennung und [muß] das wirklich Getrennte in seiner Allgemeinheit als neutral zusammenhalten. Diese Entgegensetzung
10 hat der Muskel zuerst überhaupt an ihm selbst, in der Kontraktilität, indem er, von einem Äußern gereizt, sich zusammenzieht und wieder ausdehnt; diese Entgegensetzung, die hier selbst nur Akzidens, Zustand ist, hat er aber als wirklich in der Verdopplung in ausstreckenden und zusammenziehenden Muskeln, Streck- und Beugemuskeln. Die ganze Ausbildung des Muskelsystems wird auch wieder das Zusammennehmen des Gegensatzes in eins darstellen, [nimmt sich], indem er in die Breite geht, in den Bändern zusammen, und in den Schleimbeuteln der Gelenke erhält ihre
20 Differenz sich die Flüssigkeit.

η. Dies innerlich ausgebildete, in sich zerfallende System der Gestalt überhaupt gegen die Äußerlichkeit ist das System der Irritabilität; die Knochenbildung / ist die sensible Seite desselben, dasselbe, insofern es sich auf sich selbst bezieht und als diese Festigkeit oder sich auf Sichselbstbeziehen das irritable System des Irritablen, die Muskelbildung zusammenhält; beides innerhalb der abschließenden Haut; es selbst aber schwimmt in sich, in der allgemeinen Flüssigkeit der ebenso innerlich gewordenen Verhäutung, des lymphati-
30 schen Systems.

ϑ. Dieses erste innre System der Gestaltung, das sich in Muskel und Knochen differenziert und innre Haut, organische Vereinigung ist, ist das unmittelbare einfache System des Individuums, seine Gestaltung die organische Einheit, in der [es] sich einer unorganischen Natur entgegensetzt und sich in sich selbst gliedert als eine Totalität des Systems. Der Prozeß dieses innern Gestaltens gegen die unorganische Natur und das Gestalten selbst fallen zusammen; insofern es die unorganische Natur aufzehrt, wächst es in seiner Gestalt; oder jenes
40 Aufzehren ist seine Produktion. Die bestimmte Form, wie es

die unorganische Natur verzehrt und sich an ihr ernährt, ist,
daß es durch sein animalisches Verhalten dieselbe besondert
hat gegen seine Allgemeinheit, sie so in sich aufhebt, daß es
[sie] nicht in besondere animalische Momente verwandelt,
sondern in animalische Flüssigkeit überhaupt. Das Nahrungs-/
mittel wird die Lymphe, durch, wie wir es hier überhaupt
nennen können, die organische Infektion in Lymphe verwandelt (und wie bei Schal- und andern Tieren, auch den Rau-
pen, den Insekten, die auf dieser Stufe der Gestaltung stehen
bleiben, die Reproduktion nichts Animalisches ist). Diese ani- 10
malische Lymphe ist die allgemeine Reproduktion der animalischen Flüssigkeit; sie ebensosehr Produkt des Animalischen überhaupt, als sie das Allgemeine des Animalischen ist,
die Flüssigkeit, die Gallerte, von der wir angefangen haben
und die hier itzt geworden ist; dies Gewordene ist die Flüssigkeit, in der sich Knochen und Muskel differenzieren, was sie
ebenso zusammenschließt und das sie zu ihrer Erzeugung ver-
wenden, die unorganische Natur, die sie aufzehren als das, in
dem die absolute organische erwächst, das sie vernichtet, aus-
einander- und zusammenhält; es ist somit ein innrer Kreis- 20
lauf gesetzt, der sich die animalische Flüssigkeit in die Differenz des Knochens und Muskels verwandelt, von ihr in seinem Auseinandersein zusammengehalten wird, und die Flüssigkeit belebt, von dieser Differenz verwandelt, das Äußere in
sie selbst. Der in sich beschlossene Kreislauf des Belebtseins
greift in die Natur ein, die besondert in der Linie der Zeit vorübergeht, unterbricht die Notwendigkeit ihres Zusammenhanges und vernichtet im Animalischen wieder die Besonderheit
der Natur, indem es sie [in] ihr Gegenteil, in animalische Flüssigkeit umwandelt. Diese Verwandlung in dem Schlauch, der 30
empfängt, das Assimilationsgeschäft, / kann in seiner Bestimmtheit keinen andern Gang nehmen, als daß das besonderte Unorganische zuerst in seiner äußerlichen Gestalt aufgehoben, mechanisch verkleinert wird, dann seine innre durch
die animalische Wärme zernichtet und zur Flüssigkeit überhaupt wird, die dann das Animalisierte und von dem animalischen Feuerprinzip belebt und wodurch es endlich ganz in
die animalische Identität tritt. Der allgemeine Stoff der Ernährung muß das letzte der vorhergehenden Potenz sein, die bis

an die Stufe der folgenden sich emporgehoben und von dieser wirklich in sie herübergezogen wird.[1] /

---

[1] *Der fortlaufende Text des Manuskripts dieses Fragments wird hier unterbrochen, um die an dieser Stelle eingelegten Blätter als Fragment 12, das eine erweiterte Fassung des bereits vielfach überarbeiteten Abschnitts ϑ bietet, einzuschalten; vgl. Einleitung der Herausgeber XVII.*

Fragment 12
ϑ. Das Gestalten des Animalischen ...

ϑ. Das Gestalten des Animalischen ist, wie es als ein Sein betrachtet worden ist, ebenso absolut ein Prozeß, ein sich gegen die unorganische Natur bewegendes Produzieren und ein Prozeß in sich selbst; es ist der Kreislauf, daß das organische Eins sich gegen die unorganische Natur spannt, das Tätige gegen dieselbe ist, sie und damit seinen Gegensatz und sich selbst als Tätiges aufhebt und in das Einssein von beidem, in die Natur seiner Allgemeinheit versenkt, hierin innerlich wird und gegen das Allgemeine als sein eignes, seine Allgemeinheit tätig, diese ebenso differenziert, so daß das Differente es selbst, wie es vorhin sie in sich als Ganzes und ein sich Äußeres differenzierte; dies innre Differenzieren ist eben das Werden zu Knochen und Muskel; und die vollendete Differenzierung, das Aufgehobensein des Allgemeinen, ist wieder das Gewordensein des Ganzen zu einem Tätigen, Einzelnen, gegen ein Allgemeines, das ein Äußeres ist als unorganische Natur.

a) Seine Beziehung auf die unorganische Natur ist die auf sie als ein Allgemeines, Luft und Wasser, der Haut, Prozeß, dem entgegengesetzt die Beziehung auf die Besonderung und die besonderte Natur ist; das Nahrungsmittel der letztern ist jenem entgegengesetzt und ist notwendig das Letzte der vorherigen Potenz, ihre höchste Steigerung, in der sie sich bis an die Grenze des Animalischen erhoben hat, die vollkommne Indifferenz des Luft- und Wasserprozesses; die weinartig, geistig gewordene Frucht; dies letzte Produkt der Früchte fällt in den Pflanzen außerhalb des Gegensatzes des Luft- und Wasserprozesses selbst; der Prozeß des / Animalischen setzt sie in eins und erzeugt sich sein inneres Element, die animalische Lymphe; die Gallerte als das, wovon wir ausgegangen sind, ist ein durch das Tier selbst Gewordenes. Das Absolute des Übergangs des Nahrungsmittels in die Animalität ist die einfache Infektion desselben durch die

animalische Einheit. Die Verzehrung mag in noch so viele
sukzessive Veränderungen des Nahrungsmittels zur Animalität aufgelöst werden, so bleibt der absolute Übergang aus sei-
* ner Bestimmtheit in das Animalische. Die Allmählichkeit der
Veränderung soll einen solchen Übergang gleichfalls begreiflicher machen, indem zwischen die Extreme eine je größere,
desto bessere Menge von vermittelnden Gliedern eingeschoben wird, so daß jedes der Extreme zuerst in dem andern auf eine unsichtbare, unendlich kleine Weise als
10 vorhanden gesetzt wird, woraus es itzt nur hervortrete,
nicht erst werde, sondern schon wirklich, aber latent darin gewesen sei. Aber ein Extrem mag in dem andern als noch
so verdünnt angesehen werden, so bleibt es sein Extrem,
und es bleibt immer dieselbe Getrenntheit und dieselbe Notwendigkeit des Übergangs ins absolut Entgegengesetzte, der
im absoluten Begriffe in der Unendlichkeit ist. So wird das
Nahrungsmittel, insofern es der lebendigen Animalität entgegengesetzt ist, allein durch die Gewalt der Unendlichkeit in
Animalisches verwandelt; der Übergang ist einfach, unmit-
* telbar. Die Tätigkeit des animalischen Organismus ist nicht
eine bloß formale der Veränderung des Mischungsverhältnisses u.s.w., sondern wesentlich der Materie; denn das Nah-
-rungsmittel als Materie ist selbst nichts als eine organisierte
Bestimmtheit; nicht die absolute Materie desselben, die der
Äther ist, sondern als diese Bestimmtheit wird es aufgehoben; oder als das Ideelle, was es an sich ist, wird es gesetzt.
Die verwandelnde Tätigkeit des Organismus ist freilich
[mehr] oder weniger formal, am formalsten wohl, wenn
warmes Blut getrunken oder aus einem Menschen oder Tier in
30 die Adern des andern transfundiert wird; aber es ist dadurch
noch nicht verdaut, d. h. noch nicht innerlich wieder in die
Systeme des Organismus differenziert. Die äußerliche unmittelbare Verwandlung des Nahrungsmittels setzt eine An-
näherung desselben zur Organisa/tion des Animalischen voraus oder daß es selbst ein organisch Besonderes sei.
Durch die Haut steht das Tier wie die Pflanze mit dem allgemeinen unbesonderten Organismus in Verbindung und ist im
Prozesse mit ihm; aber was überhaupt auf den Organsimus in
lebendiger Beziehung stehen soll, muß an ihm selbst ein Auf-

geschlossenes sein;[1] und von dem Mineralreiche macht nur das Salzigte, Kalkigte und Schweflichte eine Wirkung auf den Organismus; das Metall bleibt gleichsam in der Flüssigkeit der Lymphe stehen und verstärkt nur ihre Gewalt gegen den ganzen Organismus. So unterscheiden sich wohl Arzneimittel von den Nahrungsmitteln überhaupt, daß sie nur in das Allgemeine, das Flüssige fallen, in diesem sich festhalten und nicht in ihm aufgelöst werden können.

Die Tätigkeit des Organismus auf das Nahrungsmittel ist äußerlich also überhaupt die animalische Infektion desselben und Verwandlung in animalische Flüssigkeit. Dieses einfache Wesen des Prozesses ist aber als ein Prozeß zugleich selbst unterschieden IN MOMENTEN; wie erinnert, nicht als ob diese Momente nur Ausscheidungen u.s.f. des Nahrungsstoffes wären, sondern das Allgemeine, allen Gleiche ist die Verwandlung; dieses Einfache der Verwandlung hat als solches ihre Momente. Das Assimilationsgeschäft kann keinen andern Gang nehmen, als daß das Nahrungsmittel zuerst in seiner äußerlichen Gestalt aufgehoben wird, eine mechanische Auflösung erfährt, dann durch die animalische Wärme in seiner innern spezifischen Natur aufgelöst, so in das Animalische [ein] Moment des Chemismus kommt,[2] in der animalischen Neutralität zerrissen, dann von dem animalischen Feuerprinzip belebt, beides, seine Salzigkeit und seine feurige Natur in eins absolut gesetzt und so in die Identität der animalischen Flüssigkeit tritt.

Diese Besonderung des Assimilationsgeschäftes gehört aber nicht mehr der Gestaltung, der Produktion als solcher an; es ist ein Eingreifen des innern Organismus in den äußern; und die angegebenen Momente sind erst in dem höhern Orga-/ nismus real; der unmittelbare äußere hat nicht diese innre Gegliederung der Flüssigkeit der Lymphe; ihre als Einheit innre Gegliederung ist eben die Reflexion des Organismus in sich selbst, des in sich Zurückgehens; er geht nur in sich zurück, indem er sich zur Gestalt macht oder die animalisch gewordene Flüssigkeit in die Gegliederung der Gestalt beson-

---

[1] *Daneben am Rande:* aufgeschlossenere Differenz
[2] *Daneben am Rande:* animalische Bedeutung

dert, und das Animalischwerden der Flüssigkeit ist selbst unmittelbar dieser Übergang.

Seine als eines solchen Tätigkeit der Produktion ist das unmittelbare In-eins-Setzen der Form der animalischen
Flüssigkeit, wie sie als eine besonderte, dem Feuerprozesse
angehörige Nahrung mit dem Luft- und Wasserprozesse in
eins zu setzen. Die Entgegensetzung dieser Prozesse ist die
Besonderung seiner Tätigkeit, und diese Besonderung hat
so unmittelbar den Charakter einer äußern; dies Eins des
10 Trinkens, des Luft- und Wasserprozesses und des Esssens
macht die produzierte animalische Flüssigkeit aus, durch deren Produktion seine Spannung gegen das Äußere aufgehoben
[ist] und es in sich als eins gesetzt hat. Diese Mitte, zu der es
geworden ist, ist als solche eine einfache animalische Flüssigkeit, es als Ganzes ist dieses Einfache selbst; seine innre Unendlichkeit ist in ihr zusammengefallen, eins;
das Tier ist in die Verdauung und in den Schlaf versunken;
eine vollendete Tätigkeit gegen das Nahrungsmittel, in deren
Vollendung aber eben das Tätige [sich] selbst aufge-
20 zehrt hat. Dies belebte Ineinanderfallen geht in eine innre
Spannung auseinander; die animalische Flüssigkeit wird entzweit, nicht analysiert in die Trennung, aus der sie herkam,
sondern sie bleibt untrennbar Eins und wird zur Differenz,
deren jede Seite selbst dieses Animalische ist, sie wird zum
Knochen und zum Muskel; und diese im Tiere werdende Entgegensetzung wird seine Tätigkeit oder dies, daß es
das allgemeine Flüssige außer sich hat und die Begierde in
ihm wieder erwacht ist. Das Unmittelbare, womit das Tier das
Nahrungsmittel berührt, ist selbst die Flüssigkeit, die durch
30 die Differenzierung ihrer selbst belebt, tätig geworden ist. /

Fragment 13
ι. Diese Organisation, die wir erkannt haben . . .

[1]ι. Diese Organisation, die wir erkannt haben, ist das Eins der Gestalt und ihrer Ernährung; der Prozeß ist in sich zurückgekehrt, indem das Eins der organischen Flüssigkeit, die organische Gallerte, sich eine unorganische Natur besondert, diese in sich aufhebt und zu seiner Flüssigkeit macht und aus dieser Flüssigkeit sich in Muskel und Knochen differenziert, wodurch ebendiese Flüssigkeit erst die belebte organische Flüssigkeit ist, die in sich Allgemeinheit und absoluter Begriff 10 ist als die, in der als flüssiger zugleich die Differenz des Gestaltens ist und erst als solche die Natur besondern und aufheben kann.

Aber dieser Kreislauf ist ein reiner Kreislauf der Gestalt, das Organische ist darin nicht für sich selbst; das Animalische ist nicht als die absolute Hemmung und Unterbrechung seines Gestaltens oder ist nicht als empfindender Organismus; daß er dieses sei, muß dieser Kreislauf des Produzierens für das Animalische selbst ein Äußeres werden oder diesen Kreislauf als einzelnen anschauen. Die unorganische Welt 20 muß für dasselbe dieser äußere Organismus selbst werden; es

[1] *Fortsetzung von Fragment 11. Der Abschnitt ι bis* organische Individuum *(153,Z.17) hieß in E (später geändert):* Das Animalische in dieser Einheit seiner eignen Gestalt und seiner Ernährung ist dies Eins in der absoluten Flüssigkeit und Ineinsfallen beider; in diesem ist der Prozeß in sich zurückgekehrt, und existiert als dieser in sich zurückgekehrte, und das Animalische ist ganz dieses Zurückgekehrtsein selbst und wird ein als die Einheit des äußern und innern Prozesses in sich Beschlossenes; es gliedert sich in jener Flüssigkeit in sich selbst; und seine unorganische Natur fällt in es selbst. Indem es aus dieser Einheit als absoluter Mikro- 30 kosmos hervorgeht, so wird es sich das seinen auf Äußeres bezogenen Organismus zurücknehmende, in die allgemeine Mitte der Flüssigkeit hineinspielende System, dem der äußere selbst ein Moment ist, und indem dies reflektierende System sich auf ein äußeres bezieht, herkömmt von demselben, so nimmt es sich ebenso absolut zusammen, isoliert sich völlig, und wird absolut allgemeines System, und als absolut allgemeines kommt es in den zwei Armen aus jenem Mittelsystem; einmal wie es ideell allgemein, das andremal, wie es reell allgemein wird, oder

muß als Gattung in sich zurückkehren. Dieser höhere Organismus existiert also als in sich zurück/gekehrter Organismus, als allgemeiner, und das organische Ganze wird als die Einheit des äußern und dieses innern sich nur auf das Animalische selbst beziehenden Organismus ein wahrhaft in sich Beschlossenes; und indem seine unorganische Natur in es selbst fällt. Indem das Animalische seinen auf Äußeres bezogenen Organismus in sich zurücknimmt, so ist es α) dies organische System, das sich auf seinen produzierenden gestaltenden Orga-
10 nismus bezieht als ein einfaches Tätiges und hieher von demselben herkömmt; aber es realisiert seine absolute Allgemeinheit nur so, indem es β) sich ebenso absolut zusammennimmt, [es] isoliert sich völlig, wird absolut allgemeines System, und als absolut allgemeines fällt es in Beziehung auf den Gegensatz auseinander in zwei allgemeine Systeme, kommt es in den zwei Armen aus jenem Mittelsystem; einmal α) wie das organische Individuum für sich selbst Gattung ist, wie seine Individualität als allgemeine[1] bleibt; dann β) wie es in der Allgemeinheit seine Individualität aufhebt, jene als die
20 Synthese des Allgemeinen und Besondern, als auseinanderfallende Beziehung das System der animalischen Sinne, / diese [als] die absolute Allgemeinheit die Existenz der Gattung, als Geschlecht, worin also die Individualität zugrunde geht.

κ. Das unmittelbar aus dem Äußern kommende System, sich darauf beziehende, oder die Wiedergeburt des erstern, wie es durch die sich selbst gleiche Flüssigkeit durchgegangen, ist die Umwandlung des spröden Knochens in die Flüssigkeit des Nervens und des differenten Muskels in das Adersystem und α) das unmittelbare Eins-
30 sein beider, ihre absolute Berührung, die unendliche Mitte, in der sie unmittelbar Eins sind, β) die sie trennende auseinanderhaltende positive Mitte, in der sie sich realisieren, die Flüssigkeit, in der sie ihre Differenz gegeneinander setzen und sich gegenseitig erzeugen.

Wir betrachten α) was die beiden Momente des äußern sich gestaltenden Organismus in dieser Reflexion in dem Elemente der Allgemeinheit selbst werden; gedoppelte Beziehung auf den äußern Organismus an ihm selbst und das Anderssein sei-

---

[1] *Über der Zeile:* Bestimmtheit

ner selbst als seinen eignen Organismus anschauen und so ein
innrer sein, d. h. der reflektierte äußere Organismus sein, für
den dieser erste Organismus des Gestaltens die unorganische
Natur ist.

So ist er erst absolut animalischer Organismus, der die unorganische Welt in ihm selbst hat, nicht bloß als Flüssigkeit,
sondern als in sich selbst gegliederte Flüssigkeit und als Teil
seiner selbst.

λ) Der Knochen, sich als flüssig in sich verschließend, indem er nur der reinen Gestalt angehört, entfaltet sich als 10
Rückenwirbel und Schädel, und indem er als / diese starre Totalität wird, sich in sich reflektiert, erhebt [er] sich in die
Form der Allgemeinheit, und es tritt seine allgemeine, absolut flüssige Seite heraus, und sein Mark wird Nerv;
er wird als absolutes Einswerden des Spröden und der Flüssigkeit absolute Allgemeinheit alles Besondern, zu dem, was absolut das Besondere mitteilt, oder das Empfindende; so wie
auf der andern Seite ebenso das tätige Allgemeine, welches es besondert; durch [den] Nerv wird die unorganische
Natur erst besondert, und es sei, daß das Animalische sich als 20
besondernd, tätig oder leidend erkennt, so ist er die absolute Tätigkeit der Besonderung als solcher; als Tätigkeit Allgemeines, das Besonderes setzt, erscheint sie als Willkür,
Zufälligkeit; der Nerv ist der Sitz der willkürlichen Bewegungen[1] wie der Empfindungen. Er bezieht sich in beiden Rück-
sichten auf den äußern sich gestaltenden Organismus. Als das
allgemeine Flüssige, in welchem die vernichtende Tätigkeit
des äußern Organismus gehemmt, ideell gesetzt wird, das
durch ihn Aufzuhebende, das in dem allgemeinen flüssigen
positiven Elemente besteht, in seinem Aufgehobenwerden 30
selbst gesetzt ist, ist er empfindend; ebenso reflektiert er
den äußern Organismus nach außen; er setzt das allgemeine
Element, das Allgemeine der unorganischen Natur als ein Besonderes; und die Tätigkeiten des äußern Organismus gegen
die unorganische Natur erscheinen dadurch als willkürlich. /

[1] *In E folgte (später gestr.):* und als das absolut organische Allgemeine, als der Sinn im Sinne.

[1]Beides, das Passive und Tätige, ist seine Beziehung auf den äußern Organismus, insofern dieser sich auf ein Äußeres überhaupt bezieht; der Nerv bezieht sich daher in ihm nicht auf den Knochen als solchen, sondern auf die Seite des Gegensatzes, den Muskel als lebendige Einheit gegen die passive, tote des Knochens, er realisiert die innre Differenz seines Flüssigseins in dem in sich selbst entgegengesetzten Muskel. Der Nerv ist das absolut Allgemeine, die indekomponible Flüssigkeit, in welcher das Besondere als solches gesetzt ist und indem es absolut aufgehoben, vergessen wird, verschwindet; er hat deswegen nichts mit der Reproduktion des Muskels zu tun;[2] er ist nicht zu differenzierende Flüssigkeit.

Der Nerv bezieht sich auf die Reproduktion des äußern Organismus. Wie seine vorige Beziehung die lebendige, differenzierende, empfindende und bewegende war, eine Beziehung auf den differenten Muskel, so ist diese die Seite seiner Indifferenz seiner Beziehung, und in dieser ist er nicht diese Einheit in der Willkür, sondern selbst in sie versenkt, und er läuft in sie darum nicht als eine Menge von Fäden, wie er sich auf den Muskel bezieht, sondern ohne eine differente Form, eine Abstraktion auszudrücken, indekomponible Flüssigkeit; in der Flüssigkeit ist er als / eine Menge von Knoten, eine unterbrochene Mitteilung, subsumiert unter die Flüssigkeit, statt sie zu subsumieren; seine absolute in sich differente Einheit wird eine Menge von Kernen, die oft zu knorplichten oder knochigten Kernen werden; der sympathische Nerven ist nicht [als] ein vom Gehirn ausgehender Nerven anzusehen, sondern eine solche Menge von Knoten, die nur leicht mit den Gehirnnerven anastomosieren und in dem das Rückenmark den Übergang zu dem System der Reproduktionsgehirne macht, welche plexus nicht ein bloßes innigeres gedrung-

---

[1] *Der Anfang des Abschnitts hieß in E (später geändert):* Der Nerv muß wie der Knochen in das entgegengesetzte System der Einheit zerfallen und in das der Beziehung auf die Besonderung; die Besonderung, die uns hier angeht, ist vors erste die, in der er durch die Mitte hindurch in den äußern Organismus geht, und sich hier nicht auf den Knochen als solchen, sondern auf die entgegengesetzte Seite, den Muskel bezieht;

[2] *Daneben am Rande gestr:* Gelähmte Glieder leben fort

neres Verbundensein von Nervenfasern sind, sondern ganz einfach gewordene Kerne.

μ. Das Muskelsystem, das durch die absolute Flüssigkeit in sich zurückkehrt, die Form der Indifferenz erhält, wird das Adersystem, und die äußerliche Differenz, der Muskel, teils als Kontraktilität, teils als eine Gedoppeltheit, der Streck- und Beugemuskel, wird in dem Bestehen der Entgegensetzung eine Einheit, eine durch bestehende Entgegensetzung in sich zurückkehrende Einheit, absoluter Kreislauf. Der Muskel kommt im Herzen zu seinem eigenen absoluten Leben des Zusammenziehens und Ausdehnens, es ist absolut nervlos, ohne Empfindung, ohne positive Allgemeinheit, sondern absolute Unendlichkeit in sich selbst, absolute aus sich selbst kommende entgegengesetzte Bewegung. Die im festen Herzmuskel nur abwechselnde absolute Bewegung wird sich im Blute flüssig und in dieser Flüssigkeit, / in dieser Allgemeinheit ein Zugleich der entgegengesetzten Bewegung oder absoluter Kreislauf des Bluts.

ν. Wie der Nerv als absoluter Begriff in der Form der Allgemeinheit ist, die existierende Empfindung, die Besonderung unmittelbar mitteilend, sie unmittelbar ideell setzend, die aufgeschlossene Sprödigkeit des Knochens, die aber im Prinzip ihrer Einfachheit bleibt, so ist das Blutsystem der absolute Begriff in der Form der Differenz, die in Eins zusammengefaßte Differenz des Muskels, aber so, daß er in eben dem Prinzip der bestehenden Differenz bleibt. Der Nerv bezieht sich auf die Differenz des äußern Organismus, auf den Muskel; das Blut umgekehrt auf die Seite seiner in ihm sich reflektierenden Flüssigkeit, auf die produzierte und produzierende Flüssigkeit. Und das Blut als die Seite der Differenz des innern Systems macht den absoluten Zusammenhang (den Punkt der Unendlichkeit) des äußern und [innern] Systems; es existiert als die Belebung der äußern Flüssigkeit, d. h. als die lebendige Tätigkeit derselben nach den beiden Seiten, daß sie den Knochen und Muskel ernährt, indem sich der absolute Gegensatz in seinen Seiten realisiert, als daß sie[1] wieder in Flüssigkeit zurückfallen.

---

[1] *Für* als daß sie *lies:* so daß sie nicht

Das Blut ist nur im Herzen für sich selbst; in seinem entgegengesetzten Kreislauf ist es schlechthin different nach außen; als Flüssigkeit, die sich im Prozesse erzeugt und als das Allgemeine des Organismus sich darstellt, zehrt sie, wie die differente unorganische Natur so die differente Seite des gestalteten Organismus auf, er wird selbst zu dieser unorganischen Natur; sie zehrt den Muskel auf, und auf der entgegengesetzten Seite differenziert sie sich in denselben und ernährt ihn; es / saugt alle Flüssigkeit der Teile selbst und die unmittelbare Nahrungsflüssigkeit in sich, und auf der andern Seite zehrt es sich selbst in ihnen ebenso auf. Der Kreislauf des Blutes ist ein allgemeiner realer des ganzen gestalteten Organismus; es ist der tätige absolute Begriff, der seine Lebendigkeit im ganzen Organismus hat und auf die absolut entgegengesetzte Weise in ihm ist; die Lymphe der Produktion ist die Mitte des Organismus, in welcher die unorganische Natur zur animalischen umschlägt, an welcher die innre Differenz des Organismus sich ebenso setzt als in welcher sie sich aufhebt; an der Lymphe als solcher existiert diese innre gedoppelte Bewegung nicht, sie ist nur das Moment der Mitte als der Indifferenz, auf die sich aller Kampf und Tätigkeit des Organismus bezieht, ihre Indifferenz zu überwinden und sie in Nerv und Blut oder Knochen und Muskel zu potenzieren [oder] absolut in sie aus seiner Differenz zurückzufallen, als sie gegen ihn tätig ist und dadurch nach außen tätig wird. Diese entgegengesetzte Bewegung der Lymphe, der Passivität und der Aktivität der Lymphe, ist im Blute real; sie ist dieselbe, insofern sie belebt und belebend ist, die Lymphe als solche bleibt die indifferente Flüssigkeit, in der das Organische zwischen der organischen und unorganischen schwankt, das unmittelbare Übergehen zum Produkt und das Herkommen aus dem unorganischen Produkte. /

Das Blut, wie es in seinem Gegensatze ebenso gibt als verzehrt, die belebte Lymphe ist, die zu organischen differenten Teilen wird und die ebensowohl sie in die Indifferenz der Lymphe zurückreißt, ist auf diese Weise in seinen beiden entgegengesetzten Funktionen selbst flüssig, allgemein und allenthalben im Organismus verbreitet, und seine entgegengesetzten Funktionen begleiten sich unmittelbar, sie treten nicht als diese entgegengesetzten hervor; sie müssen aber auch

als solche existieren und in eignen entgegengesetzten Systemen, die das Blut sich bildet, hervortreten. Diese gedoppelte
entgegengesetzte Tätigkeit des Bluts tritt als eignes System
auf, in dem der Kreislauf wurzelt nach zwei Seiten, in die
Luft und in die Erde; a) gegen das Element der Luft atmet er
aus und ein; was die Reproduktion der Erde und dem Wasser
abgewinnt für den Organismus, verzehrt das Blut einerseits im
Organismus überhaupt für die reine Differenzierung, andererseits als in einem Punkte der Einheit in der Lunge der Odem.
Wie das Verzehren der Lymphe im allgemeinen Organismus
ein reales Differenzieren, so ist es in der Lunge das Entgegengesetzte gleichsam auf eine ideelle Weise; das animalische aus
den Teilen vorzüglich gezehrte Venenblut wird in der Lunge
in arterielles, in differentes belebendes Blut umgewandelt;
und das vorhin allgemein Gesagte von dem Differentwerden
der Lymphe durch das Blut hat in der Lunge seine Realität,
worin es auf/gelöstes, aufgeschlossenes Blut wird, das unmittelbar zu differenten organischen Teilen werden kann. Wie
auf dieser Seite das kreisende Blut sich an der Luft zu diffe-
rentem Blute wird, so wurzelt es auf der andern Seite in seine
Erde, seine innere Differenz wird in sich zusammengedräng-
ter, und im Pfortadersystem erzeugt sich Blut als die brennbare, im äußern Organismus tätige Seite, Lymphe der Galle,
und gibt so das kräftigste Moment der Verzehrung der Nahrungsmittel durch die Lymphe, welche für sich selbst von der
allgemeinen Belebung durchs Blut in den Drüsen zu einem
trägen innern Systeme gelangt und in den ein- und aushau-
chenden Gefäßen überhaupt als indifferente Flüssigkeit aller
Teile sich erhält, besonders aber in der Produktion gleichsam
das innere, [die] der Galle entgegengesetzte Seite, Moment
der Verzehrung der Nahrungsmittel, das von innen kommende und tätige Moment der neutralen Seite ausmacht.

o. Das Blutsystem teilt auf diese Weise die Reproduktion
in allen Teilen, auf einer Seite die Flüssigkeit in der Lunge
differenzierend, um zu organischen Teilen zu werden, auf der
andern Seite sie in der Leber belebend zur Tätigkeit gegen das
Nahrungsmittel, im allgemeinen sie als indifferente animalische Lymphe erhaltend.

π. Dieser innre Organismus, so bezogen auf den sich gestaltenden Organismus und / sein innres Leben realisierend, dies

animalische Nerv- und Muskelsystem befreit sich endlich
von diesem Zusammenhange mit dem äußern. Das Individuum ist in dieser Wechselwirkung der beiden Organismen
vollkommen, es muß sich allgemeines werden;[1] und der innre
Organismus, der in seiner Beziehung auf den äußern nicht als
allgemeiner existiert, muß als freier, an sich allgemeiner existieren. Der innre Organismus, indem er sich als Nerv auf den
äußern Organismus bezieht, ist a) überhaupt empfindend,
nicht in sich reflektiert, nicht die in sich gegliederte Empfindung. Insofern er sich ALS BLUT auf ihn bezieht, ist er die
Bewegung der sich aufhebenden und sich erzeugenden Individualität; diese Bewegung ist ebensowenig noch in sich reflektiert für sich selbst, das Aufheben der Individualität als
ein Ganzes und das Wiedererzeugen derselben als eines
Ganzen; jenes Aufheben und Wiedererzeugen ist schlechthin
vereinzelt, nicht eine in sich zurückgenommene, für sich
sich konstituierende allgemeine Bewegung. Beide Beziehungen des innern Organismus müssen allgemeine werden, sich
für sich konstituieren, die ideale Bewegung der Empfindung,
in der das Einzelne sich unmittelbar ein andres wird, und die
reale der Individualität, in der die ganze Individualität sich
ein andres wird. In jener idealen Bewegung ist die Individualität die allgemeine, in welcher für das Individuum Einzelnheit ist, die aufgehoben und als eine aufgehobene für das Individuum gesetzt wird; und dieses Setzen der Einzelnheit als

---

[1] *In E folgte (später geändert):* jener äußere besondernde Prozeß
muß wahrhafte Empfindung, eine Synthese des Allgemeinen und Besondern sein, in welcher sich das Äußere so vollkommen besondert, daß
das Organische es unmittelbar aufhebt, ohne auf seinen Prozeß [zu füh-
ren], für welchen es ein Ding und er Gestalt ist, ein Starres gegen ein
Starres, sondern worin es ein absolut Flüssiges ohne allen Gegensatz, ein
unmittelbares Ineinandersein und damit das Besonderte ganz ideell oder
so ist, daß es unmittelbar in einer Kontinuität sein Entgegengesetztes
hat, in welchem es sich aufhebt; und das Organische absolut für sich seine praktische Differenz, in welchem das Äußere etwas für dasselbe ist,
aufhebt. Diesem Absolutsein des Organischen tritt unmittelbar sein
Nichtsein gegenüber; in jener Idealität des Äußern wird dies Äußere es
selbst; das Äußere hebt sich als anderes auf, aber es verschwindet nicht;
in seinem absoluten Anderswerden, als es ist, wird es das Organische
selbst; und das Organische, das es absolut selbst ist, in seiner Unendlichkeit muß ein anderes für dasselbe, für sich selbst sein;

einer / aufgehobenen oder das Bestehen selbst des Aufgehobenen ist als Totalität, als sich in sich selbst organisierende
Empfindung. In der andern Bewegung wird umgekehrt die
Individualität, ein einzelnes, aufgehoben und als Aufgehobenes gesetzt, oder es ist der Prozeß der Gattung als solcher.
Diese beiden entgegengesetzten Formen der Allgemeinheit
hängen unmittelbar zusammen; indem in der ersten das Individuum das Allgemeine ist und das einzelne subsumiert unter
dasselbe oder indem es Empfindung ist, ist es allgemein, und
in dieser Allgemeinheit hebt es sich selbst als Individuum auf,　10
es wird zur Gattung. Von seiten des Äußern erscheint
ebenso dieser absolute Übergang in das Entgegengesetzte; das
für die Empfindung einzelne wird als ein Ideelles, Aufgehobenes gesetzt; als diese Identität der Einzelnheit und Allgemeinheit des Seins in seinem Aufgehobensein wird es das Organische selbst, und für das empfindende Animalische wird sein
ganzes Empfinden ein Äußeres; das, worauf es sich bezieht, ist es selbst als Empfindendes, oder die Idealität der
Empfindung wandelt sich dem Empfindenden unmittelbar in
Geschlechtsdifferenz um. Indem es als empfindend Gat-　20
tung ist, ist beides, die Unendlichkeit des SEINS des Individuums als Gattung oder daß ES die Empfindung ist und das
Äußere, ein empfundnes einzelnes, und umgekehrt ebenso,
daß es das einzelne und das Allgemeine, die Empfindung ein
Äußeres für dasselbe ist.

[1]ρ. In diesem Prozeß der Empfindung oder dem theoretischen Prozeß wird der / Nerv das Herrschende sein; wie im
innern Organismus, der different auf den äußern ist, die Seite
der Differenz, das Blut, und der absolute Begriff seine vollkommene Ausbildung erhielt, so itzt der Nerv als das allge-　30
mein Mitteilende, den absoluten Begriff unter sich Subsumierende. Der Nerv nimmt seine Ausbreitung in das differente
System im Gehirne zusammen und vereinigt darin seine Tota-

---

[1] *Der Anfang des Absatzes hieß in E (später geändert): ρ.* Der theoretische Prozeß fällt in den Nerv, er war im realen empfindend, als be-
wegend überhaupt tätig oder als empfangend; sich selbst als empfangend, organisiert er das innre System, indem er die in diesem gesetzte Besonderung zum realen Prozesse, zur Einfachheit der Haut zusammennimmt und alle Realität des Prozesses in ihm aufhebt.

lität als empfindende sowohl der Empfindung als solcher als
der willkürlichen Bewegung und breitet [sich] für die sich in
sich reflektierende gegliederte Empfindung in eignen Sinnesnerven gegen die allgemeinen Bewegungsnerven aus.

Indem der Nerv das Herrschende dieses Organismus wird,
so hebt er die in diesem gesetzte Besonderung des realen Prozesses in Muskel [und] Knochen auf, [nimmt sie] zur Einfachheit der Haut zusammen; und indem er das Allgemeine der
Empfindung gliedert, wird sie ZUM SINNE; sie ist א Empfinden überhaupt, ideale Flüssigkeit, und bezieht sich als
solche auf die Gestalt überhaupt; und [diese] ist das empfundne Element der Erde.

Für die Erde aber oder für die Gestalt als solche fällt die
Bewegung, ihre Idealität, außer ihr, und das Gefühl als allgemeines Empfinden bezieht sich auf das allgemeine Fürsichsein
des Gestalteten; die Momente sind die Sichselbstgleichheit in
der Besonderung, die sich auf sie beziehen, Schwere und
Schwere der einzelnen Körper gegeneinander, in der bestimmten Besonderung derselben und das allgemeine / flüssige
Aufheben derselben, Wärme und Kälte. Wie dieser Sinn allgemein für die allgemeine Gestalt, ist dieser allgemeine Sinn
ebenso Sinn der ganzen Gestalt des Animalischen. Alsdenn
ist er als allgemeiner Sinn zugleich Sinn in jedem besondern
Sinne; die andern Sinne macht es zu Sinnen, daß sie dieser
allgemeine Sinn in ihrer Besonderung sind. Aber ihr allgemeines Empfinden ist auch auf die Besonderheit ihres Empfindens bezogen, es ist different gegen dasselbe und hebt es als
besonderes auf; ב. dem allgemeinen Gefühl, das sich so auf
die gestaltete Materie bezieht, oder wie es der Ton in die
Flüssigkeit nach allen Dimensionen verbreitet ist, steht sein
Gegenteil der Existenz des Tones gegenüber, wie er als seine
einfache rein, eine Abstraktion bleibt, wie er ganz frei von
diesem Versenktsein ist und ist das ganz Ideelle der Gestalt, die Abstraktion der Linie, Fläche und des Punktes und
dieselben als auf die Zeit bezogen in der Bewegung und ebenso auf das ganz raum- und zeitlose Einfachsein des Tones. Das
Gesicht hat es mit nichts Körperlichem als solchem, mit seiner reinen Idealität, d. i. als äußerer Gestalt, und mit dem
absoluten Begriffe in seiner Abstraktion als Zeit, die sich auf
Raum bezieht, der Bewegung und Farbe [zu tun]. Im Ge-

sicht ist das Tier bis zur letzten ihm möglichen Abstraktion der Natur gedrungen. Es ist Licht und Raum, Linie und Fläche für dasselbe und Bewegung; aber es bleibt die Zeit selbst als solche, indem ihm [sonst] / die Zeit ein Äußerliches, Angeschautes würde, die Zeit ist die höhere Seite, es wäre die Unendlichkeit als solche, die es anschaute, oder es würde vorstellend.

א. Die auseinanderfallende reale und ideale Seite der Gestalt, die in ihren Momenten dem Gefühle und Gesichte angehören, in eins zusammenfallend, in ihrem Einssein organisiert und als diese Organisationen oder Individualitäten der Erde auf die Luft bezogen und ihre Besonderheit in diesem allgemeinen Elemente der Luft selbst als ein ganz Einfaches darstellend, wird zum Sinne des Brennbaren, der vereinfachten Individualitäten; der Geruch verhält sich zu der besonderten Erde als einer in ihrer Organisation einfachen; die Farbe ist nur die Abstraktion der Einfachheit, als Ton, das Prinzip der Organisation, nicht ihre Individualisation als einfach, die ihre entwickelte Differenz als Feuer in sich verzehrt und ihre Totalität als diese Einfachheit darstellt.

ז. Der Sinn für das Neutrale, den sich in ihm selbst aufschließenden Geruch und [das] in seiner Neutralität auseinandertretende Element des Wassers ist der Geschmack, der die Abstraktion des Kalischen und Sauren in der Indifferenz des Salzigten zusammennimmt und ihm das Süße entgegensetzt, und als Synthese von beidem das Bittre; übrigens[1], indem die Differenzen dieser Geschmäcke, durch / das Organische durchgegangen, selbst mehr oder weniger indifferenziert mit dem Geruche zusammenfallen und nur formal als Sinne unterschieden sind, so daß der Geruch dasselbe als indifferent aufnimmt, der Geschmack aber es zerstört.

ה. Der allgemeine Sinn, das Gefühl, das allgemein an ihm selbst in die indifferenten Sinne Gefühl und Gesicht auseinanderfällt und sich in [die] differenten Sinne des Geruchs und Geschmacks entzweit, das Allgemeine im Besondern, muß sich als absolute negative Allgemeinheit, als diese Besonderheit absolut aufhebend und sich als zurücknehmend daraus [als] ein Allgemeines, rein Einfaches setzen; jeder Sinn als

---

[1] *Ergänze sinngemäß:* ist dies so

solcher ist dadurch Sinn, daß er Gefühl, allgemeiner Sinn ist, seine Besonderheit in dem Allgemeinen des Empfindens aufhebt; diese negative Seite des Sinns muß als solche selbst existieren, dem positiv allgemeinen Sinne des Gefühls gegenübertreten; der Sinn des Tones als eines solchen ist diese einfache Unendlichkeit, in welcher das Tier dies, daß es allgemeiner Sinn ist, aller Besonderheit desselben entgegensetzt und in der Stimme seine Einzelnheit als solche in die Luft erhebt und ungetrübt und ungebrochen allgemein macht, abso-
10 lut mitteilt, so wie es im Hören eben diese Mitteilung empfängt. Der Ton der Kontinuität des irdischen Körpers ist nur Geräusch und Klang, Geräusch, insofern er nur die unmittelbare äußerliche, erzwungene Kontinuität der Reibung ausdrückt, Klang seine innere Kontinuität, wie vorzüglich das Metall; aber beide, der Klang selbst, sind nur äußerlich angeschlagen, erregt, sie sind ein mechanisches Erhallen des Körpers in sich / selbst als eine einfache Einheit, sie sind nicht der Sinn, der das absolute Fürsichsein der Bewegung als eines absolut Einfachen ausdrückt und ebenso gegen die als
20 fürsichseiend und als einfach erscheinende Bewegung indifferent ist. Die Stimme als das tätige Gehör und das Gehör als die empfangende Stimme sind es, worin die Empfindung des Individuums sich in sich zurücknimmt und sich als absolut Allgemeines konstituiert.

σ. In diesem theoretischen Prozesse macht das Individuum seine Individualität zum Allgemeinen, es setzt sich als Allgemeines, oder die Gattung ist in der Form[1] der Individualität, und das so sich als Allgemeines Setzende ist die in sich gegliederte Empfindung, das System der Totalität der Emp-
30 findungen, die als allgemeine Empfindung im Sehen sie formal allgemein, ideell macht, im Geschmacke und Geruche zu den Seiten der Brennbarkeit und Neutralität der einfach gesetzten und der aufgeschlossenen Unendlichkeit macht und in

---

[1] *In E folgte (später geändert):* der absoluten Einzelnheit der Unendlichkeit. Das Individuum wird sich als solches unmittelbar ein anderes, und die es wird, seine einfache Stimme, bricht sich; es hört das, was es spricht; sie reflektiert sich in sich selbst, indem sie in einem andern sich realisiert,

Gehör und Stimme sich [als] einfache in sich selbst sich bewegende Unendlichkeit setzt.

Indem in der Stimme das Einzelne absolut in sich zurückgeht, das Individuum sich als absolut allgemeines ausspricht, so ist dies sein Zurückgehen seiner ganzen Individualität, unmittelbar sein sich als dies Ganze Anderswerden; seine einfache Stimme bricht sich, und das Individuum tritt in die Geschlechtsdifferenz. In der Stimme fallen Gattung und Individuum, Allgemeinheit und Unendlichkeit in eins; / und in dieser absoluten reflektierten Einheit der Individualität[1] ist es sich als ganzes Individuum ein äußeres geworden; die Empfindung ist in sich selbst zurückgekehrt und ist ihr selbst Empfindung, oder sie in sich zerfallen; und als dies Ganze, was sie ist, hat [sie] sich verdoppelt und ist in dieser Verdopplung different gegen sich. Die letzte Vollendung des Organischen ist, daß es wie es in der Pflanze ist, Individuum und Gattung in eins fallen; aber die Vervielfältigung der Individuen ist nicht eine gleichgültige Vielheit, sondern eine differente.[2] /

[1] *In der Erststufe folgte (später geändert):* zerfällt in der Unendlichkeit; aber als absolute Einheit kann sie nicht anders zerfallen, als daß sie ganz als das, was sie ist, sich verdoppelt

[2] *Zwischen die Abschnitte σ und τ werden hier zwei Blätter als Fragment 14 eingeschaltet, die vor dem Beginn des Abschnitts τ ins Manuskript eingelegt sind. Nach Abschnitt σ liegen 20 Blätter, die nicht in diesen Zusammenhang gehören. Fragment 14 bildet eine neue Fassung zum* Prozeß *der Empfindung (vgl. die Abschnitte ρ, σ und τ). S. Einleitung der Herausgeber XVIIf.*

Fragment 14
Der ideale Prozeß oder der Prozeß der Empfindung . . .

Der ideale Prozeß oder der Prozeß der Empfindung bildet sich ebenso für sich aus, als er in den **beiden Prozessen des Animalischen**, dem Prozesse des Individuums und dem der Gattung ist und sie ebenso auseinanderhält als sie bestimmt, in ihnen ist, als er in Differenz, Gegensatz mit ihnen tritt,[1] indem er das **Tier beherrscht, es ganz zur Empfindung** werden läßt, Krankheit ist.[2]

Überhaupt bestimmt er a) den Prozeß der Individualität, die Ernährung; aa) zwischen die praktische Unmittelbarkeit des Aufgehobenwerdens der unorganischen Natur durch das Organische tritt die Empfindung als Mitte, hemmt dies Aufgehobenwerden;[3] und das Organische wird als ein Vernichtendes ideell gesetzt so wie das Unorganische. Das Organische, das sich so aufhält in dem Vernichten, in seiner Spannung besteht, und so, daß es als diese Spannung zugleich organisch unorganisch oder daß das zu Vernichtende, aber als ein noch Bestehendes in ihm ist, ist es Begierde; sie ist Empfindung als Allgemeines, und das Tier ist dies Allgemeine; es ist in ihr selbst beides, es als tätiges Organisches und das Unorganische als zu vernichtend, nichts als ein Äußeres, sondern diese Trennung ist in dem **Tiere selbst**; es ist a) das **Vernichtende** und das **Vernichtete** selbst ein andres als es; β) aber dies ganze Verhältnis, diese getrennte Beziehung fällt in dasselbe, es ist das Allge/meine als Begierde selbst die Beziehung der Spannung. ββ. Das **Entgegengesetzte**, das **Unorganische** wird ebenso durch die Empfindung bestimmt; in der Unmittelbarkeit des Vernichtetwerdens aufgehalten, wird es dem Tiere als dem Allgemeinen ein Entgegengesetztes, es ist ein Besonderes. Für die Empfindung des Tiers ist a) das Element entgegengesetzt und ein in

---

[1] *Daneben am Rande:* indifferentes System, Blüte des Tiers
[2] *Daneben am Rande:* Krankheit macht den Übergang zur Vernunft
[3] *Daneben am Rande:* ein Bestehen

sich besondertes;[1] das Element erhält in ihm seine allgemeine Existenz; für das Tier ist der Lebensstrom ein absolut gebrochener, es gliedert ihn in ihm selbst, sein Vernichten des Unorganischen ist eine Sukzession auf das Vereinzeln [des] Unorganischen.

γγ. Am Tier auf der andern Seite ist diese seine Begierde, so wie die Stillung derselben der Genuß und die Sukzession darin, so wie das die Vernichtung Hemmende Anschauung ebenso ein einzelnes; Empfindungen und Genüsse, die in ihm verschwinden und die in ihrem Sein selbst als einzelne sind, d. h. als allgemein gesetzte; als gesetzte nur als aufgehobne. In dem Tiere ist sich die absolute Selbständigkeit, die Schwere der Erde erst das absolut andre ihrer selbst geworden, sich zur Abstraktion der existierenden Zeit. Im Organischen überhaupt, in der Pflanze existiert das Ineinandergefallensein der beiden Bewegungen, der, [die] sich auf sich selbst und die sich auf andres bezieht und in ihrer Indifferenzierung, indem sie eins [werden], die Bewegung überhaupt; im Tiere fängt diese Bewegung an, sich selbst ideell zu werden und in die Momente ihres Begriffes sich zu zerlegen; sie existiert im Tiere als Zeit;[2] es ist für das Tier ein Besonderes, der Punkt der Reflexion, der sich in seinem Sein wieder aufhebt, und das Tier ist dieser aufhebende, in sich als Bestimmtes verfließende und in seinem Verfließen sich selbst gleich bleibende Punkt. Im Menschen wird die Zeit selbst das besondre Aufgehobene, und er wird absolut existierender Raum.

β. Wie die Empfindung den Prozeß der Individualität bestimmt, ebenso / bestimmt sie den Charakter des Prozesses der Gattung; sie selbst ist überhaupt dies, daß das organische Individuum an ihm selbst Gattung ist; dadurch ist denn überhaupt der Prozeß der Gattung ein Zerfallen an zwei Individuen. Aber für die Empfindung als solche ist die Individualität selbst als allgemeine, und für das Individuum kommt ebenso sein Aufgehobenwerden in der Gattung unter die Potenz der Empfindung; sie wird ebenso zwischen der Unmittelbarkeit seines Aufgehobenwerdens in der Gattung eine Mitte, die in das Individuum selbst fällt; das Verhältnis hat

---

[1] *Daneben am Rande:* ein andres, als zu vernichtendes
[2] *Daneben am Rande:* wird nicht Herr der Zeit

zuerst überhaupt die allgemeine Form der Begierde, daß das Aufgehobensein des Individuums gehemmt[1] und sein Sein und sein Aufgehobensein in ihm zugleich und auseinandergehalten ist. Aber es als die befriedigte Begierde, daß es zur Gattung geworden ist, sein Sein als Gattung stellt sich ihm als ein andres, als es selbst ist, dar; im Erkennen des Kinds ist das Tier sich gewordne Gattung, und sein Vernichtetsein in ihr hemmt sich selbst und setzt sich der gewordnen Gattung gegenüber. Dies, daß dem Tier die Gattung im Kinde selbst ein Äußeres wird, daß es sich von ihr unterscheidet, dies Äußerlichwerden der Allgemeinheit ist die höchste Form der Vernünftigkeit, deren das Tier fähig ist; es ist darin auf die Gattung selbst als auf ein einzelnes bezogen. Indem [es] sich auf die Gattung nicht als auf einzelnes, sondern selbst als auf Allgemeines und in Beziehung auf die Einzelnheit [als] in sich Geteiltes bezieht, indem es in Herden lebt und gemeinschaftlich auf Futter ausgeht sowie gemeinschaftlich wohnt, hat es die Darstellung einer höhern Beziehung auf die Gattung, aber dies Allgemeine ist hier selbst nichts als eine Menge von Einzelnen; sie ist nicht ein allgemeines Einfaches als solches; mit diesem, daß das Allgemeine als solches existiert, mit dem unmittelbaren Verwandeltwerden der Einzelnheit in einfache Allgemeinheit tritt das Organische zur Vernunft über.

γ. Diese Mitte, welche das unmittelbare Ineinsfallen des Gegensatzes hemmt, und beide, in ihm auseinander, zusammenhält, die Empfindung, wie sie das All/gemeine des Prozesses der Gattung und der Individualität ist, so ist sie auch für [sich] und bildet sich als eignes System aus, als System der Sinne, allgemeines System, dem Momente des organischen Systems, das sich auf Geschlechtsverschiedenheit bezieht, gegenüber; es bleibt so am Tiere ein System als Moment des Ganzen, das unter der Herrschaft der Individualität, der numerischen Einheit bleibt oder als Zeit; es fällt mit dem, daß das Tier Gattung ist, nicht zusammen und ist als für sich seiendes System ein gegen den animalischen Prozeß indifferentes, nicht sie beherrschendes, in sich selbst auflösendes; indem es das Tier innerhalb seiner selbst dazu erhebt, daß

---

[1] *Daneben am Rande:* Gibt ein Bestehen

sein Allgemeines sich gegen seine Differenz fixiert, für sich ist, nicht mit ihr zusammenfällt, so ist die Krankheit gesetzt, in welcher das Tier über sich hinaus will; indem es das Allgemeine für sich organisieren kann, unbezogen auf den animalischen Prozeß oder als das Nichtallgemeine des tierischen Lebens zu fixieren strebt, geht es nur in seinen Tod über. /

Fragment 15
τ. Der Organismus hat sich also . . .

[1]τ. Der Organismus hat sich also auf diese Weise vollendet, daß er aus dem Gestaltungsprozesse sich in den innern Organismus zurücknimmt, der selbst ein differenter, auf den äußern bezogener ist.

Für den äußern Organismus ist die Individualität überhaupt außer sich und seine unorganische Natur ihm entgegengesetzt, ein anderes als er selbst. Der äußre Organismus wird sich ein innerer; er setzt seine unorganische Natur als sich selbst, indem er seine allgemeine animalische Indifferenz, die animalische Flüssigkeit erzeugt. In diesem Sich-Einswerden wird er sich ein inneres System; er reflektiert sich als Organismus in sich selbst, und seine Reflexion in sich selbst ist die Gegliederung des innern Systems. Dies mittlere System[2] befreit sich von dieser Beziehung, macht sich im Systeme der Sinne zum theoretischen allgemeinen Prozesse; die Empfindung realisiert [sich] in der Vielheit der Sinne und kehrt in der Stimme in sich selbst zurück, und das Individuum wird dieses absolute Zurückkehren seiner als eines Ganzen, das Empfindende in ein anderes. Dies Ganze, sein Objekt, seine unorganische Natur, auf die es [sich] bezieht, die es verzehrt, ist die animalisierte unorganische Natur, die Lymphe / der Reproduktion, die Flüssigkeit, in der es sich realisiert, in der es sich gliedert, [sich] in sich differenzierend. Mit dieser Flüssigkeit liegt das innerliche System im Streite und setzt die Kohäsion seiner Differenzierung in allgemeine theoretische Ernährung, Besonderung der Lymphe in allen Momenten des animalischen

---

[1] *Vermutlich Fortsetzung von Fragment 13, vgl. 164, Fußnote 2.*

[2] *In E folgte (später geändert):* wie es in den Sinnesorganen sich in eins zusammennimmt, aber in die Vielheit der Sinne auseinanderfällt, nimmt sich [in] den Geschlechtsteilen absolut in eins zusammen; das empfindende, in die Sinnesnerven und Werkzeuge auseinandergehende System, das als Mitte sich auf die Lymphe der Reproduktion bezieht, wird absolut different, wird in den Geschlechtsorganen absolut Einfaches und nach außen different. Dies Ganze zusammen ist das sensible System

Systems. Indem die Lymphe die Flüssigkeit jedes besondern Organs wird, ist sie, wie die Sinne das ideal Allgemeine, zum real Allgemeinen in Besondern [geworden]. Indem das Flüssige im höhern Nervensystem sich von diesem realen Sein im Besondern befreit und zum absolut Allgemeinen wird, in dem das Besondre nur als ein aufgehobenes ist, ist es theoretisches System.

Der ganze Organismus, der sich so gegliedert hat und diese Dreiheit von Systemen ist, ist ebenso absolut eins, und jeder seiner organischen Teile ist selbst diese Dreiheit von Syste-   10
men, ungetrenntes Werden.

[1]*v*. Der theoretische Prozeß als System der Sinne ist das Allgemeinwerden des Individuums als eines solchen; es ist empfindend; die Empfindung ist gegen die eigentliche Animalität, den Gestaltungsprozeß und die Beziehung des mittlern Systems auf ihn gleichgültig, gleichsam nur eine begleitende, gleichgültige Funktion, allgemeines Eins-sein, die die Lebendigkeit des Prozesses ist, aber nicht als tätig gegen einen solchen eingreift, sondern in ihm verschwin-det, in ihm versenkt ist; der Nerv ist in ihm nur als die Ner-   20
vengehirne des Unterleibs, / nicht als das empfindende mittei-lende Gehirn. Das theoretische System als Geschlechts-verhältnis reflektiert sich ebensowenig in sich selbst; es ist nur die Beziehung des Individuums auf ein andres; die Gat-tung ist die nicht hervortretende Mitte, welche als solche sich auf das Individuum bezöge. Aber das absolute Wesen des ani-malischen Individuums ist Gattung, Idee, Allgemeines zu sein; und diese Seite, nach welcher es allgemein mitteilender Nerv

---

[1] *Der Absatz begann in E (später gestr.): v.* Die Krankheit ist allein darin möglich, daß entweder das System über die animalische Lym-   30
phe nicht Meister wird und seine lebendige Einheit nicht mit der Flüs-sigkeit zusammenfällt und darum entweder in die des Nerven- oder Blut-systems fällt und diese in sich different, kohärent macht oder daß sie dieselbe übermächtig verzehrt, so daß die Wechselwirkung ganz in sich zurückfällt, das Individuum aus sich zehrt und in sich ein abgeschlosse-nes Ganzes ausmacht und die tätige Beziehung der Flüssigkeit gegen die Außenwelt aufhört.

Der innere absolute Organismus ist eine in sich geschlossene Welt, die ihre unorganische Natur ebenso absolut in sich enthält und in ihrem Pro-zesse nur auf diese gerichtet ist; diese Flüssigkeit ist das Band des äu-   40
ßern und innern Organismus;

ist, ist seiner Individualität als solcher entgegengesetzt, es ist
ein andres als sein animalischer Prozeß, in welchem das Allgemeine nur das nicht hervortretende, nur im einzelnen ist.
Der Organismus hat sein Leben wesentlich darin, diese Bewegung zu sein, die aus der Indifferenz der Flüssigkeit in die Differenz seiner Momente sich potenziert und in der Flüssigkeit
seine differente Bewegung erhält. Diese Unmittelbarkeit des
Übergangs, daß diese Mitte nicht ihren Seiten entgegengesetzt
ist, ist das Wesen des tierischen Organismus. Indem die Indif-
10 ferenz der Flüssigkeit sich abtrennt von dem absoluten Dif-
ferenziertwerden und sich ihm entgegensetzt, so ist in dem
Organismus Krankheit gesetzt. Die Krankheit ist wesentlich
dieses Fürsichwerden des positiven Allgemeinen des Organismus gegen seine Unendlichkeit, gegen die negative Allgemeinheit; die Flüssigkeit hört auf, die unmittelbare indifferente
Mitte zu sein, das unmittelbare Gegenteil ihrer selbst zu sein.
Indem der Unterschied des äußern und innern Organismus, wie wir jenen als sich in Knochen und Muskel, diesen als
sich in Nerv und Blut differenzierenden Organismus erkannt
20 haben, so ist dies nicht so zu verstehen, als ob Knochen und
Muskel von Nerv und Blut abgetrennt wären, sondern jeder
organische Teil ist das Ganze des / Organismus selbst, und
Knochen ist an ihm selbst auch Muskel und Nerv und Blut,
der Muskel Blut und Nerv und der Nerv ebenso; die unterschiedenen Momente sind selbst wieder Momente an jedem einzelnen Teile; jeder Teil ist ebenso selbst unmittelbar
innrer und äußrer Organismus, das Flüssige, das sich in ihm
differenziert, und ein Zurückfallen in dasselbe, in seiner Gegliederung ein Setzen seiner selbst auf Kosten des Flüssigen
30 und ein Aufheben seiner selbst, sein Werden zum Flüssigen
die belebende Differenz und die aufzuhebende Differenz; jeder verhält sich ebenso nach den beiden Seiten der Flüssigkeit als der Mitte. Dieselben sind für die Flüssigkeit innerer
Organismus; für den innern belebten Organismus ist sie das
Aufzuhebende, das, worin er seine Differenz als Nerv und
Blut erhält und es in seinem Prozesse aufzehrt;[1] es ist das
Zusammenschließende der Kette, das immer aufgewendet

---

[1] *Auf dem oberen Rande:* In diesem Gegensatze, worin Flüssigkeit
und Feuerprinzip ein fixes Bestehen gegeneinander erhalten

wird an die Glieder selbst und in dem sie zugleich lebendig als tätig zusammenhängen. Wie die Flüssigkeit hier die passive Mitte ist, so sind dieselben Glieder auch für sie äußerer Organismus; sie ist das Belebte, die tätige [Mitte], ge/richtet gegen ihre unorganische Besonderung und dieselbe in die Indifferenz der animalischen Flüssigkeit aufwendend. Diese ihre Tätigkeit ist allein die Differenz der Spannung, welche sie, als sich auf den innern Organismus beziehend, erhält, das Feuer, insofern es in ihr erscheint. Mit der Macht, welche die Flüssigkeit gegen den innern Organismus erhält, d. h. ein Indifferentes zu bleiben, nicht in seine Differenz potenziert zu werden, geht unmittelbar ihre Macht gegen ihn als äußern in seiner Besonderung sich fixierenden Organismus verloren; denn jene Macht besteht darin, daß sie nicht als indifferente Flüssigkeit als solche bleibt, sondern daß sein Feuer zugleich in ihr die Differenz, negativ, mächtig ist;[1] sie als positiv Allgemeines und der absolute Begriff der Lebendigkeit, das unmittelbare Gegenteil seiner selbst zu sein, fallen auseinander.

Indem nun die Flüssigkeit als allgemeine Mitte aufhört, nach diesen beiden Seiten different zu sein, das Gegenteil ihrer selbst zu werden, sich für sich konstituiert oder indem die Empfindung in den animalischen Organismus fällt und als seine Flüssigkeit für sich ist, so ist Krankheit in ihm vorhanden. Diese für sich werdende Flüssigkeit ist ebenso unfähig, ihre passive Funktion zu haben, in die Gegliederung des innern Organismus potenziert zu werden als gegen ihn als besonderten tätig zu sein und ihn als äußern zum Produkte werdenden Organismus zu indifferenzie/ren. Indem so die Flüssigkeit sich fixiert, so ist sie ebenso unfähig, entweder die Lebendigkeit des Feuerprinzips in sich zu empfangen und zum Tätigen zu werden, als die für sich werdenden vereinzelten Systeme in ihrer vereinzelten Tätigkeit zu mäßigen und sie in die Allgemeinheit, Indifferenz zurückzuführen. Das allgemeine lebendige Prinzip aller Teile, das nicht mehr mit der flüssigen Mitte zusammenfällt, irrt gleichsam umher, fällt in den

---

[1] *In E folgte (später gestr.):* Wird dies aber zu mächtig in ihr, so verliert sie ihre Indifferenz als Flüssigkeit; die ganze Ernährung des Körpers zehrt sich auf, sie kann sich von außen nicht ersetzen, denn ihre Tätigkeit besteht ebenso in ihrer animalischen Indifferenz.

Nerv oder in das Blut und springt von einem zum andern
über, indem es itzt in dem einen seinen Sitz hat, es die [eine]
Seite gleichsam zum ganzen innern Systeme erhoben, die
andre aber zur Flüssigkeit gemacht hat,[1] aber hierin eben den
Wechsel zwischen beiden erhält, so daß dieses, welches itzt
das Flüssige war, eben durch seine Beziehung auf das andre in
die Tätigkeit übergeht und es itzt das Tätige wird.

Der reine Verlauf des Fiebers ist diese Erscheinung der
in dem Organismus sich setzenden Trennung des Lebensprinzips und der Flüssigkeit und der Wiederherstellung der Einheit derselben. Es stellt sich in ihm die absolut differenzierende Tätigkeit des Organismus dar, wie sie außerhalb der
Flüssigkeit die nichtflüssige Gegliederung sich zur Flüssigkeit
macht und indem diese so ihr Produkt ist, die Trägheit der
Flüssigkeit überwunden setzt und ebendarum auch sie absolut
passiv macht, d. h. fähig, sich in sich zu den besonderten Teilen zu gliedern. Das Fieber, was [als Feuerprinzip] im gesunden Zustande als eines gesetzt ist, erscheint hier in / einer
Sukzession. Dem Fieber geht eine allgemeine Erschlaffung aller Funktionen voraus; das ganze System des Organsimus fällt
in die Flüssigkeit, die sich für sich fixiert, a) das [als] absolute
Differenz belebende Prinzip fällt nicht in sie, sie ist untätig,
unbelebt, und jedes Belebende ist ohne die positive
indifferente Einheit, es gerät in einen einzelnen Teil, β)
[sie ist] ebenso ihrem Differentwerden widerstehend, unbelebt, für die Ernährung absolut passiv. Die belebende Tätigkeit, welche nicht in der allgemeinen Flüssigkeit des Organismus ist, nicht indifferente Einheit, fällt in das Glied der Flüssigkeit, das selbst flüssige, allgemein mitteilende Moment des
belebenden Gegensatzes, in den Nerv, der hiedurch die Erscheinung des Blutes und Muskels an sich erhält,
kontrahiert und expandiert, in sich schaudert und ebenso
den Muskel nicht in der Einheit der Empfindung hält, ihn für
sich freiläßt, ihn in einer abwechselnden Ausdehnung und
Zusammenziehung zittern macht; in der Haut als der Indifferenz des Nervens und des Muskels erscheint itzt ebenso nur
die isolierte Belebung [des] Nerven und empfindet Kälte,

---

[1] *In E folgte (später gestr.):* oder es befestigt seinen Sitz in einem dieser Systeme.

indem das absolut Flüssige, Mitteilende, das Nervenprinzip in
sich different, im Triebe zur Gestaltung, zur Starrheit, krank
ist.

Diese Sthenie des Nervenprinzips hat unmittelbar
das Blutsystem, indem / jenes in sich selbst das ganze Lebendige ist, zur indifferenten Flüssigkeit heruntergesetzt; aber indem in das Nervensystem das differente Prinzip gefallen ist,
ist es selbst dasjenige geworden, was eigentlich die Blutbewe-
gung ist; indem so die differenzierende Belebung in das Blut
fällt, hat [es] auf diese Weise nicht ein sich entgegengesetztes 10
Prinzip, und die Sthenie des Nervensystems geht in eine Sthenie des Blutes über; denn es ist selbst diese differente bewegte
Seite des Organismus insofern anders tätig, als es itzt selbst
auch die absolute Indifferenz seiner Bewegung in sich
hat, die ganze Seite des lebendigen Prozesses, da im gesunden
Zustande die Eine Seite der absolut indifferenten Flüssigkeit
dem Nerv angehört; und die animalische Lymphe, die Indifferenz beider, ist das dritte. Der Organismus, der itzt bloß Blut
ist, wird sich darin zur indifferenten Flüssigkeit, oder
das Blut erscheint als das, als was es gesetzt ist, und ein 20
Schweiß, ein Hautausschlag oder ausbrechende Hautkrank-
heit, auch Ausleerungen aller Art, stellen die Flüssigkeit dar,
die in den lebendigen Momenten des Organismus erzeugt, nur
eine Indifferenz ist, als Indifferenz derselben und zugleich als Produkt ausgeschieden wird, nicht für sich seiend, sondern aus ihnen herkommend; der Schlaf, der darauf
folgt, bekräftigt, zeugt gleichsam das In-eins-Gewordensein
der Funktionen, oder er / ist das Gefühl desselben. Aber
diese Flüssigkeit fällt nicht sogleich als Schweiß u.s.f., als
Produkt ganz außer dem Organismus, sondern in die Haut als 30
Ausschlag u.s.f., so[1] haben Nerv und Blut nur die Eine Seite

---

[1] *In E folgte (später gestr.):* hält sich das Werden des Blutes zur Indifferenz darin auf;[1a] die Sthenie desselben dauert als Entzündung fort,
das Noch-nicht-Überwundensein der Flüssigkeit bleibt eben dies Fieber,
nur daß es sich kürzer im Nerv aufhält; — bis die sich organisierende
Flüssigkeit ganz zum toten Produkte wird. In diesem Ende der Krankheit hat der innre Organismus seine Herrschaft in der Flüssigkeit be-
währt; und sie ist wieder selbst tätig geworden; und wendet sich so belebt auf die äußere Reproduktion.

[1a] *Daneben am Rande gestr:* das Umgekehrte des Potenzierens der Flüssigkeit 40
zu Blut und Nerv stockt

des organischen Verhältnisses hergestellt, nämlich ihre Entgegensetzung gegen die Flüssigkeit aufgehoben und sind flüssig geworden; aber die andre Seite, daß die Flüssigkeit
ebenso wieder aufgehoben und in sie differenziert werde, ist
noch nicht gesetzt; und im entgegengesetzten Fieber macht
sich der umgekehrte Prozeß der Gegliederung [zur] sich auf-
lösenden Lymphe. Sie hat nacheinander die beiden Seiten ihres Seins dargestellt, ihre Tätigkeit, in der Nerv und Blut zur
Flüssigkeit werden, und ihre Passivität, daß sie wieder in diese
Differenz der Gegliederung zurückkehrt.

Dies, daß die innern Momente des Organismus durch
das Blut sich selbst zur Flüssigkeit werden, das Zehren, der
Organismus zehrt aus ihm selbst; in diesem sich organisierenden Zehren hemmt sich jenes Flüssigwerden zwischen ihm
und dem, daß dies nicht die allgemeine Flüssigkeit ist oder
daß es immer nur zum Produkte kommt; die Schweiße und
Ausleerungen sind dann überhaupt schwächend; die produzierte Flüssigkeit muß mit der Tätigkeit selbst in die Flüssigkeit, in die Haut / fallen und so ebenso zur Indifferenz, zum
Gleichgewicht gegen die sich isolierende Nerv- und Bluttätig-
keit gelangen; sie muß die Indifferenz des Nerv und Bluts
sein oder diese absolut verbinden; sonst fällt ihre Belebung
außer der Belebung der Nerv- und Blutdifferenz, sie ist nicht
zugleich das Retardierende der letztern.

φ. Dies ist die wesentliche Theorie der Krankheit. Von diesem allgemeinen Prozesse der Krankheit müssen alle ihre unendlich mannigfaltigen Formen derselben begriffen werden;
das Fieber ist gleichsam die Theorie derselben; und die bestimmten Formen der Krankheit sind darin gesetzt, daß jedes
organische Moment selbst der ganze Organismus ist und das
lebendige Prinzip in es fallen und darin sich aufhalten
kann, sich gegen das übrige als das Nichtflüssige verhält, dies
aber sein Flüssiges wird, oder in Beziehung auf die Krankheit;
so hat sie nicht ihren reinen Verlauf des Durchgehens durch
alle Systeme, das sich mit der allgemeinen Indifferenzierung
endigt, und es bleibt ein Moment das Fixe. So z. B. bleibt
das Moment des Schauderns das Moment, in welchem die absolute Bewegung in das Nervenprinzip fällt, absolut so das
Fixe, daß keine Spur des Fiebers nach dem Übergange der
Tätigkeit in die andern Systeme vorhanden ist, so ist die

Krankheit, Epilepsie und was hieher gehört; bleibt dies Moment so das Fixe, daß es nicht durch die übrigen Systeme hindurchläuft, nur ein formales Fieber darstellt, daß die absolute Sthenie des Nervensystems das Herrschende ist, so ist es Nervenfieber. Hemmt / sich die Tätigkeit, so daß [das Blut] sich durch seine Tätigkeit zu seinem indifferenten Flüssigwerden reduziert, überhaupt das innre System dabei, daß sie nur immer zum Produkt wird, ohne daß wieder dieses Indifferentwerden, diese Flüssigkeit rückwärts zum Potenziertwerden aufgelöst wird, also die Besonderten nicht wieder Produkt werden, so zehrt sich der Organismus in der Schwindsucht oder im Zehrfieber überhaupt auf. Fällt der äußre und innre Organismus, d. h. das Potenziertwerden der Flüssigkeit zur Gegliederung und das Aufgehobenwerden der Gegliederung, in der allgemeinen Flüssigkeit [zusammen], so wird die Flüssigkeit ganz eine fixe indekomponible Flüssigkeit sowie eine nicht produzierte Flüssigkeit. Sie wird zum Nerv, und zwar zum Nerven als dem System der Gehirne der Reproduktion, und hiemit das höhere System kann sich in seine Idealität entzweien, [nicht] zur freien Funktion der Sinne kommen, so ist Hypochondrie vorhanden, die, wenn sie sich mehr in der Seite des Blutsystems der Reproduktion fixiert, Melancholie wird.[1]

Wir sehen, daß die besondern Krankheiten gleichsam unreine Fieber sind, Fieber / überhaupt die lebendiggewordne Krankheit ist und im Nerv Ohnmacht, Epilepsie, im Blut Bräune, Brand, indem der innre, ideale Organismus in den niedrigern der Reproduktion fällt, Hypochondrie werden; der Übergang zur Gesundheit aber ist notwendig das Fieber, und man sieht, warum die ältern Ärzte besonders es als die absolut wohltätige Bemühung der Natur zur Heilung angesehen haben.

χ. Es ist hier der Ort nicht, diese Ansicht der Krankheit mit itzt und ehmals im Schwange gegangenen Theorien

---

[1] *In E folgte (später gestr.):* So wie wenn das hierin beschränkte Leben zum Fieber auseinandergeht und hiemit in den Gegensatz der den äußern Organismus belebenden Flüssigkeit, das System derselben in Magen, Galle, Pankreas und das venöse Blut überhaupt gerät, die mancherlei ehmals sogenannten gastrischen Krankheiten

zu vergleichen und entweder sie durch die Übereinstimmung
zu bekräftigen oder im Widerspruche mit ihnen sie zu verteidi-
gen; ich merke nur so viel an, daß der Organismus so wie
Krankheit und wie alle Gegenstände der Erkenntnis überhaupt ebensowohl ganz f o r m a l angesehen werden kann s o -
* wie ganz m a t e r i a l. Zur ganz m a t e r i a l e n toten Ansicht
ist d i e H u m o r a l p a t h o l o g i e zuletzt herabgesunken, die
sich auf den Organismus überhaupt als auf ein in sich Indifferentes, vielfaches Geteiltes und S p e z i f i s c h e s bezog, jedes
10 einzelne System als Kranksein fürsichseiend betrachtete und
ebenso auf ihn reagierte, als ob die einzelnen Systeme, so wie
die sich als tätig darstellende gegen das als untätig Erscheinende der Flüssigkeit, ganz auseinanderfielen und nicht wesentlich different gegeneinander wären und das Flüssige, wie
es als das reine Produkt der flüssigen Glieder erscheint, ebenso nur fortzuschaffen [sei], nicht durch / die Belebung des
Ganzen sowohl selbst belebt [werden] als die differenten organischen Teile des Ganzen ernähren müßte, für sich auf dasselbe a g i e r t e ohne auf die Lebendigkeit des Organismus
20 selbst.
* Die formale Ansicht behandelt den Organismus und die
Krankheit als e i n G a n z e s, absolut Zusammenhängendes,
dessen Teile schlechthin nur ihr Sein im Ganzen haben; sie
reagiert gegen ihn ebenso als ein Ganzes. Aber sie bleibt
f o r m a l; und s t a t t ein Ganzes von Systemen und ein lebendiger Prozeß derselben zu sein, ist es ein Ganzes überhaupt,
dessen Bewegung nicht als eine Bewegung dieses lebendigen
Organismus erkannt wird, sondern eine formale, bloß logische Konstruktion bleibt. Das W i r k u n g s v e r m ö g e n, die
30 E r r e g b a r k e i t, E r r e g u n g u n d R e i z e sind formale, bloß
logische Beziehungen, deren Realität sie, wie sie [im] animalischen Organismus sind, nicht aufzeigt. Wo das Konkrete des
animalischen Organismus für diesen Formalismus etwas werden soll, da wird dasselbe statt den ehmaligen Abstraktionen
des Bestehens: die molécules, die feinen Teile, die Elemente
des Mikroskops zu den chemischen Abstraktionen, den Elementen des Tiegels und der Retorte, zu den bekannten S a u -
er- u.s.f. S t o f f e n. Der Gegensatz zwischen Flüssigem und
Unendlichem, der sich in der Krankheit fixiert, bleibt die for-
40 melle innormale Störung des Gleichgewichts der Reize und

des Wirkungsver/mögens. Die formale Ansicht, die sich nicht
auf die Gegliederung des Organismus einläßt, kommt deswegen sogleich in die Verlegenheit, wenn sie nun die Störungen
in ihrer Mannigfaltigkeit und als ein System erkennen sollte.
Sie kann nicht weiter als zu dem oberflächlichen, nichts er-
kennenden Unterschiede des Mehr oder Weniger der Erregung
kommen, die Krankheit als die Abstraktion der Sthenie und
Asthenie begreifen; und wenn sie dies Mehr oder Weniger
selbst als ein verschiedenes Verhältnis des Verhältnisses der
Reize und des Wirkungsvermögens erkennen will, so kommt
sie in den sonst gerügten Widerspruch, daß sie das eine steigen
und das andre fallen läßt, da beide schlechthin nur Bedeutung
füreinander haben, keine Reize für das Wirkungsvermögen
sind, als insofern dies tätig ist, und umgekehrt beide absolut
im Gleichgewichte bleiben und der Unterschied nur eine Ver-
größerung oder Verminderung der beiden Gleichen zugleich
sein kann, was kein Erkennen ist. Wesentlich ist durch diese
dynamische Ansicht der Organismus in den absoluten Begriff
erhoben, zu einem Ganzen, organisch in sich Differenten geworden. Das bloß indifferente Materiale des Organismus
ist verschwunden, nach welchem die physische Tätigkeit
des Organismus mehr eine äußerliche mechanische Tätigkeit
als eine lebendige und der Sitz einer Krankheit in einer bestimmten Materie / selbst ein vorzüglich mechanisches und
einzelnes Hindernis ist und eine äußerliche Reaktion auf ihn
möglich ist. Aber die dynamische Ansicht muß ebensowenig
das reine Gegenteil des Materiellen, gleichbedeutend mit Formalismus bleiben, sondern den Organismus, den sie einfach
gemacht hat, ebenso in ihm wieder gliedern und die formal
begriffenen Unterschiede des Organismus und seiner Krankheiten als Systeme des Organismus, nicht als die Abstraktionen der Nerv- und Muskelfaser oder gar der Stick- u.s.f. Stoffe und als lebendige Bewegungen dieser Systeme gegeneinander erkennen; sie muß ihre Begriffe wesentlich realisieren,
ebenso die Krankheit erkennen danach, was im daseienden
Organismus Moment des Organismus ist, sich fixiert, darauf
geht, sich zum Ganzen zu erheben, und sich in Tätigkeit gegen
den ganzen übrigen Organismus setzt und so, indem sie auf
den ganzen Organismus reagiert, zugleich auf ihn, wie er itzt
in einer Bestimmtheit gesetzt ist.

ψ. Mit der Krankheit überschreitet das Tier die Grenze seiner Natur; aber die Krankheit des Tiers ist das Werden des Geistes; in der Krankheit hat sich das Allgemeine, die Flüssigkeit isoliert, was, da sie schlechthin von dem unendlichen Begriffe der Differenz des Systems belebt und absolut nur als Eins nicht ihre Allgemeinheit und Leben ist, nur mit dem Tode enden kann, indem in dem Gegensatze ebensowohl das Lebensprinzip als sie sich aufzehrt. Der ganze Organismus versucht, zum theoretischen Prozesse, zum Fürsichsein des
10 Allgemeinen / zu werden; aber der absolute Begriff existiert nur als die organische Gegliederung des Tiers, und er selbst kann sich nicht hieraus in jene sich isolierende Allgemeinheit erheben und absolut eins mit ihr, selbst so einfach werden.[1] Die Idee des Organischen ist, daß das Allgemeine und die Totalität Eins sei, die Pflanze drückt diese Idee aus. Aber insofern sie in ihrem Anderswerden sie selbst bleibt, hört sie auf, Einzelnheit zu sein; das Animalische ist das beginnende Einswerden der Unendlichkeit der absoluten Einzelnheit und der Einfachheit, indem es Empfindung ist, oder daß es in sei-
20 ner Einzelnheit, in seiner Einfachheit das Anderssein seiner selbst hat, sich selbst empfindet.[2] Aber diese Allgemeinheit ist nicht frei für sich, sie ist versenkt in die Einzelnheit, nur die Einzelnheit gegenwärtig.[3] In seiner Empfindung ist das Empfindende ein einzelnes, ein andres, als es selbst ist;

---

[1] *Es folgte als Überarbeitung von E (später gestr.):* Der theoretische Prozeß ist wohl selbst diese Einheit der Individualität und der Gattung, das Sein des absoluten Begriffs in der Einfachheit; er ist das, was die Individualität selbst mit dem Charakter der Gattung bezeichnet. Aber auf der Stufe, worauf wir hier stehen, ist diese Einheit der
30 Einfachheit und der Unendlichkeit nicht frei; sie ist nur frei oder Realität in ihr selbst, indem sie als diese Einheit sich in sich reflektiert, sich in sich organisiert, daß das Anderswerden ihrer selbst selbst diese Einheit des Allgemeinen und der Unendlichkeit ist und sie als Totalität ein Gewordnes aus solchem Gegensatze.

[2] *In E folgte (später gestr.):* das, was sie empfindet, ist seine Einzelnheit, und daß es diese Einzelnheit empfindet, ist seine Allgemeinheit, sein Gattungsein

[3] *In E folgte (später geändert):* das andre, als sie selbst ist, und was es als sich selbst empfindend ist, als Empfindung seiner selbst, als anderes
40 Geschlecht, oder als Kind, schlechthin ein einzelnes. In der Krankheit ist das, was es von sich unterscheidet, seine Flüssigkeit, seine Allgemeinheit

aber es hat dieses Anderssein nicht an / ihm selbst, sondern
außer ihm; das Tier ist die Zeit, die daran vorbeigeht und in
der seine Empfindungen selbst als einzelne vorübergehen; die
Allgemeinheit ist nur in Form der Notwendigkeit, die
Unendlichkeit nur die verborgene Einheit ihrer Gegensätze.
Das einzelne der Empfindung ist für das Tier bezeichnet als
ein Ideelles, Negatives, es ist als ein Aufgehobenes; aber es hat
seine Idealität nicht an ihm selbst, sondern seine Idealität ist
nur als die andre Seite des Gegensatzes, das Allgemeine nur
ein Übergehen zu andern; dies Aufgehobensein des einzelnen 10
durch das Entgegengesetzte, durch das andre seiner selbst,
sind entgegengesetzte, sind zwei Tätigkeiten, zwei Empfindungen.

Seine Empfindung als organisches Ganzes, organische
Gegliederung ist ebenso ein Übergehen aus dem innern in
den äußern Organismus; und indem es sein Empfinden als
dies Ganze, was es ist, anschaut, seine Totalität als das andre
Geschlecht und als sein Erzeugtes, so ist dies ebenso
schlechthin unter der Form der Einzelnheit für es gesetzt,
und es bezieht sich auf das andre Geschlecht nur durch die 20
Begierde, darauf, die Einzelnheit aufzuheben, nicht in einem
Anschauen, in welchem die Einzelnheit unmittelbar an ihr
selbst aufgehoben ist; und sein Werden zur als aufgehoben
angeschauten Einzelnheit, zum Kinde, ist ebendarum selbst
wieder eine andre Einzelnheit, eine Vervielfältigung des Individuums; es ist nicht als Einzelnheit sich gewordene Totalität, sondern als diese gewordene eine andere. In der Krankheit ist die beginnende Befreiung von der Einzelnheit, das,
was es von sich unterscheidet, und das Setzen des Übergehens
als eines existierenden Einfachen. Aber es ist nur als Einfach- 30
heit Allgemeinheit, wie es sich heraushebt, die indifferente
Flüssigkeit, nicht zugleich der absolute Begriff, der in diese
Einfachheit übergeht, / sondern der nur im Gegensatze des
innern und äußern Organismus besteht und an ihm selbst nur
auf einzelnes Beziehung hat.

Aber das absolute Wesen des Animalischen ist das absolute

als solche; aber dieses, daß das unterschiedne Allgemeine ist, jenes Allgemeine, das schlechthin nur in der Empfindung ist, nur auf Einzelnes
Beziehung hat.

Einssein des Allgemeinen und Unendlichen, daß der absolute
Begriff in seinem Gegensatze wie das Feuer absolut einfach
ist und das Sein des Gegensatzes die positive Allgemeinheit,
seine Nahrung, absolut in ihm selbst hat, daß also für die
Empfindung des Organischen das einzelne Empfundene unmittelbar an ihm selbst ein Allgemeines, das Anderssein seiner
Einzelnheit ist; dann erst empfindet es sich als Organisches,
Lebendiges. Also überhaupt so, daß das andere als das Organische selbst ist, das absolute Wesen des Organischen ausdrückt
10 und ist, daß das empfundene Blau unmittelbar aufhört,
dies Blau zu sein, und das Gegenteil seiner selbst, die übrigen
ihm entgegengesetzten Farben, die Einheit alles übrigen ihm
in seiner Potenz Entgegengesetzten, daß es unmittelbar Farbe wird, dies erhebt die Empfindung über sich selbst; sie ist
in Bewußtsein übergegangen, und das Tier wird vernünftig.[1] Die Krankheit als das Fürsichsein des Flüssigen gegen die
Einzelnheit des Empfindens, gegen die Unendlichkeit des Gegensatzes nimmt diese in sich selbst auf; sie wird ein einfaches
Bestehen der Einzelnheit in seinem die Einheit des Allgemei-
20 nen und der Unendlichkeit Aufgehoben-, Vernichtetsein; die
fixierte Allgemeinheit der Krankheit vernichtet nur die Unendlichkeit des Gegensatzes und geht in den Tod über, die
Allgemein/heit des Geistes macht ihn bestehen, indem sie ihn
an ihm selbst aufgehoben, das Entgegengesetzte, der absolute
Begriff, der als Empfindung hervortritt, an ihm an sich selbst
allgemein ist; das absolute Wesen des Animalischen hebt sich
aus seinem Versenktsein in dem Bestehenden heraus, wird
Gattung, an sich allgemein. Die Idealität der Empfindung
bestand darin, daß das einzelne in ihr Gesetzte als ein Mögli-
30 ches gesetzt war, außer dem aber das andre Mögliche war,
hier ist es möglich an ihm selbst, die existierende Möglichkeit

---

[1] *In E folgte (später geändert):* Es trennt seine Krankheit, in welcher
ihm die Einzelnheit der Empfindung zur allgemeinen verschwinden will,
von sich ab; es erhält sich als animalische Einzelnheit, und die Einheit
des Allgemeinen und der Unendlichkeit, welche als Empfindung in die
Individualität versenkt ist, das absolute Wesen des Animalischen hebt
sich aus seinem Versenktsein heraus; der innre Organismus zerfiel als
allgemeiner in Geschlechtsverhältnis und System der Sinne; beides wird hier verknüpft; das Indifferente des sinnlichen Anschauens
40 wird Gattung, oder es ein unmittelbares Aufgehobensein der Einzelnheit, die noch in ihm ist;

als solche. Die Idealität der Gattung bestand darin, daß
das Individuum in einem andern als sich selbst sich anschaute,
aber in dem Aufheben dieses seines Andersseins verschwand
und ein andres Individuum wird, wie die Empfindung in dem
Sein des Andersseins ihrer Einzelnheit verschwand und eine
andre Empfindung wird; hier ist das Anderswerden des Individuums sein Sein, oder es ist das Allgemeine, in dem das
Aufgehobensein der Einzelnheit selbst ist; und das Tier ist
itzt die absolute Dreiheit von Organismen, des äußern, des
innern sich auf jenen beziehenden und des absolut innern   10
freien. Dieser als die absolute Allgemeinheit jener bestimmt
ebenso die Funktion der erstern und drückt ihnen seinen Charakter auf, als er für sich ist ihnen entgegengesetzt und die absolute Resumtion derselben in sich selbst. Er ist als das absolut Allgemeine das absolut Flüssige, Mitteilende, die Mitte des
äußern und innern Organismus, aber ebenso das absolut Ein-
schließende, die positive Einheit, als er das absolut Innere, die
wesentliche Einheit derselben ist. /

Der äußere, das Individuum gestaltende und repro-
duzierende Organismus erhebt sich durch ihn dazu, daß seine   20
Einzelnheit unmittelbar absolute Allgemeinheit wird, daß,
was das Individuum für sich tut, unmittelbar ein Tun für die
ganze Gattung wird; der innre Organismus, die Empfindung
wird an ihr selbst eine Empfindung der ganzen Gattung, eine
Tätigkeit derselben; und ebenso das Sein und Tun der ganzen
Gattung wird zum Sein und Tun des Individuums; der animalische Eigennutz ist unmittelbar uneigennützig und die Un-
eigennützigkeit, das Aufheben der Einzelnheit des Individuums, unmittelbar Nutzen des Individuums, d. i. das Sein
des [Individuums] als eines solchen; das Fürsichsein des Indi-   30
viduums, sein sich Produzieren und Gestalten wird zur leeren Täuschung; es ist, indem es selbst sich zu produzieren
meint, ein Produkt des Ganzen und produziert das Ganze.[1]

---

[1] *In E folgte (später gestr.):* Dies ist der Charakter des Geistes, daß
das Einzelne, als ein anderes als er selbst, unmittelbar allgemein er selbst
wird; es ist das absolute Wesen; er ist realisiert, er existiert als solcher im
Bewußtsein, das Bewußtsein ist das Formale seiner Existenz. Im Bewußtsein ist überhaupt ein unterschiedenes Einzelnes, aber dies Unterschiedene wird in seinem Unterschiedenwerden unmittelbar ein anderes,
als es selbst ist; dies bestimmte Blau wird Farbe.   40

Dies Heraustreten des Wesens des Tiers aus der Einzelnheit ist ebenso unmittelbar die absolute Rückkehr der Natur in sich selbst, absolutes Innerlichwerden. Das Absolute [ist] ebenso Insichsein des Äthers, der absolut einfachen Materie, als Außersichsein. Der Äther als absolut reine sich selbst gleiche Indifferenz hat als diese Bestimmtheit die Unendlichkeit, die Idealität außer sich in der absoluten Selbständigkeit der Glieder des Gegensatzes, der himmlischen Körper; diese Indifferenz des Äthers gegen die existierende Unendlichkeit

10 ging in der Erde in Differenz derselben gegeneinander [über,] und die himmlischen Körper wurden Elemente, für sich Seiende, aber in ihrem Fürsichsein absolut different gegeneinander; ihr Fürsichsein stürzte in der absoluten numerischen Einzelnheit der Erde zusammen; sie wurden / zu Idealitäten, zur Einheit der Allgemeinheit und der Unendlichkeit. Diese Einheit ist nur als eine als unendlich sich absolut in sich bewegende und in ihrer Bewegung absolut einfache oder als die absolute Rückkehr des Äther durch den absoluten Begriff der Unendlichkeit in sich selbst. Im Geiste existiert die Na-

20 tur als das, was ihr Wesen ist.

III.[1] PHILOSOPHIE DES GEISTES

Im Geiste ist der absolut einfache Äther durch die Unendlichkeit der Erde hindurch zu sich selbst zurückgekehrt; in der Erde überhaupt existiert dieses Einssein der absoluten Einfachheit des Äthers und der Unendlichkeit verbreitet in die allgemeine Flüssigkeit, aber in seinem Verbreiten sich als Einzelnheiten fixierend; / und das numerische Eins der Einzelnheit, die für das Tier die wesentliche Bestimmtheit ist, wird selbst ein Ideelles, zu einem Momente. Der so bestimmte

30 Begriff des Geistes ist das Bewußtsein als der Begriff des Einsseins des Einfachen und der Unendlichkeit;[2] aber im Gei-

---

[1] *In E stand:* II.

[2] *Darunter, jedoch nicht zum fortlaufenden Text gehörig:*
Es ist a) einmal ein Entgegengesetztes und das ihm Entgegengesetzte, β) als Bewußtsein das diesem Entgegengesetzte, aber ebenso das Gegenteil seiner selbst und das Einssein beider; γ) insofern es in der Entgegensetzung gegen ein andres ist, ist das Entgegengesetzte

ste existiert sie für sich selbst oder als wahrhafte Unendlichkeit; das **Entgegengesetzte** in ihr, in der Unendlichkeit ist diese **absolute Einfachheit beider selbst.** Dieser Begriff des Geistes ist dasjenige, was **Bewußtsein** genannt wird; [für es] ist das ihm Entgegengesetzte selbst ein solches Einfaches, an sich Unendliches, ein **Begriff,** jedes Moment ist an ihm selbst vollkommen das einfache **unmittelbare Gegenteil seiner selbst**[1], ohne Widerstreit das Einzelne in die Allgemeinheit aufgenommen; ebenso aber das **Bewußtsein** selbst das unmittelbare einfache Gegenteil seiner selbst, einmal das einem, / dessen es sich bewußt ist, Entgegengesetzte, sich in Tätiges und Passives trennend, und das andremal das Gegenteil dieser Trennung, das absolute Einssein des Unterschiedes, das Einssein des seienden und des aufgehobenen Unterschiedes. /

[1] *In E folgte (später gestr.):* und als einfache Unendlichkeit eine beruhigte Unendlichkeit. Beides ist schlechthin ohne Bewegung in eins, absolute Ruhe in der absoluten Bewegung und absolute Bewegung in der absoluten Ruhe.

In dem Tiere war wohl das unmittelbare Aufgehobenwerden gehemmt, und ein Entgegengesetztes für dasselbe; aber dies Entgegengesetzte war selbst ein anderes als es selbst, nur so, daß das Anderssein die Einheit außer ihm war; das Tier ist an ihm selbst das einfache Allgemeine, aber indem das ihm Entgegengesetzte nicht das Allgemeine war, existierte diese Allgemeinheit als solche nicht, sondern ist für sich selbst immer nur ein Besonderes. *In E folgte ohne Absatz der später gestrichene Text des Anfangs von Fragment 17; s. dort in der Fußnote.*

Fragment 16
III. Philosophie des Geistes

[1]III. Philosophie des Geistes. Der erste Teil der Philosophie konstruierte den Geist als Idee und gelangte zu der absoluten Sichselbstgleichheit, zur absoluten Substanz, die im Werden durch die Tätigkeit gegen die Passivität in dem unendlichen Gegensatze ebenso absolut ist als sie wird. Diese Idee fiel in der Philosophie der Natur absolut auseinander, das absolute Sein, der Äther, trennte sich von seinem Werden oder der Un-
10 endlichkeit, und das Einssein beider war das Innere, das Verborgene, das im Organischen sich heraushebt und in der Form der Einzelnheit existiert, nämlich als ein numerisches Eins; in der Philosophie des Geistes existiert es als sich in die absolute Allgemeinheit zurücknehmend, das als absolutes Werden das absolute Einssein real ist. /

---

[1] *Dieses Fragment enthält eine andere Fassung zum Anfang der Geistesphilosophie, die aber zeitlich früher liegt als die Überarbeitung der ursprünglichen Fassung; denn das zur Überarbeitung gehörige Textstück: 183,Z.27–31 steht im Manuskript unter diesem Abschnitt; vgl. dazu*
20 *auch Einleitung der Herausgeber XVIIIf.*

Fragment 17
Die einfache wesentliche Vielheit ...

[1]Die einfache wesentliche Vielheit ist der soeben bestimmte Begriff, das unmittelbar in die positive Allgemeinheit aufgenommene Einzelne, das Einzelne als ein Sichselbstgleiches oder sein Anderssein, seine Ungleichheit, sich selbst gleichgemacht. Das ihm Entgegengesetzte ist die Einheit als abso-

---

[1] *Fortsetzung von Fragment 15, später ungültiger Text von E (ohne eine direkte Parallele zum obigen Text):* Die Existenz dieser Allgemeinheit ist das den beiden Gegensätzen gleiche, dasjenige, worin die anschauende und die angeschaute Unendlichkeit Eines sind.[1a] Sie existiert als das Bewußtsein; aber das Bewußtsein des Individuums ist zugleich das Bewußtsein der Einzelnheit, als solches ist es nicht als allgemeines. Es ist das Eins des Unendlichen als eines Einzelnen und als eines Allgemeinen, sich selbst Gleichen; das Individuum ist jenes und ist die Einheit von beidem als Bewußtsein. Die höchste Existenz des Bewußtseins ist, daß dem Individuum sein Entgegengesetztes selbst als absolutes Bewußtsein, d. h. als Einheit des Bewußtseienden und des Bewußten sei, die Einzelnheit des Individuums eine aufgehobene sei. Die Unendlichkeit des Bewußtseins ist das Aufheben des Entgegengesetzten in seiner Einfachheit; das Wesen ist immer diese Mitte, innerhalb welcher der oberflächliche sich aufhebende Gegensatz des Bewußtseienden und Bewußten ist. Diese Mitte oder das Bewußtsein als absolutes muß sich realisieren. Es ist nicht real, insofern es Bewußtsein des Individuums ist, sondern dies ist seine Idealität, seine aufgehobene Bestimmtheit. Es tritt aus der Erde als Bewußtsein des Einzelnen. Diese seine Existenz ist vielmehr das Sein des Individuums und es subsumiert unter die Einzelnheit; es ist nur seine Abstraktion gesetzt. Seine wahrhafte Existenz ist, daß in ihm die Individualität, die das Individuum aus der tierischen Existenz mitbringt, daß diese sich aufhebe, daß das Bewußtsein sei als die tierische Organisation sich unterwerfend, negativ, und positiv sich als absolutes Bewußtsein in ihm selbst organisiere, als dies reine Bewußtsein sich selbst entgegengesetzt und sein Entgegengesetztes aufhebe. Im Gegensatze der Individuen überhaupt ist es selbst die Abstraktion, es existiert nur in der Bestimmtheit der Einzelnheit.

[1a] *Es folgte als Überarbeitung von E (später gestr.):* Der Begriff des Geistes, das Bewußtsein, ist in sich selbst das Entgegengesetzte seiner selbst in seiner einfachen Einheit. Die Form der Entgegengesetzten bestimmt sich durch das Wesen des Bewußtseins; die Glieder seines Gegensatzes sind so absolut einfach, als es selbst ist; das eine ist gesetzt unter der Form der einfachen Einheit, das andre unter der Form einfacher Vielheit. *An diesen Passus schließt der obige gültige Text von Fragment 17 an.*

lut ungleiche, als absolut ausschließende, das numerische Eins; sich wohl selbst gleich, aber in seiner / Sichselbstgleichheit das unmittelbar andre seiner selbst, als absolut negierend oder die absolute Einzelnheit.[1]

Indem so der Begriff des Geistes absolutes Einssein der absoluten Einzelnheit, für die Vielheit als ein Negiertes, und
der absoluten Vielheit, die positive oder selbst an sich allgemeine einfache Vielheit ist,[2] so muß dieser Begriff sich realisieren.

10   Das ganze Bewußtsein, diese Einheit der Einzelnheit, der
negativen Einheit und der gesetzten an sich allgemeinen Vielheit, des bestimmten Begriffs muß sich zur absoluten Einzelnheit erheben, diese als solche zur Totalität erheben und aus
diesem Sichselbstgestalten des Individuums ebenso in sein Gegenteil übergehen; und wie dort der absolute Begriff des Bewußtseins als absolute Einzelnheit existiert, [muß er] hier als
bestimmter Begriff, oder als in sich wesentlich ein Vielfaches
existieren, Äußerliches, und sich aus beidem zur absoluten Totalität resumieren, so daß es ebenso, ein großes allgemeines
20   Individuum, als der Geist eines Volkes existiert,[3] das absolut
als ein / in den Individuen Seiendes, die seine Einzelnheiten,

---

[1] *Es folgt gestr:* (Die Erde war überhaupt das Element des numerischen Eins; aber dies Eins nur als unendliche Teilbarkeit, d. h. das Eins
selbst war nur als Möglichkeit; im Organischen existierte es als Individuum; aber die vegetabilische sowie die animalische Einzelnheit ist nur
darauf gerichtet, für sie selbst sich zu erhalten, aber ihrem Wesen nach
sich aufzuheben; und seine Rückkehr in sich selbst, sein Werden zur absoluten Einzelnheit ist nur das Aufgehobensein seiner selbst und das
Werden einer andern Einzelnheit, sein Erhalten der Einzelnheit
30   nicht in absoluter Einzelnheit. Im Bewußtsein existiert erst wahrhaftig dies numerische Eins, das Alle Vielheit negiert, und die negierte Vielheit als eine einfache Vielheit.)
[2] *Das* ist *steht als Prädikat für den gesamten Nebensatz, der mit* Indem *beginnt, und für beide eingeschobenen Relativsätze:* für die ... Negiertes *und* die positive ... Vielheit ist
[3] *Der folgende Passus hieß in E (später geändert):* Indem es als absolute Mitte existiert, so existiert es ebenso absolut als ein in den Individuen Seiendes, als ein ihnen Entgegengesetztes; es existiert als Objekt
ihres Bewußtseins, als ein Äußeres. Es ist die allgemeine Mitte derselben;
40   aber das in beiden Seiende, und das, worin sie ideell, als aufgehobene
gesetzt sind,

Organe sind, als ebendarin auch ihnen Entgegengesetztes. Es
existiert als Gegenstand ihres einzelnen Bewußtseins als ein
Äußeres, in dem sie, wie sie in ihm absolut eins sind, ebenso
sich abscheiden und für sich sind. Es ist die allgemeine Einheit und absolute Mitte derselben und worin sie ideell, als
Aufgehobene gesetzt sind, und dies ihr Aufgehobensein ist
zugleich für sie selbst; in ihrem Aufgehobensein ist nur der
lebendige Geist des Volkes, ihr Aufgehobensein ist für sie
selbst, er ist an sich das Bewußtsein eines jeden, auch insofern
er ein einzelner ist und so erscheint. Er existiert zugleich als 10
ein von ihnen Verschiedenes, Anschaubares, als ein
Anderssein der Individuen, als sie sind, aber so, daß dies ihr
Anderssein für sie selbst absolut Allgemeines selbst ist.

Indem wir die Organisation des Geistes erkennen, so
erkennen wir das Bewußtsein nicht als das bloß Innere der
Individuen[1] oder wie die Momente des Gegensatzes in den
Individuen als solchen erscheinen, als verschiedene Vermögen, Neigungen und Leidenschaften u.s.w., die sich auf besondre Gegenstände als auf bestimmte Begriffe beziehen,
sondern indem wir das Bewußtsein überhaupt seinem Begriffe 20
nach als absolutes Einssein der Einzelnheit und des bestimmten Begriffs erkennen,[2] so erkennen wir eben seine organisierenden Momente, wie sie / für sich als Momente des absoluten
Bewußtseins sind, nicht als etwas, das bloß in der Form des
Individuums, der einen Seite des absoluten Bewußtseins, als
Leidenschaft, Trieb, Neigung u.s.f. wäre, sondern wie es absolut für sich ist und sich für sich organisiert und so allerdings in
den Individuen ist, aber unmittelbar als ihre andre Seite,
das, dem sie als Individuen sich entgegensetzen; das Bewußtsein aber ist das Wesen beider. /   30

---

[1] *In E folgte (später gestr.):* sondern als existierend, als das in ihnen
Seiende, ihr Wesen, aber ebenso als ihnen entgegengesetzt, insofern ist
seine Unendlichkeit real; es ist zugleich ein solches, das, indem es Bewußtsein der Individuen, Aufgehobensein der Individuen ist und ebenso
ein Äußeres für sie; wir betrachten es also nicht in der Form von Möglichkeiten, Vermögen des Individuums, sondern wie es für sich ebenso
absolut äußerlich und in diesem Fürsichsein in seiner Organisation notwendig ist.
[2] *Über dieser Zeile:* (absolute Einheit)

Fragment 18
Das Wesen des Bewußtseins ...

Das Wesen des Bewußtseins ist, daß unmittelbar in
einer ätherischen Identität absolute Einheit des Gegensatzes
sei; es kann dies nur sein, indem unmittelbar, insofern
es entgegengesetzt ist, die beiden Glieder des Gegensatzes es selbst sind, an ihnen als Glieder des Gegensatzes unmittelbar das Gegenteil ihrer selbst, die absolute Differenz, sich selbst aufhebende und aufgehobne Dif-
10 ferenz sind, einfach sind. – In dieser Einheit des Gegensatzes
ist das sich Bewußtseiende die eine Seite desselben, und das,
dessen es sich bewußt ist, die andre. Beide sind wesentlich
dasselbe, beide eine unmittelbare Einheit der Einzelnheit
und der Allgemeinheit. Aber dies Bewußtseiende und das,
dessen es sich bewußt ist, ist nur für einen Dritten diese
Einheit des Bewußtseins, nicht für sie selbst; denn im Gegensatze des Bewußtseienden und dessen es sich bewußt ist, ist
das Eine vielmehr nicht, was [das] andre ist; das Bewußtsein
ist als ein sich Bewußtseiendes aus sich als Bewußtsein als die
20 tätige negierende Identität, welche aus ihrem sich eines andern, als sie ist, Bewußtwerden in sich zurückkehrt und dies
andre aufhebt, dadurch daß es zu einem andern übergeht.
Das Bewußtsein selbst, seinem Wesen nach ebenso das Aufgehobensein beider, erscheint nur auf einer Seite, welche
selbst bestimmt ist als Tätiges und darum als Aufhebendes;
es setzt nur sich als das Bewußtsein, nicht dasjenige, dessen
es sich bewußt ist, und es ist darum nur einzelnes, formales,
negatives, nicht absolutes Bewußtsein. Denn / dasjenige, dessen es sich bewußt ist, setzt es nicht als sich Gleiches; die-
30 se Sichselbstgleichheit hat es nur auf die negative
Weise, daß es dies, dessen es sich bewußt ist, aufhebt als ein
ihm Ungleiches; aber es ist nur Bewußtsein, insofern es sich
als ein andres entgegensetzt. Es muß also an die Stelle
des andern ein andres, ihm Ungleiches treten lassen, es hebt
jedes solches Ungleiche auf, aber es gelangt hiedurch nur
zu dieser empirischen äußerlichen Unendlichkeit, welche das
Anders ihrer selbst immer außer sich hat. Dieses empirische

Bewußtsein muß aber absolutes Bewußtsein sein, oder unmittelbar das andre, als es selbst ist, muß sein Anderssein,
seine positive Gleichheit mit dem Bewußtsein an ihm selbst
haben; es ist absolutes Bewußtsein, indem dies andre, als es
selbst ist, sein eigentliches vollkommenes Bewußtsein ohne
alles Fürsichselbstsein, ohne alle wahrhafte Verschiedenheit
nur verschieden von ihm durch die leere inhaltslose Form
des Anderssein, so daß sie, indem sie so inhaltslos ist als
Form, allgemein an ihr selbst auch ideell ist. — Dies ist das
Ziel, die absolute Realität des Bewußtseins, in die wir seinen   10
Begriff zu erheben haben. Es ist die Totalität, die es als der
Geist eines Volkes hat, der absolut das Bewußtsein aller ist,
den sie anschauen und als Bewußtsein sich entgegensetzen,
aber ebenso unmittelbar ihre Entgegensetzung, ihre Einzelnheit in ihm als aufgehoben erkennen oder ihr Bewußtsein als
ein absolut Allgemeines.

Das Bewußtsein als sein Begriff hat sich unmittelbar
aus der tierischen Organisation erhoben;[1] wir haben es
von derselben befreit, indem wir den Gegensatz als ein Sein,
als ein Bestehen, nicht an sich idealen, wie er in der Natur ist,   20
aufgehoben, überhaupt erkannt [haben], daß alles Differente,
Entgegengesetzte in seiner Differenz unmittelbar an sich in
seinem Gegenteil ist und darin nicht ist. Das Bewußtsein ist
das Einfachsein der Unendlichkeit, aber es muß, da es Bewußtsein ist, für sich selbst dies Aufheben des Gegensatzes
sein; es muß selbst erst aus / seinem Begriffe sich reales Bewußtsein werden. Bisher in der Natur, worin der Geist nicht
als solcher existiert, sind wir in unserm Erkennen der existierende Geist der Natur gewesen, der in ihr nicht als Geist
existiert, sondern in ihr als verborgen, nur als ein andres sei   30
ner selbst ist. Was in der Sphäre des Geistes ist, ist seine eigne
absolute Tätigkeit; und unser Erkennen, daß er sich aus der
Natur erhebt, die in ihr bestehenden Gegensätze ideell, aufgehoben sind, muß als ein Erkennen des Geistes selbst erkannt werden. Oder sein Werden, d. h. seine bloß negative Beziehung auf die Natur. Diese negative Beziehung auf die
Natur ist negative Seite des Geistes überhaupt, oder wie er als

---

[1] *Daneben am Rande:* Dies Bewußtsein geworden, es muß für sich
selbst werden.

dies Negative sich in sich organisiert, d. i. wie er Totalität des Bewußtseins des Einzelnen wird; denn das Bewußtsein sich als tätig, als negierend, als aufhebend das Sein seines Anderssein ist das Bewußtsein als die eine Seite desselben, als subjektives Bewußtsein oder Bewußtsein als absolute Einzelheit.

Das Bewußtsein ist die Idealität der Allgemeinheit und Unendlichkeit des Einfachen in Form der Entgegensetzung; es ist als Allgemeines absolut ununterschiedne Einheit beider, aber als Unendlichkeit die Idealität, in der seine Entgegensetzung ist; und die beiden im Bewußtsein Unterschiedenen sind außereinander, sie scheiden sich ab; ihre Einheit erscheint darum als eine Mitte zwischen ihnen, als das Werk beider, als das Dritte, worauf sie sich beziehen, in dem sie eins sind, aber [als] dasjenige, woran sie sich ebenso unterscheiden. Das Bewußtseiende unterscheidet diese Mitte ebenso von sich, als es sich von dem im Bewußtsein Unterschiednen unterscheidet, mit dem Unterschiede, daß es auch auf diese Mitte beide bezieht. Die absolute Allgemeinheit wird nur in dem Subjekte, in dem Isolieren des Gegensatzes zur Mitte. Als diese Mitte ist es selbst ein Entgegengesetztes, oder es hat darin die Form seiner Existenz; denn seine Existenz ist das, worin es als ein Ent/gegengesetztes ist. Indem wir also die Gegliederung des Bewußtseins zu seiner Totalität erkennen, so erkennen wir es, wie es sich als Moment, in einer Bestimmtheit ist, und es ist als eine Bestimmtheit, als eine in Entgegengesetzten, indem es eine Mitte ist; und die Organisation desselben an der Realität seiner Momente eine Organisation seiner Formen als Mitten. Es muß für sich als absolut Allgemeines, Einfaches ebenso das Gegenteil seiner selbst werden, durch den Gegensatz durchgehen oder [im] Produkte synthetisch Entgegengesetztes sein; und es ist nur ein Bestimmtes, als Moment seiner Totalität gesetzt, insofern es als im Gegensatze ist; oder es existiert, insofern es dasjenige ist, worin sich die beiden, das sich Bewußtseiende und das, dessen dies sich bewußt ist, in ihm als Eins setzen, und sich auch ihm entgegensetzen, d. h. das Bewußtsein selbst ist auf diese Weise ein mit einer Bestimmtheit Behaftetes, Existierendes.

Sein Sein überhaupt ist zuerst, wie es in sich selbst die Re-

flexion setzt, die bisher die unsrige war, daß es die Idealität der Natur ist, oder ist zuerst in negativer Beziehung auf
die Natur; und in dieser negativen Beziehung existiert es als
bezogen auf die Natur selbst innerhalb derselben, und die
Weise seiner Existenz ist nicht eine Besonderheit, eine Einzelnheit der Natur, sondern ein Allgemeines der Natur, ein Element der Natur. Die Elemente, in denen [es] als Mitte existiert, sind nur die Elemente der Luft und der Erde, als die
indifferenten sich selbst gleichen Elemente, nicht der Unruhe
des Feuers und Wassers; denn es ist nur als absolut Sichselbst- 10
gleiches, und als existierende Mitte ist es selbst gesetzt als
eine ruhige indifferente Mitte.

Als sein Begriff ist diese Mitte in demjenigen Elemente,
welches unter den Elementen das einfache, Sichselbstgleiche
ist; sein äußerliches Medium ist die Luft./

Die drei ersten Momente der Existenz des Bewußtseins
sind also, daß es als Ideales in dem Elemente der Luft
existiert, als ein nicht Festes, sondern in seinem Erscheinen Verschwindendes. Alsdenn, daß es sich von der Luft
in die Erde selbst als einer Einzelnheit, [einem] veränderli- 20
chen äußern Elemente versenkt, sich hierin befestigt und sich
wird, indem es aus seinem Begriff, der Form seiner Einfachheit, praktisch wird, eine Mitte, in welcher die Entgegengesetzten des Bewußtseins als reelle [sich] beziehen; und diese
Weise seiner Existenz als vereinzelte, als gewordene oder
bezwungene Erde hervortritt[1] als eine Erde, welche gleichsam als 3tes Element aus ihrer natürlichen Vereinzelung
als eine allgemeine gesetzt ist. Indem das Bewußtsein aber
absolut frei für sich ist, so entreißt es sich dieser seiner Existenz in den bestimmten Elementen, und sein Element ist nur 30
das absolute Element des Äthers.

---

[1] *In E folgte (später gestr.):* Diese drei Formen seiner Existenz machen aber selbst die ideale Potenz derselben aus, indem es darin selbst in
der Äußerlichkeit, in die Natur versenkt ist; es muß seine Existenz hievon befreien, und das Bewußtsein selbst muß auch die Form seiner Existenz, seine Äußerlichkeit sein.

Jene erste gebundene Existenz des Bewußtseins als Mitte ist sein Sein als Sprache, als Werkzeug und[1] das Gut. Oder als einfaches Einssein: Gedächtnis, Arbeit und Familie. Für den Standpunkt des Bewußtseins, das nur auf den / Gegensatz des Bewußtseins sieht, erscheinen diese beiden [Seiten] des Bewußtseins selbst auf den beiden Seiten des Gegensatzes; das Gedächtnis erscheint auf der Seite dessen, das sich bewußt ist, die Sprache auf der andern Seite; so Arbeit auf jener Seite,
10 Werkzeug auf dieser; ebenso Familie auf jener, Familiengut auf dieser. Aber in Wahrheit ist Sprache, Werkzeug, Familiengut nicht bloß die eine Seite des Gegensatzes, das dem sich als das Bewußte Setzenden Entgegengesetzte, sondern ebenso auf ihn bezogen; und die Mitte, das, worin er sich von seinem wahren Gegensatze abscheidet, in der Sprache von andern, zu denen er spricht; in dem Werkzeug von dem, gegen das er mit dem Werkzeug tätig ist; durch das Familiengut von den Mitgliedern seiner Familie. Er ist als Tätiges. Diese Mitten sind nicht das, wogegen er tätig, nicht gegen Sprache,
20 Werkzeug als solche, Familiengut als solches, sondern die Mitte oder, wie es genannt wird, das Mittel, wodurch, durch welches hindurch er gegen ein anderes tätig ist.

Ebenso ist er nur durch die andre Seite der Mitte: Gedächtnis, Arbeit und Familie tätig; die Tätigkeit des Individuums kann sich gegen beide Seiten und deren einzelne Momente richten und sie selbst ideell setzen. Aber nicht wie es einzelne Dinge ideell setzen, vernichten kann, sondern sie sind absolut notwendig allgemein; und ebensosehr, als sie an ihm als das Seinige, an ihm ideell Gesetzte erscheinen, so
30 sind sie ebenso an sich absolut notwendig, und das Individuum steht als einzelnes viel mehr unter ihrer Herrschaft als sie unter der seinigen. Aber es ist hier überhaupt kein Verhältnis der Herrschaft des Individuums oder gegen das Individuum, sondern das Individuum ist nur eine formale Seite des Gegensatzes, das Wesen aber ist die Einheit von beiden Seiten, und diese Einheit ist das Bewußt/sein, das als solches sich

---

[1] *In E folgte (später gestr.):* als Besitz; die zweite aber als Volk. *Dann folgte unmittelbar die Fortsetzung des Textes von E mit der Überschrift:* A. FORMALE EXISTENZ *(s. 197, Fußnote 1).*

selbst als Allgemeines in den beiden Seiten seiner Allgemeinheit darstellt, welche beide Seiten in ihrer Entgegensetzung
die Einheit der beiden Seiten jenes ideellen Gegensatzes des
bewußten Individuums und des ihm Entgegengesetzten sind;
die Einheit sowohl als allgemeine, Gedächtnis, Arbeit und Familie, als auch als existierende Einheit oder als Mitte sind das
absolut Allgemeine. Letzteres dies Allgemeine als existierend
und als absolut existierend, als dauernd,[1] allgemeine Existenz habend. Die beiden Seiten des Gegensatzes hingegen,
das tätige Individuum und das Passive gegen dasselbe sind nur 10
als Gegensatz überhaupt dauernd, und diese ihre Allgemeinheit als Gegensatz ist eben die existierende Mitte. Was sie für
sich sind, ist das Wandelbare, Zufällige, das der empirischen
Notwendigkeit der Natur als solcher angehört. Was an
ihnen wesentlich, allgemein, ist diese Mitte. Das Bewußtsein,
als existierend, existiert wohl in dem Gegensatze des Tätigen
gegen ein Passives; aber was an diesem Gegensatze selbst das
Seiende ist, dies ist die Mitte des existierenden Bewußtseins.
Jene ideellen Seiten des Gegensatzes des Bewußtseins sind
gleichsam das immer wechselnde und untergehende Feuer 20
und Wasser, das Bewußtsein aber als Allgemeines und als Mitte Luft und Erde. In dieser Mitte, zu welcher das Bewußtsein
wird, erhält es Existenz; es kommt zu einem dauernden absoluten Produkte, da hingegen die Natur zu keinem dauernden Produkte [kommen] konnte, zu keiner wahrhaften
Existenz selbst immer gelangt, sondern immer nur in der Differenz ist, und deswegen auch nicht zum fünften Elemente gelangt, nur im Tiere zum Sinne der Stimme und des Gehörs als zur unmittelbar verschwindenden Andeutung des einfach gewordenen Prozesses, zur ganz formalen Existenz des 30
Innern.[2] /

---

¹ *Es folgt gestr:* als AN SICH existierend
² *Der fortlaufende Text wird hier unterbrochen, um Fragment 19,
eine offenbar spätere Neufassung zum Aufbau der Geistesphilosophie
auf einem besonderen Blatt, einzuschalten; vgl. auch Einleitung der Herausgeber XIX.*

Fragment 19
Die erste Form der Existenz des Geistes . . .

Die erste Form der Existenz des Geistes ist das Bewußtsein
überhaupt, der Begriff des Geistes, wie er sich als dieser Begriff oder als Bewußtsein zur Totalität macht, seine rein theoretische Existenz; in diesem seinem Begriffe sind seine entgegengesetzten Momente ebensolche Begriffe, allgemeine überhaupt und darum nicht als absolut entgegengesetzte sich aufeinander beziehende, sondern in dem einfachen Elemente des
10 Bewußtseins formal sich aufeinander beziehende, in ihrem
Fürsichsein unangegriffen, sondern sich nur in ihrer Form gegeneinander aufhebend und außer dieser noch für sich bestehend. Indem aber so das Bewußtsein ihnen ihre Form nimmt,
so bestimmt [es] den Gegensatz auf einer Seite als absolut
fürsichseiende Form, absolute Reflexion in sich selbst, absolute Leerheit des Begriffs und auf der andern Seite [als] absolute Materie. Das Bewußtsein existiert zuerst als Gedächtnis
und sein Produkt, die Sprache, und wird durch den Verstand als das Sein des bestimmten Begriffs zum einfachen ab-
20 soluten Begriffe, zur absoluten Reflexion in sich selbst, zur
Leerheit des formalen Vermögens der absoluten Abstraktion;
und die Beziehung des Gegensatzes wird ein Aufheben von an
sich gegeneinander Differenten; der theoretische Prozeß geht
in den praktischen Prozeß über, in welchem sich das Bewußtsein ebenso zur Totalität macht,[1] so hier eine der vorigen / idealen entgegengesetzte reale Existenz erhält, indem
es in der Arbeit zur Mitte des Werkzeugs wird, indem es
in der ersten Potenz seine ideale, hier seine reale Herrschaft
gegen die Natur sich erwiesen und damit sich als für sich der
30 Natur entnommener Geist konstituiert und sich für sich gestaltet, den Gegensatz nach außen aufgehoben hat; so zerfällt
es in sich selbst und realisiert [sich] in gegeneinander differenten Momenten, deren jeder selbst ein Bewußtsein ist, in

---

[1] *Es folgte als eine frühere Stufe (später gestr.):* und wie im theoretischen Prozesse absolute Leerheit, Einfachheit gegen absolute Vielheit
wird, so hier zum Reichtume in ihm selbst, eine Totalität des Seins

der Geschlechtsdifferenz, in welcher es ebenso die einzelne Begierde der Natur aufhebt und zur bleibenden Neigung macht, in der Familie zur Totalität der Einzelnheit geworden und die unorganische Natur zu einem Familiengut erhebt, als der ebenso dauernden äußerlichen Mitte derselben, und von hier zu seiner absoluten Existenz, zur Sittlichkeit übergeht.

Dies beides, die ideale Konstitution des Bewußtseins als formaler Vernunft, absoluter Abstraktion, absoluter Leerheit, Einzelnheit, und desselben als realer Konstitution als Familie, der absolute Reichtum der einzelnen, sind selbst nur die idealen Momente der Existenz des Geistes, oder wie er sich unmittelbar in seinem negativen Verhalten gegen die Natur organisiert. Frei für sich seiend und seiner absolut selbst genießend, tritt [er] als sittliches Wesen hervor; in der Organisation eines Volkes kommt die absolute Natur des Geistes zu ihrem Rechte. /

Fragment 20
I. Potenz

¹I. Potenz

Das Erste ist: wie der Geist, das Produkt der Vernunft, die Mitte als ihr Begriff, als Bewußtsein ist und sich darin realisiert oder als Gedächtnis und Sprache, aus welcher Mitte er durch Verstand und formale Vernunft den praktischen Gegensatz erzeugt und ihn in der Arbeit aufhebt. /

Das Bewußtsein in seiner idealen Potenz, als Begriff, hat sich unmittelbar aus der Empfindung erhoben; die Empfindung ist als ideelle, als aufgehoben gesetzte eine Einzelnheit, für welche das Anderssein ein anderes außer ihr,² nicht sie unmittelbar selbst ist. Die Idealität des Empfindens geht darauf, oder sein Werden zum Bewußtsein geht unmittelbar darauf, daß die Empfindung im Bewußtsein zu einem in sich Entgegengesetzten, das sein Anderssein an ihm selbst habe, werde, und ebendarin das Empfundne und das Empfindende an ihm selbst ein Allgemeines. Die Empfindung als einzelne soll es unendlich werden. Die Einzelnheit als solche, die an ihr unendlich ist, so daß sie in dieser Einzelnheit sie ganz in ihrer Bestimmtheit bleibt, oder die getrennte Unendlichkeit in der unmittelbaren Existenz ihres Begriffes ist Zeit und Raum; und das Bewußtsein schaut unmittelbar in Raum und Zeit an, im Raume das einzelne als ein Bestehendes und sein Anderssein außer ihm, aber indem es zugleich in der

---

¹ *Hier folgt die Fortsetzung von Fragment 18; in E stand (später geändert):* A. FORMALE EXISTENZ *darunter:* I. POTENZ DER SPRACHE *(als zwei Überschriften); es folgte (später gestr.):* Das Bewußtsein ist als solches sich ein äußerliches, es existiert nicht in der Flamme und in dem Wasser, denn es ist als absolut beruhigte Unendlichkeit nicht jene und als sich in seiner Einfachheit ebenso in sich sich Bewegendes nicht der Form von diesem gleich; sein äußerliches Element kann nur das an sich Einfache der Luft und das Synthetische [sein], dessen Wesen selbst auch diese Einfachheit ist.

² *Daneben am Rande:* eine andre Empfindung als des Empfindenden oder ein andres Empfinden des Ding, was dasselbe ist

Zeit gesetzt ist, so ist es als ein Vergängliches, als ein an ihm
selbst Ideelles, nicht mehr Seiendes, indem es ist; nicht daß
es nur in der Zeit vorübergeht, sondern daß es mit der Reflexion gesetzt ist als in der Zeit seiend. Es schaut nicht Raum
und Zeit als solche an — sie für sich sind allgemeine, leere, an
sich höhere Idealitäten, Begriffe — sondern sie nur als insofern allgemeine seiend und nicht seiend, als es sie als einzelne,
besonderte setzt, er/füllte, so zugleich, daß es ebenso, wie
Raum und Zeit sein positives Allgemeines sind, es sie ebenso
unmittelbar formal zum Gegenteil ihrer selbst macht und sie 10
besondert; jenes Sein des Bewußtseins ist ebenso theoretisch,
passiv als praktisch; jene Seite ist, daß es in der Form der positiven Allgemeinheit, dies, insofern es zugleich in der negativen Allgemeinheit ist und diese Allgemeinheit selbst besondert. Diese Form des Bewußtseins ist empirische Einbildungskraft, als positive Allgemeinheit ist die Anschauung in der Kontinuität der Zeit und des Raumes überhaupt,
zugleich aber[1] sie unterbrechend und vereinzelnd, zu einzelnen bestimmten, d. i. erfüllten Stücken der Zeit und des Raumes machend. 20
    b. Diese Vereinzelung bleibt aber unmittelbar in dem
allgemeinen Elemente des Bewußtseins, in demselben,[2]
in seinem allgemeinen Raume und seiner allgemeinen Zeit;
aber a) so, daß dieser Raum und Zeit des Bewußtseins unmittelbar ebenso eine absolut leere Einfachheit als eine erfüllte
ist; jene Einzelnheiten des Anschauens sind in ihm ebenso
verschwundene, und es ist ihre allgemeine Möglichkeit. Als in
dieser leeren Möglichkeit sind sie von der Seite der Empfindung, welche sie an sich hatten, befreit worden, die Seite der
Empfindung war ihre Einzelnheit, ein äußerer Zusammen- 30
hang mit andern nach ihrer Notwendigkeit, sie gehören itzt
nur der Allgemeinheit des Bewußtseins an. Aber eben absolut
diese seine leere Zeit und seinen leeren Raum es sich wieder
besondert und ruft jene Stücke wieder / in sich hervor. Diese
Besonderung ist zunächst dem Inhalte nach jene ersten sinnlichen Vorstellungen, aber das Allgemeine, das beson-

---

[1] *Ergänze hier:* als negative Allgemeinheit, praktisches Bewußtsein
[2] *In E folgte (später geändert):* als einem Allgemeinen, das eine
Sammlung solcher Stücke ist;

dert wird, ist das allgemeine Element des Bewußtseins selbst, seine leere Unendlichkeit als Zeit und Raum, das Hervorrufen in ihm selbst der ehmals oder an einem andern Orte gehabten Anschauungen; es ist in ihm die Bestimmtheit der Empfindung, das Dieses der Zeit und des Raumes getilgt, und ihre Sukzession und Koordination erscheint als eine freie; sie ist ganz gleichgültig für das allgemeine Element, und ein tätiges Reproduzieren, indem es dies allgemeine Element ist, das besondert wird.

10   Dieses formale Sein des Bewußtseins hat keine wahrhafte Realität, es ist etwas Subjektives, es existiert nicht äußerlich; es ist nur als Form des abstrakten, reinen Begriffs der Unendlichkeit unmittelbar als Zeit und Raum, wie er als Bewußtsein ist; und das Bewußtsein als diese empirische Einbildungskraft ist ein leeres, wahrheitsloses, wachendes oder schlafendes Träumen oder eine bleibende Verrücktheit oder vorübergehender Zustand der Krankheit, indem das Bewußtsein in den animalischen Organismus zurückfällt und nur als sein Begriff ist.

20   Dieses stumme Bewußtsein ist das formale Sein in seinem allgemeinen Elemente der Unendlichkeit und nur die formale Besonderung dieses allgemeinen / Elements. Sie muß eine Existenz erhalten, äußerlich werden[1] oder das so in der Anschauung auf die formale Weise Unterschiedene als ein Äußerliches setzen, an der die beiden Entgegengesetzten, das Anschauende und Angeschaute, sich abscheiden und das Bewußtsein als eine existierende Mitte ist. Diese Existenz des Bewußtseins wird eine ebenso unvollkommene, formale sein, als es selbst als Allgemeines ist. Es kann nichts an sich aus-
30 drücken, [als] daß das Angeschaute überhaupt als ein Ande-

---

[1] *In E folgte (später geändert):* für sich außer dem Individuum sein. Diese Äußerlichkeit ist zunächst eine ganz allgemeine, gleichgültige; und ebendarin ist das Bewußtsein noch nicht darin als für sich selbst, indem die Äußerlichkeit nicht zugleich eine negative, unendlich sich aufhebende ist. Jene positive allgemeine Äußerlichkeit, als Äußerlichkeit des Bewußtseins, hebt zwar das Angeschaute als das, was es ist, auf, und setzt es als ein Allgemeines, als ein anderes, als es ist; aber es bleibt, was es ist, es hat noch auch sein Sein für sich, und sein Anderssein ist nicht unmittelbar als solches an ihm. Diese Äußerlichkeit ist das Be-
40 zeichnen überhaupt.

res, als es ist, gesetzt sein soll, aber daß das Bewußtsein darin noch nicht wahrhaft für sich sei, sondern nur als ein noch auf den Gegensatz, auf eine Subjektivität sich Beziehendes, auf das Sein des Subjekts so wie das dem Subjekt Entgegengesetzte, ebendarum aber dieses bleibt, was es ist — es hat noch auch sein Sein für sich — und sein Anderssein nur als ein Anderssein-Sollen gesetzt ist. Das Bewußtsein, als sein Begriff in Raum und Zeit zerfallend, ist, es so auszudrücken, gleichsam zu unmächtig, den Gegensatz des Subjekts und Objekts vollkommen aufzuheben und in seinem Äußerlichwer- 10 den das wirkliche Einssein derselben vorzustellen, mehr als ein Sollen. Das Bewußtsein als diese existierende Mitte seines Begriffs ist daher nur Zeichen überhaupt, worin ein Angeschautes als ein aus seinem Zusammenhange Gerissenes, als auf ein anderes bezogen gesetzt wird, aber ideell, daß es noch in Wahrheit in seinem Zusammenhange besteht. Die Bezeichnung ist seine außer ihm seiende Idealität, und dieses[1] ist selbst ein Bestehendes, ein Ding, unendlich darin, das aber eine / andere Bedeutung hat, als es ist, gesetzt als ein anderes, als es für sich ist, zufällig für das, dessen Zeichen es ist, für 20 sich nicht mehr es selbst seiend. Sowenig das Aufgehobensein des Angeschauten im Zeichen ist, ebensowenig ist das Aufgehobensein des Subjekts in ihm gesetzt, die Bedeutung des Zeichens ist nur in Beziehung auf das Subjekt; es hängt von seiner Willkür ab und ist nur durch das Subjekt selbst begreiflich, was dieses sich dabei denkt. Es hat nicht seine absolute Bedeutung in ihm selbst, d. h. das Subjekt ist in ihm nicht aufgehoben.

c. Diese stumme Bezeichnung muß die Indifferenz des Bestehens der idealen Glieder absolut aufheben.[2] Die Be- 30 deutung muß für sich sein, entgegengesetzt dem, das bedeutet, und dem, für welches es die Bedeutung hat; und das Zeichen als ein wirkliches ebenso unmittelbar verschwinden. Die Idee dieser Existenz des Bewußtseins ist das Gedächtnis und seine Existenz selbst die Sprache.

---

[1] *Für* dieses *steht im Ms (und wird von H übernommen):* diese
[2] *In E folgte (später gestr.):* sie ist theoretisch, sie muß praktisch werden

Das Gedächtnis, die Mnemosyne der Alten, ist seiner wahren Bedeutung nach nicht dieses, daß Anschauung oder was es sei, die Produkte des Gedächtnisses selbst in dem allgemeinen Elemente seien und aus ihm hervorgerufen, es auf eine formale Weise, die den Inhalt nichts angeht, besondert werde, sondern daß es das, was wir sinnliche Anschauung genannt haben, zur Gedächtnissache, zu einem Gedachten macht; die Form des Raumes und der Zeit, worin sie ihr anders außer sich haben, in der Zeit ebenso nur
10 ideal aufhebt und sie an sich selbst als andre ihrer selbst setzt. Hierin erhält das Bewußtsein erst eine Realität, daß an dem nur in Raum und Zeit Idealen, d. h. das Anderssein außer sich Habenden diese / Beziehung nach außen vernichtet und es für sich selbst ideell gesetzt werde, daß es zu einem Namen werde. Im Namen ist sein empirisches Sein, daß es ein Konkretes, in sich Mannigfaltiges, Lebendes und Seiendes ist, aufgehoben, es zu einem schlechthin in sich einfachen Ideellen gemacht. Der erste Akt, wodurch Adam seine Herrschaft über die Tiere konstituiert hat, ist, daß er ihnen Namen gab, d. h.
20 sie als Seiende vernichtete und sie zu für sich Ideellen machte. Das Zeichen war vorhin als Zeichen ein Namen, der für sich noch etwas anderes als ein Namen ist, selbst ein Ding, und das Bezeichnete hatte sein Zeichen außer ihm; es war nicht gesetzt als ein Aufgehobenes, ebenso hat das Zeichen nicht an ihm selbst seine Bedeutung, sondern nur in dem Subjekte, man mußte noch besonders wissen, was es damit meine. Der Namen aber ist an sich, bleibend, ohne das Ding und das Subjekt. Im Namen ist die fürsichseiende Realität des Zeichens vernichtet.
30 Der Namen existiert als Sprache. Sie ist der existierende Begriff des Bewußtseins, die sich also nicht fixiert, ebenso unmittelbar aufhört, als sie ist. Sie existiert im Elemente der Luft als eine Äußerlichkeit der formlosen freien Flüssigkeit, indem sie so absolut außer sich ist, als sie ist, die allgemein mitteilende Existenz hat.[1] Die leere Stimme des Tiers erhält

---

[1] *In E folgte (später gestr.):* die erste einfache Existenz der Vernünftigkeit, die einfache reine Vernunft; denn das Element der Luft läßt sie frei für sich.[1a]

[1a] *Daneben am Rande gestr:* Vokale und Konsonanten

eine unendlich in sich bestimmte Bedeutung. Das rein Tönende der Stimme, das Vokale, unterscheidet selbst sich, indem das Organ der Stimme seine Gegliederung als eine solche in ihrem Unterschiede zeigt. Dieses / rein Tönende wird durch die Stummen unterbrochen, das eigentlich Hemmende des bloßen Tönens, wodurch vorzüglich jeder Ton für sich eine Bedeutung hat, da die Unterschiede des bloßen Tönens im Gesange nicht für sich bestimmte Unterschiede sind, sondern sich erst durch den vorherigen und folgenden Ton bestimmen. Die als tönend gegliederte Sprache ist Stimme des Bewußtseins, darin daß jeder Ton Bedeutung hat, d. h. daß in ihm ein Namen existiert, die Idealität eines existierenden Dings, das unmittelbare Nichtexistieren desselben.

So unendlich die Sprache in ihrer Einfachheit, unterbricht [sie] sich als Unendlichkeit des Bewußtseins in sich selbst, gliedert, artikuliert sich und wird eine Mannigfaltigkeit von Namen. Ebenso nimmt sie sich aus der absoluten Mannigfaltigkeit zurück; der Namen als solcher ist nur der Namen des einzelnen Dinges; sie ist die Beziehung der Namen oder wieder die Idealität ihrer Vielheit selbst, und spricht ebenso diese Beziehung aus, das gewordene Allgemeine, oder sie wird zum Verstande; im allgemeinen Elemente der Sprache an sich ideell [sind] die Namen nur der Form nach, sie drücken das Konkrete, Bestimmte aus; aber die Einheit des Elementes, in welchem sie sind, setzt sie zugleich als diese Bestimmte, d. h. Differente gegeneinander, ihre Beziehung oder sie selbst als absolut Besondere, das heißt ebenso in ihrer Bestimmtheit sich Aufhebende. Das Blau ist vors erste aus der Kontinuität seines Seins herausgerissen, abgetrennt von dem Vielfachen, Besonderten, in welchem es ist; aber es ist immer noch diese Bestimmtheit; aber in dem Gedächtnisse ist es zugleich für sich, aber zugleich auch neben andern / und durch die negative Einheit des Gedächtnisses bezogen aufeinander; es wird als dieses Bezogensein gesetzt, an sich ein Allgemeines, nach der Bestimmtheit seines Inhalts ein anderes, als es ist; es ist Farbe und Verstandesbegriff, bestimmter Begriff. Es ist das Allgemeine verschiedener Farben, aber nicht gleichsam eine Extraktion derselben, sondern eine Abstraktion, d. h. ihre Bestimmtheit ist unmittelbar in ihrem Sein eine aufgehobene. Das Blau ist für den Geist in dieser Po-

tenz als Farbe.[1] Die Einzelnheit der Empfindung ist also durch diese Stufen zum bestimmten Begriffe gesteigert worden, daß sie in der empirischen Anschauung überhaupt als ein im Raume und der Zeit Seiendes gesetzt, ganz formal als ein Aufgehobenes gesetzt wurde, so daß es darin vollkommen für sich blieb, nur die Foderung des Aufgehobenwerdens an ihm ausgedrückt wurde. In dem Namen realisiert sich das Ideellsetzen der empirischen Anschauung, der Namen ist aber selbst noch eine einzelne Idealität; die negative Einheit des
10 Bewußtseins muß sie [ebenso] aufeinander beziehen, als sie in seinem allgemeinen Elemente ruhig neben- und außereinander sind, und in dieser Beziehung die Einzelnheit ihres Inhalts aufheben und sie als Bezogene zu Verstandesbegriffen fixieren. Indem wir das Bewußtsein als solches, als Einheit des in ihm als tätig und des in ihm als passiv Erscheinenden betrachten, so hat die Betrachtung des Bewußtseins, wie es im Gegensatze erscheint, als Subjektives und Objektives, keine Bedeutung für uns. Wir betrachten die Momente des sich organisierenden Bewußtseins weder auf der Seite des Subjekts in
20 der Form von Vermögen, Neigungen, Leidenschaften, Trieben u.s.w. noch auf der andern Seite des Gegensatzes als eine Bestimmtheit der Dinge, sondern wie es als Einheit und Mitte von beidem absolut für sich ist; es ist in ihm selbst die Bewegung eines / Tätigen gegen ein Passives, aber als die Bewegung selbst ist es das Eins, in welchem der Gegensatz nur ideell, an sich ein aufgehobener ist. Alle Momente desselben sind als Vermögen, Neigungen im Tätigen so wie als Bestimmtheiten des andern, aber das Wesen ist die Mitte; und die Mitte des Bewußtseins, wie es als Moment der Gegliederung seiner Totalität ist, gehört beiden an; oder sie beide auf dieselbe
30 [bezogen], nach ihrem Gegensatze bestimmt. In der empirischen Anschauung ist das eine empirisch Anschauendes, das andre [das] empirisch Angeschaute, Namen Gebende, dem ein Namen gegeben wird, so das Begreifende, Begriffene. Es ist überflüssig, dies anzumerken, aber vollkommen falsch, in der empirischen Anschauung so wie im Gedächtnisse und im Be-

---

[1] *Folgt über der nächsten Zeile:* **Bestimmtheit**

greifen diese Momente des Bewußtseins zu betrachten als zusammengesetzt werdend aus den beiden Seiten des Gegensatzes, so daß jedes von ihnen einen Teil zu dem Eins beitrage, und zu fragen, was in dieser Zusammensetzung das Tätige jeden Teils sei. Es ist dies der Standpunkt des gemeinen Bewußtseins, für welches das Bewußtsein immer nur eine Seite des Gegensatzes ist und welches sich vorstellt, das Individuum in der Bestimmtheit als Tätiges sei das Wesen, daß aber dies so bestimmte Bewußtsein ein Zufälliges, das es haben und auch nicht haben könne, über dessen Momente es mächtig sei und eine Willkür habe, eine Eigenschaft, da im Gegenteil das Bewußtsein das Wesen ist, der Geist die absolute Substanz, der in sich zu einer Seite des Gegensatzes seiner Unendlichkeit die Tätigkeit hat, die aber absolut ideell, nur als aufgehobene ist. Es ist also ganz auf dem Standpunkte des Gegensatzes, wo sich der sog. Realismus und der sog. Idealismus bilden und sich darüber [entzweien], entweder ob nämlich dies, daß etwas Farbe ist, im Objekt oder im Subjekt, in der Seite der Tätigkeit / oder der Seite der Passivität des Bewußtseins gegründet, so daß diese beiden Seiten absolut an und für sich bestehen und nicht vielmehr im Bewußtsein selbst nur als aufgehobene seien. Der erste läßt dem Subjekt nur die formale Tätigkeit der Vergleichung der seienden Ähnlichkeit, der Idealismus, der die ideelle Seite des Gegensatzes als das absolut Reale, für sich Seiende, als absolute Substanz betrachtet, dem Objekt gar nichts. Es ist über einen solchen unvernünftigen Streit eigentlich nichts Vernünftiges zu sagen; die Farbe ist in ihren drei Potenzen, in der Empfindung als Bestimmtheit des Blau z. B. und dann als Begriff formell, ideell als Namen, als bezogen auf andere, als ihnen entgegengesetzt und zugleich ihnen gleich darin, daß sie Farbe sind, und hierin einfach, allgemein als Farbe. Diese wesentliche Totalität der drei Potenzen der Bestimmtheit trennt jener Realismus und Idealismus; der Realismus behauptet, daß die Bestimmtheit für sich sei, ebenso das Bezogensein, insofern es zugleich entgegengesetzt, oder die Allgemeinheit der Farbe, insofern sie versenkt ist in die Differenz der Farben, und überläßt dem Bewußtsein, dem Subjekt nur eine Seite der dritten Potenz, das in der Differenz schon seiende Bezogensein oder Allgemeine herauszunehmen, zu isolieren, zu

abstrahieren. Der Idealismus vindiziert die zwei letzten Bestimmtheiten dem Subjekte und wohl auch die erste der Bestimmtheit des Blau. Der Streit geht eigentlich um die in sich selbst streitende Potenz der Mitte, worin nämlich zugleich die Bestimmtheiten als solche und das Bezogensein, beide als Eins und als unterschie/den gesetzt sind. Es geht aus dem Bisherigen hervor, daß die Bestimmtheit als fürsichseiende der Natur angehört, wie die Farbe sich zur Totalität wird. Zugleich ist die Bestimmtheit nur in Beziehung auf ihr Aufgeho
10 bensein oder auf den Geist; sie ist als einzelne Empfindung. Der Geist als empfindender ist selbst tierisch, in die Natur versenkt; in der Erhebung zur Beziehung und Unterscheidung der Farben und dem Hervortreten derselben als Farbe, als Begriff wird die Natur der Farbe sich Geist, sie ist ebensowohl als bestimmte Farbe, als sie nicht als bestimmte Farbe ist. Für das Subjekt selbst, wie der Realismus und Idealismus seine Streitfrage auf die rohste Weise stellt, ob außer ihm die bestimmten, unterschiedenen und sich in ihren Unterschieden beziehenden Farben etwas seien, ganz abgesehen
20 von der Existenz des Subjekts, so muß ebendarum behauptet werden, daß das Subjekt als solches [ebensowohl] nur eine Einzelnheit ist, d. h. ein solches, außer welchem die Totalität der Bestimmtheiten und ebenso der Farben ist, als insofern es nicht absolute Einzelnheit, sondern Bewußtsein [ist], sie in ihm sind; aber ebenso, insofern die Bestimmtheit der Farbe Blau nicht Einzelnheit ist, ist es ebenso Totalität der Farbe, außer welcher keine Farbe ist. Aber es ist ein vollkommen lächerlicher Idealismus, der das Subjekt, das Tätige des Gegensatzes, als ein Glied des Gegensatzes nimmt und dassel
30 be, als Bestimmtheit seiend, doch von der Bestimmtheit, von einer Äußerlichkeit für dasselbe befreien will; insofern es davon befreit ist, hört es selbst auf, Subjekt, dies Eine Glied des Gegensatzes zu sein, und es ist nur das Einssein beider; der Geist, das Bewußtsein, dies Absolute ist es, was wir betrachten. Es muß aber eigentlich weder von einem solchen Subjekte noch Objekte die Rede [sein], / sondern vom Geiste, und für diesen haben wir gesehen, wie er sich als Totalität zur Natur wird und wie er sich zum Geiste wird. Subjekt als solches ist er sich nur als Empfindung, d. h. als Einzelnheit, deren un-

mittelbares Anderssein außer ihr ist;[1] und die Gegliederung
des Bewußtseins ist, wie es sich selbst zum Bewußtsein wird,
wie der innre Begriff des Bewußtseins sich als Bewußtsein
selbst setzt.

Die Empfindung wird Begriff des Bewußtseins, indem sie
sich zum Gedächtnisse und zur Sprache erhebt, aber auch nur
zum Begriffe desselben oder nur zu formalem Bewußtsein.
Die Einzelnheit der Empfindung ist wohl gesetzt als eine ideelle, aber diese Idealitäten sind selbst eine Menge Idealitäten,
sie sind nicht als absolute Einheit; ihre Menge muß different 10
gegeneinander werden, sich in die Beziehung erheben, und
diese ihre Beziehung, der Begriff, das Gesetzte sein.

Die Sprache, die sich zum Verstande erhebt, geht damit
wieder in sich, sie hebt den einzelnen gesprochenen Namen
auf — der Begriff, wie alles, fällt selbst in die Sprache und
[ist] ein absolut mitzuteilender.[2] Der aufgehobene Namen
oder er als ein Gesetzter nicht nach seinem Einzelnsein, sondern nur seiner Beziehung nach, d. h. als allgemeiner oder
der Begriff, muß sich absolut in sich reflektieren. Die Sprache muß, wie sie nach außen verhallt, im Bewußtsein selbst 20
verhallen; der Verstandesbegriff ist nur die aus dem Namen
zurückkehrende Einheit des Bewußt/seins, sich auf die Einzelnheit selbst beziehend und darum ein bestimmter Begriff, nicht die absolute Einheit des Bewußtseins; er muß als
ein absolut zurückgekehrter sein, d. i. nicht die Beziehung
z. B. der Farben, sondern absolut unbestimmte, vertilgte Bestimmtheit der Beziehung, reine Beziehung, die absolute
Leerheit des Unendlichen, das Formale der Vernünftigkeit,
die einfache, absolute Abstraktion der Einheit, die Reflexion
als Punkt.[3] Als diese absolute Abstraktion ist das Bewußtsein 30

---

[1] *In E folgte (später gestr.):* Aber dies ist es, was sich in der Sprache,
in dem Sein des Bewußtseins aufhebt.

[2] *In E folgte (später geändert):* Aber als bestimmter Begriff hört er
auf, ein Existierendes, dem Bewußtseienden Entgegengesetztes zu sein;
es ist ihm als solchem gleichgültig, gesprochen oder nicht gesprochen zu
sein.

[3] *In E folgte (später geändert):* Erst so hat sie sich zum Bewußtsein
des Individuums gemacht; das Bisherige war nur ihre Idee. Als Bewußtsein des Individuums existiert es als absolute Einzelnheit und absolute
Allgemeinheit zugleich. Wie das Vorherige sich immer im Folgenden re- 40

in seiner negativen Beziehung absolut geworden; es vertilgt
alle Bestimmtheit, ist rein sich selbst gleich. Aber da dieses
Absolutsein schlechthin nur negativ ist, so ist es in sich leer
und unmittelbar das Gegenteil dessen, das es in sich zustande
bringen wollte; es tritt diesem absolut leeren Eins die Totalität des Sein gegenüber. Das von ihm Negierte ist ebensowohl
als seine absolute Negation das Eins der formalen Vernünftigkeit; das Bewußtsein, das die Einzelnheit vorhin als eine ideelle, als aufgehoben seiende in sich setzte, hat das Formale,
10 die Idealität nur für sich gesetzt, sie von der Einzelnheit abgetrennt, und diese erhält absolute Realität. Jenes Eins, indem
es sich von der Einzelnheit befreite, hat es vielmehr den Gegensatz als Absolutes gesetzt, ohne bestimmt zu sein durcheinander; und die Glieder des Gegensatzes stehen sich als absolut reale gegenüber. Das Bewußtsein ist sich zum Eins der
Individualität geworden.

Das Eins der Individualität war uns im Elemente der Einzelnheit, in der Erde geworden, und jedes ihr Angehörige hatte den Charakter dieser Einzelnheit. Aber dieser Punkt
20 der Reflexion, das absolute In-sich-selbst-Zurückgekehrt-
sein, / war nur unser Begriff; er ist in der Erde nicht als solcher realisiert, er existiert nicht in ihr, sondern er ist nur als
Foderung gesetzt, nämlich als unendliche Teilbarkeit, d. h.
nur als unendliche Möglichkeit seines Seins. Er existiert erst
in dem Bewußtsein als seiner absolut negativen Seite; er existiert erst, indem das Bewußtsein sich selbst zu diesem Punkte macht.

Dieser absolut einfache Punkt des Bewußtseins
ist das Absolutsein desselben, aber als eines Negativen, oder
30 es ist das Absolutsein des Individuums als eines solchen, als
eines einzelnen; es ist die Freiheit seines Eigensinns. Der
einzelne kann sich zu diesem Punkte machen, er kann von
allem absolut abstrahieren, alles aufgeben; er kann nicht ab-

alisiert, so ist die existierende Idee des Bewußtseins als Sprache selbst
nur existierend als Bewußtsein der Individuen; und wie vorhin das Werden des Individuums ein Wechsel zwischen seiner Allgemeinheit und seiner Unendlichkeit selbst als einer allgemeinen war, so ist es itzt zwischen seiner Allgemeinheit und ihm als absolut entgegengesetzter viel-
facher Unendlichkeit als einzelner.

hängig gemacht, an nichts gehalten werden, jede Bestimmtheit, an der er gefaßt werden soll, kann er von sich abtrennen
und im Tode seine absolute Unabhängigkeit und Freiheit,
sich als absolut negatives Bewußtsein realisieren. Aber der
Tod hat den Widerspruch gegen das Leben in sich, so wie
der Punkt der absoluten Reflexion, die einfache leere Einzelnheit, statt die Einzelnheit in Wahrheit aufzuheben,
selbst nur absolute Einzelnheit ist, welcher die Totalität der
Bestimmtheiten gegenübersteht, als eine ebenso absolut fürsichseiende, getrennt durch eine absolut leere beziehungslose 10
Kluft; und der Gegensatz so wie seine Beziehung, seine Idealität, hat die der vorhergehenden entgegengesetzte Form. Das
Bewußtsein als Bewußtsein des einzelnen ist entgegengesetzt
[dem] anderer einzelner, und es muß itzt die Einzelnheit als
eine aufgehobene setzen, oder es als existierendes Ding gegen
existierende Dinge, praktisches Bewußtsein. /

II. Potenz des Werkzeugs

[1]Mit dieser absoluten Entgegensetzung ist das Bewußtsein
als Sprache aus der Mitte getreten, es ist keine Mitte, in der
sich die Glieder des Gegensatzes beziehen und woran sie sich 20
abscheiden; sie [ist] die unsichtbare Mitte, der verborgene
Geist derselben. Dieser allgemeine, indifferente Geist muß als
unendlicher Geist sich erweisen, indem er die Einzelnheiten
aufhebt und sich eben zur existierenden Mitte herausgebiert.

Das Bewußtsein, das sich in der Sprache zur Totalität des
Idealen organisierte, ging aus dem Begriffe der Unendlichkeit
aus, und die Organisation geschah in der Bestimmtheit der
ersten Potenz, in dem Elemente der indifferenten Allgemeinheit, so daß die Entgegengesetzten, in ihrem Einssein
indifferent wie Allgemeines und Besonderes, im Begriffe in- 30

---

[1] *In E hieß der folgende Absatz (später geändert):* Das Bewußtsein
als Sprache war fürsichseiendes Bewußtsein als einzelnes geworden, als
absolute Reflexion ist es aus der Mitte getreten, und [ist] unsichtbare
Mitte, der verborgene Geist einzelner. Dieser allgemeine indifferente
Geist muß als unendlicher Geist sich erweisen, indem er die Einzelnheiten aufhebt und nur als Mitte, als absolute Einheit existiert.

einander bestanden, ohne daß ihr Widerspruch an ihnen selbst
als solcher gegeneinander gesetzt war; oder von ihrem Ent/ge-
gengesetztsein war abstrahiert worden, [dieses] ihnen ein
Äußerliches, nicht an ihnen Gesetztes. Diese erste Potenz
geht durch sich selbst in die entgegengesetzte über, in das absolute Entgegengesetztsein; und jenes indifferente Element
der Allgemeinheit, in dem sie ruhig ineinander sind, verschwindet, und sie sind sich, wie sie aus der vorigen Potenz
herübertreten, absolut entgegengesetzt, ohne Beziehung.
10 Jene theoretische Einheit, indem sie sich realisierte,
wurde das absolute Gegenteil ihrer selbst, zur absoluten Einzelnheit und Entgegensetzung; und die itzt gesetzte Beziehung wird eine praktische; die absolute Einzelnheit muß
sich erfüllen, die absolute Entgegensetzung aufheben; aber indem sie sich so selbst praktisch zur absoluten Totalität erhebt, wird sie wieder zum Gegenteil ihrer selbst. Denn beides,
diese praktische Potenz wie die theoretische, sind nur die
beiden idealen Potenzen, jede setzt das Bewußtsein nur
in der Abstraktion der einen Form des Gegensatzes, die theo-
20 retische in der Abstraktion der indifferenten einfachen Allgemeinheit, die praktische, die wir itzt betrachten, in der Abstraktion der absolut differenten, absolut entgegengesetzten Beziehung.

Das absolute Eins der Reflexion ist selbst nur als Negatives
durch die Negation, d. h. durch die Beziehung auf Entgegengesetztes, es ist wesentlich darauf bezogen; in seiner absoluten Reflexion hat es sich von der Beziehung auf ein andres
befreit, sondern die absolute Reflexion ist selbst nur als diese
Beziehung auf ein anderes. Das Bewußtsein hat als absolute
30 Reflexion nur die Form der Entgegensetzung und Beziehung geändert; es bezieht sich auf ein absolut Entgegengesetztes, ein totes Ding, und es ist der Widerspruch einer Beziehung auf ein absolut nicht Bezogenes. Die Beziehung muß
sich realisieren, und[1] das absolut einzelne Bewußtsein / ist gegen sich so wie seine eigne Vernichtung als dieses absolute

---

[1] *Davor stand in E (später geändert):* Für die Einzelnheit des Bewußtseins ist das einzelne ein absolut Entgegengesetztes, wo wir es
verlassen haben; ein totes Ding, und

Einzelnsein gerichtet,[1] und das Bewußtsein ist als praktische
Beziehung.

Die ANIMALISCHE Begierde ist ein tierisches Bewußtsein,
in welchem sich das Vernichten hemmt und die Glieder des
Gegensatzes nur als aufzuhebende gesetzt sind. Die Begierde ist ein sollendes Vernichtetwerden, das Begehrte
ebenso, das wirkliche Aufgehobenwerden selbst und seine
Idealität, eine Hemmung desselben, sind in der Zeit auseinander gerückt, aber das Wirklichwerden des Aufhebens, die
Stillung der Begierde ist ein unmittelbares Aufgehobenwer- 10
den ohne alle Idealität, ohne Bewußtsein. Die menschliche
Begierde muß im Aufheben selbst ideell, aufgehoben sein
und der Gegenstand ebenso, indem er aufgehoben wird, bleiben und die Mitte als das bleibende Aufgehobenwerden beider beiden entgegengesetzt existieren; die praktische Beziehung ist eine Beziehung des Bewußtseins, d. h. die Einfachheit des Vernichten muß in ihrer Einfachheit selbst auseinandergehen, ein in sich Gehemmtes und Entgegengesetztes sein.
Die Einfachheit des Vernichtens muß die allgemeine Einheit,
das Aufgehobensein beider Gegensätze sein und zugleich die 20
Mitte, in der sie eins sind und in der sie als ihrem Eins, ihrem
Aufgehobensein sich abscheiden. D. i. die eine Seite des Gegensatzes, die als tätig erscheinende, das Eins der Individualität, muß die andere als passiv erscheinende bearbeiten. In
der Arbeit entreißt die Begierde den zu vernichtenden Gegenstand überhaupt seinem Zusammenhange, besondert ihn
und setzt ihn als auf ein / Begehrendes bezogen. Insofern die
Begierde als solche ist, so [sind] beide in dieser Beziehung bestehend, beide ruhend,[2] nur ideell aufgehoben, sie muß, als
auf Vernichtung gehend, den Gegenstand und sich selbst auf- 30
heben, aber in diesem Aufheben selbst Bewußtsein, eine Idea-

---

[1] *In E folgte (später gestr.):* Dies praktische Verhältnis ist das dem
vorigen entgegengesetzte, in welchem das Bewußtsein bestimmt war als
allgemeines wie hier als einzelnes, absolut Entgegengesetztes.

[2] *Das Folgende bis* Ding [ist]. *(211,Z.10) hieß in E (später geändert):*
sie ist nicht ein Aufheben; aber sie ist wesentlich dieses, und als Arbeit
ist das Individuum tätig, und der Gegenstand wird aufgehoben im Bestehen beider. Die Arbeit als die vereinigende Mitte, in beiden als Dingen bestehende Mitte, ist selbst ein Ding, das Bleibende, tätig durch die
Begierde und passiv gegen sie und tätig gegen den Gegenstand.   40

lität des Aufhebens, sein. So ist es als arbeitend, ist das Individuum tätig, und der Gegenstand wird aufgehoben im Bestehen beider. Die Begierde kommt in ihrem Vernichten nicht
zu ihrer Befriedigung, und das Objekt, indem es vernichtet
wird, bleibt ebenso bestehen. Die Arbeit ist dies praktische
Bewußtsein als Beziehung, Allgemeines, Einssein beider; sie
muß ebenso als Mitte sein, in der sie sich als Entgegengesetzte
beziehen und woran sie als diese Getrennte, Bleibende sind,
wodurch das Arbeiten als solches seine bleibende Existenz
hat, selbst ein Ding [ist]. Das Werkzeug ist die existierende,
vernünftige Mitte, existierende Allgemeinheit des praktischen
Prozesses, es erscheint auf der Seite des Tätigen gegen das
Passive, ist selbst passiv nach der Seite des Arbeitenden und
tätig gegen das Bearbeitete. Es ist das, worin das Arbeiten
sein Bleiben hat, was von dem Arbeitenden und Bearbeiteten
allein übrig bleibt und worin ihre Zufälligkeit sich verewigt;
es pflanzt sich in Traditionen fort, indem sowohl das Begeh-
rende als das Begehrte nur als Individuen bestehen und untergehen.[1] /

[1] *In E folgte ohne Unterbrechung der (später gestr.) Passus am Be-*
ginn von Fragment 21. Im endgültigen Text wird durch Verweiszeichen
und den Vermerk: s. besonderes Blatt *auf weitere Ausführungen verwie-*
sen, die nicht erhalten sind. Vgl. auch Einleitung der Herausgeber XXII.

Fragment 21
[III. Potenz des Besitzes und der Familie]

[III. Potenz des Besitzes und der Familie][1]

ist ein gehemmtes Vernichten durch Not oder ein absolut
Äußeres. Die Freiheit des Bewußtseins hebt diese Not auf
und hemmt das Vernichten im Genusse durch sich selbst, es
macht die beiden Geschlechter zu Bewußtsein füreinander,
zu Fürsichseienden, Bestehenden, oder so, daß in dem Fürsichsein des andern jedes [es] selbst ist, daß jedes in dem Bewußtsein des andern, d. h. in seiner Einzelnheit, in seinem 10
Fürsichsein sich seiner bewußt, für sich ist; und die Ge-
schlechtsbeziehung wird eine solche, in welcher in dem Sein
des Bewußtseins eines jeden jedes selbst / eins mit dem andern ist, oder eine ideale. [2]Die Begierde befreit sich so von
der Beziehung auf den Genuß, sie wird zu einem unmittelbaren Einssein beider in dem absoluten Fürsichsein beider, oder
sie wird Liebe; und der Genuß ist in diesem Anschauen seiner selbst in dem Sein des andern Bewußtseins. Die Beziehung selbst wird auf dieselbe [Weise] das Sein beider und eine
so bleibende als das Sein beider, oder sie wird zur Ehe.   20
Indem in ihr jedes gegenseitig in dem Bewußtsein des an-

---

[1] *Diese Überschrift ist nur im gestr. Text von E überliefert. Dort
folgte (später gestr.) als Fortsetzung des Textes von Fragment 20 (ohne
Parallelität zum obigen Text):* Indem aber die Begierde in den Genuß
übergeht, hebt das Individuum seinen Gegensatz und seine Tätigkeit sowie seine unorganische Natur auf und wird gestaltete Totalität, die sich
als realisierte Idee in sich reflektiert und sich in der Trennung der Geschlechter realisiert. Die Begierde hemmt sich hier notwendig ebenso,
das Weib wird dem Manne zu einem Fürsichseienden; es hört auf, ein
Gegenstand seiner Begierde zu sein; die Begierde wird ein Ideelles und 30
ein Anschauen, sie wird zur Neigung.
[2] *Das Folgende bis* eine ganz gemeinsame Existenz *(213,Z.3) hieß
in E (später geändert):* Die Begierde, welche sich so von der Beziehung
auf den Genuß befreit hat und zu einem Dauernden, Bleibenden als Liebe gemacht hat, erstirbt nicht im Genusse; sie wird eine bleibende Verbindung, und durch die Vernunft zur Ehe; ein heiliges Band, worin die
Gatten eine ganz gemeinsame Existenz sich geben,

dern ist, so ist jedes es in dem andern gegenseitig als seine ganze Einzelnheit; und die Gatten geben [sich] eine ganz gemeinsame Existenz, in der sie nicht in der Verbindung mit irgendeiner Einzelnheit, einem besondern Zweck, sondern als Individuen nach der Totalität, in der sie der Natur angehören, Eines sind. Dies Band, als in dem die Totalität das Bewußt-
* sein eines jeden, ist eben darum heilig und von dem Begriffe eines Kontrakts, als welchen man die Ehe hat ansehen wollen, gänzlich entfernt.[1] In diesem lebendigen Einssein beider,
10 in [dem] das Bewußtsein eines jeden sich ausgetauscht hat, und es ist als seines und das Bewußtsein des andern, ist das Bewußtsein ebenso notwendig / die Mitte, an der sich beide abscheiden und in der sie eins sind, ihre existierende Einheit. Diese Mitte, worin sie sich für Eins als Aufgehobene ihres Gegensatzes erkennen und [in] welchem sie sich ebendarum wieder entgegengesetzt sind, [ist] als fürsichseiende. Die Seite der Mitte, worin sie sich als Eins und als Aufgehobene erkennen, ist notwendig ein Bewußtsein, denn sie sind nur als Bewußtsein Eins; es ist das Kind, in welchem sie sich als in
20 Einem Bewußtsein als Eins erkennen und ebendarin als Aufgehobene, und sie schauen in ihm dies ihr Aufgehobenwerden an. Sie erkennen sich in ihm als Gattung, sich als ein anderes, als sie selbst sind, nämlich als gewordne Einheit. Aber diese gewordne Einheit ist selbst ein Bewußtsein, und zwar ein Bewußtsein, worin das Aufgehobenwerden der Eltern sich an-

[1] *In E folgte (später geändert):* Es wird nicht wie in der Natur durch das Kind ein Dauerndes, nur ein Moment des sich in einem Dritten Erkennens, des Seins der Mitte, sondern an sich selbst ein Dauerndes. Und es ist hierin zum ersten Male eine Mitte gesetzt, wie sie in Individuen
30 selbst existiert oder wie ihre Entgegengesetzten das Ganze derselben ist; die Sprache ist es ebenso, nur in Individuen real, aber diese waren in ihr nichts als Individuen als solche, sondern nur allgemein als Bewußtsein und für die Individuen das Allgemeine der Sprache ein formales. Diese Mitte faßt sie ganz und vollkommen in sich. Wie sie dieser Geist mehrerer und darum ein Heiliges ist, so steht dieser heiligen Mitte auch eine tote Mitte gegenüber, oder wie sie das absolute Einssein beider ist, so ist sie ihnen auch entgegengesetzt. Die Individuen sind vors erste selbst dieser werdende Tod, was als Individuen einzeln der Natur angehört, aber in diesem ihrem Totwerden schauen sie ebenso ihr Lebendigwerden an;
40 das Kind ist nicht wie im animalischen Verhältnisse die existierende Gattung, sondern die Eltern erkennen sich in ihm als Gattung.

schaut, oder es ist ein Bewußtsein, in welchem das Bewußtsein der Eltern wird, oder die Eltern müssen es erziehen. Indem sie es erziehen, setzen sie ihr gewordenes Bewußtsein in ihm, und sie erzeugen ihren Tod, indem sie es zum Bewußtsein beleben [und das Bewußtsein der Eltern] seine Reflexion in sich selbst, die Leerheit der absoluten Einzelnheit realisiert und als gewordenes Bewußtsein unorganische Natur wird, zu deren Totalität sich der Mensch als Kind erhebt. Bisher war dem Bewußtsein das andre als es selbst absolute Entgegensetzung, ein rein anderes; hier ist das Bewußt- 10 sein sich selbst ein anderes geworden, den / Eltern das Kind, die Eltern dem Kinde;[1] und die Erziehung des Kindes ist, daß das ihm als ein andres, als es selbst ist, gesetzte Bewußtsein sein eignes werde; oder seine unorganische Natur, die es in sich zehrt, ist ein gewordenes Bewußtsein. Der Prozeß der Individualität ist ein Gestalten, und dasjenige, was hier die werdende Gestalt in sich zehrt, ist die gewordene Individualität. Wie vorhin im praktischen Sichselbstgestalten des Bewußtseins das Bewußtsein als ein Reales, Seiendes gegen die Natur erschien, so erscheint es hier als ein für es selbst Werden- 20 des. In der theoretischen Potenz wurde das Bewußtsein für sich selbst zu seinem Begriffe, wozu es im Tiere geworden war; in der theoretischen Potenz wurde es für uns zu einem absolut einzelnen in der formalen Vernünftigkeit; in der praktischen Potenz wurde für sich diese absolute Einzelnheit, für uns zu einem, das sein Bewußtsein in einem andern hat, hier wird es dies für sich selbst. Das Bewußtsein wird zu einem solchen, welches ein andres Bewußtsein in sich setzt. In der Erziehung hebt sich die bewußtlose Einheit des Kindes auf, sie gliedert sich in sich, sie wird zum gebildeten Be- 30 wußtsein, das Bewußtsein der Eltern ist seine Materie, auf deren Kosten es sich bildet. Sie sind ihm ein unbekanntes dunkles Ahnden seiner selbst,[2] sie heben sein einfaches gedrungenes Insichsein auf. Was sie ihm geben, verlieren sie, sie ersterben in ihm, denn was sie ihm geben, ist ihr eignes Be-

---

[1] *In E folgte (später gestr.):* Das Wesen des Verhältnisses gehört der Natur an,

[2] *In E folgte (später gestr.):* es wird erzogen *(im Ms der Schwäbizismus:* gezogen*)*

wußtsein. Das Bewußtsein ist hier das Werden eines andern Bewußtseins in ihm, und die Eltern schauen in seinem Werden ihr Aufgehobenwerden an. Die Welt kommt nicht an dies Bewußtsein als ein Werden/des wie bisher in der absoluten Form eines Äußern, sondern durchgegangen durch die Form des Bewußtseins; seine unorganische Natur ist das Wissen der Eltern, die Welt ist schon eine zubereitete; und die Form der Idealität ist es, was an das Kind kommt.[1] Indem die Welt als diese ideelle Welt an das werdende Bewußtsein

10 kommt, so ist die Aufgabe dieses Bewußtseins, die Bedeutung, die Realität dieses Ideellen zu finden, wie das Ideelle existiert; es muß diese Idealität realisieren. Es hat sich damit das bisherige Verhältnis des Bewußtseins umgekehrt; bisher war das ÄUSSERE für das tätige Bewußtsein [als] die eine Seite des Gegensatzes, die andre Seite, das einzelne, vielfach in sich Bestimmte eine nicht ideelle. Hier ist es das einzelne, und die andre Seite seines Gegensatzes ist das Ideelle, eine Welt, wie sie im Bewußtsein ist. So hebt sich für das bisher im Gegensatze seiende tätige Bewußtsein der Gegensatz selbst auf, in-

20 dem die andere, bisher als nicht bewußte Seite gesetzte, selbst ein Bewußtsein ist, und so ist hier der umgekehrte Weg, die ideale Welt zu realisieren. So erzeugt sich das Bewußtsein für sich selbst als Identität des Innern und Äußern. Es ist für das Kind der Widerspruch der realen Welt und der idealen der Eltern vorhanden,[2] ihm als werdendem Bewußtsein hebt sich dieser Widerspruch, indem es die reale, ihm als nicht bewußte Seite ideell setzt und die bewußte Seite, die ideelle der Eltern, realisiert. Die Tätigkeit des Bewußtseins als eines tätigen ist diese absolut entgegengesetzte Tätigkeit; es vereinigt sich

30 beides, und es ist erst ein sich selbst gewordnes Bewußtsein. Es hebt sich eben/so das Äußre auf, als es die Innerlichkeit, Idealität aufhebt; beide sind für es als ein Äußeres vorhanden.

In der Familie ist hiemit die Totalität des Bewußtseins dasselbe als ein für sich selbst Werdendes; das Indivi-

---

[1] *In E folgte (später geändert):* die Bildung ist das zu finden, was als Existenz der Welt für die Eltern war; es ist das Umkehren des Bisherigen, worin das Äußere, das im tätigen Bewußtsein idealisiert wurde;

[2] *In E folgte (später gestr.):* es ist die nicht hervorgetretene Einheit von beidem,

duum schaut in dem andern sich selbst an; das andre ist dasselbe Ganze des Bewußtseins, und es hat sein Bewußtsein in
dem andern, in dem Erzeugten /

Fragment 22
Es ist absolut notwendig ...

¹Es ist absolut notwendig, daß die Totalität, zu der das Bewußtsein in der Familie gelangt ist, sich in einer andern solchen Totalität, Bewußtsein, sich als sich selbst erkennt. In diesem Erkennen ist jeder für den andern unmittelbar ein absolut einzelner. Jeder setzt sich im Bewußtsein des andern, hebt die Einzelnheit des andern auf, oder jeder [setzt] in seinem Bewußtsein den andern als eine absolute Einzelnheit des
10 Bewußtseins. Dies ist das gegenseitige Anerkennen überhaupt, und wir sehen, wie dies Anerkennen bloß als solches, als Setzen seiner als einer einzelnen Totalität des Bewußtseins in eine andere einzelne Totalität des Bewußtseins existieren kann. Der einzelne ist nur ein Bewußtsein, insofern jede Einzelnheit seines Besitzes und seines Seins an sein ganzes Wesen geknüpft erscheint, in seine Indifferenz aufge/nommen ist, insofern er jedes Moment als sich selbst setzt; denn dies ist das Bewußtsein, das Ideellsein der Welt. Die Verletzung einer seiner Einzelnheiten ist daher unendlich, sie eine absolute Be-
20 leidigung, eine Beleidigung seiner als eines Ganzen, eine Beleidigung seiner Ehre; und die Kollision um jedes einzelne ist ein Kampf um das Ganze.² Das Ding, die Bestimmtheit,

---

¹ *In E hieß der Anfang des Absatzes (später gestr):* Jede Form zwischen absolut einzelnen ist eine gleichgültige, es ist ebenso gleichgültig, den andern zu beschenken, als ihn zu berauben und ihn totzuschlagen; und es ist keine Grenze zwischen der geringsten und der höchsten Beleidigung.

Das einzelne ist ein Ganzes, und jedes in ihm Unterscheidbare ist in dieser Ganzheit gesetzt; es ist ohne Hervortreten des Allgemeinen; die
30 Beziehung der einzelnen aufeinander ist eine Beziehung derselben als Ganzer; denn das hervortretende Allgemeine wäre eben das Aufhören ihrer Einzelnheit. Indem sie so in ihrer Beziehung sich nicht gliedern können, so ist jede einzelne Negation des Besitzes eine Negation seiner Totalität, und zugleich muß diese Negation eintreten.

² *In E hieß das Folgende bis* setzen, *(219, Z. 38) später geändert:* Und jene Kollision muß und soll eintreten, denn ob der einzelne als solcher

kommt als Wert, als ein Ding gar nicht in Betracht, es ist vielmehr ganz vernichtet, ganz ideell; es ist nur dieses, daß es auf mich bezogen ist, daß ich ein Bewußtsein bin, [es] seinen Gegensatz gegen mich verloren hat. Als diese Totalität treten beide, die sich als diese Totalität der Einzelnheiten gegeneinander anerkennen und anerkannt wissen wollen, gegeneinander auf; und die Bedeutung, die [sie] sich gegeneinander geben, ist, daß jeder in dem Bewußtsein des andern erscheine

eine vernünftige Indifferenz sei, kann nur gewußt werden, indem jede Einzelnheit seines Besitzes und Seins in ihr gesetzt, er sich auf sie als Ganzes 10 bezieht; dies kann nur sich zeigen, indem er an seine Erhaltung seine ganze Existenz setzt, sich schlechthin nicht teilt; und der Erweis endigt sich allein mit dem Tode. Die Erscheinung des einzelnen gegen den andern ist ein mannigfaltiges Haben, das Gut, die äußerliche Mitte; dies ist seiner Natur nach als ein Äußerliches, ein Allgemeines, und die unbezogenen einzelnen beziehen sich darin aufeinander. Es ist aber das Gut des einen; die Beziehung mehrerer darauf ist eine negative, ausschließende. Ob die ausschließende Beziehung des einen darauf eine vernünftige sei, ob er in Wahrheit eine Totalität sei, um dies Anerkennen geht die Beziehung der einzelnen; jeder kann vom andern nur anerkannt werden, 20 insofern seine mannigfaltige Erscheinung in ihm indifferent ist, in jeder Einzelnheit seines Besitzes sich als unendlich erweist und jede Verletzung bis auf den Tod rächt. Und diese Verletzung muß eintreten, denn das Bewußtsein muß auf dies Anerkennen gehen, die einzelnen müssen einander verletzen, um sich zu erkennen, ob sie vernünftig sind; denn das Bewußtsein ist wesentlich ein solches, daß die Totalität des einzelnen sich entgegengesetzt und in diesem Anderswerden dieselbe sei, daß die Totalität des einzelnen in einem andern Bewußtsein und das Bewußtsein des andern sei, und in diesem ebendies absolute Bestehen derselben, das sie für sich hat. Oder daß sie von dem andern anerkannt werden 30 den. Aber dies, daß meine Totalität als eines einzelnen in dem andern Bewußtsein ebendiese fürsichseiende Totalität sei, ob sie anerkannt, geachtet werde, dies kann ich nicht wissen als durch die Erscheinung des Handelns des andern gegen meine Totalität, und ebenso muß der andere zugleich mir erscheinen selbst als eine Totalität, so wie ich ihm. Verhalten sie sich negativ, lassen sie einander, so ist keiner dem andern [als] Totalität erschienen, und auch das Sein des einen im Bewußtsein des andern als eine Totalität nicht, nicht das Darstellen noch das Anerkennen. Die Sprache, Erklärungen, Versprechen sind nicht dieses Anerkennen, denn die Sprache ist nur eine ideale Mitte; sie verschwindet, so wie 40 sie erscheint, es ist nicht ein bleibendes, reales Anerkennen. Dies kann nur ein reales sein, indem jeder einzelne sich so als Totalität in dem Bewußtsein des andern setzt,

als ein solcher, welcher ihn aus der ganzen Extension seiner
Einzelnheiten ausschließe, β) daß er in diesem seinem Ausschließen wirklich Totalität sei. Dies kann keiner dem andern
durch Worte, Versicherungen, Drohungen oder Versprechen
erweisen; denn die Sprache ist nur die ideelle Existenz des
Bewußtseins, hier aber sind Wirkliche, d. i. absolut Entgegengesetzte, absolut Fürsichseiende gegeneinander, und ihre Beziehung ist schlechthin eine praktische, selbst eine wirkliche,
die Mitte ihres Anerkennens muß selbst eine wirkliche sein. /
10 Sie müssen daher einander verletzen; daß jeder in der
Einzelnheit seiner Existenz sich als ausschließende Totalität
setze, muß wirklich werden. Die Beleidigung ist notwendig,
nur indem ich den andern in seinem erscheinenden Sein störe,
kann er sein Ausschließen eines andern wirklich machen, er
sich als Bewußtsein darstellen, daß dies sein Sein, die Einzelnheit indifferent, daß dies Äußerliche in ihm selbst ist. In seinem Besitze muß jeder besonders notwendig gestört werden,
denn im Besitze liegt der Widerspruch, daß ein Äußeres, ein
Ding, ein Allgemeines der Erde, daß dies in der Macht eines
20 einzelnen sein soll, was wider die Natur des Dings als eines
Allgemeinen, Äußern ist, und es ist das Allgemeine gegen die
unmittelbare Einzelnheit des Bewußtseins. — Durch die
notwendige Verletzung, die zum Anerkennen führen soll, sind
beide in dem Verhältnisse, sich gegeneinander als negative absolute Einzelnheit, Totalität zu setzen; indem jeder den andern tätlich ausschließt, den in der Verletzung sich genom-
menen Besitz aufhebt, verletzt er zugleich den andern, er negiert etwas in dem andern, das dieser als das Seinige setzte.
Jeder muß das von dem andern Negierte als in seiner Totali-
30 tät seiend, als nicht ein Äußeres behaupten und es in dem andern aufheben; und indem in diesem einzelnen schlechthin
jeder seine Totalität als eines einzelnen behauptet, so kommt
es / zur Erscheinung, daß jeder die Totalität des andern
negiert. Das gegenseitige Anerkennen der einzelnen Totalität
eines jeden, indem diese eine einzelne, negierte ist, wie sie in
Beziehung kommt, wird eine negative Beziehung der Totalität; jeder [muß] sich so als Totalität in dem Bewußtsein des
andern setzen, daß er gegen den andern seine ganze erscheinende Totalität, sein Leben, an die Erhaltung irgendeiner Ein-

zelnheit setzt,[1] und ebenso muß jeder auf den Tod des andern gehen. Ich kann [mich] nur als diese einzelne Totalität im Bewußtsein des andern erkennen, insofern ich in seinem Bewußtsein mich setze als ein solcher, der [ich] in meinem Ausschließen eine Totalität des Ausschließens bin,[2] auf seinen Tod gehe. Indem ich auf seinen Tod gehe, setze ich mich selbst dem Tode aus, wage ich mein eignes Leben, ich begehe den Widerspruch, die Einzelnheit meines Seins und meines Besitzes behaupten zu wollen; und diese Behauptung geht in ihr Gegenteil über, daß ich diesen ganzen Besitz und die Mög- 10 lichkeit alles Besitzes und Genusses, das Leben selbst aufopfere. Indem ich mich als Totalität der Einzelnheit setze, hebe ich mich selbst als Totalität der Einzelnheit auf; ich will anerkannt sein in dieser Extension meiner Existenz, in meinem Sein und Besitze, aber ich verwandle dies darein, daß ich diese Existenz aufhebe, und werde nur als vernünftig, als Totalität in Wahrheit anerkannt, indem ich so selbst, indem ich auf den Tod des andern gehe, mein eignes / Leben wage und diese

[1] *In E folgte (später gestr.):* sich in seinem Besitze, der negativen 20 ausschließenden Bedeutung, als eine Totalität behauptet. Sie bewähren beide dies nur mit ihrem Tode, als der negativen Totalität sowohl für sich als in Ansehung des andern;

[2] *In E hieß das Folgende bis* Tod geht. (221,Z.11) *später geändert:* mein Leben daran wage, so wie auf den Tod gehe; und ebenso kann mir der andere nur als vernünftige Totalität erscheinen, insofern er mir sich ebenso setzt, und ich muß [mich] ihm so erweisen, und eben den Erweis von ihm haben.

Dies absolute Anerkennen enthält hiemit unmittelbar einen absoluten Widerspruch in sich selbst; es ist nur unendlich sich selbst aufhe- 30 bend. Die Einzelnheit als Totalität soll anerkannt werden, für mich sein als in dem Bewußtsein eines andern; jede Beziehung des andern auf meine Einzelnheit ist selbst eine einzelne, und es müssen solche Beziehungen um der Notwendigkeit des Anerkennens willen eintreten; ich erweise mich in dieser Einzelnheit als Totalität, ich mache die Beziehung unmittelbar unendlich und gehe in Ansehung des andern darauf, mich in ihm zu setzen, *a*) als ihn als Totalität aufhebend, auf seinen Tod, denn *aa*) muß er mich anerkennen, daß ich in mir ebensowenig als in ihm das Leben als selbst sich nur auf Einzelnheit beziehend achte; $\beta\beta$) ich muß für mich anerkennen, ob er ein vernünftiges Wesen sei, das in 40 seiner Verteidigung und Angriff bis auf den Tod gehe, *β*) mich ebenso als Totalität aufhebend, *aa*) denn ich muß mich ihm erweisen, mich als Totalität.

Extension meiner Existenz selbst, die Totalität meiner Einzelnheit aufhebe.

Dies Anerkennen der Einzelnheit der Totalität führt also das Nichts des Todes [herbei]. Jeder muß von dem andern erkennen, ob er ein absolutes Bewußtsein sei, a) jeder muß [sich] in eine solche Beziehung gegen den andern setzen, wodurch dies an den Tag kommt, er muß ihn verletzen, und jeder kann nur von dem andern wissen, ob er Totalität sei, als indem er ihn bis auf den Tod treibt; und jeder erweist sich
10 ebenso nur als Totalität für sich, indem er mit sich selbst bis auf den Tod geht. Wenn er an sich selbst innerhalb des Todes stehen bleibt, sich dem andern nur erweist als Verlust eines Teils oder des ganzen Besitzes daran setzend, als Wunden, nicht das Leben selbst, so ist er für den andern unmittelbar eine Nicht-Totalität, er ist nicht absolut für sich, er wird der Sklav des andern. Wenn er an dem andern innerhalb des Todes stehenbleibt und den Streit vor dem Töten aufhebt, so hat er weder sich als Totalität erwiesen, noch den andern als solchen erkannt. /
20 ¹Dies Anerkennen der einzelnen ist also absoluter Widerspruch in ihm selbst. Das Anerkennen ist nur das Sein des Bewußtseins als einer Totalität in einem andern Bewußtsein, aber indem es wirklich wird, so hebt es das andre Bewußtsein auf, hiemit hebt sich das Anerkennen selbst auf; es realisiert sich nicht, sondern hört vielmehr auf zu sein, indem es ist. Und doch ist zugleich das Bewußtsein nur als ein Anerkanntwerden von einem andern, und es ist zugleich nur Bewußtsein als absolutes numerisches Eins und muß als solches anerkannt werden, d. h. aber, es muß auf den Tod des andern und seinen
30 nen eigenen gehen und ist nur in der Wirklichkeit des Todes.

Dieses, was wir erkennen, daß das Anerkannte Totalität, Bewußtsein nur ist, indem es sich aufhebt, ist nun ein Erkennen dieses Bewußtseins selbst; es macht selbst diese Reflexion seiner selbst in sich selbst, daß die einzelne Totalität, indem

---

¹ *Der folgende Passus bis* selbst in sich selbst, *(Z.34) hieß in E (später geändert):* Dies Anerkennen geht also darauf, sich als Totalität der Einzelnheit für den andern zu erweisen, so sich in ihm anzuschauen und ebenso den andern; aber in diesem Realisieren hebt die Totalität der Einzelnheit sich selbst auf. Sie erhält ihren ganzen Besitz und setzt die
40 Verletzung, das Nichtanerkanntwerden seines Ausschließens, als unend-

sie als solche sich erhalten, sein will, sich selbst absolut aufop-
fert, sich aufhebt und damit das Gegenteil dessen tut, worauf
sie geht. Sie kann selbst nur sein als eine aufgehobene; sie
kann sich nicht erhalten als eine seiende, sondern nur als eine
als aufgehoben gesetzte; und sie setzt hiemit sich selbst als
eine aufgehobene und kann nur als eine solche anerkannt
werden; dies unmittelbar Eins und dasselbe. Sie ist eine sich
selbst aufhebende, und sie ist eine anerkannte, die im andern
Bewußtsein als sie selbst ist; sie ist hiemit absolut allgemeines
Bewußtsein. Dies Sein des Aufgehobensein der einzelnen To- 10
talität ist die Totalität als absolut allgemeine, als absoluter
Geist; es / ist der Geist als absolut reales Bewußtsein. Die
einzelne Totalität schaut sich an als eine ideelle, aufgehobene,
und sie [ist] nicht mehr einzelne, sondern sie ist sich selbst
dies Aufgehobensein ihrer selbst, und sie ist nur anerkannt,
sie ist nur allgemein als diese aufgehobene. Die Totalität als
eine Einzelnheit ist gesetzt an ihr selbst als eine bloß mögliche, nicht fürsichseiende, in ihrem Bestehen nur eine solche,
die immer zum Tode bereit ist, die auf sich Verzicht getan
hat, die wohl als einzelne Totalität ist, als Familie und im Be- 20
sitze und Genuß, aber so, daß dies Verhältnis ihr selbst ein
ideelles ist und sich erweist als es selbst aufopfernd. Dies Sein
des Bewußtseins, das als einzelne Totalität ist, als eine, die
auf sich Verzicht getan hat, schaut ebendarin [sich] in einem
andern Bewußtsein an, ist unmittelbar selbst für sich als ein
anderes Bewußtsein, oder sie ist in andern Bewußtseinen
nur als dies andre Bewußtsein ihrer selbst, d. h. als aufgehobene ihrer selbst; so ist sie anerkannt; in jedem andern Bewußtsein ist sie, was sie unmittelbar für sich selbst ist, indem
sie in einem andern ist, eine aufgehobene, dadurch ist die Ein- 30
zelnheit absolut gerettet. Ich bin absolute Totalität, indem

lich. Sie stellt sich dar als jede Einzelnheit mit ihrem Ganzen vertretend;
aber sie kann sich nur als Ganzes darstellen, indem sie sich als seiend in
den einzelnen aufhebt, indem sie ihren Besitz in der Verteidigung selbst
der Zerstörung hingibt und das Leben als die einfache Erscheinung, welche alle Seiten der Totalität der Einzelnheit in sich begreift; sie kann also nur Totalität der Einzelnheit sein, insofern sie sich selbst aufgibt als
Totalität der Einzelnheit und ebenso das andre Bewußtsein, an welchem sie erkannt sein will.

Dies Anerkennen ist absolut notwendig, seine rein negative Seite ist, 40

das Bewußtsein der andern als eine Totalität der Einzelnheit
in mir nur als aufgehobnes ist, aber ebenso ist meine Totalität
der Einzelnheit eine in andern aufgehobene; die Einzelnheit ist absolute Einzelnheit, UNENDLICHKEIT, unmittelbares
Gegenteil ihrer selbst; das Wesen des Geistes, auf eine einfache Weise die Unendlichkeit in sich zu haben, so daß der Gegensatz sich unmittelbar aufhebe. Diese drei Formen des
Seins, Aufhebens und Seins als / Aufgehobenseins sind absolut als Eines gesetzt. Die einzelne Totalität ist, denn die an-
10 dern einzelnen Totalitäten sind nur als aufgehobene gesetzt;
es setzt sich so in dem aufgehobenen Bewußtsein der andern,
es wird anerkannt. In diesen ist seine Totalität ebenso eine
aufgehobene, und indem es sich im Anerkennen realisiert, ist
es aufgehoben; und es ist darin für sich selbst als ein
Aufgehobenes; es erkennt sich selbst als ein Aufgehobenes,
denn eben es ist nur ALS ANERKANNT. Als nicht Anerkanntes, als nicht ein andres Bewußtsein, als es selbst ist, ist es gar
nicht, sein Anerkanntwerden ist seine Existenz, und es ist in
dieser Existenz nur als ein Aufgehobenes. Dies absolute Be-
20 wußtsein ist also ein Aufgehobensein der Bewußtseine als
einzelner, ein Aufgehobensein, welches zugleich die ewige Bewegung des Zu-sich-selbst-Werden eines in einem andern und
des Sich-anders-Werden in sich selbst ist. Es ist allgemeines,
bestehendes Bewußtsein, es ist nicht bloße Form der einzelnen ohne Substanz, sondern die einzelnen sind nicht mehr;
es ist absolute Substanz, es ist der Geist eines Volks,
für den das Bewußtsein als einzeln nur sich Form ist, die sich
unmittelbar ein andres wird, die Seite seiner Bewegung, die
absolute Sittlichkeit; der einzelne als Mitglied eines Vol-
30 kes ist ein sittliches Wesen, dessen Wesen die lebendige Substanz der allgemeinen Sittlichkeit, es als einzelnes, eine ideelle Form eines Seienden, nur als Aufgehobenes. Das Sein /
der Sittlichkeit in ihrer lebendigen Mannigfaltigkeit sind die
Sitten des Volkes.[1]

---

[1] *Auf dem seitlichen Rande oben:* keine Komposition, kein Vertrag,
kein stillschweigender oder ausgesprochener Urvertrag; der einzelne[1a]
einen Teil seiner Freiheit aufgeben, sondern ganz; seine einzelne Freiheit ist nur sein Eigensinn, sein Tod.

[1a] *Ergänze:* kann nicht

Der absolute Geist eines Volkes ist das absolut allgemeine Element, der Äther, der alle einzelnen Bewußtseine in sich verschlungen, die absolute, einfache, lebendige, einzige Substanz. Sie muß ebenso die tätige Substanz sein und sich als Bewußtsein entgegensetzen und die erscheinende Mitte der Entgegengesetzten sein, dasjenige, in dem sie ebenso eins sind, als in welchem sie sich entgegensetzen und gegen das sie tätig sind, ihr vernichtendes Eins, dessen Tätigkeit gegen sie ihre eigene Tätigkeit ist, so wie ihre Tätigkeit gegen dasselbe die Tätigkeit des Geistes. Der Geist des Volkes muß sich ewig zum WERKE werden, oder er ist nur als ein ewiges Werden zum Geiste.[1] Zum Werke ist er sich geworden, indem Tätigkeit in ihm gesetzt ist, die hiemit gegen ihn; und diese Tätigkeit gegen ihn ist unmittelbar das Aufheben ihrer selbst. Dies Anderswerden seiner selbst ist, daß er sich als Passives auf sich als ein Tätiges bezieht, als tätiges Volk, ein sich Bewußtseiendes überhaupt, in das Produkt, das Sichselbstgleiche übergeht; und indem dies gemeinschaftliche Werk aller, das Werk ihrer als Be/wußtseiender überhaupt ist, so werden sie sich als ein Äußeres darin; aber dies Äußere ist ihre Tat, es ist nur, zu was sie es gemacht haben, es sind sie selbst als Tätige, Aufgehobene; und in dieser Äußerlichkeit ihrer selbst, in ihrem Sein als Aufgehobener, als Mitte schauen sie sich als Ein Volk an,[2] und dies ihr Werk ist somit ihr eigner Geist selbst. Sie erzeugen ihn, aber sie verehren ihn als ein Fürsichselbstseiendes; und er ist für sich selbst, denn ihre Tätigkeit, wodurch sie ihn erzeugen, ist das Aufheben ihrer selbst, dies Aufheben ihrer selbst, worauf sie gehen, ist der fürsichseiende allgemeine Geist.

Sein Leben ist Aus- und Einatmen, sein Auseinandergehen, es tritt sich als Tätiges gegenüber sich als Passivem; er wird Eins, eine Einheit des Tätigen und Passiven, das Werk, aber in diesem Werk ist das

---

[1] *In E folgte (später geändert):* Als absolutes Bewußtsein ist er nur, insofern er sich ein andres wird und in diesem Anderswerden unmittelbar er selbst ist.

[2] *In E folgte (später gestr.):* die Vernunft überhaupt existiert nur in ihrem Werke; sie wird nur in ihrem Produkt, schaut sich unmittelbar als ein anderes und als sie selbst an.

Passive und Tätige selbst aufgehoben. Er ist das absolut
Allgemeine, er ist nur Werk, indem der Gegensatz des Tätigen
und Passiven ist; aber indem das Tätige als solches gegen das
Passive ist, so hört das Tätige und Passive auf, ein Gegensatz
zu sein, und es ist nur das absolut Allgemeine, der Gegensatz
nur das absolute Verschwinden seiner selbst. Es muß Wahrheit haben, daß die einzelnen ihre einzelne Totalität als eine
ideelle setzen, nicht ein Betrug aller gegen das Ganze. Das
sittliche Werk des Volks ist das Lebendigsein des allgemeinen
10 Geistes, er als Geist ihr ideales Einssein, als Werk ihre Mitte —
der Kreislauf des sich vom Werk als einem Toten abscheiden
und als Tätige, einzelne sich setzen, und es als allgemeines
Werk, ebenso unmittelbar nur sich darin aufheben, und sich
nur eine aufgehobne Tätigkeit, aufgehobne Einzelnheit sein. /
Das absolute Werden dieser Idee des Geistes aus seiner
unorganischen Natur, des sittlichen Geistes[1] ist die Notwendigkeit seines Handelns in der Totalität seines Werks. Er
ist als absolut sittlicher Geist wesentlich als das Unendliche,
Negative, das Aufheben der Natur, in der er sich nur ein
20 anderes geworden ist, das Setzen derselben als seiner selbst und dann der absolute Genuß seiner selbst, indem er sie in sich zurückgenommen hat.
Das Erste ist sein negatives Werk, sein Gerichtet-
sein gegen die Erscheinung des anders, als er selbst
ist, oder seine unorganische Natur. Die unorganische Natur des sittlichen Geistes aber ist nicht das, was wir Natur
überhaupt nennen: die Natur als Anderssein des Geistes,
d. h. als ein Bestehendes in der Totalität der Momente; diese
ist im Bewußtsein überhaupt in der Sprache, vom Gedächt-
30 nisse und vom Werkzeuge als eine aufgehobene gesetzt, und
dies als aufgehoben Gesetztsein der Natur, der Geist in seiner
Negativität, ist die absolute Totalität des Bewußtseins als der
Einzelnheit oder die Familie und in ihrer Realität als ein
Familiengut besitzend. Diese Totalität ist das negative Gesetztsein der Natur, und der Geist selbst nur different, sich beziehend auf ein Entgegengesetztes, und seine
Totalität die Realisierung dieses differenten Bewußtsein.

---

[1] *In E stand (später geändert):* Die absolute Organisation des sittlichen Geistes

Aber diese Totalität ist es, die von ihrer differenten Beziehung, ihrer Existenz in der Natur befreit, ein absolut positiver Geist, ein absolut allgemeiner werden muß, und die Familie als solche, die Realität der Einzelnheit, ist die unorgani/sche Natur des Geistes, welche [sich] als eine aufgehobene setzen, in die Potenz des Allgemeinen erheben muß. Wir betrachten zuerst, wie sie als bestehend, aber bezeichnet mit dem Charakter der Allgemeinheit [ist].

I. Die vorhergehenden Potenzen sind überhaupt ideale, sie sind erst existierend in einem Volke: Die Sprache ist nur als Sprache eines Volks, ebenso Verstand und Vernunft. Nur als Werk eines Volks ist die Sprache die ideale Existenz des Geistes, in welcher er sich ausspricht, was er seinem Wesen [nach] und in seinem Sein ist; sie ist ein Allgemeines, an sich Anerkanntes, im Bewußtsein aller auf dieselbe Weise Widerhallendes; jedes sprechende Bewußtsein wird unmittelbar darin zu einem andern Bewußtsein. Sie wird ebenso ihrem Inhalte nach erst in einem Volke zur wahren Sprache, zum Aussprechen, was jeder meint. Barbaren wissen nicht zu sagen, was sie meinen, sagen es nur halb oder das gerade Gegenteil dessen, was sie sagen wollen. Nur in einem Volke ist dasjenige vorhanden, schon als aufgehoben gesetzt, als ideelles, allgemeines Bewußtsein vorhanden, was das Gedächtnis, das Werden zur Sprache erst ideell macht; die Sprache ist ihrem Wesen nach für sich selbst vorhanden, ideell gesetzte Natur, und sie ist gleichsam bloße Form, sie ist ein bloßes Sprechen, eine Äußerlichkeit; sie ist nicht ein Produzieren, sondern die bloße Form des Äußerlichmachens, was schon produziert ist, wie es gesprochen werden muß, [das] Formale der reinen Tätigkeit, das unmittelbare Werden des Innerlichsein zu seinem Gegenteile, zu einem Äußern. Die Bildung der Welt zur Sprache ist an sich vorhanden. Wie das Werden des Verstands / und der Vernunft fällt sie in die Erziehung, sie ist für das werdende Bewußtsein als ideelle Welt, als seine unorganische Natur vorhanden; und es hat nicht sich aus der Natur auf diese Weise loszureißen, sondern für die Idealität derselben die Realität zu finden, für die Sprache die Bedeutung zu suchen, die in dem Sein ist; dies ist ebenso für dasselbe; es bleibt gleichsam nur die formale Tätigkeit des Beziehens derselben, die schon sind, aufeinander.

Die Sprache wird also auf diese Weise in einem Volke rekonstruiert, daß sie als das ideelle Vernichten des Äußern selbst ein Äußeres ist, das vernichtet, aufgehoben werden muß, um zur bedeutenden Sprache zu werden, zu dem, was sie an sich, ihrem Begriffe nach ist; also sie ist im Volke als ein totes anderes als sie selbst und wird Totalität, indem sie als ein Äußeres aufgehoben und zu ihrem Begriffe wird.

10   B. Die Arbeit und der Besitz werden ebenso im Volke unmittelbar zu einem andern, als sie selbst in ihrem Begriffe sind. Die Arbeit geht für sich auf das Bedürfnis des einzelnen als eines solchen, so wie der Besitz schlechthin der eines einzelnen ist; die Arbeit wird in ihrer Einzelnheit selbst so wie der Besitz eine allgemeine.

I. Die Arbeit, die auf das Bedürfnis eines einzelnen ging, wird in ihm a) die Arbeit eines einzelnen, β) auch [wenn sie] nur auf sein Bedürfnis geht, eine allgemeine.

a) Für das Arbeiten als solches ist ebenso itzt die Fode-
20 rung vorhanden; [es] / will anerkannt sein, die Form der Allgemeinheit haben; es ist eine allgemeine Weise, eine Regel aller Arbeit, die etwas Fürsichseiendes ist, als ein Äußeres erscheint, als unorganische Natur, und gelernt werden muß; aber dies Allgemeine ist für die Arbeit das wahre Wesen, und die natürliche Ungeschicklichkeit muß sich in der Erlernung des Allgemeinen überwinden. Die Arbeit ist nicht ein Instinkt, sondern eine Vernünftigkeit, die sich im Volke zu einem Allgemeinen macht und darum der Einzelnheit des Individuums entgegengesetzt ist, die sich überwinden muß; und
30 das Arbeiten ist ebendarum nicht als Instinkt, sondern in der Weise des Geistes vorhanden, daß sie als subjektive Tätigkeit des einzelnen doch ein andres geworden ist, eine allgemeine Regel, und erst die Geschicklichkeit des einzelnen durch diesen Prozeß des Erlernens wird, durch das Anderswerden ihrer selbst zu sich zurückkehrt.

[1]Das Anerkennen der Arbeit und Geschicklichkeit [geht]

---

[1] *Davor stand in E (später gestr.):* β) Das Werkzeug, in dem der Mensch in seinem Vernichten der Natur seine Vernunft als eine aufgehobne setzt, sie von sich abhält, wird zur Maschine. Überhaupt geht

eben den Kreislauf im Allgemeinen durch, den es im einzelnen durchs Erlernen hat.[1] Gegen die allgemeine Geschicklichkeit setzt sich der einzelne als ein Besonderes, scheidet sich davon ab und macht sich geschickter als die andern, erfindet tauglichere Werkzeuge; aber was an seiner besondern Geschicklichkeit ein wahrhaft Allgemeines ist, ist die Erfindung eines Allgemeinen, und die andern erlernen es, heben seine Besonderheit auf, und sie wird unmittelbar allgemeines Gut. /

Das Werkzeug als solches hält vom Menschen sein materielles Vernichten ab, aber es bleibt darin sein formales, es bleibt seine Tätigkeit, die auf ein Totes gerichtet ist, und zwar ist seine Tätigkeit wesentlich das Töten desselben, es aus seinem lebendigen Zusammenhange herauszureißen und es zu setzen als ein zu Vernichtendes, als ein solches. In der MASCHINE hebt der Mensch selbst diese seine formale Tätigkeit auf und läßt sie ganz für ihn arbeiten. Aber jeder Betrug, den er gegen die Natur ausübt und mit dem er innerhalb ihrer Einzelnheit stehen bleibt, rächt sich gegen ihn selbst; was er ihr abgewinnt, je mehr er sie unterjocht, desto niedriger wird er selbst. Indem er die Natur durch mancherlei Maschinen bearbeiten läßt, so hebt er die Notwendigkeit seines Arbeitens nicht auf, sondern schiebt es nur hinaus, entfernt es von der Natur und richtet sich nicht lebendig auf sie als eine lebendige, sondern es entflieht diese negative Lebendigkeit, und das Arbeiten, das ihm übrig bleibt, wird selbst maschinenmäßiger; er vermindert sie nur fürs Ganze, aber nicht für den einzelnen, sondern vergrößert sie vielmehr, denn je maschinenmäßiger die Arbeit wird, desto weniger Wert hat [sie], und desto mehr muß er auf diese Weise arbeiten.

γ. Nämlich seine Arbeit ist als Arbeiten eines einzelnen für seine Bedürfnisse zugleich eine allgemeine, ideale, es befriedigt seine Bedürfnisse wohl damit, aber nicht mit diesem bestimmten von ihm Bearbeiteten, sondern daß es seine Bedürfnisse befriedige, wird es ein anderes, als es

---

[1] *Daneben am Rande:* der umgekehrte Weg des Herausziehens aus dem Allgemeinen

ist. Der Mensch erarbeitet sich nicht mehr das, was er braucht,
oder er braucht das nicht mehr, was er sich / erarbeitet hat,
sondern es wird, statt der Wirklichkeit der Befriedigung seiner Bedürfnisse, nur die Möglichkeit dieser Befriedigung; seine Arbeit wird eine formale, abstrakte, allgemeine, eine
einzelne, er schränkt sich auf die Arbeit für Eins seiner Bedürfnisse ein und tauscht sich dafür das für seine andern Bedürfnisse Nötige ein. Seine Arbeit ist für das Bedürfnis —
für die Abstraktion eines Bedürfnisses — als ein Allgemei-
10 nes nicht sein Bedürfnis, und die Befriedigung der Totalität seiner Bedürfnisse ist eine Arbeit aller. Es tritt zwischen den Umfang der Bedürfnisse des einzelnen und seine
Tätigkeit dafür die Arbeit des ganzen Volkes ein, und die Arbeit eines jeden ist in Ansehung ihres Inhalts eine allgemeine für die Bedürfnisse aller so wie für die Ange-
messenheit zur Befriedigung aller seiner Bedürfnisse, d. h. sie hat einen Wert; seine Arbeit und sein Besitz sind
nicht, was sie für ihn sind, sondern was sie für alle sind. Die
Befriedigung der Bedürfnisse ist eine allgemeine Abhängigkeit
20 aller voneinander, es verschwindet für jeden alle Sicherheit
und Gewißheit, daß sein Arbeiten als einzelnes seinen Be-
dürfnissen unmittelbar gemäß ist; [er] wird als einzelnes Be-
dürftiges ein Allgemeines. Durch die Vereinzelung der Arbeiten ist die Geschicklichkeit eines jeden für diese Arbeit unmittelbar größer; alle Beziehungen der Natur auf die Einzelnheit des Menschen kommen mehr unter seine Herrschaft, die
Bequemlichkeit vergrößert sich. Diese Allgemeinheit, in
welche das einzelne Be/dürfnis und die Arbeit, die Angemes-
senheit zu demselben erhoben wird, ist eine formale Allge-
30 meinheit; ihr Bewußtsein nicht eine Absolutheit, worin sich
diese Beziehung vernichtete, ist darauf gerichtet, diese Einzelnheit aufzuheben, den Arbeitenden von seiner Abhängigkeit von der Natur zu befreien; das Bedürfnis und die Arbeit
erheben sich in die Form des Bewußtseins, sie vereinfachen
[sich,] aber ihre Einfachheit ist die formal allgemeine, abstrakte, das Auseinanderlegen des Konkreten, das in diesem
seinem Auseinanderlegen empirische Unendlichkeit der Einzelnheiten wird; und indem er auf diese formale falsche Weise
so die Natur sich unterwirft, vergrößert das Individuum nur
* seine Abhängigkeit von derselben: *a)* Die Vereinzelung

der Arbeit vergrößert die Menge des Bearbeiteten; an
einer Stecknadel arbeiten in einer englischen Manufaktur 18
Menschen;[1] jeder hat eine besondre und nur diese Seite der
Arbeit. Ein einzelner würde vielleicht nicht 20, nicht 1 machen können; jene 18 Arbeiten unter 10 Menschen verteilt,
machen 4000 des Tags; aber auf die Arbeit dieser 10, wenn
sie unter 18 arbeiteten, würden 48000 in einem Tag [kom-
men]. Aber in demselben Verhältnisse, wie die produzierte
Menge steigt, fällt der Wert der Arbeit; β) die Arbeit wird umso absolut toter, sie wird zur Maschinenarbeit, die Geschick-   10
lichkeit des einzelnen umso unendlich beschränkter, und das
Bewußtsein der Fabrikarbeiter wird zur letzten Stumpfheit /
herabgesetzt γ) und der Zusammenhang der einzelnen
Art von Arbeit mit der ganzen unendlichen Masse der Bedürfnisse ganz unübersehbar und eine blinde Abhängigkeit, so daß eine entfernte Operation oft die Arbeit einer
ganzen Klasse von Menschen, die ihre Bedürfnisse damit befriedigte, plötzlich hemmt, überflüssig und unbrauchbar
macht; so wie δ) die Assimilation der Natur sich durch das
Einschieben der Zwischenglieder größere Bequemlichkeit   20
wird, so sind diese Stufen der Assimilation ins Unendliche
teilbar, und die Menge der Bequemlichkeiten macht sie wieder ebenso absolut unbequem.

Diese mannigfaltigen Arbeiten der Bedürfnisse als Dinge müssen ebenso ihren Begriff, ihre Abstraktion realisieren;
ihr allgemeiner Begriff muß ebenso ein Ding sein wie sie, das
aber als Allgemeines alle vorstellt; das Geld ist dieser materielle, existierende Begriff, die Form der Einheit oder der
Möglichkeit aller Dinge des Bedürfnisses.

Das Bedürfnis und die Arbeit, in diese Allgemeinheit erho-   30
ben, bildet so für sich in einem großen Volk ein ungeheures
System von Gemeinschaftlichkeit und gegenseitiger Abhängigkeit, ein sich in sich bewegendes Leben des Toten, das in
seiner Bewegung blind und elementarisch sich hin und her bewegt und als ein wildes Tier einer beständigen strengen Beherrschung und Bezähmung bedarf.

γ. Diese Tätigkeit des Arbeitens und des Bedürfnisses, als
die Bewegung desselben, hat ebenso seine ruhende Seite im

---

[1] *Daneben am Rande:* Smith S. 8.　　　　　　　　　　　　　　　*

Besitze. Der Besitz ebenso wird im / Ganzen eines Volkes in seiner Einzelnheit ein allgemeiner, er bleibt Besitz dieses einzelnen, aber nur insofern er so durch das allgemeine Bewußtsein gesetzt ist oder insofern in ihm alle ebenso das Ihrige besitzen, d. h. er wird zum Eigentum. Sein Ausschließen wird ein solches, daß alle gemeinschaftlich jeden andern ebenso ausschließen und in dem bestimmten Besitze alle ebenso ihren Besitz haben oder daß das Besitzen des einzelnen das Besitzen aller ist. Im Besitze ist der Widerspruch, daß ein Ding als Ding ein allgemeines ist und doch nur ein einzelner Besitz sein soll. Dieser Widerspruch hebt sich durch Bewußtsein auf, indem es an sich als das Gegenteil seiner selbst gesetzt wird; es ist als Anerkanntes, der einzelne Besitz und allgemeine zugleich, indem in diesem einzelnen Besitz alle besitzen. Die Sicherheit meines Besitzes ist die Sicherheit des Besitzes aller, in meinem Eigentum haben alle ihr Eigentum, mein Besitz hat die Form des Bewußtseins erhalten; es ist bestimmt [als] mein Besitz, aber als Eigentum ist es nicht auf mich allein bezogen, sondern allgemein.

Wie in der vorherigen Potenz die Arbeit und das Bedürfnis sich absolut vereinzelt hat, so vereinzelt sich das Eigentum in dieser Potenz. Die Vereinzelung ist das Setzen des Konkreten in dem Allgemeinen; seine Unterschiede, die es in ihm selbst als der Identität Entgegengesetzter hat, fallen auseinander und werden für sich, als Abstraktionen. Die Totalität der Einzelnheit, die in der Extension ihres Existierens, in dem, dessen sie sich bemächtigte, in jedem einzelnen ganz war, ist / als aufgehobene nur im Ganzen des Volkes, und das einzelne des Bedürfnisses und Besitzes fällt in die Natur seiner Einzelnheit zurück, das Bewußtsein als Totalität des einzelnen war das Einssein seiner selbst und seiner Äußerlichkeit, seines Besitzes; indem beides auseinanderfällt, so hört der einzelne [auf], die Ehre zu haben, die in jedem einzelnen[1] ihr ganzes Wesen setzte. In dieser Vereinzelung fällt unmittelbar das auf ihn als eine Organisation unmittelbar Bezogene, sie Konstituierende, was seine Person genannt wird,

---

[1] *In E stand für* in jedem einzelnen *(später geändert):* die an den einzelnen Verlust

und das, was ihr äußerlich als Sache erscheint, auseinander, da für die Ehre diese Unterscheidung nicht vorhanden ist, die in jede Beziehung, jeden Besitz sich als Ganzes setzt.[1] /

---

[1] *Die Seite ist bis zu Ende beschrieben, die letzte Zeile nicht vollständig ausgefüllt. Möglicherweise gehört Beilage 2 an späterer Stelle in den Zusammenhang einer Fortsetzung dieses Textes oder jedenfalls einer aus dieser Zeit stammenden Darstellung der Schlußabschnitte des Systems; vgl. dazu auch die Einleitung der Herausgeber XXIII.*

BEILAGEN

GLIEDERUNGSNOTIZ

I. Intelligenz

[1]I. Intelligenz.
  a) Anschauung, b) Phantasie und Erinnerung, wie eine
  Pflanze mit Wurzel und Erde aus dem Boden genommen
  wird. c) Gedächtnis[2]
Das Objekt wird gesetzt im Subjekte selbst als etwas Gleichgültiges, dies innerhalb Phantasie und Gedächtnis, losgemacht
von der Welt
  b) Verstand; formal Allgemeines; Entgegensetzung desselben gegen das Besondre; Einssetzen; formale Reflexion
  in das Leere, daß es unser Begriff ist. Beide Eins, a) die
  Bestimmtheit des Dings dasselbe; sein Sein als Ding
  und unsre Allgemeinheit
  c) Vernunft; absolute Reflexion in sich selbst. Selbstbe-
  wußtsein. /

---

[1] *Ins Ms eingelegter kleiner Zettel. Auf der Rückseite dieses Zettels
befinden sich mathematische Gleichungen. Sie gehören nicht in den Zusammenhang von Systementwürfe I und werden im Band 5 der Gesammelten Werke: Schriften und Entwürfe (1799–1808) unter:* Mathematica *mitgeteilt.*

[2] *Daneben am Rande (als Marginalie):* Einzelnheit der Empfindung

FRAGMENT ZUM ENDE DES SYSTEMS

ist nur die Form . . .

[1]ist nur die Form, der Schein der absoluten Selbständigkeit,
der absoluten Gegenwart, und es kommt darauf [an], was der
Stoff ist, dem sie diesen Schein gibt, ob er an sich absolut ist.
Diesen aber kennen wir, *a*) das Allgemeine als ein Inneres
muß wesentlich ein Inneres, Werkloses bleiben, es ist die Liebe; und wenn sie sich gestaltet, Liebe zu so was, als ein
Weib ist. *β*) Die Tätigkeit selbst, das lebendige Wirken dieser
himmlisch schönen und energischen Charaktere sowohl 10
männlicher als weiblicher Individualitäten kann nur einzelne
Tat, Verwirrung im einzelnen, eine romantische Aben-
teurerei sein. *γ*) Die Gestalten aber, worin diese lebendigen
einzelnen sich als absolutes Bewußtsein anschauen, die Stif-
ter der Religionen, sind wesentlich wirkliche, in der Geschichte existierende, nicht absolut freie Gestalten; die Helden dieser Religionen aber solche, welche den absoluten Schmerz im
Leiden und Martern auf das grellste dargestellt und statt eine
schöne, in sich befriedigte, eine aufs höchste unbefriedigte,
häßliche Erscheinung haben. *δ*) Endlich ist die Beziehung je- 20
nes ersten, des einzelnen Bewußtseins auf das absolute Bewußtsein,[2] die lebendige Beziehung wäre, daß ein Volk als
das Bewußtsein[3] in der Form der Einzelnheit / ein allgemeines Werk vollbrächte, in welchem sie ihr absolutes Bewußtsein als Gestalt anschauten, sich selbst ebenso darin aufgehoben, als es ihr Werk ist oder sie darin lebendig sind. Aber die-

[1] *Vgl. für den Zusammenhang, in den diese Beilage möglicherweise
gehört, Fußnote 1 zu 232.*
[2] *In einer früheren Stufe hieß es (später geändert):* der einzelnen Bewußtseine auf das Absolute 30
[3] *Für* ein Volk als das Bewußtsein *stand in einer früheren Stufe (später geändert):* die einzelnen Bewußtseine

ses absolute Bewußtsein, weil es nur als Begriff existiert, hat keine Gegenwart in dem einzelnen Bewußtsein als solchen, es wird nicht ein gegenwärtiges sich hier lebendig vollbringendes Werk; und es ist absolutes Jenseits, vor welchem das individuelle Bewußtsein sich nur vernichten kann, nicht in ihm sich lebendig bewegen kann. Das Regen der Individualität vor diesem absoluten Selbstgenusse ist daher kein Epos, sondern eine Komödie, aber eine göttliche Komödie, in welcher das Tun des Menschen sich selbst unmittelbar zernichtet, nur sein

10 Nichts absolute Gewißheit hat, sein Bewußtsein nur ein Traum eines Bewußtseins, sein Charakter ewig eine völlig kraftlose Vergangenheit ist, wobei der Mensch, der dieses Schauspiel begleitet, nur in Tränen zerfließen kann.

Die Kunst, welche jener Liebe, jenen romantischen Taten und diesen geschichtlichen Gestalten und diesem Vernichten des Bewußtseins Gegenwart gibt, kann solchem Inhalt sein Wesentliches, daß er keine Gegenwart hat, sondern nur absolute Sehnsucht, nicht durch die Form benehmen. Der Inhalt, in dem das absolute Bewußtsein erscheint, muß sich von

20 seiner Sehnsucht, von seiner Einzelnheit, die ein Jenseits der Vergangenheit und der Zukunft hat, befreien, und der Weltgeist nach[1] der Form der Allgemeinheit ringen; der bloße Begriff des absoluten Selbstgenusses muß aus der Realität, in die er sich als Begriff versenkt hat, erhoben [werden], und indem er sich selbst die Form des Begriffes,[2] rekonstruiert er die Realität seiner Existenz und wird absolute Allgemeinheit. Nachdem /

---

[1] *Ms:* der Weltg. *über* nach *liest H:* nach der Weltgestalt

[2] *Das* wird *im folgenden Hauptsatz gilt auch als Prädikat dieses Ne*
30 *bensatzes.*

ANMERKUNGEN DER HERAUSGEBER

Die Anmerkungen bestehen aus Nachweisen der im Text vorkommenden Verweise und Bezugnahmen Hegels auf andere Schriften und Theorien. Aus den Schriften, auf die Hegel sich explizit oder implizit bezieht, wird dann ausführlich zitiert, wenn Hegel an eindeutig zu lokalisierende Stellen denkt oder wenn es wenigstens wahrscheinlich ist, daß er eine bestimmte Passage vor Augen hatte. In kürzerer Form werden Stellen zitiert, die nur als prägnantes Beispiel für das von Hegel Referierte in Frage kommen und auf die Hegel sich möglicherweise oder nur unter anderem bezieht. Angeführt werden diejenigen Ausgaben, von denen wir mit Sicherheit wissen oder mit einiger Wahrscheinlichkeit vermuten können, daß Hegel sie benutzt hat; sonst werden die jeweiligen Erstausgaben herangezogen. Dabei wird die Rechtschreibung und Zeichensetzung der zugrunde gelegten Ausgaben, abgesehen von den Titelangaben, die originalgetreu wiedergegeben werden, durchgängig den heute gültigen Regeln angepaßt.

Die Ziffern zu Anfang jeder Anmerkung verweisen auf die zugehörige Textstelle im vorliegenden Band; die Ziffern vor dem Komma bezeichnen die Seitenzahl, hinter dem Komma die Zeilenzahl.

Öfter herangezogene Schriften werden wie folgt zitiert:

Berthollet: Essai de statique chimique.	Claude Louis Berthollet: Essai de statique chimique. Première partie. Seconde partie. Paris 1803.
Berthollet: Recherches sur les lois de l'affinité.	Claude Louis Berthollet: Recherches sur les lois de l'affinité. In: Mémoires de l'Institut National des sciences et arts. Sciences mathématiques et physiques. Tome troisième. Paris, an IX (1800–1801). 1–96.
Erxleben: Anfangsgründe der Naturlehre.	Johann Christian Polykarp Erxleben: Anfangsgründe der Naturlehre. Fünfte Auflage. Mit Zusätzen von Georg Christoph Lichtenberg. Wien 1793.
Kilian: Entwurf eines Systems der Gesammten Medizin.	Conrad Joseph Kilian: Entwurf eines Systems der Gesammten Medizin. Zum Behuf seiner Vorlesungen und zum Gebrauch für praktizirende Aerzte. T. 1 und 2. Jena 1802.
Priestley: Versuche und Beobachtungen über verschiedene Gattungen der Luft.	Joseph Priestley: Versuche und Beobachtungen über verschiedene Gattungen der Luft. Aus dem Englischen. T. 1–3. Wien und Leipzig 1778–1780.

Steffens: Beyträge zur innern Natur- geschichte der Erde.	Henrich Steffens: Beyträge zur innern Naturge- schichte der Erde. Erster Theil. Freyberg 1801.
Trommsdorff: Sy- stematisches Hand- buch der gesamm- ten Chemie.	Johann Bartholomä Trommsdorff: Systematisches Handbuch der gesammten Chemie zur Erleichte- rung des Selbststudiums dieser Wissenschaft. Die Chemie im Felde der Erfahrung. Bd 1—4. Erfurt 1800—1803.
Winterl: Prolusio- nes.	Jacobi Josephi Winterl Prolusiones ad chemiam saeculi decimi noni. Budapest 1800.
Winterl: Accessio- nes novae.	Jacobi Josephi Winterl Accessiones novae ad Pro- lusionem suam primam et secundam. Budapest 1803.

3,5—8 Wegen des fragmentarischen Anfangs ist Hegels Bezugspunkt nicht sicher feststellbar, vermutlich meint er das Gesetz, daß mit zunehmender Entfernung von der Sonne die Dichte der Planeten abnimmt, und denkt an Stellen bei F. W. J. Schelling wie die folgende: „Die größere Dichtigkeit des Uranus war nach ihrer Entdeckung ein Stoß für alle vorhergegangenen weder auf Konstruktion noch auf vollständige Erfahrung gebauten Theorien, z. B. die Kantische, nach welchen die Dichtigkeiten im Verhältnis der Sonnenentfernung abnehmen sollten, eine Meinung, die schon Newton, als Wahrscheinlichkeit, auf seine gewöhnlichen teleologischen Vorstellungen gegründet hatte." (*Neue Zeitschrift für speculative Physik.* Bd 1, Stück 2. Tübingen 1802. 132) Vgl. *I. Kant: Allgemeine Naturgeschichte und Theorie des Himmels, oder Versuch von der Verfassung und dem mechanischen Ursprunge des ganzen Weltgebäudes nach Newtonischen Grundsätzen abgehandelt.* Königsberg und Leipzig 1755.39—41. Vgl. *Kant's gesammelte Schriften.* Hrsg. von der Königlich Preußischen Akademie der Wissenschaften. Bd 1. Berlin 1910. 270f. Vgl. *I. Newton: Philosophiae naturalis principia mathematica.* Editio ultima. Amsterdam 1714. 371f.

3,9—11 Vgl. vorige Anmerkung; ferner *F. W. J. Schelling: Neue Zeitschrift für speculative Physik.* Bd 1, Stück 2. 95: Kohäsion und spezifische Schwere sind „keine Attribute des Weltkörpers als solchen, denn unter diesem verstehen wir nicht jene äußerliche körperliche Masse, sondern seine innere Einheit".

23,21—34 Auch *Schelling* weist in der Schrift: *Von der Weltseele. Eine Hypothese der höhern Physik zur Erklärung des allgemeinen Organismus* (Hamburg 1798) bei der Untersuchung der Barometerveränderungen die Angabe einer „untergeordneten Ursache" zurück (154). — Von Ebbe und Flut der Atmosphäre, angezeigt durch das Fallen und Steigen des Barometers, wurde damals viel gesprochen; vgl. z. B. *A. v. Humboldt: Neuere physikalische Beobachtungen im spanischen Amerika.* In: *Annalen der Physik.* Hrsg. v. L. W. Gilbert. Bd 6. Halle 1800. 188. Untergeordnete Ursachen (nach Schellings und Hegels Auffassung) gibt z. B. Cassan an: Im Zusammenhang mit der Betrachtung der „Luft-Ebbe und Flut" heißt es: „Diese sehr große Ausdehnung und die darauf folgende Verdickung muß man als die Ursache von der periodischen Bewegung des Steigens und Fallens, welche man dort in dem Barometer beobachtet, ansehen." (*Cassan: Meteorologische Beobachtungen in der heißen Zone angestellt.* In: *Journal der Physik.* Hrsg. v. F. A. C. Gren. Bd 3, Heft 1. Leipzig 1791. 110f) De Luc zählt eine Reihe von Ursachen auf, die er selbst nicht akzeptiert, z. B.: „Abwechselungen der Wärme" oder „Anhäufung oder Zerstreuung der Luft durch entgegengesetzte Winde" oder „Veränderungen der Federkraft der Luft, nach denen sich die Barometerhöhe richten solle" (*J. A. de Luc: Untersuchungen über die Atmosphäre und die zu Abmessung ihrer Veränderungen dienlichen Werkzeuge.* Aus dem Französischen übersetzt von J. S. T. Gehler. T. 1. Leipzig 1776. 217f). Auch die von ihm angegebene Ursache, nämlich „daß das Eindringen der Dünste die spezifische Schwere der Luft und folglich auch den absoluten Druck der Luftsäulen vermindere" (a.a.O. 220f), wäre nach Schellings und Hegels Ansicht untergeordnet. — Ferner wendet sich Hegel dagegen, Ebbe und Flut des Meeres nur vom Lauf des Monds abhängig zu machen. Die Wiedergabe einer Abhandlung Lamarks beginnt mit folgenden Worten: „Daß der Mond durch seine Anziehung im Meere Ebbe und Flut erzeugt, hält *Lamark* für einen offenbaren Beweis..." (*Lamark: Ueber den Einfluß des Mondes auf den Dunstkreis der Erde.* In: *Annalen der Physik.* Hrsg. v. L. W. Gilbert. Bd 6. Halle 1800. 204). Hegel selbst verweist in seiner Habilitationsschrift: *De orbitis planetarum* auf Kepler, der „attractionemque lunae fluxus refluxusque maris causam" angegeben habe (*Dissertatio philosophica de orbitis planetarum.* Jena 1801. 6). Vgl. *J. Kepler: Harmonice mundi.* Linz 1619. 162. Dagegen kommt Hegels Ansicht offenbar die Theorie näher, daß Sonne und Mond Ursache der Gezeiten sind; Hegel könnte z. B. vor Augen haben *P. S. La Place: Darstellung des Weltsystems.* Aus dem Französischen übersetzt von J. K. F. Hauff. T. 1. Frankfurt a. M. 1797. 148ff.

30,23—26 Einerseits denkt Hegel hier wohl an *Kant,* z. B. *Kritik der reinen Vernunft.* 2. Auflage. Riga 1787. 207—218, *Metaphysische Anfangsgründe der Naturwissenschaft.* Riga 1786. 100—104. Vgl. *Kant's gesammelte Schriften.* Hrsg. von der Königlich Preußischen Akademie der Wissenschaften. Bd 3. Berlin 1911. 151—158, Bd 4. Berlin 1911. 532—534. Andererseits dürfte er Schellings Theorie von der Intensität der Kräfte meinen, die auf Kants Lehre von den intensiven Größen aufbaut. Vgl. *F. W. J. Schelling: Ideen zu einer Philosophie der Natur.* Leipzig 1797. 187: „*Alle Qualität der Materie beruht einzig und allein auf der Intensität ihrer Grundkräfte,* und, da die Chemie eigentlich nur mit den Qualitäten der Materie sich beschäftigt, so ist dadurch zugleich der oben aufgestellte Begriff der Chemie ... erläutert und bestätigt." Vgl. auch 208ff.

32,15—18 Zum Wärmestoff als unwägbarer Base vgl. *Trommsdorff: Systematisches Handbuch der gesammten Chemie.* Bd 1. 76f: „Der Wärmestoff wird als eine für sich expansible Flüssigkeit angenommen, und da seine Quantität nicht durchs Gewicht bemerkbar ist, so wird er als eine *imponderable Substanz* betrachtet." Hegel benutzte dieses Werk von Trommsdorff, s. 38,37—38 und die Anmerkung dazu. — Vgl. z. B. auch *Friedrich Albrecht Carl Gren: Grundriß der Chemie*. Nach den neuesten Entdeckungen entworfen und zum Gebrauch akademischer Vorlesungen eingerichtet. T. 1. Halle 1796. 86: Der Wärmestoff „ist völlig als *imponderable Substanz* anzusehen." — Als Gegenteil zu dieser „unwägbaren Base" gebraucht Hegel den Terminus: „wägbare Base" wie z. B. auch *F. W. J. Schelling: Von der Weltseele*. Hamburg 1798. 88,89,91.

33,4—6 Mit „figiert" gebraucht Hegel einen chemischen Fachausdruck für: gebunden (vgl. z. B. *P. J. Macquer: Chymisches Wörterbuch*. Aus dem Französischen übersetzt von J. G. Leonhardi. Bd 5. Leipzig 1790. 257ff). Hinsichtlich des latenten, gebundenen Wärmestoffs bezieht sich Hegel vermutlich auf *Berthollet: Essai de statique chimique*. Bd 1. 145f: „Le calorique qui s'accumule en perdant sa puissance sur le thermomètre, a été appelé *chaleur latente* ou *calorique latent*, et l'on a désigné par *calorique libre* celui qui produit les effets thermométriques." — Ebenso 173: „Pour classer les effets du calorique, on a distingué le calorique sensible et le calorique latent; le calorique spécifique et le calorique absolu, le calorique libre et le calorique combiné." — Vgl. auch *Erxleben: Anfangsgründe der Naturlehre*. 429 (§ 494. q): „Weil diese Wärme nun nicht mehr auf das Thermometer wirkt, indem sie ganz auf Flüssigkeit verwendet wird, so hat ihr Dr. Black den Namen latenter (verborgener) Wärme gegeben." — Vgl. ferner *Johann Samuel Traugott Gehler: Physikalisches Wörterbuch*. T. 4. Neue Auflage. Leipzig 1798. 545, 564.

33,11—13 Zur „Lateszenz" (Verborgenheit) des Wärmestoffs vgl. vorige Anmerkung. — Zur „Lateszenz" des Wassers vgl. z. B. *Georg Christoph Lichtenberg: Vertheidigung des Hygrometers und der de Lüc' schen Theorie vom Regen*. Hrsg. von Ludwig Christian Lichtenberg und Friedrich Kries. Göttingen 1800. 22f: Der „*dreifachen* Art von Zustand des Wassers (Aggregatform) nun hat Hr. *de Lüc* die vierte, die *Luftform*, hinzugetan. Das Wasser gerät also nicht bloß in einen Zustand, worin es sich tropfen oder pulverisieren läßt, nicht bloß in einen Zustand expansibler Flüssigkeit, aus dem es sich durch Erkältung und Druck wieder tropfbar machen läßt, sondern auch, durch irgendeine Dazwischenkunft, in einen, in welchem es sich verhält wie Luft, es mag nun stecken, wo es will." — Vgl. ferner *Johann Samuel Traugott Gehler: Physikalisches Wörterbuch*. T. 4. Leipzig 1791. 565: „Bei der latenten Wärme sehe ich vollends kein Bedenken, sie gebunden zu nennen, so wie man ja auch das Kristallenwasser gebunden nennen kann." — Vgl. auch *Trommsdorff: Systematisches Handbuch der gesammten Chemie*. Bd 1. 65: „Alle Salze nehmen während der Kristallisation einen Teil Wasser in sich, . . . das *Kristallisationswasser* . . . Kommen diese Salze in eine angemessene Hitze, so wird dieses Kristallisationswasser fluid..." — Hinsichtlich der „Lateszenz" bei anderen Stoffen vgl. z. B. *Berthollet: Essai de statique chimique*. Bd 1. 177: „Une acide devient latent dans une combinaison." Auch 349: „La force de cohésion propre aux éléments de la combinaison doit être considérée comme une propriété latente..." — Ferner *Georg Christoph Lichtenberg: Vertheidigung des Hygrometers.* A.a.O. 9: „Das Hygrometer hat auf die Entdeckung, daß *Dämpfe* latent werden und in dieser Latenz unter Luftform erscheinen, sicher hingeführt."

34,10—14 Hegel denkt vermutlich an *Trommsdorff: Systematisches Handbuch der gesammten Chemie.* Bd 1. 23f. Trommsdorff stellt hier eine Tabelle der „Grundstoffe" auf, in der neben Sauerstoff, Wasserstoff, Stickstoff und Kohlenstoff ebenso Schwefel, Phosphor, die Metalle und die Erden genannt werden.

35,15—17 Vgl. hierzu etwa *Trommsdorff: Systematisches Handbuch der gesammten Chemie.* Bd 1. 122, 130, 139, 148, 159. Nach Trommsdorff sind Sauerstoff, Wasserstoff, Stickstoff und Kohlenstoff bisher unzerlegte Stoffe, die jedoch nicht für sich allein auftreten. Vgl. z. B. 122: Wir können „den Sauerstoff nicht für sich allein darstellen, sondern nur in Verbindung mit andern Körpern." Vgl. auch *Steffens: Beyträge zur innern Naturgeschichte der Erde.* 92: Diese Stoffe sind „nicht *für sich* darstellbar ...; aber die *Ponderabilität* spricht doch für das Materielle der Stoffe." — Der Gedanke der Verborgenheit oder Lateszenz dieser Stoffe konnte in der damaligen Literatur zur Chemie nicht nachgewiesen werden; Hegel scheint die Aussage, daß z. B. Sauerstoff zwar ein Stoff sei, aber für sich bisher nicht dargestellt werden konnte, mit der Vorstellung der Verborgenheit von Stoffen und mit seiner Kritik an dieser Vorstellung zu verbinden. Vgl. oben 33,11—13 und die Anmerkung dazu.

35,26—34 Hegel bezieht sich vermutlich auf *Berthollet: Essai de statique chimique.* Bd 2. 525f: „Pour l'ammoniaque et le phosphate de chaux, ce sont indubitablement des produits de la putréfaction d'une portion du gluten." Ebenso dürfte er an Trommsdorff denken, vgl. *Trommsdorff: Systematisches Handbuch der gesammten Chemie.* Bd 3. 3: „Auch ist zu bemerken, daß bei der Zerlegung animalischer Körper häufiger *Phosphor* und seltener *Schwefel* erhalten wird, die man ebenfalls als Grundstoffe ansieht, ob es gleich wahrscheinlich ist, daß sie beide oft während der Arbeit erzeugt werden." Vgl. auch 364, wo vom „Entstehen einer Säure und des Ammoniaks" die Rede ist. — Zur Einfachheit der Elemente im allgemeinen vgl. *Trommsdorff: Systematisches Handbuch der gesammten Chemie.* Bd 1. 22: „Denn ob wir sie (sc. die Grundstoffe) gleich bis jetzt noch nicht in anderweitige Bestandteile haben zerlegen können, so folgt doch daraus noch gar nicht, daß sie an sich unzerlegbar sind, und es ist immer zu erwarten, daß sie künftig noch zerlegt werden."

37,1—4 Diese allgemeine Kritik Hegels am Vorgehen der Chemie ist nur eine Einleitung zu seiner Auseinandersetzung mit der Lösung einzelner Sachfragen in der Chemie. Vgl. dazu oben 37,6—38,12 mit den entsprechenden Anmerkungen. Hinsichtlich des Begriffs der Zusammensetzung könnte Hegel vor Augen haben: *Berthollet: Essai de statique chimique.* Bd 1. 59—67: „De la combinaison". Ferner *Trommsdorff: Systematisches Handbuch der gesammten Chemie.* Bd 1. 25f, wo die Mischung der Körper behandelt wird.

37,6—13 Mit dem Ausdruck: „die Sprache der Chemie [zu] sprechen" bezieht Hegel sich in diesem Zusammenhang auf *Priestley: Versuche und Beobachtungen über verschiedene Gattungen der Luft*. Vgl. Bd 1. 27: „Die *geschwindeste* Methode, dieses Wasser zum Gebrauch zuzubereiten, besteht darin, daß man es in großen Flaschen der fixen Luft aussetzt und sehr heftig darin herumschüttelt. Man kann auf diese Art einer großen Menge Wasser mehr als noch einmal so viel fixe Luft binnen einigen Minuten mitteilen." Vor allem 37f: „Wenn ich sie (sc. die fixe Luft) unter sehr kleinen Luftblasen durch eine sehr große Portion Wasser gehen ließ, so blieb doch nicht mehr als der fünfzigste oder sechzigste Teil davon übrig, der nicht vom Wasser verzehrt wurde... Indem ich nun die Reinigkeit meiner fixen Luft prüfte, so wollte ich mich doch gerne überzeugen, ob derjenige Teil der fixen Luft, der sich nicht mit dem Wasser mischte, auch gleichförmig durch die ganze Masse Luft verteilt wäre." Dies ist, wie Priestley mitteilt, der Fall. „Diejenige Luft nun, welche von der reinsten fixen Luft, die ich nur machen kann, übrig bleibt, ... schadet einer Maus nicht das geringste, ungeachtet ein Licht darin auslöscht. Allein aus eben dem Grunde schien mir dies ein Beweis von der Erzeugung der echten gemeinen Luft zu sein, wenn auch diese Luft immer noch in etwas verdorben war." — Von „*destilliertem Wasser*" spricht Priestley ausdrücklich bei einem anderen Versuch mit fixer Luft, vgl. Bd 2. 281.

37,20—23 Hegel bezieht sich auf *Priestley: Versuche und Beobachtungen über verschiedene Gattungen der Luft*. Bd 1. 185: „Endlich nahm ich eine Menge gemeiner durch einen phlogistischen Prozeß verminderte und schädlich gemachte Luft, schwenkte sie in Wasser herum und fand, daß sie von der salpeterartigen zwar vermindert wurde, doch nicht so stark, als sie vorher würde vermindert worden sein; und da ich sie zum andern Male reinigte, wurde sie wieder auf die nämliche Art vermindert und sodann auch zum dritten Male ... Im Gegenteil vermindert das Schütteln im Wasser die schädliche Luft allemal etwas." In Bd 2. 214f verbessert Priestley seinen Versuch. Vgl. Auch Bd 1. 98: „Sehr heftiges und insbesondere eine lange Zeit fortgesetztes Schütteln im Wasser ..." machte „... jede schädliche Luft, sie mochte von einer Art, von welcher sie wollte, sein, allemal einigermaßen zum Atemholen geschickt..." Vgl. ferner *Erxleben: Anfangsgründe der Naturlehre*. 210 (§ 236 Zusatz): Von der „phlogistisierten Luft", der „Stickluft" heißt es: „Mit dem Wasser geht sie in keine Verbindung, wird aber durch Schütteln mit demselben verbessert."

37,26—30 Hegel hat hier wohl Erläuterungen wie z. B. folgende vor Augen: *Trommsdorff: Systematisches Handbuch der gesammten Chemie*. Bd 1. 407f: „Da das reine von aller Kohlenstoffsäure befreite Kali so stark auf das Zellgewebe und die tierische Faser wirkt, so hat man ihm den Namen *ätzendes Kali* gegeben." 402f: „Da es (sc. das reinste Kali) eine große Verwandtschaft zum Wasser besitzt, so wird es bald feucht, und weil es eine sehr große Neigung hat, sich mit der Kohlenstoffsäure zu verbinden, die immer in der Atmosphäre gegenwärtig ist, so zieht es diese bald an. Es verliert dadurch viel von seiner Ätzbarkeit..." Vgl.

ferner *Winterl: Accessiones novae.* 310 Anm.: „Methodus proportionem Aëris fixi in Atmosphaera determinandi ope Aquae Calcis est fallacissima, nam Principium causticitatis, quod inest Aquae Calcis, redintegratur in Aërem fixum per Aërem athmosphaericum licet omni Aëre fixo carentem...“ Vgl. auch *Winterl: Prolusiones.* 57–69.

37,34–36 Vgl. dazu oben 66,16–21 und die Anmerkung dazu. Vgl. auch noch *Georg Christoph Lichtenberg: Vertheidigung des Hygrometers und der de Lüc'schen Theorie vom Regen.* Hrsg. von Ludwig Christian Lichtenberg und Friedrich Kries. Göttingen 1800. 118: „Nichtsdestoweniger entstehen in jenen hohen, so äußerst trockenen Schichten *urplötzlich* noch Wolken.“

38,3–7 Hegel denkt bei den „berühmten Versuchen der Oxidation der Metalle“ und insbesondere der Oxydation und Desoxydation des Quecksilbers wohl vor allem an *A. L. Lavoisier: System der antiphlogistischen Chemie.* Aus dem Französischen übersetzt wie auch mit Anmerkungen und Zusätzen begleitet von S. F. Hermbstädt. Zweite verbesserte Ausgabe. T. 2. Berlin und Stettin 1803. 190–235, bes. 194–206. Vgl. auch ders.: *Mémoire sur la calcination des Métaux dans les vaisseaux fermés, et sur la cause de l'augmentation de poids qu'ils acquièrent pendant cette opération.* In: *Observations sur la physique, sur l'histoire naturelle et sur les arts.* T. 4. Juillet. Paris 1774. 446–449. Vgl. ferner *Priestley: Versuche und Beobachtungen über verschiedene Gattungen der Luft.* Bd 1. 130–140, wo Priestley sich u. a. auch mit Lavoisier auseinandersetzt, und Bd 2. 42–61. Vgl. auch *C. L. Berthollet: Essai de statique chimique.* Bd 2. 361–392.

38,35–39,5 Hegel bezieht sich auf *Winterl: Prolusiones.* 169–191. Die entsprechenden Kapitel tragen die Überschrift: „De Charactere Androniae“ (169) und „De Androniae speciebus“ (172). Zur Benennung seiner neuen Entdeckung sagt Winterl: „In omnibus Naturae regnis occurit Terra nova, quam *Androniam* voco.“ (169) Zur Gewinnung von Andronia heißt es z. B.: „A. *Carbonis.* Paratur detonatione Carbonis tam vegetabilis, quam mineralis cum Nitro: Potassa residua ea subinde scatet Androniae quantitate, ut partem in filtro relinquat ... A. *Cineris.* Potassa per Aquam ex Cinere educta solutam servat Androniam Carbonis ...“ (172). Vgl. auch *Winterl: Accessiones novae.* 420–425. Über das Verhältnis von Andronia zu den Luftarten bemerkt Winterl: „Forte sunt, qui vellent Androniae Azoti nomen (d. h. Stickstoff) ... per me impositum esse, cum in Aëris azotici substratum concurrat; verum Andronia 1mo non minus ad substratum Aëris fixi, Acidi nitrosi concurrit; 2do substratum Aëris azotici est compositum: Andronia et substrato Aëris vitalis ...“ (*Prolusiones* 169 Anm.).

38,37–38 Hegel bezieht sich auf *Priestley: Versuche und Beobachtungen über verschiedene Gattungen der Luft.* Bd 1. 187: „Da ich nämlich vermöge der oben angeführten Versuche die elektrische Materie für ein Phlogiston oder eine ein Phlogiston enthaltende Materie hielt, so bemühte ich mich, den Bleikalk damit zu reduzieren, und wie sehr verwunderte ich mich nicht, als ich sah, daß sich eine beträchtliche Menge Luft entband. Es fiel mir ein, daß vielleicht diese Wirkung von der Hit-

ze, welche die elektrischen Funken der Mennige mitteilen, entstehen
könnte. Ich füllte daher sogleich eine kleine Phiole mit Mennige an, er-
hitzte sie mit einem Lichte und entband sogleich vier bis fünfmal so viel
Luft, als das Volumen der Mennige betrug; die Luft aber fing ich in
einem Gefäße mit Quecksilber auf. Wie viel Luft sie noch würde von
sich gegeben haben, habe ich nicht versucht. / Es wurde aber auch zugleich mit der Luft ein wenig *Wasser* erzeugt, und es fiel mir sogleich
ein, daß dieses Wasser und die Luft zusammen ganz gewiß die Ursache
des vermehrten Gewichtes des metallischen Kalkes sein müsse. Nun
blieb mir immer noch zu untersuchen übrig, was dieses für eine Gattung
Luft sein müsse. Als ich nun Wasser zu ihr ließ, so fand ich, daß sie von
ihm vollkommen so wie *fixe Luft* verschluckt wurde, woraus ich dann
schloß, daß es diese Gattung sein müsse." — Hegel bezieht sich ferner
auf *Trommsdorff: Systematisches Handbuch der gesammten Chemie.*
Bd 4. Erfurt 1803. 233 (§ 2817). Der Paragraph lautet: „Wenn man
frisch bereitetes rotes Bleioxyd zu dem vorigen Versuche (gemeint ist:
die Desoxydation dieses Bleioxyds) anwendet, so erhält man ein sehr
reines Sauerstoffgas, allein das Bleioxyd, das schon einige Zeit an der
Luft gelegen hat, enthält mehrenteils etwas Kohlenstoffsäure und liefert es deshalb nicht rein."

40,13—22 Hegel denkt wohl an Darstellungen wie *J. F. Ackermann:
Versuch einer physischen Darstellung der Lebenskräfte organisirter
Körper. In einer Reihe von Vernunftschlüssen aus den neuesten chemischen und physiologischen Entdeckungen.* Bd 2. Frankfurt a. M. 1800.
15: „So wahrscheinlich es indessen ist, daß ... alle organischen festen
und flüssigen Teile aus den angezeigten Urstoffen, dem Wasserstoffe,
Stickstoffe, Säurestoffe und Kohlenstoffe, zusammengesetzt sind, so
wenig können wir bis jetzt hoffen, durch die uns bekannten Hilfsmittel
der Scheidekunst in den Stand gesetzt zu werden, die Art der Mischung
dieser Elemente und den Grad des Verhältnisses jedes einzelnen Be-
standteiles in der Zusammensetzung zu bestimmen." 21: „Man muß daher den Muskel, den Knochen, das Hirn, den Nerv u.s.w. ... für zusam-
mengesetzte Körper, deren Bestandteile Säurestoff, Wasserstoff, Stickstoff, Kohlenstoff und Erde sind, halten; ebenso wie diese nämlichen
Stoffe auch das Wasser, den Schleim, das Öl u.s.w. zusammensetzen, obgleich diese Mischungen selbst unter sich die größte Verschiedenheit
zeigen." Vgl. auch 26—29, 39f. Vgl. ferner *Kilian: Entwurf eines Systems der Gesammten Medizin.* Z.B. T. 2. 12f: „Der Grund der Verschiedenheit der nähern Bestandteile des Organismus, nämlich der fa-
denartigen Materie, des Eiweißstoffs und der Gallerte, beruht demzufolge einzig und allein auf dem quantitativen Verhältnisse in der Mischung der gedachten vier indekomponiblen Grundstoffe." Gemeint
sind Wasserstoff, Sauerstoff, Kohlenstoff und Stickstoff. Vgl. zum Zusammenhang T. 2. 10—15, auch T. 1. 270f. Vgl. auch noch den Auszug
aus *A. F. Fourcroy: Philosophie chimique, ou vérités fondamentales de
la chimie moderne. Disposées dans un nouvel ordre.* Seconde édition.
Paris L'an III de la république (1794/95), der abgedruckt ist in *Archiv
für die Physiologie.* Hrsg. von Joh. Christ. Reil. Bd 1, Heft 2. Halle 1796;

vgl. bes. 55—61 — und vgl. *Trommsdorff: Systematisches Handbuch der gesammten Chemie.* Bd 3. 3.

41,7—8 Vgl. vorige Anm.

41,11—16 Hegel bezieht sich auf eine damals weit verbreitete und viel diskutierte Theorie. Vgl. *Trommsdorff: Systematisches Handbuch der gesammten Chemie.* Bd 3. 3: „Dieselben Stoffe, ... die wir so häufig im Pflanzenreiche fanden, machen auch hier die Grundmischung aus, nämlich der *Wasserstoff, Stickstoff, Kohlenstoff und Sauerstoff.* Indessen ist es nicht zu übersehen, daß der Stickstoff weit häufiger in den animalischen als in den vegetabilischen Substanzen angetroffen wird, der Kohlenstoff hingegen sich häufiger im Pflanzenreiche findet." Vgl. ferner *J. F. Ackermann: Versuch einer physischen Darstellung der Lebenskräfte organisirter Körper. In einer Reihe von Vernunftschlüssen aus den neuesten chemischen und physiologischen Entdeckungen.* Bd 2. Frankfurt a. M. 1800. 120: „In den Pflanzenkörpern finden wir ... überall die Kohle als einen wesentlichen Bestandteil ihrer organischen Werkzeuge." 121: „In dem Tierkörper finden wir ... hauptsächlich eine große Quantität Stickstoff in der Mischung und die Menge des der Zusammensetzung beigefügten Wasserstoffs nur sehr gering." Auch bei *Schelling* findet sich diese Lehre in der Abhandlung: *Darstellung meines Systems der Philosophie* von 1801, die kurz nach Beginn der Zusammenarbeit Schellings und Hegels erschien. Vgl. z. B. *Darstellung* ... § 152 in *Zeitschrift für spekulative Physik.* Bd 2. Heft 2. Jena und Leipzig 1801. 119: „In Ansehung des Ganzen repräsentiert die Pflanze ... den Kohlen-, das Tier den Stickstoffpol." Vgl. auch *Steffens: Beyträge zur innern Naturgeschichte der Erde.* 58: „Die neuere Chemie lehrt uns, daß sich die tierischen Substanzen von den vegetabilischen durch den sie charakterisierenden Stickstoff unterscheiden." Dieselbe Formulierung findet sich bei dem Schellingianer *C. J. Kilian: Entwurf eines Systems der Gesammten Medizin.* Bd 1. 71. — Vgl. ferner den Auszug aus *A. F. Fourcroy: Philosophie chimique, ou vérités fondamentales de la chimie moderne.* Disposées dans un nouvel ordre. Seconde édition. Parin L'an III de la république (1794/95), der abgedruckt ist in *Archiv für die Physiologie.* Hrsg. von Joh. Christ. Reil. Bd 1. Heft 2. Halle 1796; vgl. 60: „Alle diese Verschiedenheiten scheinen von einem Stoff herzurühren, der in den Tieren in einer weit größern Menge als in den Pflanzen vorrätig ist; nämlich von dem *Stickstoff.* Man könnte daher sagen, daß es hinreichend sei, der vegetabilischen Materie, um sie in eine animalische Substanz zu verwandeln, Stickstoff zuzusetzen." Vgl. in der angegebenen Abhandlung von *Fourcroy: Philosophie chimique.* 146.

41,22—34 Vgl. vorige Anm.

41,34—42,11 Hinsichtlich der Behauptung, der Stickstoff sei Repräsentant des Nervensystems, denkt Hegel vermutlich an *Kilian: Entwurf eines Systems der Gesammten Medizin.* Bd 1. 71: „Der Repräsentant des Nervensystems ist der *Stickstoff.*" Vgl. auch 72: „Der Repräsentant des Muskelsystems ist der *Kohlenstoff.*" Vgl. ferner *C. J. Kilian: Differenz der echten und unechten Erregungstheorie in steter Beziehung auf die Schule der Neubrownianer.* Jena 1803. 13, 140. Vgl. ebenfalls *Steffens: Beyträge zur innern Naturgeschichte der Erde.* 72—79, bes. 73: „Durch die chemische Analyse ... würde man sicher aus den reinen Nerven immer mehr Stickstoff, aus dem reinen Muskel immer mehr Kohlenstoff erhalten." — Bei der chemischen Bestimmung der Nervenkrankheiten oder der Erkrankungen der Sensibilität und der entsprechenden Heilmittel bezieht Hegel sich vermutlich ebenfalls auf *Kilian: Entwurf eines Systems der Gesammten Medizin.* Bd 1. 310f. Dort heißt es im Zusammenhang der Klassifizierung der Krankheiten und ihrer jeweiligen Heilmittel: „Nun aber kann die Sensibilität nicht vermindert werden als durch Verstärkung ihres entgegengesetzten Faktors, nämlich der Irritabilität, dieser aber kann nur dadurch am besten verstärkt werden, daß man seine Differenz erhöhe, diese hingegen wird nur dadurch erhöht, daß man die Quantität des Repräsentanten der Irritabilität, den Kohlenstoff, vermehre; folglich ist die Indikation in diesem Falle, so viel und so lange *Kohlenstoff* in den Organismus zu bringen, bis das Gleichgewicht unter beiden Faktoren in seiner Normalität wieder hergestellt ist." Auf die Frage, ob bei Nervenkrankheiten der Stickstoff im Körper vermehrt sei, gibt Kilian allerdings keine einhellige Antwort (vgl. 283f, 294). Zu kohlenstoffhaltigen Arzneimitteln vgl. 364—377. Vgl. auch *D. Troxler: Ideen zur Grundlage der Nosologie und Therapie.* Jena 1803. 156.

42,11—14 Hegel bezieht sich auf die Säftelehre bzw. Humoralpathologie oder Humorallehre (vgl. dazu auch die Anm. zu 177,6—20. Vgl. zum Wiederaufleben der bereits in der Antike ausgebildeten Säftelehre *Kurt Sprengel: Kritische Uebersicht des Zustandes der Arzneykunde in dem letzten Jahrzehend.* Halle 1801. 120: „Es gewann ... allmählich die Humoral-Theorie durch die Erforschung der chemischen Verhältnisse der Säfte wieder mehr Ansehen." Vgl. zu dieser Lehre *Andreas Röschlaub: Untersuchungen über Pathogenie oder Einleitung in die medizinische Theorie.* T. 1. Frankfurt a. M. 1798. 35: „Viele unter dem medizinischen Pöbel, auch nicht selten Ärzte selbst, ... führen bei jeder allgemeinen innerlichen Krankheit ohne Unterschied fast nichts im Munde als Verderbnisse dieses oder jenes Saftes, welchen sie die sonderbarsten Arten von Verderbnissen annehmen und die wunderlichsten Rollen spielen lassen..." Hinsichtlich der Kurmethode, auf die Hegel anspielt, bemerkt *Sprengel* in seinem umfangreichen wissenschaftshistorischen Werk *Versuch einer pragmatischen Geschichte der Arzneikunde.* T. 1. Zweite Aufl. Halle 1800. 419: Es wurde für hinreichend gehalten, „nur die Säfte auszuleeren, die durch die Krankheit eine besondere Verderbnis erlitten hatten." Diese Kurmethode ist nach Sprengel die Hippokratische (a.a.O.). Den Überschuß oder Mangel an Säften als Kennzeichen der Krankheit nach der Humoraltheorie hebt z. B. die ältere Geschichte der Medizin von *J. Conr. Barchusen* hervor: *Historia medicinae.* Amsterdam 1710. 300: „Hujusmodi quatuor humores nunc, si quando inter se tum facultate tum copia naturae convenienter permixti, exoriri tum corporis temperatio, i. e. sanitas: aegritudo autem, cum horum aliquid plus minusve fuerit, aut separatum in corpore, neque omnibus permistum." Vgl. auch die Einzelausführungen von *Johann Christian*

Gottlieb Ackermann: Anleitung zur allgemeinen Heilungswissenschaft.
Unter Aufsicht des Verfassers aus dem Lateinischen übersetzt. Nürnberg
und Altdorf 1795. 254—264: „Vermehrung der Menge der Säfte."
265—274: „Verminderung der Menge der Säfte."

42,25—33 Hegel bezieht sich wohl in erster Linie auf *Steffens: Bey-*
träge zur innern Naturgeschichte der Erde. Vgl. 48f: „Schon hieraus ließe
es sich mit vielem Grund schließen, daß ebenso wie der Stickstoff das
Charakterisierende der Kalkformation und des animalischen Prozesses
ist, ... so auch der Kohlenstoff, das Charakterisierende der kieseligen Reihe sein wird, so wie sie die Vegetation selbst ohne allen Zweifel charakterisiert." 72f: „Es ist also wohl natürlich zu schließen, daß — was im chemischen Prozeß als Stickstoff erscheint, im animalischen (dem Chemiker — denn nur als *solchen* betrachten wir hier die Natur —) als sensibles
System erscheinen wird. Die Trennung des sensiblen und irritablen Systems, die, je höher die Animalisation steigt, desto deutlicher wird, muß
also (dem Chemiker) als eine Trennung des Kohlen- und Stickstoffs erscheinen." Ferner spricht Steffens bei solchen Entsprechungen vom „An-
deuten" (vgl. 60f), vom „Auszeichnen" (vgl. 69), von einer „Tendenz der
Natur" (vgl. 91). Vgl. auch *D. Troxler: Ideen zur Grundlage der Nosologie*
und Therapie (Jena 1803), der für ähnliche Entsprechungen die Termini
„Tendenz" (vgl. 128), „Prävalieren" und „Exzellieren" (vgl. 139f) gebraucht. Zum Begriff des Repräsentanten vgl. Anm. zu 41,34—42,11.

42,37—38 Vermutlich meint Hegel eine Stelle in *Steffens: Beyträge*
zur innern Naturgeschichte der Erde. 20: „Hier tritt nun der Kohlenstoff
weit stärker hervor und zeigt sich sogar, wie bei Hof, als reines Kohlenpulver." Vgl. auch 24: „Denn wirklich scheint das bei Hof aus dem
Übergangstonschiefer und Alaunschiefer ausgeschiedene schwarze Pulver eine ... schwer verbrennliche Kohle zu sein." Daher dürfte Hegel mit
„Hoff" nicht den damaligen Mineralogen Carl Ernst Adolf von Hoff gemeint haben, in dessen mineralogischen Schriften vor 1803/04 sich eine
auf Hegels Anspielung passende Erwähnung nicht findet, sondern den
Ort: „Hof". — Steffens verweist an der zuerst genannten Stelle auf eine
Abhandlung, deren vollständige Angabe lautet: *Johann Georg Schnei-*
der: Geschichte der vorzüglichsten Mineralien des Fürstenthumes Bay-
reuth. T. 1. Hof 1798. 35—56: „Geschichte des Kieselschiefers um Hof."

57,9—16 Hegel bezieht sich auf *Isaac Newton: Optice: sive de Re-*
flexionibus, Refractionibus, Inflexionibus et Coloribus Lucis, Libri tres.
Latine reddidit Samuel Clarke. Editio secunda, auctior. London 1719.
Vgl. z. B. 108: „Phaenomena colorum in refracto aut reflexo lumine,
non oriuntur ex novis modificationibus luminis, quae, pro variis luminis umbraeque terminationibus, varie sint impressae." 128: „Albitudo et
colores omnes cinerei inter album et nigrum, componi possunt ex coloribus: et Solis luminis albor compositus est ex primariis omnibus coloribus, apta portione inter se commixtis." 154: „... color omnis semper
respondet generi aut generibus radiorum, ex quibus lumen compositum
sit; ..." A.a.O.: „Ex proprietatibus luminis supra expositis, explicare colorum prismatibus exhibitorum rationem." Vgl. auch 154—161. Hegel bezieht sich ferner auf *Johann Wolfgang von Goethe: Beyträge zur Optik.*

Erstes und zweites Stück. Weimar 1791—92. Vgl. etwa Stück 1. 17f:
„Wie wir nun auf diese Weise farbige Körper und Pigmente teils finden,
teils bereiten und mischen können, welche die prismatischen Farben so
ziemlich repräsentieren: so ist das reine Weiß dagegen ein Repräsentant
des Lichts, das reine Schwarz ein Repräsentant der Finsternis, und in
jenem Sinne, wie wir die prismatische Erscheinung farbig nennen, ist
weiß und schwarz keine Farbe." Zur Kritik an Newtons Zerlegung des
Lichts vgl. 41. Vgl. auch Stück 2. 25: Goethe bezieht seine Versuche
auf die Erfahrung, daß wir die in prismatischen Beobachtungen festge-
stellten, entgegengesetzten „Ränder verhältnismäßig aneinander rücken
müssen, wenn die voneinander getrennten einander entgegengesetzten
Erscheinungen sich verbinden und eine Farbenfolge durch einen ge-
mischten Übergang darstellen sollen." Hegels Wiedergabe der Goethe-
schen Theorie geht jedoch über ein solches Zusammenstellen von Beobachtungen hinaus, wie es *Goethe* in den *Beyträgen zur Optik* liefert,
ohne eine entsprechende Theorie auszubilden (vgl. z. B. Stück 1. 44).
Goethe hielt damals mehrfach Vorträge über dieses Thema; er erklärte
auch einmal Schelling seine Versuche. Vermutlich ist Schelling Hegels
Quelle für die weitergehenden Aussagen zu Goethes Farbenlehre; das
ausführliche Werk Goethes zur Farbenlehre erschien ja erst 1808—1810.
Vgl. z. B. *F. W. J. Schelling: Erster Entwurf eines Systems der Naturphilosophie.* Zum Behuf seiner Vorlesungen. Jena und Leipzig 1799.
32: „Was soll man endlich von dem Licht sagen? — Möge es nach *Newton*
ursprünglich schon in eine Menge voneinander verschiedener einfacher
Aktion zersetzt sein, deren Totaleindruck nur das weiße Licht ist —
oder möge es *ursprünglich* einfach sein nach Goethe, auf jeden Fall ist
die Polarität der Farben in jedem Sonnenbild Beweis einer in den Phä-
nomenen des Lichts herrschenden Dualität, deren Ursache noch zu erforschen ist." Vgl. außerdem *Schelling: Darstellung meines Systems.* In:
Zeitschrift für spekulative Physik. Bd 2. Heft 2. Jena und Leipzig 1801.
78: „Die Farbe ist in Bezug auf das Licht etwas schlechthin Akzidentel-
les. Die innere Wirkung der Refraktion ist das Getrübtwerden des
Lichts." 80: „*Das Licht ist dem Wesen nach farblos,* oder durch die Farbe ist das Licht gar nicht seinem Wesen nach bestimmt. Denn das Licht
wird nur getrübt, gefärbt aber wird nicht einmal das Licht, sondern nur
das Bild oder der Gegenstand." Zu Goethe und Newton vgl. 60.

60,26—28 Hegel denkt wohl an Georg Forster (vgl. 61,27). Vgl.
*Johann Reinhold Forster's Reise um die Welt während den Jahren 1772
bis 1775.* Beschrieben und herausgegeben von dessen Sohn und Reisegefährten George Forster. Vom Verfasser selbst aus dem Englischen über-
setzt. 2 Bde. Berlin 1778—1780. Bd 1. 42: „Kaum war es Nacht worden,
als die See rund um uns her einen großen, bewunderungswürdigen An-
blick darbot. So weit wir sehen konnten, schien der ganze Ozean in
Feuer zu sein, Jede brechende Welle war an der Spitze von einem hellen
Glanz erleuchtet, der dem Lichte des Phosphors glich, und längs den
Seiten des Schiffs verursachte das Anschlagen der Wellen eine feuerhelle
Linie." Vgl. auch Bd 1. 10, 43f. Vgl. zur Erklärung dieses Phänomens
*Johann Reinhold Forster's Bemerkungen über Gegenstände der physi-

schen Erdbeschreibung, Naturgeschichte und sittlichen Philosophie auf seiner Reise um die Welt gesammlet. Uebersetzt und mit Anmerkungen vermehrt von dessen Sohn und Reisegefährten Georg Forster. Berlin 1783. 57f: „Im Meere geraten viele animalische Teile in Fäulnis und werden vollends aufgelöst, folglich ihre Bestandteile und namentlich die Phosporsäure entwickelt. Ein Zusatz von brennbarem Stoff macht mit dieser Säure diejenige Mischung, welche gemeiniglich als Phosphor bekannt ist. So werden Fische, welche man an der Luft trocknet, bisweilen phosphorisch, und so wird auch der Ozean selbst nach langwierigen Windstillen mit Gestank und Fäulnis erfüllt, indem die Hitze und Stille der Luft zur geschwinden Auflösung der animalischen Substanzen etwas beiträgt. Denn Fische sowohl als gallerartige Tiere enthalten ölige und brennbare Teile, womit die befreite Phosphorsäure sich leicht vermischen und einen Phosphor oben auf der Oberfläche des Meeres bilden kann, der jenes wunderbare Leuchten verursacht." Vgl. zum Zusammenhang 52—58. Vgl. ferner noch *Christoph Bernoulli: Ueber das Leuchten des Meeres, mit besondrer Hinsicht auf das Leuchten thierischer Körper.* Göttingen 1803, bes. 116ff.

60,37 Mit dieser Notiz bezieht Hegel sich offenbar auf eine Abhandlung von Prévost über den Tau. Vgl. *[Isaac] Bénédict Prévost: Extrait d'un Mémoire sur la rosée.* In: *Annales de Chimie, ou Recueil de Mémoires concernant la chimie et les arts qui en dépendent.* Tome 44. Paris An XI (1802/03). 75—90.

61,27 Zu Forsters Beschreibung und Erklärung des Meeresleuchtens vgl. Anm. zu 60,26—28.

66,16—21 Hegel bezieht sich sehr wahrscheinlich auf *J.A. de Lüc: Neue Ideen über die Meteorologie.* Aus dem Französischen übersezt. 2 Teile. Berlin und Stettin 1787—1788. Vgl. T. 1. 9: „Das System in Absicht der *Ausdünstung*, wobei die Physiker sich seit einiger Zeit beruhigt zu haben scheinen, ist: daß dieses Phänomen eine wahre, mittelbare oder unmittelbare *Auflösung* des *Wassers* durch die *Luft* sei. Ich habe diese Meinung nie angenommen, weil sie mir den Tatsachen zu widersprechen schien, ..." T. 2. 31: „Einige Physiker haben geglaubt, daß die Luft, indem sie sich verdünnt, einen Teil des *Wassers*, das sie, wie sie sagen, *aufgelöst* hält, fahren lasse. Es haben aber die Herren *Wilke* und von *Saussure* durch Versuche bewiesen, daß die Verdünnung der Luft die entgegengesetzte Wirkung hervorbringt, d. h. eine Vermehrung der *Trockenheit.*" Dieser Meinung der Physiker hält auch de Luc selbst entgegen, daß ihr „durch die *Regen*, welche plötzlich in einer heitern Luft entstehen, ... widersprochen wird." Zu den empirischen Beweisen vgl. z. B. T. 1. 64, T. 2. 72. Vgl. ferner aus dem *Schreiben des Herrn de Luc an Herrn Fourcroy über die moderne Chemie* (in: *Journal der Physik.* Hrsg. von F. A. C. Gren. Bd 7. Leipzig 1793) die These: „Es ist unmöglich, den *Regen* aus der *Feuchtigkeit* der *Luft* zu erklären; folglich muß das *Wasser*, das dieses Meteor hervorbringt, von einer *Zersetzung der atmosphärischen Luft* herrühren." (135) Dieses Schreiben führt hinsichtlich desselben Themas auch *Schelling* an in einem Zusatz zur zweiten Auflage der *Ideen zu einer Philosophie der Natur. Als Einleitung in das*

Studium dieser Wissenschaft. T. 1. Zweite Aufl. Landshut 1803. 156f.
— Mit der Erwähnung von Lichtenberg bezieht Hegel sich auf *Georg
Christoph Lichtenberg: Vertheïdigung des Hygrometers und der de Lüc'
schen Theorie vom Regen.* Hrsg. von Ludwig Christian Lichtenberg und
Friedrich Kries. Göttingen 1800. Vgl. z. B. 40: „Ich sage damit nichts
anderes, als: *das, was in vollkommen durchsichtiger Luft manche Substanzen feucht macht oder auf das Hygrometer wirkt, ist kein in der
Luft aufgelöstes Wasser oder aufgelöster Dampf,* wie man bisher geglaubt hat, *sondern freier, mit der Luft mechanisch gemischter Dampf.*"
118: „Und nichtsdestoweniger entstehen in jenen hohen, so äußerst
trockenen Schichten *urplötzlich* noch Wolken." Hinsichtlich der empirischen Methode verweist Lichtenberg darauf, daß „de Luc auf *Bacon*-
schem Wege zum Tempel der Wahrheit wandelt" (119). Vgl. auch noch
aus der von Lichtenberg verfaßten Vorrede zur fünften Auflage von
Erxleben: Anfangsgründe der Naturlehre. XXXVII.

78,35—37 Hegel denkt vermutlich an Paracelsus und dessen Anhän-
ger. Paracelsus vertritt die Lehre, es gebe drei Elemente: Quecksilber
(Mercurius), Salz und Schwefel. Daneben taucht bei ihm aber auch die
antike Theorie der vier Elemente auf; eines dieser vier Elemente ist die
Erde. Zu seiner Lehre von den Elementen: Quecksilber, Salz und
Schwefel vgl. z. B. *Theophrast von Hohenheim (gen. Paracelsus): Von
den ersten dreien Principiis oder Essentiis.* Vgl. *Paracelsus: Sämtliche
Werke.* Hrsg. von Karl Sudhoff. Bd 3. München und Berlin 1930. 1—11.
Das Schwanken des Paracelsus in seiner Elementenlehre wird schon in
einer alten Geschichte der Medizin von Barchusen als „inconstantia" ge-
rügt, der u. a. Paracelsus' Lehre zusammenfaßt. Vgl. *J. Conr. Barchusen: Historia medicinae.* Amsterdam 1710. 38: „Modo agnoscit Peripate-
ticorum elementa: modo inconspicua, absondita vero ... ponit ... modo
coelum et terram tantum, putat, elementorum nomine digna, ... modo
tria ut sulphur, mercurium et sal habet pro corporum primordiis." Vgl.
dazu auch 405—407. Die Nachfolger des Paracelsus in der Elementenlehre versuchen, die Lehre von den drei Elementen: Mercurius, Salz und
Schwefel mit der aristotelischen vier-Elementen-Lehre zu verbinden und
führen die Erde mit größerer oder geringerer Betonung als Element mit
auf (z. B. Bongars, Severinus und Billich oder auch Bitault, Villon und
de Clave, in anderer Weise J. Böhme; vgl. *J. R. Partington: A History of
Chemistry.* Bd 2. London 1961. 280f, Bd 3. London 1962. 1, 8 u. ö.).

79,12—13 Der Ausdruck „jungfräuliche Erde" stammt aus der jü-
disch-christlichen Tradition der Antike. Hegel kann ihn bei Flavius Josephus oder auch Hesých oder aber bei Tertullian kennengelernt haben. Vgl.
Flavius Josephus: Antiquitatum Judaicorum libri I—V, s. I, 2: τοιαύτη
γάρ ἐστιν ἡ παρθένος γῆ καὶ ἀληθινή. Vgl. ferner *Hesychii Alexandri-
ni lexicon:* ἄδαμα. παρθενικὴ γῆ. Vgl. auch noch *Tertullian: Adversus
Judaeos.* XIII, 11: „*Terra dedit benedictiones suas* — utique illa terra vir-
go nondum pluviis rigata nec imbribus fecundata, ex qua homo tunc
primum plasmatus est..." Der Ausdruck findet sich auch etwa in *Nican-
ders Alexipharmaca* (Vers 148f). Vielleicht bezieht Hegel sich hier auf
diesen antiken Terminus über die Vermittlung durch Böhme. Vgl. z. B.

Jakob Böhme: De triplici vita hominis. Oder: Hohe und tieffe Gründe Vom Dreyfachen Leben des Menschen. Kap. 11, Abschn. 13—14: „Und aus derselben Jungfrau schuf Gott der Erden Matricem, ... Nicht war die Jungfrau in das Bild gebracht, / sondern die Matrix der Erden war in das Jungfräuliche Bild gebracht" (In: *Theosophia revelata.* Das ist: Alle Göttliche Schriften ... Jacob Böhmens. 1715. 994).

79,14—18 Hegel meint offenbar die seit Boyle geäußerte empirische Kritik der antiken und der frühneuzeitlichen Elementenlehre (vgl. dazu die beiden vorhergehenden Anmerkungen). Vgl. z. B. *Robert Boyle: Of the Imperfection of the Chymist's Doctrine of Qualities.* London 1675. 6: Was von Salz, Schwefel und Quecksilber gesagt wird, „does not appear by Experience." Vgl. 7, 12f, 22f. (In: *Robert Boyle: Experiments, Notes etc. about the Mechanical Origine or Production of divers particular Qualities.* London 1675). Im besonderen könnte Hegel sich beziehen auf *Erxleben: Anfangsgründe der Naturlehre.* 734 (§ 774): „Aristoteles und mit ihm noch viele heutigen Tages nehmen vier Elemente, Feuer, Wasser, Luft und Erde, an. Die Chemisten suchten alle Körper durch das Feuer in ihre ersten Bestandteile aufzulösen, und reden vom Salz, Schwefel und Mercurius oder noch andern Elementen, woraus alle Körper bestehen sollen. Mit aller der Hochachtung aber, die ich für die Chemie habe, muß ich gestehen, daß ich immer weniger von den Elementen der Körper mit Gewißheit behaupten mag, je länger ich mich mit dieser Wissenschaft beschäftige."

84,15—16 Hegel denkt hier vermutlich vor allem an Schelling und Steffens. Vgl. z. B. *Schelling: Darstellung meines Systems der Philosophie.* § 95 Zusatz 4 und Anm. in *Zeitschrift für spekulative Physik.* Bd 2, Heft 2. Jena und Leipzig 1801. 66: „Die Reihe der irdischen Körper ist gleich der Reihe der himmlischen ... Dieser Satz ist von sehr bestimmter Anwendung, z. B. um manche Erscheinungen in der Metallreihe zu begreifen..." Vgl. *Steffens: Beyträge zur innern Naturgeschichte der Erde.* 101—176, z. B. 101: Zu den beiden Reihen der „Erdarten" kommt noch eine ganz neue Reihe hinzu: „Es ist die Reihe der Metalle." Ein Schema der Reihe der Metalle nach ihrer spezifischen Dichte findet sich 130f. Vgl. auch noch *Joh. Wilh. Ritter: Einige Bemerkungen über die Cohäsion, und über den Zusammenhang derselben mit dem Magnetismus.* In: *Annalen der Physik.* Hrsg. von Ludwig Wilhelm Gilbert. Bd 4. Halle 1800. 1—33. Im ersten Teil dieses Aufsatzes wird versucht, eine Reihe der Metalle aufgrund ihrer Kohäsion aufzustellen. — Vgl. auch die beiden folgenden Anmerkungen.

84,18—20 Hegel bezieht sich wohl auf Schelling und Steffens. Vgl. *Schelling: Darstellung meines Systems der Philosophie.* § 72 und Anm. 1. In: *Zeitschrift für spekulative Physik.* Bd 2, Heft 2. Jena und Leipzig 1801. 51: „*Die Zu- und Abnahme der Kohäsion steht in einem bestimmten umgekehrten Verhältnis zu der Zu- und Abnahme des spezifischen Gewichts... Die bestimmtere Ausführung ... ist in Hn. Steffens Beiträgen zur Naturgeschichte des Erdkörpers zu erwarten ... So sehen wir nach Steffens in der Reihe der Metalle die spezifische Schwere von Platin, Gold u.s.w. bis auf Eisen fallen, die (aktive) Kohäsion aber steigen und* in dem letzten ihr Maximum erreichen, hernach wieder einer beträchtlichen spezifischen Schwere weichen (z. B. im Blei) und endlich in den noch tiefer stehenden Metallen zugleich mit dieser abnehmen." Vgl. *Steffens: Beyträge zur innern Naturgeschichte der Erde.* 101—176, bes. 103ff, 129ff. Vgl. folgende Anmerkung.

85,22—23 Vgl. *Steffens: Beyträge zur innern Naturgeschichte der Erde.* Z. B. 129: „*Die spezifische Dichtigkeit der Metalle steht in beiden Reihen mit der Kohärenz in einem umgekehrten Verhältnis,* so daß die Reihe mit dem schwersten Metalle anfängt und mit dem leichtern endigt." Vgl. auch vorige Anmerkung.

85,25—26 Mit „seiner Schrift" ist *Steffens: Beyträge zur innern Naturgeschichte der Erde* gemeint. Vgl. 101—176 und die beiden vorigen Anmerkungen.

85,26—29 Vgl. *Steffens: Beyträge zur innern Naturgeschichte der Erde.* 103ff, 234ff, bes. 239: „Man kann den Satz: *daß der Magnetismus mit dem Maximo der absoluten Kohärenz entsteht, aber auch mit dem Übergang dieser in der relativen verschwindet,* als einen bewiesenen aufstellen."

85,29—34 Vgl. *Steffens: Beyträge zur innern Naturgeschichte der Erde.* 103—119, bes. 107: „Die Kohärenz der Metalle wird nämlich, wie bekannt, geschätzt nach dem Gewichte, welches notwendig ist, um einen Faden von gleichem Volumen und gleicher Länge zu zerreißen." Vgl. aber auch die Fortsetzung: „... Der starrste Körper ist notwendig auch der kohärenteste; aber diese Kohärenz steht, wie ein flüchtiger Anblick uns schon lehrt und wir in der Folge noch deutlicher einsehen werden, durchaus nicht mit der Dehnbarkeit in einem geraden Verhältnisse. Wo also die Sprödigkeit zugleich mit der Kohärenz zunimmt und die Stärke eines Fadens also nicht als Maß angesehen werden kann, da muß sich die Kohärenz durch die Kraft, mit welcher sie der Trennung überhaupt widersteht, d. h. durch Härte, äußern."

85,34—37 Hegel bezieht sich einmal auf die Erwähnung Ritters bei Steffens. Vgl. *Steffens: Beyträge zur innern Naturgeschichte der Erde.* 103f: Die Kohärenzreihe der Metalle wird zuerst untersucht, weil „wir durch *Ritter* ein Gesetz erhalten haben, durch welches wir im Stande sind, auch für mehrere nicht untersuchte Metalle die Kohärenzgrade zu bestimmen. Er hat nämlich bewiesen, daß die Kohärenz gleich sei dem Produkte der Wärmekapazität und des Schmelzgrades ..." Zum andern denkt Hegel an die Abhandlung von *Joh. Wilh. Ritter: Einige Bemerkungen über die Cohäsion, und über den Zusammenhang derselben mit dem Magnetismus.* In: *Annalen der Physik.* Hrsg. von Ludwig Wilhelm Gilbert. Bd 4. Halle 1800. Stück 1. 1—33. Vgl. bes. 9f: Man kann nach der Untersuchung von vier Metallen „als bewiesen annehmen, daß *die Kohäsionen mehrerer Metalle bei einer gegebenen Temperatur sich zueinander verhalten wie die Produkte ihrer Wärmekapazitäten und ihrer Entfernungen von ihren Schmelzgraden (in Graden eines und desselben Thermometers ausgedrückt)* ... Es muß der Zukunft überlassen bleiben zu entscheiden, ob dieses *Gesetz von allen Metallen* gelte ... Es steht uns also fast nichts im Wege, jenes *Gesetz für allgemein gültig* und durch die Erfahrung vollkommen bestätigt anzunehmen."

86,17—19 Zur „Idee" und zum „Versuch" von Steffens vgl. oben 85,22—34 sowie die dazugehörigen Anmerkungen.

86,19—21 Hegel bezieht sich auf *Steffens: Beyträge zur innern Naturgeschichte der Erde*. Vgl. die Angabe der Schmelzgrade der Metalle 104f, z. B. 105: „endlich das schon in unserer Atmosphäre nach den neuerdings in Paris angestellten Versuchen bei 42° (sc. Fahrenheit) schmelzende Quecksilber." Vgl. ferner die Angabe der Härte von Metallen 107f und die Tabelle über „die Reihe der spezifischen Dichtigkeiten" der Metalle 130f.

86,21—28 Hegel bezieht sich auf Steffens' Theorie der Entsprechung verschiedener Reihen in der Natur, die dieser in seinem Buch: *Beyträge zur innern Naturgeschichte der Erde* entwickelt hat. Steffens entwickelt in seiner Lehre folgendes Schema, das Hegel hier wohl vor Augen hat: Die Metallreihe gliedert sich in eine kohärente und eine weniger kohärente Reihe. Entsprechend gliedert sich die Reihe der Erden, in die die Metalle übergehen, in eine Kiesel- und eine Kalkreihe. In der Kieselreihe überwiegt der Kohlenstoff, in der Kalkreihe der Stickstoff. Der Reihe der Erden gemäß ist das Organische einzuteilen in das Vegetabilische, das der Kieselreihe entspricht und in dem der Kohlenstoff überwiegt, und das Animalische, das der Kalkreihe entspricht und in dem der Stickstoff überwiegt. Im einzelnen könnte Hegel etwa an folgende Stellen in den *Beyträgen* denken: 177: „Es war natürlich, einen Übergang aus der Reihe der Metalle in die der Erden zu erwarten." 182f: „Wir wissen schon, daß der Kohlenstoff die ganze kieselige Reihe charakterisiert, und die Erdarten ... die ... den Übergang zu den kohärentern Metallen machen, fallen auch wirklich in diese Reihe." 186: „Der aufmerksame Leser wird leicht schließen können, daß wir die Extreme der weniger kohärenten Reihe ebenso mit der Stickstoff- oder Kalkreihe werden zu vereinigen suchen, wie wir die Extreme der kohärentern Reihe mit der Kohlenstoff- oder Kieselreihe verbanden ..." Zum Zusammenhang dieser Reihen mit dem Vegetabilischen und Animalischen vgl. Anm. zu 42,25—33: Mit „schon die Rede gewesen" (86,27—28) bezieht sich Hegel auf seine Erläuterungen oben 41,11—43,13; ferner auch oben 85,22—37.

94,13—18 Hegel bezieht sich auf die Theorien der sog. Vulkanisten und Neptunisten. Unter den Neptunisten denkt er sicherlich vor allem an *Abraham Gottlob Werner: Neue Theorie von der Entstehung der Gänge, mit Anwendung auf den Bergbau besonders den freibergischen.* Freiberg 1791. Dieses Buch befand sich in Hegels Bibliothek. Vgl. z. B. 61: „Wenn sich die anfangs *lockern* und *feuchten Massen der als Niederschlag aus dem Wasser entstandenen Gebirge zusammensetzten* und *austrockneten,* so MUSSTEN NOTWENDIG, zumal da, wo sie emporragende *zusammenhängende Berge* und ganze *erhabene Gebirgsgegenden* bildeten, SPALTEN in ihnen ENTSTEHEN." 104: „Die Gangmasse entstand durch *nassen Niederschlag, der sich in sie* VON OBEN HEREIN *füllte ...*" 115f: „Wir wissen also auch ebenso gewiß: daß die Fossilien *jedes einzel-*

nen *Flözes* und *Lagers* in diesem allgemeinen Gewässer aufgelöst enthalten waren und sich daraus niederschlugen; daß folglich auch die *Metalle* und deren *Erze*, und zwar ebensowohl die, welche auf den *Erzlagern der Urgebirge* brechen, als auch diejenigen, welche auf den *Flözen der Flözgebirge* vorkommen, darin aufgelöst waren und sich daraus niederschlugen ... Wir wissen weiter gewiß: daß *in verschiedenen Zeiten* sich *sehr verschiedene Fossilien*, und zwar bald Steinarten, bald Erzarten, bald andere Fossilien niederschlugen ... Ja wir wissen (aus ihrem Übereinanderliegen) sogar zu bestimmen, welche von diesen Niederschlägen *älter* und *welche neuer* sind ... Wir wissen ferner gewiß: daß unser fester Erdkörper bei seiner uns bekannten sukzessiven Bildung aus nasser Auflösung durch fortdauernde Niederschläge von Zeit zu Zeit, und zwar besonders *in den erhöhtern Gegenden* seiner Oberfläche vermöge des verschiedentlichen Drucks der sich aufhäufenden Masse (und auch wohl aus noch andern mitwirkenden Ursachen) *Spalten* erhielt ... Wir sind ganz von der Notwendigkeit überzeugt: daß sich die aus der allgemeinen Wasserbedeckung bildenden *Niederschläge* auch *in die offenen Spalten* setzen mußten, wenn jene sie aufgelöst enthaltende Wasserbedeckung über ihnen und also auch *in ihnen* stand ..." — Welche Vulkanisten Hegel im einzelnen meint, ist nicht ganau festzustellen; der Hauptvertreter dieser Richtung, L. von Buch, publizierte seine Theorie erst später. Hegel konnte an Bemerkungen denken, wie sie sich z. B. bei *Jean Claude Delametherie* finden: *Theorie der Erde*. Aus dem Französischen übersetzt und mit einigen Anmerkungen vermehrt von Chr. J. Eschenbach. Mit einem Anhang von Joh. Reinh. Forster. T. 1. Leipzig 1797. 27: „*Descartes* und *Leibniz* halten die Erde für eine verlöschte und gleichsam mit einer Rinde umgebene Sonne." Vgl. ähnliche Anspielungen auf ältere Theorien bei *Torbern Bergmann: Kleine Physische und Chymische Werke*. Aus dem Lateinischen übersetzt von H. Tabor. Bd 3. Frankfurt a. M. 1785. 224ff, 351f. Vgl. auch *Gottfried Wilhelm Leibnitz: Protogaea oder Abhandlung Von der ersten Gestalt der Erde und den Spuren der Historie in den Denkmaalen der Natur*. Aus seinen Papieren herausgegeben von Chr. L. Scheid. Aus dem lateinischen ins teutsche übersetzt. Leipzig und Hof 1749. 43: „Je mehr ... in der Erde *kahl* (nudum) und *ursprünglich* (primitivum) ist, je mehr es den Felsen näher kommt, *desto mehr besteht es in Feuer, wird nur durch die größte Hitze geschmolzen und zuletzt in Glas verwandelt*." 73: „Man darf sich also nicht wundern, wenn die Wärme die Erde zu Steinen kocht, wenn sie die Metalle in mineralische Klumpen schmelzt oder wenn sie die Materie in figurierte Körper sublimiert oder bei nachlassender Hitze in Kristalle schießt, da nicht nur die meisten Gelehrten glauben, es sei in der Erde, deren Rinde wir kaum erforschen, ein Feuer eingeschlossen, sondern da auch die Erdbeben, Feuer-Minen und die feuerspeienden Berge weit eröffnete *Feuer-Behältnisse* zeigen." Vgl. auch 41f.

101,17—18 Vgl. hierzu 101,36. Hegel bezieht sich auf *Alexander Volta: Meteorologische Beobachtungen besonders über die atmosphärische Elektricität*. Aus dem Italiänischen mit Anmerkungen des Herausgebers. Leipzig 1799. 198—199: „Zuvörderst muß man die Verbrennung dergestalt mäßigen, daß nicht die geringste Flamme ausbricht und so wenig als möglich Rauch aufsteigt. Dieser Rauch, noch mehr aber die Flamme würde die Elektrizität, welche durch die Bildung der Dämpfe erzeugt wird, wiederum allmählich vernichten. Dieses Vermögen der Flamme, die Elektrizität zu zerstreuen, habe ich ... umständlich erörtert... Wenn aber auch keine Flamme und nicht sonderlich viel Rauch von den Kohlen, die z. B. in einem isolierten Kohlenbecken verbrennen, aufsteigt, so muß doch die Luft, welche von allen Seiten zuströmt, um die Stelle der durch die starke Hitze verdünnten und in die Höhe getriebenen einzunehmen, und durch die Berührung der glühenden Kohlen sich gleichfalls so sehr erhitzt, daß sie fast ein guter Leiter wird, auch gutenteils die Elektrizität zerstreuen, welche die Bildung der Dämpfe in dem Kohlenbecken hat hervorbringen können..." Andere Naturforscher „haben nicht gewußt oder nicht bedacht, daß Ströme von Rauch oder sehr erhitzter Luft, besonders aber die Flamme, vorzüglich geschickt sind, die Elektrizität zu zerstreuen, und daß hierin die Flamme alle anderen Körper, selbst die schärfsten metallenen Spitzen, übertrifft..."

101,37—39 Vgl. z. B. *Johann Samuel Traugott Gehler: Physikalisches Wörterbuch oder Versuch einer Erklärung der vornehmsten Begriffe und Kunstwörter der Naturlehre.* In alphabetischer Ordnung. T. 1. Zweite Aufl. Leipzig 1798. 780—782; z. B. 780: „ELEKTRISCHE KÖRPER, *an sich elektrische, idioelektrische Körper, Nicht-leiter*... Diejenigen Körper, deren Reibung an andern einen merklichen Grad von Elektrizität erregt. Dazu gehört nun, daß solche Körper die erregte Elektrizität nicht selbst fortführen oder durch ihre eigne Substanz verbreiten, sondern sie auf ihrer Oberfläche behalten, d. h. daß sie nicht leitend sind." Vgl. etwa auch *F. W. J. Schelling: Von der Weltseele. Eine Hypothese der höhern Physik zur Erklärung des allgemeinen Organismus.* Hamburg 1798. 100, 109 u. a.

102,39—103,17 Hegel denkt vermutlich an Bergmann und Berthollet. Vgl. dazu oben 103,35—104,5 und Anmerkung sowie auch 103,39 und Anmerkung.

103,35—104,5 Hegel bezieht sich auf *Berthollet: Recherches sur les lois de l'affinité.* 1—5. Vgl. bes. 2: „Bergman est, de tous ceux qui se sont occupés de ce sujet, celui qui l'a fait avec le plus de succès: son ouvrage sur les affinités électives est recommandable non seulement par les vues qu'il renferme sur la nature des affinités chimiques ... mais encore par le grand nombre de faits particuliers qu'il contient ... on peut dire que sa doctrine est généralement adoptée..." 3: „Toute la doctrine de Bergman est fondée sur la supposition que l'affinité élective est une force constante; de sorte qu'une substance qui en chasse une autre de sa combinaison, ne peut plus être déplacée de cette nouvelle combinaison par celle qu'elle a éliminée ..." 3f: „Je me propose, dans ce mémoire, de prouver que les affinités électives n'agissent pas comme des forces absolues par lesquelles une substance seroit déplacée par une autre dans une combinaison; mais que, dans toutes les compositions et les décompositions qui sont dues à l'affinité élective, il se fait un partage de l'objet de la combinaison entre les substances dont l'action est opposée, et que les proportions de ce partage sont déterminées non seulement par l'énergie de l'affinité de ces substances, mais aussi par la quantité avec laquelle elles agissent, de sorte que la quantité peut suppléer à la force de l'affinité pour produire un même degré de saturation." Vgl. ferner *Berthollet: Essai de statique chimique.* T. 1. 6: „Bergman donna beaucoup plus d'étendue à l'application de ce premier principe: il fit appercevoir la plupart des causes qui pouvaient en déguiser ou en faire varier les effets: il fonda sur lui les méthodes des différentes analyses chimiques, qu'il porta à un degré de précision inconnu jusqu'à lui." Zu Bergmann vgl. *Torbern Bergman: Opuscula physica et chemica pleraque seorsim antea edita,* jam ab auctore collecta, revisa et aucta. Vol. III. Uppsala 1783. 291—334: „De attractionibus electivis." Vgl. z. B. die Erklärung: „inter tres relative cum unius exclusione, *attractio simplex electiva*" (294). Vgl. die deutsche Übersetzung: *Torbern Bergmann: Kleine Physische und Chymische Werke.* Aus dem Lateinischen übersetzt von Heinrich Tabor. Bd 3. Frankfurt a. M. 1785. 360—416, bes. 364.

103,39 Sehr wahrscheinlich bezieht Hegel sich hier wie auch im folgenden auf *C. L. Berthollet: Essai de statique chimique.* 2 Teile. Paris 1803. Vgl. auch *ders.: Recherches sur les lois de l'affinité.*

104,35—36 Hegel spielt auf die Phlogistontheorie an, die von G. E. Stahl begründet wurde. Aufgrund neuer Entdeckungen in der Chemie glaubte Cavendish, das Phlogiston sei inflammable Luft (Wasserstoff). Dieser Ansicht schließt *Hegel* sich an (vgl. dazu auch *Gesammelte Werke.* 7. 264,24 und 265,26—28). Vgl. *Henry Cavendish: Three Papers, containing Experiments on factitious Air.* In: *Philosophical Transactions.* 56 (1766), 145: „It seems likely from hence, that, when either of the ... metallic substances are dissolved in spirit of salt, or the diluted vitriolic acid, their phlogiston flies off, without having its nature changed by the acid, and forms the inflammable air; but that, when they are dissolved in the nitrous acid, or united by heat to the vitriolic acid, their phlogiston unites to part of the acid used for their solution, and flies off with it in fumes, the phlogiston losing its inflammable property by the union." Hegel könnte einen Hinweis auf diese Theorie von Cavendish durch Priestley erhalten haben. Vgl. *Priestley: Versuche und Beobachtungen über verschiedene Gattungen der Luft.* T. 3. 127: „Es beweisen ... die Cavendishischen Versuche, daß der Zink weniger Phlogiston bei sich hat als das Eisen, denn es entbindet sich weniger entzündbare Luft daraus."

107,36—108,19 Hegel bezieht sich auf *Berthollet: Essai de statique chimique* und *Berthollet: Recherches sur les lois de l'affinité.* Vgl. zu den Einzelheiten die folgenden Anmerkungen.

107,37—108,1 Berthollet verwendet die Ausdrücke: „sujet de la combinaison" und „base". Vgl. *Recherches sur les lois de l'affinité.* 5: „*Expériences qui prouvent que, dans les affinités électives, les substances opposées partagent celle qui est le sujet de la combinaison.*" Vgl. auch 9 u. a. Zum Ausdruck: base vgl. *Essai de statique chimique.* T. 1. 75, 76, 84, 85 u. a.

Vgl. auch die beiden folgenden Anmerkungen.

108,2—7 Hegel bezieht sich auf *Berthollet: Essai de statique chimique.* T. 1. 75—83. Vgl. bes. 75f: „Lorsqu'un sel neutre est dissous et qu'on ajoute un acide à sa dissolution, ou lorsqu'on opère sa dissolution par le moyen d'un acide, celui-ci entre en concurrence avec l'acide combiné, l'un et l'autre agissent sur la base alcaline, chacun en raison de sa masse, comme si la combinaison n'eût pas existé. Ils parviennent au même degré de saturation; de sorte que la saturation commune est égale à celle qu'on aurait obtenue, si l'on eût employé une quantité d'un seul acide qui eût égalé par sa capacité de saturation les deux qui sont mis en action. / On ne peut donc pas dire, si toutes les circonstances restent égales, qu'un acide en chasse un autre de la base avec laquelle il était combiné; mais il partage l'action qui était exercée sur la base pour produire la saturation en raison des masses employées: le premier qui était en combinaison perd de son union avec la base, autant que le second en acquiert, et par cette perte il recouvre de son énergie pour agir sur d'autres substances en raison de l'acidité qu'il conserve."

108,7—9 Hegel bezieht sich auf *Berthollet: Essai de statique chimique.* T. 1. 84—93. Vgl. bes. 85: „Un alcali qui agit sur la dissolution d'un sel à base terreuse, partage donc son action sur l'acide avec cette base, mais celle-ci a besoin de tout l'effet de l'acide avec lequel elle était combinée pour conserver la solubilité, telle quelle était; à mesure donc que l'action de l'acide qu'elle éprouve, diminue, l'insolubilité s'établit et s'accroî, jusqu'à ce que la séparation se fasse; l'acide se divise entre l'alcali et la base terreuse, en raison des forces qui sont en action au moment de la séparation; de sorte qu'il se forme deux combinaisons, l'une qui est soluble et l'autre qui est insoluble."

108,9—13 Hegel denkt an Berthollets Begriff der „masse chimique". — *Berthollet* definiert ihn folgendermaßen (*Essai de statique chimique.* T. 1. 72): „J'ai désigné par le nom de *masse chimique* cette faculté de produire une saturation, cette puissance qui se compose de la quantité pondérale d'un acide et de son affinité; selon cette définition les masses qui sont mises en action sont proportionelles à la saturation qu'elles peuvent produire dans la substance avec laquelle elles se combinent." Vgl. 16.

108,13—19 Vgl. dazu *Berthollet: Essai de statique chimique.* T. 2. 393—432. Vgl. ferner *Berthollet: Recherches sur les lois de l'affinité.* 73—80, bes. 73: Die Überschrift des Artikels lautet: „*De la précipitation des dissolutions métalliques par d'autres métaux.*" Vgl. auch folgende Bemerkung ebenda: „*Lorsqu'on* précipite les métaux par une substance qui ne prend pas leur oxigène, les précipités retiennent une partie de l'acide, et souvent une partie du précipitant."

109,9—19 Hegel bezieht sich auf *Berthollet: Essai de statique chimique.* Vgl. T. 1. 334—386. Vgl. bes. 334: „Il reste un problème intéressant à résoudre; c'est de déterminer quelles sont les dispositions et les circonstances qui décident des proportions fixes dans certaines combinaisons, pendant que d'autres se font en toutes proportions...". 337: „...nous observons ... que le degré de saturation varie selon la température qui diminue la résistance de la cohésion: un degré de température trop élevé donne une telle tension élastique à l'eau, qu'elle abandonne le sel qu'elle tenait en dissolution." 365f: „Ce n'est donc que par une exception qui est due à la faiblesse de leur action, que quelques substances peuvent augmenter la solubilité moyenne à une basse température; elles agissent alors comme les dissolvants qui accroissent les dimensions qu'avaient les sels dans l'état de cristal, en fesant disparaître l'effet de l'affinité réciproque de leurs parties intégrantes; mais dès que l'elévation de température tend à détruire l'effet qui est dû au rapprochement des parties, l'affinité mutuelle concourt avec l'action du calorique et en accroît l'effet; c'est ainsi qu'un liquide dissout un sel en plus grande quantité par le secours de la chaleur."

110,9–18 Zu den „reinen Reagentien" der Chemie vgl. z. B. *J. B. Richter: Anfangsgründe der Stöchyometrie oder Meßkunst chymischer Elemente.* T. 1. Abschnitt 1. Breslau und Hirschberg 1792. 121: „Die Elemente sind selten für sich und im strengsten Sinne genommen niemals rein, wenn man solche auch übrigens im freien Zustande ... rein darstellt, so kann doch eine große Anzahl derselbigen nicht ganz von Wasser befreit werden." 121 Anm.: „Alle Erden, die fixen alkalischen Salze und feuerbeständigen Säuren können im freien Zustande von fremder Beimischung rein und wasserfrei dargestellet werden." Beim Versuch, das Kali rein darzustellen, denkt Hegel vermutlich an *Trommsdorff: Systematisches Handbuch der gesammten Chemie.* Bd 1. 401–409 (§§ 538–546). Vgl. bes. 402f (§ 539): „Im reinen Zustande trifft man das Kali nie in der Natur an, und auch das reinste Kali bleibt nicht lange rein, wenn es nicht sorgfältig aufbewahrt wird. Da es eine große Verwandtschaft zum Wasser besitzt, so wird es bald feucht, und weil es eine sehr große Neigung hat, sich mit der Kohlenstoffsäure zu verbinden, die immer in der Atmosphäre gegenwärtig ist, so zieht es diese bald an. Es verliert dadurch viel von seiner Ätzbarkeit ...". 406 (§ 543): „Die ... Kristalle des kohlenstoffsauren Kali sind offenbar dadurch entstanden, daß die kalische Flüssigkeit während dem Erkalten wieder Kohlenstoffsäure aus der Atmosphäre angezogen hat." 407f (§ 544): „Da das reine von aller Kohlenstoffsäure befreite Kali so stark auf das Zellgewebe und die tierische Faser wirkt, so hat man ihm den Namen *ätzendes Kali* gegeben ...". 408 (§ 546): „*Osburg* glaubte das Kali durch mehrmaliges Glühen in Kalk verwandelt zu haben, meine Versuche haben aber bewiesen, daß er mit einem unreinen Kali gearbeitet hatte." – Zur Bemerkung über die Reinheit der Metalle vgl. etwa *Berthollet: Essai de statique chimique.* T. 2. 339: „Les métaux ont des propriétés qui les distinguent des autres substances, et qui sont si prononcées que personne n'élève de doutes sur celles qui doivent être placées dans la classe des substances métalliques, à moins que l'on ne soit pas encore parvenu à les réduire dans l'état de métal, et qu'on ne soit borné par là à conclure sur la seule considération de leurs composés."

110,33 Vgl. hierzu und zu Hegels Darstellung (110,25–38) *Berthollet: Essai de statique chimique.* T. 1. 68–129. Zu den von Hegel genannten Fällen vgl. Anm. zu 107,36–108,19 und die Einzelanmerkungen dazu.

111,17—23 Hegel denkt wohl an *Berthollet: Essai de statique chi-*
mique. T. 2. 408f: „Lors même qu'il se fait une séparation, le sel qui
cristallise peut n'être pas constant dans sa composition: dans la fabrica-
tion du sulfate de fer, et sur-tout lorsque l'on a dissous immédiatement
le fer dans l'acide sulfurique, les premiers cristaux que l'on obtient sont
presque sans couleur, ceux qui succèdent dans les cristallisations qui
suivent, prennent de plus en plus de la couleur jusqu'au vert foncé, et
enfin l'on a un liquide incristallisable qui est dans l'état de sulfate
rouge.“

112,10—13 Hegel bezieht sich auf *Berthollet: Essai de statique chi-*
mique. T. 2. 406: „Chenevix ayant mit de l'oxide de cuivre qui n'avait
que $11\,^1/_4$ d'oxigène, dans l'acide phosphorique, celui-ci en opéra la dissolution; mais pour cela une partie du cuivre donna tout son oxigène à
celle qui entra en dissolution, et reprit l'état métallique.“ Vgl. auch T.
2. 476.

113,4—9 Hegel bezieht sich vermutlich auf den Aufsatz von *J. W.*
Ritter: Volta's Galvanische Batterie; nebst Versuchen mit derselben an-
gestellt. In: *Magazin für den neuesten Zustand der Naturkunde mit*
Rücksicht auf die dazu gehörigen Hülfswissenschaften. Hrsg. v. J. H.
Voigt. Bd 2. Weimar 1800. 356—400. Ritter schildert den von Hegel
bezeichneten Versuch 382—386; vgl. z. B. 384: „Jetzt ließ ich nach und
nach so viel destilliertes Wasser tropfenweise bald in diesem, bald in jenem Schenkel der Röhre auf die Säure langsam herabfließen, daß sie
ganz davon bedeckt wurde, ohne sich doch damit zu vermischen, und
füllte auf diese Art die beiden Schenkel der Röhre endlich ganz damit
an...“. Vgl. auch 385f. Hinsichtlich der Wirkung auf Zink spricht Ritter
davon, „daß auf diese Weise von den 1000 Oxygenerzeugungen, welche
statthaben, nur 900 zu Gasentwicklungen werden, indes bei den übrigen
100 das Oxygen sogleich mit dem Zink, an dem es sich erzeugt, wieder
zum festen Produkt, zu Zinkkalk zusammentritt ...“ (389). Ritter will
mit diesem Versuch zeigen, daß die Entwicklung von Wasserstoff und
Sauerstoff „keineswegs von einer *Zersetzung* des Wassers, wie man nach
der neuern chemischen Theorie wohl glauben mochte, sondern durchaus von zwei ganz voneinander verschiedenen Prozessen“ herrührt (385).

113,31—33 Hegel bezieht sich auf *Berthollet: Essai de statique chi-*
mique. T. 2. 361—392, bes. 370f: „Il n'en est pas de même de ceux qui
entrent en fusion tranquille, comme l'étain et le plomb: leur oxidation
fait des progrès depuis le plus faible degré jusqu'à un terme, qui cepen-
dant n'est pas toujours le dernier de l'oxidation qu'ils peuvent recevoir
dans d'autres circonstances, et l'on voit se succéder les couleurs et les
autres propriétés qui accompagnent chaque degré d'oxidation; ainsi le
plomb forme un oxide qui commence par être gris; puis il passe à différentes nuances de jaune et il finit par être rouge ... le fer passe égale-
ment par différentes nuances, et prend des propriétés différentes, à mesure que l'oxidation fait des progrès: on peut observer des effets sem-
blables dans plusieurs métaux.“

114,35—36 Hegel bezieht sich auf *Winterl: Prolusiones.* Vgl. bes.
191f: „Cum Sulphure simplicissimo ... Andronia in temperatura naturali

non unitur, in digestione tamen restituit Sulphur solidum, quod fusum diaphanum est: hoc Calcem Plumbi solvit, et cum ea sublimatur in opacum Sulphur vulgare." An früherer Stelle (in § 13) bestimmt er den einfachsten Schwefel als „sulphur liquidum" (24f, vgl. 37f). Er kritisiert Berthollet folgendermaßen: „D. Berthollet ... statum hunc simplicissimum Sulphuris cum maxime composito plenae oxydationis ejus per incognitum sibi verum Principium aciditatis confundere, et ex hypothesi sua simplicitatis Sulphuris vulgaris etiam Azotum, a quo forma Sulphuris solida pendet, praetervidere debuit." (43 Anm.) Zu Hegels Bemerkung, der Schwefel werde gewöhnlich für einfach gehalten, vgl. auch *J. B. Richter: Anfangsgründe der Stöchyometrie oder Meßkunst chymischer Elemente.* T. 1. Breslau und Hirschberg 1792. 5 Anm.: „So sind z. B. alkalische Salze, Erden und andere Materien, auch der Schwefel, Elemente zu nennen...".

115,24—30 Hegel bezieht sich auf *Winterl: Prolusiones.* 20—168. Zur Abstumpfung von Basen und Säuren bemerkt Winterl allgemein: „Hactenus tantum ostendi, vim obtundendi Acida esse communem Basibus ... et reciproce vim obtundendi Bases esse communem Acidis..." (77). Zur Trennung vgl. z. B. 21: „Acida, quae habent substratum symplectum ... et e Basi salina vel terrea sola altiore temperatura ... secerni se patiuntur...". 23: „Acida, quae habent substratum dialytum ... et ex Basi salina vel terrea sola altiore temperatura ... secerni se patiuntur...". Zum Verhalten stumpfer Basen und Säuren vgl. z. B. 30: „Bases fatuae ... fixitatum recuperant, cum Acido, e quo dimota sunt, redduntur ... Bases non obtundunt nisi proportionatam quantitatem Acidi integri, adeoque obtusatio perfecta non potest a parva quantitate Baseos ... repeti." 33: „Sicut Acida magis obtunduntur a Basibus, quo major ea intercedit attractio ..., sic etiam magis obtunduntur, quo major est Basis ad Acidum proportio. Zur Verbindung einer faden Säure und einer faden Base heißt es: „Si Acidum fatuum ... uniatur cum Basi fatua ..., idem exoritur Sal neuter, qui exoritur ex eodem Acido integro et eadem Basi integra..." (94). Vgl. 138. Zum Verhalten frischer Basen zu stumpfen Säuren bemerkt Winterl: „Bases integrae simplices Acidis fatuis applicatae prorsus se gerunt ut Acida integra cum Basibus fatuis: retinent nempe suas basicas qualitates tanto minus mitigatas, quo Acidum est magis deoxydatum..." (106).

116,30—34 Zu den metallischen Säuren vgl. vor allem *Trommsdorff: Systematisches Handbuch der gesammten Chemie.* Bd 1. 233—254. Die von Hegel genannten Metallsäuren: Molybdänsäure und Chromiumsäure werden 239ff und 247ff behandelt. Außerdem stellt Trommsdorff als Metallsäuren die Arseniksäure, die Wolframsäure und die Kobaltsäure dar. — Zu den Termini: „Zinnsäure, Eisensäure" konnte nur nachgewiesen werden, daß in der damaligen Literatur diese und andere Metalloxyde als Halbsäuren bezeichnet werden. Vgl. z. B. *J. B. Richter: Ueber die neuern Gegenstände der Chymie.* Drittes Stück. Breslau und Hirschberg 1793. 65: „Bei der Verbrennung eines Eisendrahtes mit Sauerstoffgas geht das, was mit dem Brennstoffe Eisen macht, in Verbindung mit Sauerstoff zu einer Erde oder sogenannten metallischen

Halbsäure." Zu metallischen Halbsäuren vgl. auch *T. Bergman: Opuscula physica et chemica pleraque seorsim antea edita, jam ab auctore collecta, revisa et aucta*. Bd 3. Uppsala 1783. 6. (Ders.: *Kleine Physische und Chymische Werke*. Aus dem Lateinischen übersetzt von Heinrich Tabor. Bd 3. Frankfurt a. M. 1785. 9) Vgl. ferner *Physikalisches Wörterbuch oder Versuch einer Erklärung der vornehmsten Begriffe und Kunstwörter der Naturlehre*. Von *J. S. T. Gehler*. Bd 5. Neue Aufl. 1799. 776, 809. In einer späteren Auflage wird auch von Zinnoxyd, Zinnsäure gesprochen. *J. S. T. Gehler's Physikalisches Wörterbuch*. Neu bearbeitet von Gmelin usw. Bd 10. Leipzig 1844. 2416.

129,10—12 Hegel spielt hier wohl auf die damalige Diskussion über den Begriff des Lebens an. Vgl. z. B. *F. W. J. Schelling: Von der Weltseele. Eine Hypothese der höhern Physik zur Erklärung des allgemeinen Organismus*. Hamburg 1798. 199: „Der Schottländer Joh. *Brown* läßt ... das tierische Leben aus zwei Faktoren ... entspringen...". Diese Theorie Browns wurde insbesondere von dem Schelling-Anhänger Kilian verarbeitet. Vgl. *Kilian: Entwurf eines Systems der Gesammten Medizin*. Bd 1. 63: „*Wirkliches Leben* wäre demnach das Resultat der Gegenwirkung des lebenden Organismus gegen die äußere Einwirkung; oder noch bestimmter ausgesprochen, wäre wirkliches Leben *das Produkt der aktuellen Entgegensetzung der beiden Faktoren der Erregbarkeit*." Vgl. auch 167, 240 u. ö. — Vgl. ferner *D. Troxler: Ideen zur Grundlage der Nosologie und Therapie*. Jena 1803. 8, 9 u. ö. — Zur Unerkennbarkeit des einfachen Lebens vgl. vor allem Kants Theorie in der *Kritik der Urteilskraft*. Berlin und Libau 1790. Vgl. bes. §§ 71—75. Vgl. auch *Joh. Fr. Blumenbach: Ueber den Bildungstrieb*. Zweite Aufl. Göttingen 1789. 25f: „Hoffentlich ist für die mehrsten Leser die Erinnerung sehr überflüssig, daß *das Wort* Bildungstrieb ... zu nichts mehr und nichts weniger dienen soll, als eine Kraft zu bezeichnen, deren konstante Wirkung aus der Erfahrung anerkannt worden, deren *Ursache* aber ... für uns *qualitas occulta* ist."

130,26—131,1 Hegel bezieht sich auf Theorien der damaligen Zeit, die die wissenschaftliche Erforschung des Organischen durch die neuen Erkenntnisse der Chemie weiterzuführen suchten. Zur Assimilation der Pflanzen vgl. *Kurt Sprengel: Anleitung zur Kenntniß der Gewächse, in Briefen*. Erste Sammlung. Halle 1802. 290: „Wenn also die Pflanzen Kohlensäure aus Erde und Luft anziehn, so wird sie in ihnen durch den Einfluß des Lichts zersetzt. Das Licht zieht den Sauerstoff an, dessen die Kohlensäure fast zwei Dritteile enthält, und der Kohlenstoff wird von den Bestandteilen der Pflanzen angezogen und vereinigt sich mit denselben zu festen Stoffen." 292: „Das Licht ist das Hauptmittel, wodurch den Pflanzen Sauerstoff entzogen und der Kohlenstoff in ihrem Zellgewebe fixiert wird." Vgl. auch 283, 288. — Zur Atmung vgl. *Kilian: Entwurf eines Systems der Gesammten Medizin*. Bd 2. 384: „Während dem nun diese Zersetzung eines Teils des Sauerstoffs in der atmosphärischen Luft in den Lungen vor sich geht, reißt die übrige Quantität von Sauerstoff in der eingeatmeten Luft den Kohlenstoff, welcher sich während der Zirkulation dem Blute beigemischt hat, aus demselben los und

erzeugt auf diese Weise das sogenannte Stickgas, wobei zugleich eben
wegen dieser Verminderung des Kohlenstoffes im Blut, welcher demselben die schwarze Farbe erteilt, eine mehr hellrote Farbe entsteht." Vgl.
auch *Joh. Heinr. Ferd. Autenrieth: Handbuch der empirischen menschlichen Physiologie.* T. 1. Tübingen 1801. 297—303 (§§ 493—504), die
unter dem Titel: „Chemische Wirkung des Atmens" stehen (297). Zur
Wirkung „der eingeatmeten Luft auf das Blut" (303) vgl. 303—319 (§§
505—517). — Zur Ernährung und Verdauung vgl. z. B. Kilians These,
„daß das ganze Verdauungsgeschäft selbst weiter nichts anders als ein
chemischer Prozeß sei" (*Entwurf eines Systems der Gesammten Medizin.* Bd 2. 484; vgl. auch 576 u. a.). Vgl. ferner *Joh. Heinr. Ferd. Autenrieth: Handbuch der empirischen menschlichen Physiologie.* Bd 2. 45—
50 (§§ 588—595), auch 103—106 (§§ 656—659). Vgl. hierzu auch die
folgende Anm.

131,4—12 Hegel denkt bei der Schilderung der verschiedenen Versuche wahrscheinlich an *L. Spallanzani: Versuche über das Verdauungs-
Geschäfte des Menschen, und verschiedener Thier-Arten; nebst einigen
Bemerkungen des Herrn Senebier.* Übersetzt von Chr. F. Michaelis.
Leipzig 1785. Vgl. zu den Röhren-Versuchen 85: „Und endlich scheint
auch nicht die Unterbrechung der Gemeinschaft der äußerlichen Luft
mit der innerlichen eine Hinderung der Auflösung der Nahrungsmittel
in den mit Siegellack verschlossenen Röhren zu sein." Zuvor hatte er
freilich Magensaft in diese Röhren gebracht (vgl. 84, 85). Vgl. auch 87.
Spallanzani schildert zahlreiche Versuche mit geöffneten Röhren im
Magen von Tieren; vgl. etwa 4—9, 31—35, 40, 57—66, 93—96. Zum Her-
ausnehmen des Magens vgl. ebenda 109f, 215f. Zum Versuch mit Lein-
wandbeuteln vgl. ebenda 63. Vgl. hierzu vor allem *Joh. Heinr. Ferd.
Autenrieth: Handbuch der empirischen menschlichen Physiologie.* T. 2.
Tübingen 1802. 50f (§ 597): „Man hat gesehen, daß Stückchen von
Fleisch, in kleinen Beuteln von Leinwand eingeschlossen und in die
Bauchhöhle einer lebenden Katze gebracht, sich auf ähnliche Art wie im
Magen bis auf kleine Knochenstückchen in einen Brei auflösten. Eben-
dieses geschah, wenn solches Fleisch unter die Haut lebendiger Tiere auf
die bloße Muskeln gebracht und eine Zeitlang daselbst gelassen wurde."

136,7—9 Hegel bezieht sich wahrscheinlich auf *Joh. Friedr. Blumenbach: Handbuch der Naturgeschichte.* Vierte verbesserte Auflage.
Göttingen 1791. (Dies Buch befand sich in seiner Bibliothek.) Vgl. 497f
(§ 190): „Bei den mehrsten Gewächsen sind diese beiderlei Geschlechtsteile in der gleichen Blüte, die folglich zwitterartig ist, verbunden. Bei
einigen hingegen in verschiedenen Blüten, wovon die einen bloß männlichen, die andern bloß weiblichen Geschlechts, aber doch am gleichen
Stamme befindlich sind, getrennt (Monoecia, LINN.) ... Andre Gewächse
... haben gar dreierlei Blüten, bloß männliche, bloß weibliche und über-
dem auch Zwitterblüten ... Bei noch andern aber ... sind die beiden Geschlechter in den Pflanzen selbst so wie bei allen rotblütigen und vielen
anderen Tieren abgesondert: so daß die eine Pflanze bloß männliche,
eine andre aber die übrigens von der gleichen Art ist, bloß weibliche
Blumen trägt; und die Blüten des weiblichen Stammes nicht anders be-

fruchtet werden, als wenn der Blumenstaub von der männlichen Pflanze durch den Wind oder durch Insekten oder auch durch die Kunst ihnen zugeführt worden ist (Dioecia LINN.)". Hegel hat diese Distinktionen nicht genau aufgenommen.

139,13—15 und 16—18 Hegel denkt hier vermutlich an *Johann Reinhold Forster's Bemerkungen über Gegenstände der physischen Erdbeschreibung, Naturgeschichte und sittlichen Philosophie auf seiner Reise um die Welt gesammlet.* Uebersetzt und mit Anmerkungen vermehrt von Georg Forster. Berlin 1783 und an *Friedrich Kasimir Medicus: Pflanzen-physiologische Abhandlungen.* Bd 2. Leipzig 1803. Hegel weicht in der Angabe der Einzelheiten von diesen Darstellungen freilich ab. Vgl. *Medicus* ebenda 17f: „Die sämtlichen Staubfäden, sowohl der sogenannten weiblichen als der sogenannten männlichen Blüten, waren also bei dem Pisang des hiesigen Gartens alle durchaus befruchtungsunfähig...". Im folgenden setzt Medicus sich mit Forster auseinander. Forster behaupte (30f): „Es ist eine alte und längst gemachte Bemerkung, daß einige Pflanzen durch die Kultur die Fähigkeit verlieren, sich in Samen fortzupflanzen. Dies zeigt sich sehr deutlich in den Pflanzungen der Inseln im Südmeere und besonders am Brotfruchtbaum, dessen Samen ganz zusammengeschrumpft ... sind. Dasselbige geschieht mit dem Pisang, welcher nur selten noch die Rudimenta von Samen behält." (Vgl. *Forster's Bemerkungen* ... 156f) Medicus erklärt dazu 33: „Ein hoher Grad Kultur kann also wirklich einem Gewächs das Vermögen, sich durch Samen fortzupflanzen, unendlich schwächen, aber die ganze Gattung oder auch nur eine Art des Samens gänzlich zu berauben, ist ... keine, auch die weitgetriebenste Kultur zu bewerkstelligen unvermögend." Vgl. auch den weiteren Zusammenhang seiner Untersuchungen 5—52.

149,4—12 Hegel denkt vermutlich an Kilian oder auch an Autenrieth, die die „Allmählichkeit der Veränderung" der Speisen in der Verdauung durch Untersuchung vieler einzelner Stufen aufzuzeigen suchten. Vgl. *Kilian: Entwurf eines Systems der Gesammten Medizin.* Bd 2. 468ff. *Joh. Heinr. Ferd. Autenrieth: Handbuch der empirischen menschlichen Physiologie.* T. 2. Tübingen 1802. 45—109 (§§ 588—661).

149,20—22 Hegel hat hier wahrscheinlich die Theorie von Reil vor Augen, auf die sich bereits Schelling bei der Erwähnung der Mischungsverändrungen bezieht, die für den organischen Körper konstitutiv seien. Vgl. *F. W. J. Schelling: Von der Weltseele. Eine Hypothese der höhern Physik zur Erklärung des allgemeinen Organismus.* Hamburg 1798. 186. Vgl. *Joh. Christ. Reil: Von der Lebenskraft.* In: *Archiv für die Physiologie.* Hrsg. von J. Christ. Reil. Bd 1, Heft 1. Halle 1795. 66: „Alle diese Stoffe" (z. B. auch Nahrungsmittel), „durch welche das Tier seine Masse vermehrt und die Mischung seiner Materie verändert, müssen sämtlich solche nähere oder entferntere Bestandteile enthalten, die dem tierischen Stoff ähnlich sind." Vgl. ferner *Joh. Heinr. Ferd. Autenrieth: Handbuch der empirischen menschlichen Physiologie.* T. 2. Tübingen 1802. 2f (§ 552), 6 (§ 557). *C. J. Kilian: Differenz der echten und unechten*

Erregungstheorie in steter Beziehung auf die Schule der Neubrownia-
ner. Jena 1803. 101, 96f.

176,30—32 Mit „*die ältern Ärzte*" sind wohl vor allem die Ärzte
des siebzehnten und frühen achtzehnten Jahrhunderts gemeint. Vgl. z.
B. Harles, der zu den älteren Ärzten etwa Hoffmann und Cullen zählt.
Chr. Fr. Harles: Neue Untersuchungen über das Fieber überhaupt und
über die Typhusfieber insbesondere. Leipzig 1803. 4f. *Kurt Sprengel*
berichtet u. a. über die Fiebertheorie, auf die Hegel anspielt, in seinem
Werk: *Versuch einer pragmatischen Geschichte der Arzneikunde.* T.
1—5. Zweite Aufl. Halle 1800—1803. Er sagt schon von Palladius (T. 2.
294): „Den Schauder im Fieberzustande hält er für ein Zeichen der
wohltätigen Wirkungen der Natur, um den Krankheitsstoff fortzuschaffen." Zu Campanellas und Cullens Fieberlehre vgl. T. 4. 343f und T. 5.
215f. Stahl habe in seiner Fiebertheorie erklärt, „wie wohltätig für den
Körper die Fieber, besonders die Wechselfieber, seien" (T. 5. 39). Vgl.
insbesondere *G. E. Stahl: Theoria medica vera. Physiologiam et patho-*
logiam, tamquam doctrinae medicae partes vere contemplativas, e na-
turae et artis veris fundamentis, intaminata ratione, et inconcussa expe-
rientia sistens. Halle 1708. Z. B. 933: „Homines SPONTE NATURAE, *ci-*
tra artis concursum, a febribus ita *in integrum restituantur,* sine ullo
alio subsidio artificiali."

176,38—39 Zur Darstellung der gastrischen Krankheiten vgl. z. B.
Kilian: Entwurf eines Systems der Gesammten Medizin. Bd 2. 522:
„Den Inbegriff dieser krankhaften Äußerungen des Magens nennt man
insbesondere *Magenentzündung* (Gastritis)." Vgl. ebenso *John Brown:*
System der Heilkunde. Nach der lezteren, vom Verfasser sehr vermehrten und mit Anmerkungen bereicherten englischen Ausgabe übersezt ...
von C. H. Pfaff. Kopenhagen 1796. 379—381 (§§ 708-712). *Chr. Gir-*
tanner: Ausführliche Darstellung des Brownischen Systemes der prak-
tischen Heilkunde, nebst einer vollständigen Literatur und einer Kritik
desselben. Bd 2. Göttingen 1798. 250—253.

177,6—20 Hegel bezieht sich auf die antike, aber auch von seinen
Zeitgenossen z. T. vertretene und viel diskutierte Säftelehre. Vgl. z. B.
Kurt Sprengel: Kritische Uebersicht des Zustandes der Arzneykunde in
dem letzten Jahrzehend. Halle 1801. 120: Es „gewann doch allmählich
die Humoral-Theorie durch die Erforschung der chemischen Verhältnisse der Säfte wieder mehr Ansehen". — Zur „materialen ... Ansicht" vgl. etwa *Chr. Fr. Harles: Neue Untersuchungen über das Fieber überhaupt,*
und über die Typhusfieber insbesondere. Leipzig 1803. 409: „Die ganze
unermeßlich große Humoralschule beging bei dieser pathologisch-the-
rapeutischen Ansicht die grobe und unverzeihliche Inkonsequenz ...
daß sie den Begriff dieser Fieberart bloß in veränderter *Materialität,*
Verderbnissen von Säften etc. begründeten..." (vgl. auch 410f). Zur
Krankheitsauffassung und zur Kurmethode der Humoralpathologen
vgl. z. B. *C. A. Wilmans: Grundsatz der Beurtheilung des Brown'schen*
Systems. In: *Archiv für die Physiologie.* Hrsg. von J. Chr. Reil. Bd 4.
Halle 1800. 9: Unter den „verschiedenen Theorien behauptete in neuern
Zeiten eine sehr ausgebreitete Sekte von Ärzten einen vorzüglichen

Rang, die man *Humoralpathologen* nannte. Der Grund dieser Benennung beruht darauf, daß diese Ärzte hauptsächlich die eigenen Säfte des Körpers, nebst vielen in diesen sich aufhaltenden fremdartigen Dingen, als die eigentümlichen Krankheitsursachen annahmen." 10: „Daher die Humoralärzte für jede Krankheit eine eigene Schärfe, die sie den Krankheitsstoff nannten, auffanden, durch deren Austreibung sie dann auch die Krankheit heilen zu können glaubten." Vgl. ebenso *Andreas Röschlaub: Untersuchungen über Pathogenie oder Einleitung in die medizinische Theorie.* T. 1. Frankfurt a. M. 1798. 63f: „Da aber Krankheit als Beschaffenheit des Organismus, folglich nur der gesamten oder einzelnen Teile des Organismus bestimmt werden muß, die Flüssigkeiten (Säfte) aber als nicht organisch, auch nicht Teile des Organismus sein und heißen können; so kann den Veränderungen, die in den Säften des Organismus entstehen, auch nicht der Name Krankheit beigelegt werden ... Überhaupt sind die Säfte als fremdartige, obgleich im Organismus enthaltene Teile zu betrachten und wirken in die starren (festen) Teile, d. i. in die Organe ein ... Jene Veränderungen der Säfte, inwiefern sie im Verhältnis zu ihrer Beschaffenheit im gesunden Zustande des Organismus fehlerhaft sind, können wir *Verderbnisse* (corruptiones) nennen." Vgl. auch 34ff. Derartige Darstellungen und Kritiken der Humoralpathologie dürfte Hegel vor Augen haben. Vgl. auch Anm. zu 42,11—14.

177,21—38 Vgl. zu dieser Theorie der Krankheit in erster Linie *John Brown: Elementa medicinae.* Erste Aufl. Edinburgh 1780; zweite verbesserte Aufl. ebendort 1784. Dazu seine englische Übersetzung: *The Elements of Medicine.* 2 Bde. London 1788. Vgl. die deutschen Übersetzungen: *John Brown: System der Heilkunde.* Nach der lezteren, vom Verfasser sehr vermehrten und mit Anmerkungen bereicherten englischen Ausgabe übersetzt, und mit einer kritischen Abhandlung über die Brownischen Grundsätze begleitet von C. H. Pfaff. Kopenhagen 1796 und *Johann Brown: Grundsätze der Arzeneylehre.* Aus dem Lateinischen übersetzt von M. A. Weikard. Frankfurt a. M. 1795. Zur Bestimmung der Krankheit vgl. in der zuletzt genannten Übersetzung 1f (§§ 5—7): „Krankheiten, welche sich auf den ganzen Körper erstrecken, werden allgemeine (communes), jene, welche nur auf einem Teile haften, örtliche (locales) genannt. / ... Die erstern sind alsbald vom Anfange allezeit allgemein: die örtlichen werden es nur in dem Fortgange, und zwar selten ... Die Allgemeinheit jener rührt von Mühseligkeit des Lebensprinzips: die Örtlichkeit aus örtlicher Verletzung. Die Heilungsart der ersten wird auf den ganzen Körper gerichtet: jene der örtlichen zielt nur auf den leidenden Teil./ ... Unter das Gebiet eines Arztes gehören alle allgemeine Krankheiten und von den örtlichen jene, welche, da sie zuvor nur einen Teil ergriffen, nun im ganzen Körper ... eine Änderung machen." Zur Bestimmung des Verhältnisses von Wirkungsvermögen und Reiz, Erregung und Erregbarkeit vgl. 3—19 (§§ 10—47), bes. 3f (§§ 14—17): „Die Eigenschaft ... wodurch beide" (sc. äußerliche und innerliche) „Kräfte ... wirken, soll Erregbarkeit (incitabilitas): und jene Reize sollen erregende Kräfte (potestates incitantes) genannt werden... Die allgemeine Wirkung der erregenden Kräfte ist Empfindung, Bewegung, Hand-

lung des Verstandes und Gemütes... Die Wirkung der erregenden und
auf die Erregbarkeit (incitabilitas) handelnden Kräfte wird Erregung
(incitatio) genannt... Da nun manche dieser Kräfte durch offenbare An-
triebe (per impulsus) handeln: so ist zu vermuten, daß es sich eben mit
der Wirkungsart der übrigen verhalte und daß allen jenen Reizen eine
gewisse Wirkungskraft beiwohne." Vgl. 7f (§§ 22—25): „Da allein die allgemeinen Kräfte ... alles hervorbringen, was zum Leben gehört, und ihre
Wirkung bloß im Reizen besteht ... so wird auch das ganze Leben, der
gesunde oder kränkliche Zustand, sich bloß auf Reiz und auf keine andere Sache gründen./ ... Erregung (incitatio), die Wirkung der Kräfte ...
die Bestimmungsursache des Lebens, verhält sich nach Größe des Reizes ... bei gewissen Grenzen, wodurch sie endlich, wie gesagt werden
wird, zugrunde geht. Eine mäßige Erregung (incitatio) bestimmt den gesunden Zustand: aus einer geößeren von unmäßigem Reize rühren
Krankheiten: eine geringere erzeugt jene, welche von mangelndem Reize oder von Schwäche rühren./ ... Es ist dieses das Verhältnis der Erregbarkeit ... und Erregung ... daß die Erregbarkeit desto häufiger ist, je
schwächer die Kräfte wirkten, oder je geringer der Reiz gewesen ist:
und je stärker der Reiz auflag, desto erschöpfter er die Erregbarkeit ...
hinterläßt: daß im ersten Falle ein angebrachter Reiz zuviel Erregung
... im zweiten zuwenig erweckt .../ Da die Erregung ... aus dem Reize
der erregenden Kräfte ... nicht ohne Erregbarkeit ... entsteht, so läßt
sich folgendes Verhältnis des Reizes und der Erregbarkeit unter sich
ausfinden: ein mittelmäßiger Reiz, der eine mittelmäßige oder halbab-
genützte Erregbarkeit ergreift, bringt die höchste Erregung ... Diese wird
endlich immer desto geringer, je größer der Reiz oder je größerer Vorrat
an Erregbarkeit ist. Hieraus erklärt man die Kraft der Jugend und die
Schwachheit des Alters und der Kindheit." Vgl. auch *Kilian: Entwurf
eines Systems der Gesammten Medizin.* T. 1. 173, wo er erklärt, daß die
sog. örtlichen Krankheiten, die nur einen Teil des Organismus betreffen,
nicht unter den Begriff der Krankheit fallen. Zu Hegels Vorwurf der
„bloß logischen Konstruktion" vgl. z. B. *Ph. Hoffmann: Ideen zur Konstrukzion der Krankheit.* In: *Zeitschrift für spekulative Physik.* Hrsg.
von F. W. J. Schelling. Bd 2, Heft 1. Jena 1801. 69—108. Er versucht,
die Krankheit durch „transzendentale Reflexion" (75) mit Hilfe Fichte-
scher Kategorien und der Fichteschen Methode der Aufstellung von
Synthesis und Antithesis zu bestimmen, vgl. z. B.: „In Rücksicht der Erregung ist Krankheit aufgehobene Einheit der Faktoren derselben. Diese
Einheit gründet sich a) entweder auf die Synthesis ... b) oder auf die
Antithesis ... Die Qualität der Faktoren der Erregung besteht in ihrer
Wechselbestimmung..." (75f). Dabei sind „Tätigkeit und Leiden ... die
entgegengesetzten Faktoren der Erregung" (73). Zu Hegels Vorwurf, in
„chemische Abstraktionen" zu verfallen, vgl. z. B. 96: „Durch alle gra-
duelle in der Organisation begründete Verschiedenheit der Erregbarkeit
eines Organs ist also auch im voraus das Verhältnis der positiven und
negativen Potenzen zu demselben bestimmt, daher die Affinität des
Kohlenstoffs, Hydrogens zu der Leber, des Sauerstoffs zu dem Herzen.
Vgl. auch etwa *A. F. Fourcroy: Philosophie chimique ou vérités fonda-*

mentales de la chimie moderne. Disposée dans un nouvel ordre. Seconde édition. Paris L'an III (1794/95). 141f. Weitere Angaben zu der Theorie, Sauerstoff, Kohlenstoff, Wasserstoff und Stickstoff seien die Grundbestandteile des Organischen, finden sich in den Anmerkungen zu 41,11—16 und 41,34—42,11.

178,1—17 Hegel denkt an die damals viel diskutierte Theorie Browns (vgl. auch die vorige Anm.). Vgl. etwa *John Brown: System der Heilkunde.* Nach der lezteren, vom Verfasser sehr vermehrten und mit Anmerkungen bereicherten englischen Ausgabe übersetzt, und mit einer kritischen Abhandlung über die Brownischen Grundsätze begleitet von C. H. Pfaff. Kopenhagen 1796. Bes. §§ 62—68; §§ 328ff behandeln die sthenischen Krankheiten, §§ 503ff die asthenischen Krankheiten; z. B. 32 (§ 62): „Erregung, die Wirkung der erregenden Potenzen, macht im gehörigen Grade den Zustand der Gesundheit aus; im Übermaß oder Mangel veranlaßt sie Krankheiten und die denselben vorhergehende Anlagen." 33f (§ 66): „Die allgemeinen Krankheiten, welche von übermäßiger Erregung herrühren, sollen sthenische, diejenigen, die aus mangelnder Erregung entspringen, asthenische genannt werden. Es gibt also zwei Hauptformen von Krankheiten, und beiden geht allezeit eine Anlage voran." Zur Bestimmung von Sthenie und Asthenie vgl. ebenso *Kilian: Entwurf eines Systems der Gesammten Medizin.* T. 1. 241: „Wollen wir diese innormale Verstärkung der Intensität der beiden Faktoren mit *Sthenie* bezeichnen, so werden wir die derselben gleichzeitige Veränderung im Organismus, als Objekt, eine *sthenische Krankheit* nennen, somit die Möglichkeit der Existenz sthenischer Krankheiten im Organismus zugeben müssen." 293: „Will man diese innormale Verminderung der Energie des Gegensatzes der beiden Faktoren mit *Asthenie* bezeichnen, so werden wir die derselben gleichzeitige Veränderung im Organismus, als Objekt, eine *asthenische Krankheit* nennen, somit die Möglichkeit der Existenz asthenischer Krankheiten im Organismus zugeben müssen." Kilian kritisiert allerdings die Brownsche Theorie, da sie keine „Konstruktion des lebenden und insbesondere des menschlichen Organismus" liefere (*C. J. Kilian: Differenz der echten und unechten Erregungstheorie in steter Beziehung auf die Schule der Neubrownianer.* Jena 1803. 136). — Eine kürzere Darstellung der Brownschen Theorie gibt *Kurt Sprengel: Kritische Uebersicht des Zustandes der Arzneykunde in dem letzten Jahrzehend.* Halle 1801. 240—257, auch 236ff. Sehr viel umfangreicher ist das Werk von *Christoph Girtanner: Ausführliche Darstellung des Brownischen Systemes der praktischen Heilkunde,* nebst einer vollständigen Literatur und einer Kritik desselben. 2 Bde. Göttingen 1797—1798. Girtanner zitiert ausführlich eine Kritik Eschenmayers an Browns Lehre (vgl. Bd 2. 620f), die Hegel mit der Erwähnung des „sonst gerügten Widerspruchs", in den diese Theorie verfällt, vor Augen haben dürfte. Vgl. *C. A. Eschenmayer: Sätze aus der Natur-Metaphysik auf chemische und medicinische Gegenstände angewandt.* Tübingen 1797. 80—84: „*Brown* hat eigentlich sich selbst widersprochen, d. h. er hat an sich richtige Prinzipien auf eine unstatthafte Art angewandt... Auf einer Seite folgt daraus, daß mit dem Steigen des Faktors der Erregbarkeit die

Asthenie wächst und mit dem Fallen des nämlichen Faktors von 40° an zur Null die Sthenie. Auf der andern Seite sagt nun *Brown*, daß die Asthenie in verminderter Erregung, Sthenie hingegen in vermehrter Erregung bestehe. Nun kann unter dem Begriff Erregung nichts anderes gedacht werden, als daß es das Produkt aus einem Reiz in die Erregbarkeit sei ... Die Faktoren gelten bloß, weil sie ein Wechselverhältnis haben, ohne einen Wechsel sind sie gar nichts. / Ist nun die Erregung ein solches Produkt, so kann die Summe der Erregung weder vermindert noch vermehrt werden, weil mit dem Wachsen des einen Faktors der andere abnimmt." Eschenmayer errechnet, daß die Summe immer 80° beträgt und fährt fort: „Mithin ist in dieser Rücksicht gar kein Unterschied zwischen Sthenie und Asthenie ... Es ist auch ganz klar, daß eine auf 70° erhöhte Erregbarkeit bloß einen Reiz von 10° brauche, um eine gleiche Wirkung hervorzubringen, wie wenn die Erregbarkeit = 40° und der Reiz = 40° also nach *Brown* im gesunden Zustand sich befinden ... In der ganzen *Brown*ischen Gradtabelle ist daher nichts als Gesundheit ausgedrückt; denn die Summe der Erregung bleibt sich immer gleich, und kein anderes Mißverhältnis läßt sich nicht daraus folgern. Wir sind daher genötigt, bei einer gleichen Summe von Erregung ein Mißverhältnis aufzusuchen, und dies läßt sich in nichts anderes setzen als in die Partialität der Reize und der Erregbarkeit gegen die Totalsumme von beiden, welches beides aber notwendig in dem System des Lebens gedacht werden muß." (Vgl. dazu z. B. die Berechnungen in *John Brown: System der Heilkunde.* Übers. v. Pfaff. A.a.O. 15 Anm. – 17 Anm.)

178,26–34 Zum Formalismus vgl. vorige Anm.; mit dem Materiellen ist vermutlich die früher erwähnte „*materiale* ... Ansicht" gemeint (177,6; vgl. die Anm. dazu). Zur „dynamischen Ansicht" vgl. *Kilian: Entwurf eines Systems der Gesammten Medizin.* T. 1. 165f: Kilian ist der Ansicht, daß „alle Krankheiten nur *ursprüngliche* Krankheiten sein können und wirklich nur sind, gleichfalls auch alle Krankheiten nur *dynamischen* Ursprungs und nur *dynamischer* Art sein können und müssen, wenn sie mit dem Namen Krankheit ... belegt werden sollen... Es gibt also nicht nur *wirklich* rein dynamische Krankheiten, sondern vielmehr es können *nur* dynamische Krankheiten existieren, so wie überhaupt nur *dynamische* Krankheiten, als *Krankheiten*, möglich und denkbar sind." Vgl. auch *C. J. Kilian: Differenz der echten und unechten Erregungstheorie in steter Beziehung auf die Schule der Neubrownianer.* Jena 1803. 266. Vgl. ferner *Kurt Sprengel: Versuch einer pragmatischen Geschichte der Arzneikunde.* T. 1. Halle 1800. 24: „Vom Hoffmannschen System sind alle späteren dynamischen, selbst Browns Lehre, nur Modifikationen." – Vgl. auch etwa *Ph. Hoffmann: Ideen zur Konstrukzion der Krankheit.* In: *Zeitschrift für spekulative Physik.* Hrsg. von F. W. J. Schelling. Bd 2, Heft 1. Jena und Leipzig 1801. 77f Anm. – Zu Hegels Vorwurf der „Abstraktionen der Nerv- und Muskelfaser" vgl. *C. J. Kilian: Differenz der echten und unechten Erregungstheorie* ... a.a.O. 268: Die Theorie der Krankheit teilt „demzufolge ... die Krankheiten ein 1) *in Krankheiten der erhöhten Sensibilität und herabgestimmten Irritabilität,* 2) *in Krankheiten der herabgestimmten Sensibili-*

tät und erhöhten Irritabilität." Vgl. auch *Kilian: Entwurf eines Systems der Gesammten Medizin.* T. 1. 310ff. Zu Hegels weitergehendem Vorwurf, die organischen Systeme als „Abstraktionen der Stick- u,s.f. Stoffe" zu betrachten, vgl. Anm. zu 41,34—42,11.

204,15—205,31 Da Hegels Darstellung und Kritik des „sog. Idealismus" und des „sog. Realismus" von seiner eigenen Problematik und Begrifflichkeit bereits stark geprägt ist, läßt sich nicht mehr eindeutig ausmachen, welche Theorien Hegel im einzelnen vor Augen hat. Unter Berücksichtigung seiner Ausführungen zum Idealismus und Realismus in seinen *Kritischen Schriften* der frühen Jenaer Zeit (vgl. *Gesammelte Werke.* Bd 4) kann man jedoch folgendes mit Wahrscheinlichkeit konstatieren: Das Problem des Verhältnisses von Idealismus und Realismus war ihm vorgegeben, und zwar vor allem durch Fichtes Bestimmung verschiedener idealistischer und realistischer Positionen in der *Grundlage der gesammten Wissenschaftslehre als Handschrift für seine Zuhörer.* Leipzig 1794. Vgl. 119, 134—136, 137—139, 140, 143f. Vgl. *J. G. Fichte-Gesamtausgabe.* Werke. Bd 2. Hrsg. von R. Lauth und H. Jacob unter Mitwirkung von M. Zahn. Stuttgart — Bad Cannstatt 1965. 324, 333f, 334—336, 336, 338f. Zu Hegels Auseinandersetzung damit vgl. *Hegel: Gesammelte Werke.* Bd 4. 40f. — Zur Bestimmung des Verhältnisses von Idealismus und Realismus, an die Hegel außerdem denken könnte, vgl. *F. W. J. Schelling: System des transscendentalen Idealismus.* Tübingen 1800. 78f. Vgl. ferner *Friedrich Köppen: Schellings Lehre oder das Ganze der Philosophie des absoluten Nichts. Nebst drey Briefen verwandten Inhalts von Friedrich Heinrich Jacobi.* Hamburg 1803. Köppen diskutiert die Frage, „ob das Schellingsche System Realismus oder Idealismus sei" (85). Vgl. 8: „Der Realismus konstruierte aus dem reinen Objekt seine Erkenntnis, der Idealismus aus dem reinen Subjekt ... Die Entgegensetzung mußte sowohl dem Realismus als dem Idealismus zum bloßen Scheine werden...". Vgl. auch 179f. — In seiner Kritik des Idealismus dürfte Hegel speziell an *J. G. Fichte: Die Bestimmung des Menschen* (Berlin 1800) denken. Vgl. z. B. 139f: „Die Empfindung ist selbst ein unmittelbares Bewußtsein; ich *empfinde* mein Empfinden. Dadurch entsteht mir nun keineswegs irgendeine Erkenntnis eines Seins, sondern nur *das Gefühl meines eignen Zustandes.* Aber ich bin ursprünglich nicht bloß empfindend, sondern auch anschauend ... Ich *schaue* mein Empfinden auch an; und so entsteht mir aus mir selbst und meinem Wesen die *Erkenntnis eines Seins.* Die *Empfindung* verwandelt sich in ein *Empfindbares*; meine Affektion, rot, glatt und dergleichen, in ein *Rotes, Glattes* u.s.w. außer mir: welches — und dessen Empfindung, ich im Raume anschaue, weil mein Anschauen selbst der Raum ist." 137: „Das Objektive, das Angeschaute und Bewußte, bin abermals ich selbst, dasselbe Ich, welches das Anschauende ist...". Vgl. das ganze zweite Buch: „*Wissen*". 71—178. Vgl. auch Hegels Auseinandersetzung damit in *Gesammelte Werke.* Bd 4. 387—390, 394f. — Bei seiner Kritik des Realismus könnte er Jacobi vor Augen haben. Vgl. z. B. *Friedrich Heinrich Jacobi: David Hume über den Glauben oder Idealismus und Realismus. Ein Gespräch.* Breslau 1787. 52: Der Realist bleibt „ein Realist und behält den Glauben, daß z. B. dieses hier, was wir einen Tisch nennen, keine bloße Empfindung, kein nur in uns selbst befindliches Wesen, sondern ein von unserer Vorstellung unabhängiges Wesen außer uns sei, das von uns nur wahrgenommen wird...". Vgl. 51—53, 60—64 u. ö. Vgl. *F. H. Jacobi: Werke.* Leipzig 1812—1825. Bd 2. 166f, 164—167, 174—176 u. ö. Vgl. ferner zu der von Hegel erwähnten Hervorhebung der „*Ähnlichkeit*" (204,23f) durch das Subjekt in der Theorie des Realismus *Friedrich Heinrich Jacobi: Ueber die Lehre des Spinoza an den Herrn Moses Mendelssohn.* Zweite vermehrte Aufl. Breslau 1789. 225: „Wir können nur Ähnlichkeiten demonstrieren...". Vgl. *F. H. Jacobi: Werke.* Bd 4. Abt. 1. 223. Vgl. dazu auch *Hegel: Gesammelte Werke.* Bd 4. 347, vgl. auch 348. Vgl. zur Position des Realismus schließlich die im *Kritischen Journal der Philosophie* (Bd 1, Stück 2) von *Schelling* in Verbindung mit anderen Werken desselben Autors kritisierte Schrift von *Joseph Rückert: Der Realismus oder Grundsätze einer durchaus praktischen Philosophie.* Leipzig 1801.

213,7—9 Hegel bezieht sich auf *I. Kant: Metaphysische Anfangsgründe der Rechtslehre.* Königsberg 1797. 106—111 (§§ 24—27). Vgl. *I. Kant: Gesammelte Schriften.* Bd 6. Hrsg. von der Königlich Preußischen Akademie der Wissenschaften. Berlin 1914. 277—280. Vgl. in der Originalausgabe bes. 107f (§ 24): „Die natürliche Geschlechtsgemeinschaft ist nun entweder die nach der bloßen tierischen *Natur* ... oder nach dem *Gesetz.* — Die letztere ist die *Ehe* (matrimonium), d. i. die Verbindung zweier Personen verschiedenen Geschlechts zum lebenswierigen wechselseitigen Besitz ihrer Geschlechtseigenschaften ... Es ist nämlich ... der Ehevertrag kein beliebiger, sondern durchs Gesetz der Menschheit notwendiger Vertrag, d. i. wenn Mann und Weib einander ihren Geschlechtseigenschaften nach wechselseitig genießen wollen, so *müssen* sie sich notwendig verehelichen, und dieses ist nach Rechtsgesetzen der reinen Vernunft notwendig." 111 (§ 27): „Die *Erwerbung* einer Gattin oder eines Gatten geschieht also nicht facto (durch die Beiwohnung) ohne vorhergehenden Vertrag, auch nicht pacto (durch den bloßen ehelichen Vertrag, ohne nachfolgende Beiwohnung), sondern nur lege: d. i. als rechtliche Folge aus der Verbindlichkeit in eine Geschlechtsverbindung nicht anders, als vermittels des wechselseitigen *Besitzes* der Personen ... zu treten." Vgl. auch Hegels ausdrückliche Kritik dieser Lehre Kants im *System der Sittlichkeit.* Abschnitt I. B. c.

229,40—230,9 und 230,39 Hegel bezieht sich auf *Adam Smith: An Inquiry into the Nature and Causes of the Wealth of Nations.* Bd 1. Basel 1791. Diese Ausgabe befand sich in seiner Bibliothek. Vgl. 7—9: „To take an example, therefore, from a very trifling manufacture; but one in which the division of labor has been very often taken notice of, the trade of the pin-maker; a workman not educated to this business, which the division of labor has rendered a distinct trade, nor ecquainted with the use of the machinery employed in it, to the invention of which the same division of labor has probably given occasion, could scarce, perhaps, with his utmost industry, make one pin in a day, and certainly could not make twenty. But in the way in which this business is now carried on, not only the whole work is a peculiar trade, but it is divided into a number of branches, of which the greater part are likewise peculiar trades ... and the important business of making a pin is, in this manner divided into about eighteen distinct operations, which, in some manufactories, are all performed by distinct hands, though in others the same man will sometimes perform two or three of them. I have seen a small manufactory of this kind where ten men only were employed, and where some of them consequently performed two or three distinct operations. But though they were very poor, and therefore but indifferently accomodated with the necessary machinery, they could, when they exerted themselves, make among them about twelve pounds of pins in a day. There are in a pound upwards of four thousand pins of a middling size. Those ten persons, therefore, could make among them upwards of forty-eight thousand pins in a day. Each person, therefore, making a tenth part of forty-eight thousand pins, might be considered as making four thousand eight hundred pins in a day. But if they had all wrought separately and independently, and without any of them having been educated to this particular business, they certainly could not each of them have made twenty, perhaps not one pin in a day; that is, certainly, not the two hundred and fortieth, perhaps not the four thousand eight hundredth part of what they are at present capable of performing, in consequence of a proper division and combination of their different operations." Bei *Smith* bezieht sich — anders als bei Hegel — die Angabe: 4000 Nadeln also auf: „a pound". Berücksichtigt man dies, so lassen sich Hegels Zahlenangaben entwirren. Die Übersetzung von Garve benutzte Hegel wahrscheinlich nicht; denn Garve spricht an dieser Stelle davon, daß ein Arbeiter „vielleicht nur Eine, gewiß aber nicht mehr als zehn (!) Nadeln" produzierte. *Adam Smith: Untersuchung über die Natur und die Ursachen des Nationalreichthums.* Aus dem Englischen der vierten Ausgabe neu übersetzt von Chr. Garve. Frankfurt und Leipzig 1796. 10. Vgl. ebenso 8f.

SACHREGISTER[1]

Das Register gilt nur für die Einleitung und für den Textteil; es erhebt keinen Anspruch auf Vollständigkeit. Begriffe wie: Begriff, Ding, Verhältnis u.ä. werden nur aufgeführt, wenn sie in spezifisch terminologischem Sinn verwendet werden.

Absolute, das, absolut XV, XXIIf, XXVIIIf, 3–6, 8ff, 11, 15–18, 20, 22–26, 28–31, 34, 36, 40f, 43–50, 52f, 55f, 58, 61–64, 67–72, 74–82, 86–89, 92, 95–100, 102, 107ff, 114, 117–120, 122, 124, 126–130, 132, 134f, 137ff, 141–146, 148f, 152–156, 160, 162ff, 166, 169ff, 173–176, 178f, 181–185, 187–190, 192–196, 198, 200–209, 212–215, 217ff, 221–226, 230, 236f
Abstrakte, das, Abstraktion, abstrakt 3f, 10ff, 15f, 19, 22, 26, 30, 32ff, 36, 43ff, 50f, 56, 59, 64, 68, 82, 86–90, 92f, 96, 98, 106f, 114, 119, 129, 134, 137, 140, 155, 161f, 166, 177f, 186, 195f, 199, 202, 206, 209, 229ff
Äther, ätherisch XXVIIIf, 52, 72, 128, 149, 183, 192, 224
Allgemeine, das, Allgemeinheit, allgemein XVf, XXIX, 3f, 6, 8f, 11ff, 15, 18, 22, 24, 26, 28, 33, 42ff, 46–58, 60–68, 71f, 74, 77f, 84f, 93, 96f, 100f, 114, 118–133, 135–138, 140–143, 145f, 148, 150, 152–157, 159ff, 163–168, 170–173, 175f, 179–195, 197ff, 201–204, 206, 208–211, 213, 218, 222, 224–231, 235ff
Andere seiner selbst, das XXIX, 187, 189
Anderssein 126f, 140, 153, 179–182, 184, 186, 188, 190f, 197, 200f, 206, 225
Anderswerden 6, 159, 164, 179, 182, 218, 224, 227
Anerkennen, Anerkennung XXIIf, 217–223, 226f, 231
Animalische, das, animalisch (s. auch Tier) XVIff, 38, 41, 131, 140f, 144, 146, 148–154, 157–161, 165, 167–172, 174, 177, 179–182, 187, 199, 210, 213
Anschauen, Anschauung 4f, 8, 10, 16, 140f, 166, 180f, 186, 190, 198f, 201, 203, 212, 224, 235f
Arbeit 193ff, 197, 210f, 227ff, 230f
Art 15, 89, 91, 98, 106, 230
Assimilation, assimilieren XVII, 230
Atmosphäre, atmosphärisch 23, 37, 62, 130
Atmosphäril 69f, 74
Atom 9ff, 17, 32, 47f, 65
Atomistik 10
Attraktivkraft (Attraktion) 58

[1] Armin Hruby danken wir für seine Arbeiten an den Registern.

Leidenschaft 188, 203
Licht XXV, 3, 6, 8, 17, 19, 26, 28, 43, 54—57, 59, 61, 64, 67, 89f, 95, 130, 135, 162
Liebe 212, 236f
Logik VIII, XXIV—XXVIII
Luft XIV, 23, 33, 37ff, 49ff, 60ff, 64—68, 70ff, 74f, 77f, 87, 96f, 99f, 104ff, 111, 113, 118, 133, 135f, 138, 143, 158, 162f, 192, 194, 201

Magnetismus 16, 22, 27, 42, 81, 85
Maschine 227f
Masse 3, 8f, 11f, 15—21, 27f, 89, 91, 94f, 108, 111, 230
Materie 3, 8, 10, 18, 26f, 29f, 32f, 35, 48, 51f, 55, 69, 72, 75, 86, 115, 119, 149, 161, 178, 183, 195, 214
Mechanik, mechanisch XIIff, XXVIII, 3, 14ff, 22, 27, 40, 42, 54, 63, 74, 76, 84f, 93, 95, 130, 133, 146, 150, 163, 178
Mechanismus 7, 9, 25, 93ff
Metall X, 34, 38, 65f, 82—86, 92f, 97—101, 104—108, 110—115, 118, 150, 163
Metallität 10, 77ff, 81ff, 90, 92, 105
Metaphysik VIII, XXIV—XXIX
Mineralische, das 36, 41
Mitte XXVIIIff, 6, 19ff, 26, 28, 40, 49f, 62, 64—67, 78, 94, 96, 105—108, 110, 114, 124—128, 136, 140, 151ff, 155, 157, 165ff, 170ff, 182, 186ff, 191—197, 199f, 203, 205, 208, 210f, 213, 218f, 224
Mittelpunkt 5, 9—13, 16ff, 21—24, 63, 69f, 94, 120, 123, 133
Möglichkeit, möglich 33, 47, 49ff, 68f, 78, 96, 102, 107, 145, 181, 187f, 198, 207, 220, 229f
Mond 6f, 23, 25ff, 62, 67, 71, 128
Muskel XVII, 144ff, 148, 151ff, 155ff, 161, 171, 173
— system 42, 145, 156, 159

Name 201—204, 206
Natur XXV, XXVIIIf, 41, 44, 60, 62, 70, 86f, 90, 93ff, 109, 113, 118, 128, 132f, 135, 139f, 142f, 145f, 148, 152ff, 157, 162, 165, 169, 176, 179, 183, 190, 192, 194f, 205, 212—215, 225—229
— philosophie (s. auch Philosophie der Natur) XIf, XXIV, 3
Negation, das Negative, negativ 4, 6, 8, 10—13, 15, 18, 33f, 36, 40, 46, 51, 67f, 70f, 77, 79, 102, 118, 123, 125ff, 141, 162f, 172, 180, 186, 189—192, 199, 209, 217, 225
Neigung 188, 196, 203, 212
Nerv 153—157, 159ff, 170f, 173—176
Nervensystem 41, 159, 170, 174, 176
Neutrale, das, Neutralität 62, 78f, 81, 87f, 90ff, 107, 110, 114f, 120, 136, 140, 145, 150, 162f
Notwendigkeit, notwendig XXII, 14f, 18, 34, 46, 85, 89, 97, 99, 109f, 118, 122f, 143, 146, 148f, 180, 188, 193f, 198, 212f, 217, 219, 222, 225, 227

PERSONENREGISTER

Das Register gilt nur für die Einleitung und für den Textteil und führt nur historische Personen auf. Der Name: Hegel wird nicht eigens verzeichnet. Indirekte Anspielungen auf Autoren, deren Werke in den Anmerkungen belegt sind, werden in Klammern ( ) aufgeführt.